Joachim Fritzsche

Zur Didaktik und Methodik des Deutschunterrichts
Band 3

Umgang mit Literatur

Ernst Klett Verlag
Stuttgart Düsseldorf Leipzig

Deutsch im Gespräch

1. Auflage 1 10 9 8 7 6 | 2007 2006 2005 2004 2003

Die letzte Zahl bezeichnet das Jahr dieses Druckes.

Internetadresse: http://www.klett-verlag.de
Umschlag: Neil McBeath, Kornwestheim
Gesamtherstellung: Medien Druck Unterland, Flein
ISBN 3-12-311320-5

Inhalt

Vorwort

Diese Didaktik und Methodik des Literaturunterrichts (LU) geht von derselben theoretischen Grundkonzeption aus wie die Didaktik und Methodik des Schriftlichen Arbeitens (Aufsatzunterricht). Dazu gehören

- die primäre Zielsetzung des Unterrichts: Hilfe beim Aufwachsen,
- die Unterscheidung der Lernzielbereiche nach praktischen Qualifikationen einerseits, allgemeinen fundamentalen Kompetenzen und individueller Biographie andererseits,
- das Konzept der Entwicklung geistiger Strukturen mit den Stufen des Präkonventionellen, des Konventionellen und des Postkonventionellen als normativer Basis für alle didaktischen Entscheidungen,
- die Unterscheidung der didaktischen Funktionen Lernmedium, Lerngegenstand und Lernkontrolle,
- die Betonung der für den Deutschunterricht zentralen Aspekte des Moralischen und Ästhetischen in den Texten.

Unterschiedlich aber ist die Ausführung. Während man im Bereich Schreiben auch heute noch hauptsächlich von Aufsatzarten bzw. sich an Textsorten orientierenden Schreibaufgaben ausgeht, so daß es sich anbot, diesen Gesichtspunkt der Gliederung des Buches zugrundezulegen, gilt dies viel weniger im LU. Zwar werden hier auch literarische Gattungen und Formen behandelt (vom Märchen über die Fabel, den Schwank, die Ballade, die Kurzgeschichte usw. bis hin zu Roman und Drama), aber in den Lernsequenzen spielt doch der einzelne Text die entscheidende Rolle, was sich ja auch darin zeigt, daß die Texte im Unterricht keineswegs nur nach Gattungen, sondern auch nach inhaltlichen oder literarhistorischen Gesichtspunkten angeordnet und miteinander verbunden werden. Deshalb habe ich den Gattungsgesichtspunkt zwar berücksichtigt, ihn aber nicht als Gliederungsprinzip verwendet. Damit entfiel auch weitgehend die gleichförmige Untergliederung der einzelnen Kapitel in „Didaktik“ und „Methodik“. Statt dessen bilden die allgemeindidaktischen Gesichtspunkte nun selbst das Gliederungsprinzip: Ziele, Inhalte, Methoden. „Lernerfolgskontrolle“ bzw. „Unterrichtsevaluation“ wurde nicht noch einmal gesondert behandelt, da „Beurteilung“ schon ausführlich im Band über das Schriftliche Arbeiten erörtert worden ist: „Sozialformen“ und „Medien“ werden passim behandelt, insbesondere im Kapitel „Methoden“.

Der Bedeutung, die der individuelle Text im Unterricht hat, habe ich dadurch zu entsprechen versucht, daß ich mich immer wieder auf denselben Text bezogen habe. Dies schien auch deshalb nötig, weil eine Didaktik und Methodik heute nicht mehr auf einen verordneten festen Kanon von Texten zurückgreifen kann, die im Unterricht regelmäßig behandelt werden, so daß das Buch neben der Erörterung genereller Probleme etwa immer auch gleich noch Vorschläge zur Behandlung dieser kanonischen Texte machen könnte. Insofern ist die vorliegende Darstellung „abstrakter“ als ältere Methodiken und verlangt vom Leser mehr anwendungsbezogene Phantasie und Transferbereitschaft. Sie ist aber wohl konkreter als vergleichbare didaktische Veröffentlichungen der letzten Jahre, die die Unterrichtsrealität oft nur streifen.

Um die Verständlichkeit und Anschaulichkeit zu erhöhen, habe ich die systematischen Ausführungen um einige fiktive Dialoge ergänzt und damit eine Diskursmöglichkeit verstärkt genutzt, die ich schon im Vorwort des ersten Bandes ausprobiert habe und auf die Leser des Manuskripts recht positiv reagierten. Die dialogische, quasi-literarische Form ermöglicht dreierlei:

- Der Geltungsanspruch von Behauptungen wird eingeschränkt,
- voraussehbare Einwände und Verstehensprobleme des Lesers können unmittelbarer aufgegriffen werden,
- der Ton kann direkter und salopper sein.

Ein letzter Unterschied betrifft die Verwendung anderer didaktischer Literatur und die Auseinandersetzung damit. Grob gesagt habe ich mich in diesem Band viel stärker auf die Arbeiten anderer Autoren eingelassen. Dies schien mir angesichts der im literaturdidaktischen Bereich höheren Qualität von Publikationen möglich und sinnvoll. Etwas unwohl war mir allerdings stellenweise, wenn ich bemerkte, daß ich einer Maxime untreu wurde, an die ich mich in den vorhergehenden Bänden durchgehend gehalten habe, nämlich den eigenen Text nie zum Zwischentext, also zu einer Art Moderation, zwischen fremden Zitaten werden zu lassen. Ich hoffe dennoch, daß die Lesbarkeit des vorliegenden Bandes darunter nicht leidet.

Ich habe besonders dort auf die Arbeiten anderer zurückgegriffen, wo mir dies nötig schien, um *methodische* Möglichkeiten und Probleme zu verdeutlichen. Die Menge an empirischem Material, aus der Fachleiter wie ULSHÖFER und ESSEN schöpften und heute DAHMS oder FROMMER schöpfen können, steht dem Hochschullehrer nicht zur Verfügung. Andererseits beziehen sich doch auch akademische Fachdidaktiker wie HAAS, WALDMANN oder RUPP so nachdrücklich und ausführlich auf Unterrichtssituationen, daß es nahelag, auf ihre Vorstellungen und Erfahrungen zurückzugreifen, wenn es darum ging, Unterrichtsverfahren aufzuzeigen. Die Lektüre von Unterrichtsprotokollen erweist immer wieder, wie der Teufel gerade im kleinsten Detail steckt; deshalb habe ich dankbar solche Publikationen einbezogen, die sich auf genaue Unterrichtsdokumentation stützen (vor allem WIELER). Auch wenn ich mich hier und da kritisch davon distanzieren mußte, habe ich all diese Arbeiten oftmals auch deshalb referiert und zitiert, um den dort vorgetragenen Fragestellungen und Vorschlägen zu größerer Publizität zu verhelfen. Dabei gehe ich optimistisch davon aus, daß Arbeiten, die mir selber lehrreich waren, diese Wirkung auch bei meinen Lesern haben werden. Dank schulde ich den von mir „ausgeschlachteten“ Autorinnen und Autoren allemal. Dies gilt natürlich in besonderem Maße für JÜRGEN KREFT, ohne dessen „Grundprobleme der Literaturdidaktik“ das vorliegende Buch nicht möglich gewesen wäre.

Der Leser darf von diesem Buch also dreierlei erwarten:
1. Information: Da ich mir einen Leser vorstelle, der die Entwicklung der Literaturdidaktik in den letzten vierzig Jahren nicht mit verfolgt hat, referiere und zitiere ich immer dann ausführlich, wenn dies zur Bestandssicherung nötig ist.
2. Argumentation/Kritik: Über die bloße Wiedergabe und Bestandsaufnahme hinaus führt dann die theoriegeleitete Auseinandersetzung mit der Tradition.
3. Innovation: An die Kritik schließen sich die praktischen Vorschläge an. Sie sind zwar um der Übersichtlichkeit willen knapp gefaßt, enthalten aber hoffentlich doch so viel Anregungspotential, daß der Praktiker Konsequenzen aus den theoretischen Darlegungen ziehen kann.

Lüneburg, Dezember 1993

1 Einführung

Welche Fragen sind in einer Literaturdidaktik zu beantworten? Und wie präsentiert man die Stoffülle? Drei Beispiele älterer Werke – von Ulshöfer, Essen und Helmers – geben nicht nur Antworten auf diese Fragen, sondern ihre Charakterisierung macht zugleich mit deren unterschiedlichen literaturdidaktischen Konzeptionen vertraut und gibt damit eine Folie ab, auf der die nachfolgende Darstellung deutliche Kontur gewinnen kann.

Wie schreibt man eine „Didaktik und Methodik des Literaturunterrichts"? Was drinstehen soll, dürfte klar sein; denn es entspricht den Angaben, die man in jedem **Unterrichtsentwurf** erwartet: Zu nennen sind die *Ziele* des Unterrichts, und diese müssen begründet werden; gleiches gilt für die Auswahl der *Inhalte*, und natürlich möchte der Leser wissen, wie denn der Unterrichtende mit diesen Inhalten umgehen soll, also welche *Methoden*, welche *Medien*, welche *Sozialformen*, welche Möglichkeiten der *Unterrichtsorganisation* zur Verfügung stehen und welche zu wählen sind. Vielleicht möchte er auch etwas über *Erfolgskontrollen* oder allgemein über die *Evaluation* des Unterrichts erfahren. Ist das schon alles? Nein, man darf wohl nicht nur die Gegenstandsseite betrachten, sondern man muß sich auch Gedanken über die *Schüler* machen, über die Kinder und Jugendlichen, denen man die Literatur beibringen, nahebringen, vermitteln will. Man muß wissen, woher sie kommen, wo sie stehen, wohin sie gehen, was für Möglichkeiten und Interessen sie haben. Und natürlich sind all diese Aspekte miteinander verbunden und aufeinander bezogen: Um Ziele zu rechtfertigen, muß man über Herkunft und Zukunft der Schüler nachdenken; bei der Auswahl von Inhalten muß man die Ziele im Blick haben; um über Methoden zu entscheiden, muß man die Inhalte kennen usf. Und nicht zuletzt muß man sich Gedanken über den *Lehrer* im LU machen – worauf kommt es bei ihm besonders an, worin unterscheidet er sich vielleicht von Lehrern anderer Fächer, was muß er können und wissen, wie muß er sich verhalten, ja: was für ein Mensch muß er sein?

Aber wie schreibt man all das auf? Wie gliedert man diese Stoffülle? Wo fängt man an, und wie? Was wählt man aus? Welche Art der Darstellung wählt man – die systematische und anspruchsvolle Abhandlung, die problematisierende Erörterung, den geistvollen Essay, die anschauliche Beschreibung, die unterhaltsame Erzählung? Soll man die Sache ausführlich und breit darstellen oder knapp und auf den Punkt gebracht? Soll man den LU isoliert darstellen oder im Verbund mit allen anderen Aufgaben und Bereichen des DU?

Sehen wir zunächst einmal, wie es andere Autoren gemacht haben. Dadurch lassen sich nämlich zwei Fliegen mit einer Klappe schlagen: Man lernt Möglichkeiten der Darstellung kennen und gewinnt zugleich einen ersten Zugang zum Gegenstand, nämlich einen Überblick über die Themen, mit denen sich Didaktiker und Methodiker des DU in der Vergangenheit beschäftigt haben, wenn sie über Literaturunterricht schrieben, und über die Vorstellungen von LU, die sie dabei verfolgten. (Daß man dabei auch etwas über die Geschichte des LU erfährt, ist ein nicht zu unterschätzender Nebeneffekt.)

Ich wähle für diesen Einstieg drei Autoren aus, die den DU in der BRD von 1950 bis 1970 geprägt haben und in Überblicksdarstellungen (z. B. SCHOBER 1977, MÜLLER-MICHAELS 1980) immer wieder als repräsentativ für die in den ersten Jahrzehnten nach dem Zweiten Weltkrieg dominierenden und klar unterscheidbaren Konzeptionen genannt worden sind: ULSHÖFER, ESSEN, HELMERS. Da es mir aber nicht um eine historische, sondern eher um eine systematische Darstellung zu tun ist, halte ich mich nicht an die Chronologie, sondern beginne mit der jüngsten der drei Arbeiten:

1.1 Helmers

1.1.1 Die Überschrift: „Das Verstehen literarischer Werke"

Am geeignetsten für solch eine Tour d'horizon ist nämlich HELMERS' „Didaktik der deutschen Sprache" (1966), weil der Autor auf 70 Seiten komprimiert und relativ systematisch all das abhandelt, was er für den LU als wichtig und für den Leser nützlich ansieht. (Ich zitiere nach der 6. Aufl. von 1971 und lasse die zahlreichen Veränderungen, die HELMERS im Laufe der Jahre an seiner „Didaktik" und z. T. auch an seiner Konzeption vorgenommen hat, unberücksichtigt. Vgl. SCHOBER 1977.)

Die Überschrift des den LU betreffenden Kapitels von HELMERS' „Didaktik" gibt schon einen Hinweis, worum es ihm geht: „Das Verstehen literarischer Werke". Solch einen Titel wird man heute kaum noch finden, und schon gar nicht als programmatische Erläuterung des gesamten Lernbereichs. **„Verstehen"** ist uns suspekt geworden, und zwar gleich mehrfach:

- Das Verstehen kann man nicht beobachten; wenn man Verstehen zum Ziel des Unterrichts macht, wird man es schwer haben, den Unterrichtserfolg objektiv festzustellen. Wann haben denn die Schüler ein literarisches Werk verstanden? Beobachtbar sind nur Handlungen und Äußerungen; von diesen *schließen* wir auf Verständnis. Realismus und Vorsicht legen also nahe, auf den Begriff zu verzichten.
- Verstehen ist ein mehrdeutiger Begriff. Wenn wir im Alltag fragen: „Hast du mich verstanden?", so meinen wir: „Ist das, was ich sagen wollte, so bei dir angekommen, wie ich es gemeint habe?" Ohne diese Möglichkeit der Rückfrage geraten wir ins Gebiet der Hermeneutik, und das scheint ein sehr weites und schwer begehbares Feld zu sein. Deshalb zieht man heute die Begriffe „Untersuchen" oder **„Analyse"** vor, zumindest fügt man sie gern hinzu: „Analyse und Verstehen" (bzw. **„Interpretation"**). „Analyse" ist dann der klare, wissenschaftliche, objektive Zugriff, „Verstehen" ist – ja was denn? Sagen wir einmal vorsichtig: ein Gewinnen von Sinn, also die Antwort auf die Fragen: Was bedeutet dieses Wort, dieser

Satz, dieser Abschnitt, dieser ganze Text? Weil Verstehen offenbar *hinter* den Text greift, ist es fragwürdig, ja verdächtig.
- Verstehen beschränkt den LU auf Erfassen der Texte, auf **„Rezeption“**. Sollte es im LU aber nicht auch um **„Produktion“**, um das Verfassen von Texten gehen? Ist es nicht zu eng, wenn man das Schreiben, falls es überhaupt eine Rolle im LU spielt, nur als Hilfsmittel zum Verstehen zuläßt? Und gibt es nicht noch anderes, was im LU sinnvoll ist, wie das szenische Aufführen (Spielen), die Beschäftigung mit dem „Literaturbetrieb“, also dem Buchmarkt und ganz allgemein der Distribution von Literatur, schließlich das Kennenlernen von Autoren und ihrer Produktionsweise? Auch das sei alles nur Methode und Hilfsmittel zum Verstehen der Werke? Um diese Vorentscheidung zu vermeiden, spricht man heute lieber vom „Umgang mit“ statt vom „Verstehen von“ Literatur.

Zu eng erscheint auch das Objekt in HELMERS' Titel: „literarische Werke“. Zwar schließt „literarisch“, wie es hier gemeint ist, nichts Gedrucktes aus: „Wenn Literatur umfassend als das ‚schriftlich Überlieferte‘ bezeichnet wird, lassen sich (bei Konzedierung von Mischformen) alle Texte entweder der ästhetischen Literatur oder der pragmatischen Literatur zuordnen“ (298). Aber den Gegenstand des LU schränkt H. auf die „ästhetische Literatur“ ein: „Die Gestaltungslehre übt vorzugsweise die Produktion pragmatischer Literatur, der Literaturunterricht übt vorzugsweise die Rezeption ästhetischer Literatur.“ Im Klartext: Gelesen wird Dichtung, geschrieben wird Sachliches, Wissenschaftliches. Damit ist deutlich eine ältere Position gekennzeichnet. In den 70er Jahren hat sich demgegenüber nämlich die Auffassung durchgesetzt, daß im LU „Texte aller Art“ gelesen werden, also nicht nur poetische, sondern eben gerade auch pragmatische. (Da sich bei pragmatischen Texten die Frage nach dem Sinn, nach der „eigentlichen“ Bedeutung nicht stellt, sind sie nicht Gegenstand des „Verstehens“, sondern der „Untersuchung“.) Und in den 80er Jahren wird die andere Begrenzung entschieden abgelehnt: Die Schüler sollen auch poetische Texte *produzieren* (eine im übrigen alte Forderung).

Und damit ist auch schon das letzte Wort von HELMERS' Kapitelüberschrift in Frage gestellt: „Werke“. Daß dieses Wort heute durch „Texte“ ersetzt worden ist, kommt nicht von ungefähr. „Werke“ klingt nicht nur zu gewichtig und zu anspruchsvoll (man denkt an dicke und schwer zugängliche Bücher), sondern auch zu sehr auf Dichtung gemünzt. Einen Zeitungsartikel würde man wohl kaum als „Werk“ bezeichnen, auch nicht eine Gebrauchsanweisung, ja nicht einmal einen Brief. Und was die Schüler poetisch schreiben (wenn sie es denn tun!) – sind das etwa ihre „Werke“?

1.1.2 Die Gliederung

H. gliedert zunächst in „Didaktische Voraussetzungen“ und „Literaturunterricht auf den einzelnen Bildungsstufen“. Der erste Teil enthält in einzelnen Kapiteln und Abschnitten alle grundsätzlichen, stufenübergreifenden Fragen, etwa die nach den Aufgaben des LU, nach den einzelnen Bereichen innerhalb des LU, nach dem Lehrplan des LU und nach den Methoden in ihm. Im zweiten Teil werden nach einer kurzen Charakterisierung der jeweiligen „Bildungsstufe“ (sie entspricht in etwa der Schulstufe) die für sie typischen Inhalte genannt und erläutert, also welche Literatur auf dieser Stufe behandelt werden soll. So ist dieser Teil zunächst untergliedert in die Stufen 1.–4. Schuljahr, 5.–7. Schuljahr, 8.–10. Schuljahr, 11.–13. Schuljahr und danach in jedem dieser Abschnitte in die literaturwissenschaftlich unterschiedenen Gattungen „Lyrik“, „Epik“, „Dramatik“.

Auf diese beiden Teile folgt nun noch ein dritter, der zwei spezielle und in der Vergangenheit recht umstrittene Themen behandelt, nämlich zum einen das Lesebuch, zum anderen die Jugendliteratur. H. beendet seine Darstellung mit einem Kapitel über die Geschichte des LU.

1.1.3 Inhalt und Konzeption

Da H. eine systematische Darstellung anstrebt, beginnt er mit der allgemeinsten Zielangabe: „Lernziel des Literaturunterrichts ist die selbständige und kritische Rezeption von Literatur“ (298). So selbstverständlich und vielleicht sogar nichtssagend dieser Satz daherkommt, so enthält er doch einige bemerkenswerte Akzente. Die Einschränkung des LU auf Rezeption ist uns schon bekannt. „Selbständig“ sieht zunächst nach einem Widerspruch zu „Unterricht“ aus: Wenn die Schüler nichts mehr tun sollen, als Literatur ohne Anleitung aufzunehmen, ist Unterricht überflüssig, denn eben das tun sie ja vor- und außerschulisch. Das Ziel scheint schon vor allem Unterricht erreicht. Oder nicht? Lesen die Kinder und Jugendlichen etwa gar nicht von selbst, und soll das Ziel dazu auffordern, Lust aufs Lesen zu machen? Angesichts der Literaturferne der meisten Schüler wäre wohl schon dies ein erwägenswertes Ziel. H. scheint das aber nicht zu meinen, denn er stellt fest, daß sich „der Erwerb der Rezeptionskompetenz von Literatur auch außerhalb der Schule“ vollziehe. Was bleibt im Unterricht zu tun, wenn die Schüler doch auch ohne ihn lesen lernen? Das eigentlich Schulische scheint im Wort „kritisch“ zu stecken, so daß man HELMERS’ Ziel vielleicht deutlicher so formulieren sollte: „selbständige kritische Rezeption“. Gemeint ist also: kein bloßer Konsum, sondern Nachdenken übers Gelesene. Darüber hinaus ist „kritisch“, zumindest im Sprachgebrauch der Zeit, zu der H. dies schrieb, das Gegenteil von „affirmativ“: Man soll sich vom Gelesenen nicht (ver)führen, nicht einwickeln lassen, sondern es in Frage stellen. Keine kulinarische Lektüre, bitte, keine vertrauensvolle Übernahme dessen, was dasteht, sondern Lesen mit hellwachem, empfindlichem Bewußtsein. Etwas überspitzt: Literatur ist nicht ein Mittel, das dem Leser hilft, sein Leben zu verstehen und zu verbessern, sondern sie ist ein gefährliches Objekt, zu dem man auf kritische Distanz gehen muß. Bei solcher Zielsetzung wird also gerade vorausgesetzt, daß den Schülern Literatur nahesteht, daß sie gar nicht an ihr vorbeikommen, daß sie längst schon von ihr durchdrungen sind, so daß sie sich geradezu selbst kennenlernen, wenn sie sich mit Literatur auseinandersetzen.

Das Gelenk, das bei diesem (uns im Zeitalter der elektronischen Medien eher fremd anmutenden) Gedanken Schüler und Literatur zusammenhält, heißt „Gesellschaft". HELMERS' zweiter Satz lautet nämlich: „Im Literaturunterricht sollen die Schüler lernen, ‚die Literatur allseitig und beziehungsreich als gesellschaftliches Phänomen, als gesellschaftsbedingte und auf die gesellschaftliche Entwicklung Einfluß nehmende Bewußtseinsäußerung zu verstehen.'" Das Zitat in diesem Satz stammt aus den „methodischen Hinweisen" zum Lehrplan der DDR von 1969. Die Argumentation verläuft also folgendermaßen: Die Schüler sollen sich Literatur gegenüber kritisch verhalten, weil sich die Literatur auf die Gesellschaft auswirkt (und von ihr beeinflußt wird, aber darauf kommt es hier nicht an), so daß durch eine kritische, zumindest eine distanzierte Einstellung zur Literatur auch die Gesellschaft kritisch in den Blick kommt. Hinzufügen kann man: Insofern der Schüler Teil der Gesellschaft und von ihr geprägt ist, führt die kritische Einstellung zur Literatur zu einer kritischen Einstellung zu sich selbst. Es kennzeichnet allerdings HELMERS' Konzeption, daß dieser Schluß auf das Selbst des einzelnen Schülers nicht gezogen wird. Bei der allgemeinsten Lernzielbestimmung erscheint vielmehr die Literatur als ein Fait social, mit dem sich die Schüler beschäftigen sollen, um die Gesellschaft zu verstehen.

Es kennzeichnet HELMERS' Konzeption darüber hinaus, daß er eine weiterreichende und tiefergehende Begründung für die Lernzielangabe nicht für nötig hält. Er scheint zu sagen: Das versteht sich doch von selbst, daß man sich mit der Gesellschaft auseinandersetzen muß, in der man heranwächst, und die Literatur, d. h. alles „schriftlich Überlieferte", ist nun mal ein Teil von ihr; wenden wir uns statt großartiger Begründungsversuche lieber der konkreten Frage zu, *welche* Literatur denn *wann* und auf *welche Weise* vermittelt werden soll.

Sollte man also eine Literaturdidaktik lieber nicht mit einer ausführlichen Erörterung der Lernziele und ihrer Rechtfertigung beginnen? Ich glaube, daß dies nur geht, wenn man sich – wie eben auch noch HELMERS – innerhalb von Selbstverständlichkeiten, also von Traditionen und Konventionen bewegt: die Schule als Ort der Vermittlung des kulturellen Erbes. Je weniger Einverständnis darüber besteht, worauf es in Erziehung und Unterricht ankommt, je pluraler, widersprüchlicher und unverbindlicher die Auffassungen sind, desto mehr steigt dagegen der Zwang zur Begründung und Rechtfertigung. Das heißt auch: Man kann heute nicht mehr seriös eine **Methodik** ohne **Didaktik** vorlegen. Ob freilich solche prinzipiellen Erörterungen am Anfang stehen oder an späterer Stelle folgen, ist eine Frage der Darstellung. Die Notwendigkeit der didaktischen Theorie kann vielleicht gerade dadurch deutlich werden, daß man sich die Fülle des im LU Möglichen und heute in ihm Gängigen vor Augen hält – so lange, bis einem davon schwindlig zu werden beginnt und man gewissermaßen von selbst zur Theorie greift, um Halt und Orientierung zu finden.

Für H. dagegen sind die Dinge noch recht klar und einfach. Nach der Lernzielangabe wendet er sich nämlich dem Gegenstand, also der **Literatur**, zu und teilt sie, wie wir schon sahen, in zwei Arten, in die ästhetische und die pragmatische Literatur. Kriterium der Unterscheidung ist nicht etwa eine unterschiedliche existentielle, kommunikative oder soziale *Funktion* dieser beiden Sparten, sondern schlicht die *Sprachstruktur*: „Ästhetische Literatur unterscheidet sich von pragmatischer Literatur durch einen höheren Grad sprachlicher Ordnung." (H. schließt sich hier der Informationstheorie Max Benses an; ähnliche Argumentationen finden sich bis heute in allen Spielarten des **Strukturalismus**; vgl. Kap. 3.3.) Die pragmatische Literatur wird dem Lernbereich „Gestaltungslehre" zugeschlagen, weil die Menschen im Alltag, „in der gesellschaftlichen Praxis", eher dazu gezwungen sind, Sachtexte zu schreiben als poetische Texte.

Schon an dieser Stelle macht sich die mangelnde Grundlegung der Konzeption bemerkbar; denn nun fehlt ein kritischer Maßstab, mit dessen Hilfe man fragen könnte, ob denn die „gesellschaftliche Praxis" vernünftig, human, gerecht usw. ist. Hinterrücks wird Helmers' kritische Konzeption affirmativ: Die Schüler werden auf die Anforderungen vorbereitet, auf die sie außerhalb und nach der Schule treffen werden. Vorenthalten werden ihnen die Mittel, mit denen sie diese gesellschaftlichen Anforderungen in Frage stellen könnten; poetische Praxis ist ja zum guten Teil Ausdruck von Leiden, nicht nur an der Condition humaine, sondern auch an der jeweiligen Condition sociale – und darüber hinaus oft genug direkte Kritik daran und Appell, sie zu ändern. All das lernen die Schüler nach Helmers' Konzeption zwar beim Lesen kennen; denn er unterscheidet drei gesellschaftliche Funktionen der Dichtung: a) Gesellschaftskritik (Erkenntnis sozialer Realität), b) Utopie (Entwerfen neuer „Möglichkeiten menschlicher Existenz"), c) Aufklärung (sonderbarerweise verstanden als „Verkündigung" bzw. „Bestätigung" einer Ideologie). Bei H. lernen die Schüler diese Funktionen aber nur *theoretisch* kennen, indem sie poetische Literatur rezipieren und über diese Zusammenhänge aufgeklärt werden. Sie vollziehen nach, was andere (die Dichter) zum Ausdruck gebracht haben. Bestenfalls wissen sie also, wie's geht, aber der aktive Gebrauch der Poesie als Ausdrucks- und Kommunikationsmittel ist hier kein Ziel des LU: „Die Gestaltungslehre übt vorzugsweise die Produktion pragmatischer Literatur, der Literaturunterricht übt vorzugsweise die Rezeption ästhetischer Literatur." Zur Poesie haben die Schüler demnach ein Verhältnis wie der Eunuch zur Liebe – „vorzugsweise" zugucken, wahrnehmen, kapieren, aber nicht praktizieren.

Innerhalb der Sparte „ästhetische Literatur", die, wie wir sahen, Gegenstand des rezipierenden LU ist, unterscheidet H. nun verschiedene Arten („Unterhaltungsliteratur", „Dichtung", „Reklameliteratur"), d. h., er setzt die Sachklärung analytisch fort. Allerdings verfolgt er auch dabei eine pädagogisch-politische Absicht – jetzt geht es H. doch um eine Veränderung der Verhältnisse. Es läßt sich nämlich nachweisen, daß in einem dreigliedrigen Schulwesen „vor allem den Schülern der Unterschicht die ästhetische Literatur vorenthalten wird [...] Auf diese Weise entstehen Literaturbarrieren, die eine selbständige und kritische Rezeption von Literatur weitgehend verhindern. Der Ausschluß gesellschaftlich unterprivilegierter Schichten vom Unterricht in Dichtung behindert den Prozeß der gesellschaftlichen Emanzipation, der durch die Dichtung gefördert wird" (301). H. fordert, poetische

Literatur stärker auch in Haupt- und Realschulen zu behandeln, weil ihr eine emanzipative bzw. bildende Kraft innewohne. Die Formulierung „den Schülern der Unterschicht die ästhetische Literatur vorenthalten“ beschreibt allerdings nicht nur einen Zustand, sondern erklärt ihn zugleich. Tatsache ist, daß poetische Literatur in der Volksschule eine geringere Rolle spielte und auch heute noch spielt. Aber der Grund? Wird sie den Schülern vorenthalten? Oder setzen die Schüler ihr womöglich einen Widerstand entgegen, der auch mit noch so viel Motivierungskunst nicht zu überwinden ist?

An dieser Stelle wird deutlich, daß H. mit dem Lernziel „selbständige und kritische Rezeption“ doch mehr meint, als bisher festgestellt. Es geht nicht nur um das Gewinnen einer kritischen Haltung gegenüber der Literatur, die als Fait social im Leben der Schüler sowieso vorkommt, sondern es geht auch darum, bestimmte Literatur wegen der von ihr ausgehenden Wirkungen in den Unterricht hereinzunehmen (s. o. die Funktion „Aufklärung“). Von den Texten gehen „erzieherische Potenzen“ aus (302); deshalb ist es wichtig, welche Texte behandelt werden. Also: Unter dem Gesichtspunkt der Wirkungen, die Texte von sich aus entfalten, wird die **Textauswahl** wichtig. Nicht die Art des Umgangs („kritische Rezeption“), sondern der Text selbst ist jetzt wesentlich. Noch deutlicher und sicher überspitzt gesagt: Es kommt darauf an, die richtigen Texte auszuwählen, damit sie ihren positiven Einfluß auf den Heranwachsenden ausüben, und es kommt darauf an, den anderen, den negativen Texten (?), die den Heranwachsenden außerschulisch begegnen, durch kritischen Umgang ihren Einfluß zu nehmen. Vereinfachend könnte man auch so resümieren: Zur **„Rezeptionskompetenz“** gehört beides, sowohl die Fähigkeit, die „richtigen“ Texte zu öffnen, damit sie zur Wirkung kommen können, als auch die Fähigkeit, sich durch kritisches Bewußtsein gegen die „falschen“ Texte zu immunisieren. Eine falsche Textauswahl, das sagt H. ganz deutlich, greift z. B. zu den Werken, die eine bürgerliche Gesinnung enthalten und „bürgerliche Moralkategorien“ (303) vermitteln, und behandelt sie nicht kritisch, sondern affirmativ; verschlimmert wird das noch, wenn diese Texte willkürlich verändert, z. B. verkürzt und in ihrer Aussage vereinfacht den Schülern dargeboten werden, wie dies in Lesebüchern oft geschah.

Mit dem zuletzt Genannten ist schon ein Punkt angesprochen, der für HELMERS' Konzeption von großer Bedeutung ist. Jeder LU – nicht nur der HELMERSsche – versucht ja zu erreichen, daß die Schüler sowohl die richtigen Texte lesen („Textauswahl“) als auch daß sie sie auf die richtige Weise lesen („Umgang mit Texten“) und dieses Leseverhalten zur Fähigkeit weiterentwickelt wird. HELMERS' Ausdruck dafür heißt, wie wir schon sahen, **„Rezeptionskompetenz“**. Und die sieht nun bei ihm so aus, daß die Schüler den Text auf zwei Folien legen: auf die Folie der „Gattungen und Arten“ und auf die Folie der „literatur- und gesellschaftshistorischen Epochen“. Um also das naive, nur aufs Inhaltliche beschränkte Lesen zu überwinden, müssen die Schüler ein *Formwissen* und ein *historisches Wissen* erwerben und bei der Lektüre in Anschlag bringen. Nur so werden sie den Werken gerecht. Das Spezifische der Literatur liegt in ihren Strukturen. (Faktisch akzentuiert H. im folgenden den Formgesichtspunkt; der historische tritt dahinter zurück, was sich auch bei der Konstruktion des Curriculums zeigt.) Damit ist zwar keinem Formalismus das Wort geredet; denn die Kenntnis der Formen soll ja nur dem richtigen Erschließen der Werke dienen. Aber warum gerade „Gattungen" und „Genres"? Erschöpft sich die Sprachgestaltung darin? Gibt es nicht ästhetische Mittel, die in allen oder doch mehreren Gattungen vorkommen? Ist Wortwahl, Satzbau, die melodische und rhythmische Gestaltung, sind Metaphern, Topoi, Rekurrenzen usw. nicht ebenso aussagekräftig und für den Sinn folgenreich wie die Makro-Elemente? Wenn erst einmal die „Formen" den ihnen von H. zugewiesenen Stellenwert erhalten haben, besteht die Gefahr, daß der Unterricht seine Hauptaufgabe darin sieht, die Texte hinsichtlich ihrer Zugehörigkeit zu bestimmten Gattungen aufzuschlüsseln. Das Fachspezifische kommt offenbar in den literarischen Gattungen zum Vorschein.

Es wäre sicher falsch, würde man H. unterstellen, er habe diese Gefahr nicht gesehen und einen Unterricht propagiert, dem ein falsches, nämlich formalistisches, Literaturverständnis zugrunde liege (H. wendet sich auf Schritt und Tritt gegen den Formalismus). Tatsächlich hat er ein Problem zu lösen versucht, das sich nicht nur jeder literaturdidaktischen Konzeption stellt, sondern das in jeder Literaturstunde präsent ist: die Funktion der sprachlichen Gestaltung für den Sinn des Textes. **„Form"** und **„Inhalt"**: Daß die Gestaltung für die Aussage, für die Bedeutung des Textes wesentlich ist, wird niemand bestreiten. Dennoch gelingt es uns meistens, „erstmal den Inhalt zu klären" (methodisch ein problematischer Einstieg!); wir lassen **„Inhaltsangaben"** schreiben und kreiden den Schülern „inhaltliche Mißverständnisse" an. Und keine Frage: Wir wählen Texte meistens vor allem nach ihren Inhalten aus. Die Inhalte sollen die Schüler angehen und für ihr Leben wichtig sein, die Schüler sollen sich mit ihren Fragen und Erfahrungen darin wiedererkennen. Die außerschulische Lektüre (und die Filmrezeption) wird wesentlich von Inhalten gesteuert. Was man liest und sieht, muß schon vom Stoff her neu sein, witzig, spannend, rührend, phantastisch oder zum Nachdenken anregend. Vor allem erzählende Literatur lesen wir, als handle es sich um die Wiedergabe von tatsächlichem Geschehen, und meistens interessieren wir uns für das, *was* da erzählt wird, und nehmen die Art, *wie* es dargestellt wird, kaum wahr. H. kritisiert einen LU, der sich diesem Lektüreverhalten anpaßt und es nutzt, um den Schülern richtiges und falsches Verhalten, gute und schlechte Charaktere vorzustellen. Man werde der **poetischen Literatur** nicht gerecht, wenn man sie auf die darin zum Ausdruck kommende **Moral** reduziere. Das heißt auch – so muß man folgern –, daß Literatur nicht primär dazu dient, Vorurteile abzubauen, Rassismus zu bekämpfen, Toleranz zu propagieren. Das Spezifische an der Literatur ist die Art der Gestaltung; dem poetischen Text werden wir nur gerecht, wenn wir ihm nicht nur entnehmen, *daß* er für die Emanzipation der Frau eintritt, sondern *wie* er das tut. Die inhaltliche Aussage, die Tendenz des Textes, ist zwar nicht irrelevant, aber sekundär. H. nennt die inhaltliche Tendenz des Textes den „Erziehungswert"; dieser spielt nicht bei der Konstruktion des

Lehrplans, sondern erst bei der konkreten Entscheidung für einen bestimmten Text eine Rolle, und zwar als ein Gesichtspunkt unter anderen.

Die Orientierung des LU an dem, was angeblich die Dichtung zur Dichtung macht, an ihrer „Gegenstandsspezifik", bei H. eben an Gattungen (und Epochen), ist der Dreh- und Angelpunkt seiner ausdrücklich gegen jeden „Gesinnungsunterricht", gegen jedes Pädagogisieren und Moralisieren im DU entworfenen Darstellung. Von hier aus kann er alle Probleme anpacken. So erstellt H. einen „Lehrplan", der das gesamte Spektrum der poetischen Literatur auf einzelne Schulstufen verteilt, indem er die drei Gattungen Lyrik, Epik, Dramatik allen Schulstufen zuweist und dann ausführt, welche „Genres" innerhalb dieser Gattungen jeweils behandelt werden sollen: In der Grundschule z. B. in der Gattung Dramatik das Genre Kasperspiel, in der Sekundarstufe das Genre Hörspiel, in der Epik z. B. in der Grundschule das Genre Rätsel und in der Sek. II das Genre Roman. Zuteilungskriterien sind vor allem der Umfang und die Komplexität der Texte.

Auch die Frage nach den Unterrichtsmethoden löst H. von seinem Verständnis von „Gegenstandsspezifik" her. Egal, ob man vom Inhalt des Gelesenen ausgeht oder von der Form, ob man Texte vergleicht oder sie vom Leben des Autors her versteht: Immer muß es darum gehen, die Bedeutung der ästhetischen Mittel, der sprachlichen Gestaltung, vor allem aber der Literaturform zu erfassen. Je nach Schülergruppe und Text kann dazu ein spezifisches Verfahren (wie „Erschließen durch Leitfragen" oder „Selbständiges Erarbeiten") mehr oder weniger geeignet sein.

Es ist durchaus folgerichtig, wenn H. recht ausführlich auf die verschiedenen „Genres" eingeht, die sein Lehrplan für die jeweiligen Schulstufen vorsieht, dagegen einzelne Werke nur – als Beispiele – im Vorübergehen streift (etwa Peter Hacks' ***„Ladislaus und Komkarlinchen"*** als Beispiel für eine „Kinderballade", Fontanes ***„Herr von Ribbeck"*** als Beispiel für „erzählende Gedichte", Brechts ***„Die Gewehre der Frau Carrar"*** als Beispiel für das moderne gesellschaftskritische Drama). Die Schüler werden bei diesen Erörterungen vor allem dann erwähnt, wenn es um die Auswahl einzelner Texte geht und vor Überforderung gewarnt werden muß, weil viele Texte zu komplex sind für die Altersstufe, in der sie gewöhnlich behandelt werden (z. B. ***„Wilhelm Tell"*** in der 8. Klasse). Auch wenn er solche Komplexität erwähnt, greift H. wieder auf sein entscheidendes Kriterium „Form" bzw. „Struktur" zurück: „Das Ausmaß des Eingehens auf die Struktur des Dramas läßt allerdings die (positive) Vorwegnahme manchmal als eine (negative) Verfrühung erscheinen" (348). Andere Gesichtspunkte wie etwa: Können die Schüler die Motive der Figuren verstehen? Können sie ihre Empfindungen nachvollziehen? Sehen sie den Konflikt ein? Erkennen sie ihre Welt in dem Text wieder? spielen keine Rolle. Beispielhaft sind die einzelnen Texte eben nicht für menschliche, d. h. kindliche/jugendliche, Probleme oder Bedürfnisse, sondern für literarische Gattungen und Strukturen.

1.1.4 Fazit

So also kann man die Probleme der Literaturdidaktik und -methodik darstellen: Man wendet sich dem Gegenstand, der Literatur im ganzen, zu, bestimmt das an ihr Wesentliche und erörtert die Möglichkeiten, wie das den Schülern stufenweise zu vermitteln ist. Die einzelnen Texte werden dabei austauschbar, und deshalb braucht man darauf nicht näher einzugehen. Die Schüler, um die es natürlich auch H. geht, geraten in die Rolle von Bedingungsfaktoren des Unterrichts: Ihre Aufnahmekapazität muß berücksichtigt werden, wenn über Texte und Verfahren entschieden wird. Angezielt wird nicht eine Kenntnis bestimmter Werke, im Vordergrund steht auch nicht der Erwerb sozialer Tugenden und moralischer Werte, sondern die formale Fähigkeit, poetische Texte kritisch zu lesen.

1.2 Essen

1.2.1 Gliederung und Inhalt

Es ist nicht leicht, in ESSENS „Methodik des Deutschunterrichts" (1955) die Stellen zu finden, an denen sie literaturdidaktische oder -methodische Fragen behandelt; denn E. hat ihr Werk nicht nach *Lernbereichen* gegliedert, sondern zunächst nach *Schulstufen*, dann innerhalb der Schulstufen nach den *sprachlichen Funktionen* „Ausdruck", „Kommunikation" (bzw. „Gespräch"), „Darstellung". Das zeigt schon, daß es ihr nicht primär um Literaturverstehen geht, sondern um die Verbesserung der Sprachfähigkeit. So finden sich Aussagen über die Behandlung von Literatur an den verschiedensten Stellen. Kann man unter diesen Umständen aus ihrem Buch überhaupt etwas erfahren über die Art und Weise, wie man Fragen des LU angehen und darstellen soll?

Und ob! E. beginnt ihre Darstellung nämlich mit Bemerkungen zum **Gespräch** in der Klasse, kommt vom Unterrichtsgespräch zum Spielgespräch (ein Telefongespräch wird gespielt), und nach wenigen Seiten sind wir beim Thema LU. Das liest sich so:

> Durcharbeitung einer kurzen Erzählung in Spielgesprächen.
>
> Wenn der Gesprächsstoff gegeben ist, kann das Kind sich noch ungestörter auf seinen Partner einstellen, seine Einfälle sind unmittelbar auf das Gespräch selbst gerichtet.
>
> Bei der folgenden Übung war der Stoff in Roseggers kleiner Erzählung „Als ich das erstemal auf dem Dampfwagen saß" gegeben. Wir hatten sie uns gegenseitig vorgelesen. (Sexta, Mädchen.) Nach Abschluß sagte ich: Hier ist jetzt das Haus, das steht oben auf der Wiese, davor eine schöne Holzbank (der Stuhl). (20f.)
> Usw.

Es wird nun der Inhalt der Erzählung dialogisiert und gespielt. E. zeigt uns also einen bestimmten Umgang mit einem literarischen Text; aber der Text ist nicht der Ausgangspunkt, sondern die Lehrerin greift zu ihm fast zufällig; entscheidend ist das sprachliche Handeln der Schülerinnen. Wie man sieht, erörtert E. nicht nacheinander didaktische Entscheidungsfelder (Ziele, Inhalte, Methoden), sondern sie führt – erzählend – Beispiele aus ihrem Unterricht vor. In diesem Unterricht sind die literarischen Texte zunächst einmal *Mittel* („Stoff"), um die Schüler zum Sprechen und Spielen anzuregen. Sie dienen darüber hinaus als *Modell* für Sprachpraxis: „Blicken wir uns um, wo wir in der Dichtung den 10- bis 12jährigen Gespräch zum Erlebnis bringen können, so stoßen wir auf das Volkslied. Hier sprechen Menschen im einfach Menschlichen einander an, fragen, antworten, und in Frage und Antwort ereignet sich etwas, was uns alle anrührt [...]" (32). Auch dramatische Texte und Erzählungen werden danach ausgewählt, was sie zur **Gesprächserziehung** beitragen können; auch in Erzählungen gibt es ja Rede und Gegenrede.

Wenn man ESSENS Ausführungen in dieser Weise wiedergibt, geht man unweigerlich über sie hinaus. Daß die Literatur „Mittel" und „Modell" für Sprachpraxis sei, ist eine begriffliche Abstraktion, die man bei ihr so nicht findet. Vielleicht ist es der historische Abstand, der einen heutigen Leser zu solcher Abstraktion zwingt: Man ist zu weit entfernt von diesem Unterrichtsgeschehen, als daß man nicht den Wunsch hätte zu begreifen, was in dem Unterricht, von dem die Autorin erzählt, eigentlich geschieht.

Und man fragt sich auch, wo in diesem Unterricht denn die „eigentliche" Literaturbehandlung vorkommt. Dient **Literatur** (E. versteht darunter neben poetischen ganz selbstverständlich auch philosophische und pragmatische Texte) bei E. etwa immer nur dazu, die Sprachpraxis, Sprechen und Schreiben, anzuregen und zu fördern?

Tatsächlich ist die Literatur bei E. in der Sek. I durchgängig eng auf den Sprachgebrauch bezogen. Erst *schreiben* die Kinder Gedichte, dann werden welche *gelesen*, und das Lesen geschieht laut und ist auch dadurch wieder Praxis, nämlich Sprechpraxis. Schließlich werden aber nicht nur die Gedichte gesprochen, sondern es wird auch über sie gesprochen. Natürlich *erzählt* E. davon wieder, und darüber hinaus gibt sie fast wörtliche Protokolle, um deutlich zu machen, wie denn so ein Gespräch aussieht. Anlaß und Ziel des Gesprächs ist nicht ein irgendwie geartetes *Verstehen*, sondern das bessere *Sprechen* des Gedichts. Man hat den Eindruck, E. mißtraue in der Sek. I (Gymnasium!) aller Theorie, allem „Drüberreden", das nicht ganz unmittelbar auf Handeln bezogen ist. Deswegen eben spricht sie nicht über ihren Unterricht, schon gar nicht erörtert sie seine Probleme, sondern sie erzählt von ihm und vergegenwärtigt ihn durch Mitschriften. Und über Dichtungen wird in ihrem Unterricht auch nur insoweit gesprochen, als das für die sprecherische Interpretation oder für das schriftliche Nachgestalten nötig ist. Die Einsichten, die die Schüler beim Besprechen von literarischen Texten gewinnen, beziehen sich auf ihr eigenes Sprechen und Schreiben: „Wenn wir ein Märchen vorlesen wollen, fragen wir von jetzt ab: Wo ist der Augenblick der höchsten Spannung? [...] Die Frage, welches denn der entscheidende Augenblick sei, führt immer in die inneren Zusammenhänge der Geschichte ein. Meist setzen ihn die Kinder zu früh, man zeigt ihnen aber leicht, daß hier zwar auch ein Augenblick der Spannung ist, daß danach die Spannung aber noch weiter wächst“ (61). „Es empfiehlt sich, mindestens die ersten Novellen im Deutschunterricht ganz in der Klasse zu lesen. Wo gäbe es einen besseren Stoff, um das Vorlesen zu üben?“ (64)

Auch die Auswahl der Texte geschieht in den Klassen 5–7 ganz offensichtlich unter diesem sprachpraktischen Gesichtspunkt (zu dem später noch der Gesichtspunkt der Eignung zur Sprach-, nämlich Satzanalyse tritt, ein Gesichtspunkt, unter dem z. B. Fabeln und Gedichte ausgewählt werden). Erst auf höheren Klassenstufen wird dieser praktische Bezug gelockert; allerdings äußert sich E. dann recht wortkarg zum Ziel des LU: „Die Betrachtung der Dichtung richtet sich jetzt besonders auf Fragen der Form und der Gestaltungsweise. Der Schüler sollte erfahren, daß sprachliche Kunstwerke sachlich befragt und beurteilt werden können“ (164). Der Bezug ist nur gelockert, nicht gelöst. Zwar ist die Literatur jetzt nicht mehr primär Material und Modell für eigene Sprachpraxis der Schüler, aber sie wird doch noch immer im Hinblick auf die an ihr beispielhaft erkennbaren Sprachleistungen ausgewählt und untersucht. Solche sprachlichen Leistungen sind das Berichten, Beschreiben, Charakterisieren; übergeordnet bleiben die Grundfunktionen Gespräch, Darstellung, Äußerung, für die die literarischen Gattungen Drama, Epos, Lyrik repräsentativ sind.

Die von E. gegebenen, bisweilen ausführlichen Beispiele machen nun aber deutlich, daß weder die sprachpraktische Funktion noch die Repräsentanz von Sprachleistungen als Entscheidungsgründe dafür ausreichen, warum dieser oder jener bestimmte Text behandelt wird. Es ist bezeichnend, daß E. die Frage nach der **Textauswahl** gar nicht erörtert. Welche Texte behandelt werden, das ergibt sich wohl aus dem Lehrplan, den Lesebüchern, aus zufälligen eigenen Erfahrungen und ganz allgemein aus der Tradition.

An Beispielen zeigt E., daß die Behandlung von Literatur auch dazu dient, die Schüler mit Existenzdeutungen und allgemeinen menschlichen Lebensfragen zu konfrontieren und ihnen ein bestimmtes Selbst- und Weltverständnis nahezulegen, allerdings nicht aufzudrängen. So heißt es mit Bezug auf ***„Wilhelm Tell“***: „Es ist nicht der Sinn des Dramas, daß seine Helden den Zuschauern Idealgestalt und Vorbild werden, sein Sinn liegt darin, daß dem Zuschauer an dem Ganzen des Dramas das Spannunggeladene des menschlichen Miteinanders aufgehen möchte und daß ihm die Verantwortung zum Bewußtsein kommt, unter der er steht, sobald er handelt, der er nicht ausweichen kann, da er ja handeln muß. Damit der Schüler der Oberstufe sich mit der Problematik dieser Wirklichkeit von der richtigen Grundlage her auseinandersetzen kann, ist es nötig, daß der Schüler der Mittelstufe verstehen lernt, was ein Drama ist, und zwar seiner Form nach, da die dramatische Form eine Aussage menschlicher Wirklichkeit ist“ (223). Aber solche „Moral“ scheint hier sowohl bei der Textauswahl als auch bei der Unterrichtsdurchführung sekundär zu sein – jedenfalls geht E. immer nur nebenbei darauf ein. Weder stellt sie die im Text vermittelte „Moral“ in Frage, noch problematisiert sie die Verwendung von Literatur als Vermittlungsinstanz von Ansichten „menschlicher Wirklichkeit“.

Und der LU in der Sek. II? Obwohl der Unterricht auf der Oberstufe offenbar weniger auf Sprachhandeln als auf Erkenntnis angelegt ist, verfährt E. bei ihrer Darstellung ganz ähnlich wie bei den früheren Schulstufen: Wiederum gibt sie ausführliche Beispiele. Dadurch wird nicht nur klar, was im Unterricht behandelt wurde und worauf es der Lehrerin inhaltlich besonders ankam (E. gibt so nebenbei recht eindeutige und einseitige Interpretationen der von ihr behandelten Texte!), sondern der Leser kann sich auch ein gutes Bild vom methodischen Vorgehen machen. Aber der Unterricht erscheint immer nur als Wirklichkeit, nie in seinen Möglichkeiten. Das soll heißen: Es fehlt – ganz anders als bei HELMERS – eine Übersicht über die inhaltlichen und methodischen Alternativen, und deshalb fehlen auch Begründungen für die Entscheidungen. Der Leser erfährt z. B., wie ESSEN RILKES Gedicht „Es winkt zu Frühling fast aus allen Dingen" behandelt hat (249ff.). Die einzige Begründung für die **Textauswahl**: Den Schülerinnen soll „Aussagecharakter und Aussageweise des dichterischen Sprachwerks" exemplarisch deutlich werden. Durchgeführt wird der Unterricht offenbar im Lehrer-Schüler-Gespräch; aber nach dem, was sie uns davon mitteilt, wäre auch ein reiner **Lehrervortrag** denkbar; denn E. gebraucht in ihrer Wiedergabe die Formulierungen „wir stellen fest", „wir fragen", „wir versuchen zu erklären", „wir erkennen", „wir fragen weiter". Der Leser erfährt nichts Genaues über die Art und Weise der Unterrichtsdurchführung, sondern statt dessen etwa über den Inhalt, d. h. über das, was den Schülerinnen an Einsichten vermittelt wurde oder vermittelt werden sollte. Die Schüler(innen) kommen in dieser ganz auf die Sache konzentrierten Darstellung nur als Adressaten von Lehre, als Rezipienten vor. Und mit der Frage, warum der Unterricht gerade so und nicht anders durchgeführt wurde, bleibt der Leser allein.

1.2.2 Fazit

Auch so kann man – oder konnte man? – über LU schreiben: Beispiele aus dem eigenen Unterricht dafür geben, was man im Unterricht machen kann, damit Schüler einerseits durch die Lektüre ihre sprachlichen Fähigkeiten erweitern und andererseits Einsichten in die Leistungen sprachlicher und literarischer Mittel gewinnen. E. gibt keine Landkarte, sondern einen Reisebericht. Vorausgesetzt wird Einverständnis über die Ziele des Unterrichts, über die Textauswahl, über die Verfahren, sogar auch über die Textinterpretationen selbst (als habe nicht auch früher schon Streit in der Literaturwissenschaft geherrscht). Begründet wird wenig; denn das erforderte Abstand, und E. ist immer ganz nah dran am Unterrichtsgeschehen. Die Stärke solcher Darstellungsweise liegt in der Anschaulichkeit der Details, in ihrer Konkretheit, Prägnanz, in der verführerischen Sicherheit des „So macht man den Unterricht". Ihre Schwäche liegt im fast vollständigen Fehlen von Problematisierung. Was, wenn die Schüler sich diesem Unterricht verweigern? Wenn sie mit Dichtung nichts anfangen können? Wenn sie die Einsichten, zu denen E. sie offenbar mühelos bringt, einfach nicht gewinnen wollen? Wenn die vorgeführten Unterrichtsverfahren versagen? Was die Schüler lernen sollen (und das ist selbstverständlich), das können sie lernen und werden sie auch lernen: Dieser Optimismus durchzieht ESSENS Darstellung.

Ich werde den Verdacht nicht los, daß eine Darstellung wie die von ESSEN von vielen Lehrern mehr gewünscht wird als systematische Überblicke, umfangreiche Kataloge oder auch tiefschürfende Grundproblemerörterungen. (Im Primarstufenbereich erlebt derzeit das mit Kommentaren versehene „Erzählen aus dem Unterricht" ein erstaunliches Comeback; die Grundschulzeitschriften bestehen zum größten Teil aus solchen gutgemeinten, aber völlig theoriefernen Erzählberichten.) Möglicherweise nämlich ist die Praxis des LU strukturell heute vielerorts noch gar nicht so weit entfernt von derjenigen, von der uns E. berichtet hat. Nur die didaktische, auch die methodische Diskussion ist längst weiter und höher und tiefer. Am Beispiel von E. sieht man ja, wie groß schon damals der Abstand zwischen Literaturwissenschaft und schulischem LU war. Heute gibt es nun offenbar einen ähnlichen Abstand zwischen der Theorie des LU und seiner Praxis. So wie von E. wird allenfalls noch über Unterricht geredet (in der Kaffeepause im Lehrerzimmer), aber nicht mehr geschrieben.

Wenn es stimmt, daß der Unterricht heute oftmals noch ebenso selbstsicher gehalten wird wie in ESSENS „Methodik", so hieße das freilich auch, daß die Auflösung der Verbindlichkeiten und Gepflogenheiten – um von **Ideologiekritik** gar nicht erst zu sprechen – vor den Schultüren Halt gemacht hat. „Business as usual", obwohl in der Gesellschaft längst alles fragwürdig geworden ist, nicht nur die Funktion von poetischer Literatur. Die Wohlstands-, ja Überflußgesellschaft (mit ihrer Kehrseite – den Erwerbslosen und Drop-outs) bietet Kindern und Jugendlichen so viele Betätigungs- und auch Lernmöglichkeiten (nicht zuletzt in den viel gescholtenen Medien), daß schulischer Unterricht gar nicht mehr so selbstverständlich funktionieren *dürfte*, wie bei E. beschrieben. Bisweilen funktioniert er aber dennoch so. Nur die wahrnehmbaren Krisensymptome, in denen sich das Verdrängte äußert (etwa „Schulfrust", Lernverweigerung, bloß scheinbares bzw. kurzfristiges Lernen, Überanpassung, Aggression u. ä.) fordern dann dazu auf, den LU als ein verordnetes, institutionelles Geschehen von Grund auf zu überdenken.

1.3 Ulshöfer

Ein dritter Anlauf, ein drittes Beispiel. Wie führt einer der in den 50er und 60er Jahren im Gymnasialbereich einflußreichsten und am meisten gelesenen – und in den 70er Jahren am heftigsten kritisierten – Autoren in den LU ein? Was wählt er aus, wie ordnet er seinen Stoff, wie stellt er ihn dar?

1.3.1 Gliederung

In ULSHÖFERS „Methodik des Deutschunterrichts" gibt es zwar keinen gesonderten Teil, der sich ausschließlich mit dem LU beschäftigt, aber es gibt mehrere Kapitel zu einzelnen Themen des LU, z. B. im Band für die Gymnasialklassen 5–7 (im folgenden wegen seines Erscheinungsjahrs als „1963“ zitiert) „Das Gedicht auf der Unterstufe“, „Erziehung zum rhythmischen Lesen von Prosatexten“, „Lesebuch und Ganzschrift auf der Unterstufe“, „Das Verfertigen und Untersuchen von Fabeln“ und Entsprechendes im 1. Band für die Klassen 8–10 (ich verweise auf diesen Band mit dem Erscheinungsjahr „1953“, zitiere aber aus der mir vorliegenden 5. Auflage von 1964), z. B. „Das lyrische Gedicht“, „Die Prosaganzschrift“, „Die Ballade“. Diese Kapitel sind nicht gleichmäßig unterteilt, sondern in Abschnitte mit recht unterschiedlichen Themen. Systematik hat U. nicht angestrebt, da es ihm um einen „verbundenen“ Unterricht geht: „Verstehen“ und „Gestalten“ gehören zusammen, „harte Denkarbeit in der Grammatik“ (1963:317) wie auch das Nachdenken über die in der Literatur behandelten Inhalte ist ebenfalls davon nicht zu lösen, weder in der Praxis selbst noch in ihrer Darstellung. Deshalb finden sich Hinweise zur Auswahl und zum Behandeln literarischer Texte und auch ausführlichere Darstellungen von LU nicht nur in den Kapiteln, die das schon von ihrem Titel her anzeigen, sondern überall im Buch. LU wird also in ULSHÖFERS „Methodik“ ebenso wie bei ESSEN durch die Beschreibung desjenigen Unterrichts dargestellt, in dem sie vorkommt; grundsätzliche Feststellungen zu pädagogischen und didaktischen Fragen finden sich über alle Bände und Kapitel der „Methodik“ verstreut.

1.3.2 Inhalt und Konzeption

Von U. wird der gesamte DU sehr nachdrücklich in einen übergreifenden Zusammenhang gestellt: „Der Deutschunterricht [...] ist ein Fach der Erziehung“ (1963:318), oder noch drastischer: „Er ist das Fach der Erziehung schlechthin“. (1963:1; in dem 1953 erschienenen Band für die Klassen 8–10 heißt es an entsprechender Stelle auf S. VII : „Der Deutschunterricht ist das Fach der Lebenslehre schlechthin.“) Deshalb ist auch das von U. vorgelegte Buch eine „Erziehungslehre“ (1963:VIII). Die Erziehungsaufgabe steht im Vordergrund, ihr ordnet sich das Fachspezifische unter. Logischerweise geht U. in ganz ungewöhnlicher Breite auf die menschlichen und allgemeinpädagogischen Fähigkeiten ein, die der Deutschlehrer haben muß; deshalb kritisiert er die bloß fachliche Ausbildung, und es ist bezeichnend, daß er Methodik eigentlich als Ersatz für mangelnde menschliche Fähigkeiten versteht:

> „Ein Lehrer mit eigenen Gedanken, Liebesfähigkeit, Lebenserfahrung, Selbständigkeit des Urteils, beseelt von dem Trieb, geistiges Leben zu wecken – braucht keine Methodik des Deutschunterrichts, er trägt sie in sich; er gibt im rechten Augenblick die richtige Lesehilfe, Verständnishilfe, Werkhilfe. [...] Wer wagt von sich zu behaupten, er sei ein solcher Mensch? Der rechte Deutschlehrer [...] weiß, daß geistige Zeugungskraft und seelische Spannkraft erschöpfbar sind. Da er die Grenzen der eigenen Wirkungsmöglichkeit kennt, bemüht er sich, diesen Kräften durch richtigen Einsatz ein möglichst großes Gewicht zu verschaffen. Damit findet er den Ansatz zum methodischen Denken. Der vollkommene und der gleichgültige Lehrer mögen auf Methode verzichten; jeder andere wird sich über sein Tun täglich Rechenschaft ablegen“ (1963:2).

Wohin wird nun erzogen? Da U. den DU als „Lebenslehre", als Behandlung von „tieferen Lebensfragen" (1953:4), versteht, geht es ihm natürlich um mehr als bloß die Verbesserung von Sprachfähigkeiten. Der Unterricht „erzieht zu bestimmten Denk-, Arbeits-, Lese- und Schreibgewohnheiten, Wertungen und Verhaltensweisen". Unter **Erziehung** versteht U. also die Vermittlung (das Einpflanzen) von Gewohnheiten und Werten. Der Lehrer übernimmt damit natürlich eine große Verantwortung; denn er muß die richtigen Gewohnheiten und Werte auswählen und wirkungsvoll präsentieren. Er bildet die Schüler nicht nur, sondern er formt sie geradezu. Vom Lehrer und seinem Unterricht hängt es ab, wie sich die Schüler verhalten, welche Vorstellungen sie entwickeln und an welchen Werten sie sich orientieren. Obwohl es U. nach eigenem Bekunden darauf ankommt, die Selbständigkeit der Schüler anzuerkennen und zu fördern, werden sie doch eher als plastisches Material gesehen, das durch Unterricht geformt wird. Feinheiten der Formulierung zeigen das: U. spricht nicht davon, daß der Unterricht den Schülern helfe, ihr Selbst zu finden oder zu entwickeln, sondern seine „Methodik" „will Wege aufzeigen, wie das Kind [...] zu seinem Selbst *geführt* werden kann" (1963, IX, Hervorh. J. F.). Der Unterricht hilft den Kindern nicht etwa nur beim Aufwachsen, sondern er führt sie zum vorbestimmten Ziel: Er macht ordentliche Menschen aus ihnen. (Zu ausführlicherer Kritik an ULSHÖFERS Erziehungsvorstellungen vgl. BIENKO/IDE 1970 und SEITZ 1974.)

Neben der allgemeinen „Lebenslehre" obliegt dem DU besonders die Förderung menschlicher Anlagen wie Phantasie, Intuition und Abstraktionsfähigkeit; als Fachunterricht geht es ihm spezieller um das „lautere, ursprüngliche, echte Wort. Auf dieses kommt es an. Deshalb gründen wir unsere Methodik nicht auf die Sprache an sich, sondern auf die sozialen, sittlichen, religiösen Kräfte, aus denen das wahrhafte Wort hervorgeht. Nicht Sprachhandeln und Sprachdenken an sich kennzeichnet das Wesen des Deutschunterrichts, sondern die Erziehung zum treffenden, gemeinschaftstiftenden, wahren, erfüllten Wort, zum Begriff" (1963:22). Damit markiert U. recht deutlich den Unterschied zu anderen Fächern, in denen ja auch mit Sprache gehandelt und in Sprache gedacht wird. Im DU wird zu einem bestimmten, als hochwertig angesehenen, wohlüberlegten Sprachgebrauch und dem darin sich ausdrückenden Ethos erzogen.

Auch der LU hat zunächst eine spracherzieherische Aufgabe; er soll den „Sprachsinn", also ein Gefühl für sprachliche Qualität schärfen, und dies auf allen Ebenen, z. B. auch der prosodischen: „Die metrisch-gebundene Sprache des Gedichts eignet sich besonders dazu, das rhythmische Gefühl zu verfeinern. Deshalb nimmt in jedem Sprachunterricht die Arbeit am Gedicht einen breiten Raum ein" (1963:26). Diese Zielsetzung hat natürlich Folgen für die Textauswahl: Die präsentierten Texte müssen vorbildlich sein. – Außerdem geht es im LU um eine über das Sprachliche hinausgreifende Grundfähigkeit, den **symbolischen Sinn**. Die Lektüre fördert den „Aufbau eines Symbolverständnisses" (1963:19), also das Verständnis eines Textes nicht bloß als einer Summe von Einzelheiten, sondern als „Sinnganzheit". Auch hier zielt U. wieder nicht nur auf eine das Textverstehen betreffende Fähigkeit, sondern es geht um etwas Grundsätzliches, nämlich um die Herausbildung der Fähigkeit (oder der Einstellung?), in allem, was ist, einen Sinn zu erkennen. Dabei ist „Sinn" sicher in beiden Bedeutungen gemeint: als das Verstehbare und als das Wertvolle.

Wichtig ist für U. natürlich der „Gehalt" der Texte, ihre – so würden wir heute wohl sagen – „Botschaft". Die Texte zeigen dem Leser menschliches Verhalten und Schicksal. U. glaubt, daß die Lektüre die Kinder und Jugendlichen prägt („starke Prägekraft", 1953:67), daß sie ihr Weltbild beeinflußt und ihre Vorstellungen von Mensch und Gesellschaft formt. Eben deshalb kommt es auf die richtige **Textauswahl** an: Es müssen „wertvolle Texte", es muß das „gute Buch" ausgewählt werden. Hier kommt ULSHÖFERS pädagogisches Ideal zur Geltung; bei der Textauswahl muß man darauf achten, daß in den Texten vorbildliches Verhalten positiv und niederträchtiges Verhalten negativ gezeichnet wird. Die moralische „Botschaft" ist aber nicht Thema des Unterrichts, sondern sie soll sich unbewußt einprägen und wird gewissermaßen hinterrücks vermittelt. U. hält sich zugute, es gehe in seinem Unterricht nicht um „moralische Belehrung", sondern die sittliche Erziehung könne „allein durch Beachtung der Eigengesetzlichkeit des Faches" (1963:VIII) geschehen.

Genügt es, die richtigen Texte auszuwählen? Keineswegs! Nötig ist auch eine fachgerechte Vermittlung; denn die Texte entfalten nicht von selbst ihre bildende Wirkung. „Wir dürfen uns nicht der Täuschung hingeben, der wir Deutschlehrer so gerne erliegen, daß die Lektüre und Schulbesprechung von literarischen Zeugnissen eine tiefgehende Wirkung ausübe. Die Oberfläche wird angeregt, der Kern bleibt unberührt – und um diesen ist es uns doch zu tun!" (1953:34) Wie bringt man die Texte zur Wirkung? Es kommt darauf an, „die Lebensbezüge, aus denen heraus ein Werk entstanden ist, den jungen Menschen selbst erfahren zu lassen" (1953:34). Methodisch bedeutet das, daß die Schüler nicht nur auf die Lektüre „eingestimmt" werden müssen, sondern daß vor der Lektüre bestimmte Lebenserfahrungen in Erinnerung gebracht werden müssen, damit die Texte auf fruchtbaren Boden fallen. Wenn z. B. im 8. Schuljahr germanische Mythen dran sind (und dran sind sie ob ihrer Aussage!), dann muß zunächst einmal ein Verständnis für die „Gestaltwerdung kosmischer und geistiger Urkräfte" geschaffen werden. Dies geschieht durch den Appell an eigene Erfahrungen: „Habt ihr schon einmal ein Gewitter, da Blitz auf Blitz niederzuckte und Donner auf Donner niederfiel, im Freien verbracht und um euer Leben gebangt? Wenn im Gewitter die Schleusen des Himmels aufbrechen und Strahl auf Strahl aufflammt, da erfahren wir eine gewaltig-unheimliche Macht, die schlägt und grollt. Die Germanen sahen im Gewitter den obersten Gott des Himmels und der Erde, Wotan, tatsächlich durch die Lüfte fahren" (1953:37). So also geht das! U. ist überzeugt, daß aller Dichtung Erfahrungen zugrunde liegen, die den Schülern vertraut sind. Wenn es nicht gelingt, diese Erfahrungen wachzurufen und damit eine Brücke zu schlagen zwischen Text und Schüler, ist die Lektüre wertlos und der Text nicht geeignet.

Eine solche Überzeugung macht es nötig, sich *vor* allem LU mit den Schülern, mit ihren Voraussetzungen und Interessen vertraut zu machen. Deshalb begründet U. seinen Unterricht anthropologisch und beginnt seine Darstellung mit einer Beschreibung der empirisch faßbaren psychischen Situation des Kindes bzw. Jugendlichen auf der jeweiligen Altersstufe. So stellt er z.B. fest, daß Schüler der Klassen 8–10 nicht von sich aus schreiben: „Es ist eine Erfahrungstatsache, daß der junge Mensch der Vorreifezeit lieber bastelt oder experimentiert als schreibt. Welcher Junge dieses Alters würde aus eigenem Antrieb zur Feder greifen?" (1953:20; auf Mädchen geht U. danach ein.) Muß der Deutschlehrer deshalb resignieren? Keineswegs. Gerade diese Altersstufe sei eine „Zeit stärksten inneren Wachstums, da eine Fülle neuer Seelenkräfte erwacht". Ein Ausdrucksbedürfnis sei also da, und es komme nur darauf an, einen Anstoß zu geben, also „den jungen Menschen um seiner selbst willen zum Ausdruck zu bewegen, denn die Äußerung hilft zur Selbstbefreiung". Da der Jugendliche in diesem Alter sich nicht mehr naiv als Ich ausspreche, müßten ihm Aufgaben gestellt werden, bei denen er a) sich in einer Rolle äußern, b) mit nicht-sprachlichen Medien (Fotos, Musik u.a.) arbeiten und c) sich von sich weg und den Sachen (Realia) zuwenden kann (1953:21f.). – Der Ansatz beim Kind macht übrigens auch verständlich, warum U. seine gesamte „Methodik des Deutschunterrichts" nach Schul- und damit Altersstufen gliedert.

Großen Raum nimmt bei U. die Darstellung der Unterrichtsverfahren ein, und man hat oft den Eindruck, daß Texte nicht primär wegen ihrer Bedeutung ausgewählt werden, sondern weil sie sich für bestimmte Unterrichtsverfahren, vor allem für **„produktive Übungen"** eignen. Was kann man mit Texten machen, und wie geht man dabei im einzelnen vor? U. zählt fachspezifische Verfahren auf: Man kann Texte selbst vorlesen oder sie von den Schülern (als vorbereitete „Leseübung") vorlesen lassen, man kann sie bebildern, nacherzählen, weitererzählen, vorgestalten, umgestalten und zu ihnen Paralleltexte schreiben lassen usw., und natürlich kann man auch über sie sprechen im „Rundgespräch" und im „Reihengespräch". All diese und noch weitere „Arbeitsweisen" (teils fachspezifisch, teils fächerübergreifend wie die Gruppenarbeit) erläutert U. ausführlich und stellt Beispiele vor, wobei er bis ins Detail geht: „Drei Kinder treten nach vorne und lesen eine Geschichte vor. Wir erreichen dadurch, daß viele Kinder zum Zug kommen und die Art des Vorlesens verglichen und berichtigt werden kann" (1963:155). An konkreten Ratschlägen fehlt es nicht: Wenn Schüler einen Text vorgelesen haben, solle man dies nicht von den Mitschülern beurteilen lassen, weil dann nur stereotype Äußerungen kommen wie „Er sollte mehr Pausen machen, langsamer lesen, er hat geleiert". Statt dessen sollte nach dem Schüler der Lehrer vorlesen und dann fragen, was anders gelesen wurde. „Lesen lernt man durch lesen; lesen lehrt man, indem man lesen läßt, selbst vorliest, andere Schüler lesen läßt, auf das richtige Atmen, Artikulieren und Sinnerfassen achten lehrt" (1963:188). Wie man schon an diesem kleinen Beispiel sieht, geht U. in einer Ausführlichkeit und Deutlichkeit auf unterrichtspraktische Fragen ein, wie dies heute nirgendwo mehr geschieht

– auch dort nicht, wo ausdrücklich Praxisnähe versprochen wird. Kann der heutige Lehrer das alles schon, was ihm U. beizubringen versucht? Ist er einfach besser ausgebildet? Braucht er diese konkreten Ratschläge und Appelle nicht? Im Unterschied zu Essen erzählt U. ja nicht nur, wie er es gemacht hat, sondern seine Darstellung ist immer appellativ: So wird es gemacht, so muß man es machen! Offenbar will U. nicht nur im Unterricht die Schüler prägen, sondern es sollen auch die Lehrer, die seine Ausführungen lesen, bestimmte Wertungen und Verhaltensweisen übernehmen.

Im Hinblick auf die Unterstufe des Gymnasiums, also die Klassen 5–7, gibt es ein literaturunterrichtliches Verfahren, vor dem U. ausdrücklich warnt: das **„Interpretieren“**. „Weil heute im Deutschunterricht zu viel interpretiert wird, herrscht so wenig Arbeitshaltung“ (1963:48). Natürlich drückt sich in dieser Warnung nicht nur die – reformpädagogisch inspirierte – Bevorzugung **produktiver Verfahren** aus, sondern auch die Skepsis gegenüber einem begrifflich-verbalen, analytisch-kritischen Umgang mit Dichtung: Kunstwerke sollten vor allem die Sinne und die Erlebnisfähigkeit der Schüler ansprechen. Wenn überhaupt Verstehen, dann folgt es dem Erleben und eigenen Tun: „Der Sinn des Verstehens entfaltet sich mit der Verfeinerung der körperlichen Sinne“ (1963:69). Mit Bezug auf Gedichte stellt U. fest: „Der Rhythmus wird auf der Unterstufe verleiblicht; nicht nur gesprochen, sondern geklopft, geschritten, in Handbewegungen umgesetzt, damit er ins Blut geht“ (1963:27). Bloß kein „verkopfter“ Unterricht! Insofern Literatur nicht unbedingt verstanden werden muß, sondern es reicht, von ihr gefühlsmäßig affiziert zu werden und praktisch mit ihr umzugehen (laut lesen, auswendig lernen, umgestalten), wird die Textauswahl unproblematisch. Die Texte müssen nur die moralisch „richtigen“ Tugenden vermitteln.

Gern teilt U. die Ergebnisse des Unterrichts mit, gibt also Schülerarbeiten wieder, um zu zeigen, was bei den „kunsthandwerklichen Übungen“ (1963:49) herauskommen kann. Besonders ausführlich geschieht dies beim Verfertigen von Gedichten nach Vorlagen. Dabei zeigt sich, daß die Vorlagen nur als formale Muster (oft genug für grammatische Übungen) verwendet werden: „Hausaufgabe: Jeder sammelt Motive und reiht Sätze so, daß Strophen entstehen. Auf diese Weise üben wir Grammatik“ (1963:87; ein typisches Beispiel für „verbundenen Deutschunterricht“). Der Lehrer läßt untersuchen, wie das Gedicht gebaut ist, welche Satzmuster verwendet wurden, wie die Reimstellung ist usw., und dann verfertigen die Schüler ihre Gedichte nach solchem Muster. Da es auf die Bedeutung der Vorlagen kaum ankommt und die Funktion des poetischen Produzierens (z. B. das Ausdrücken eines bestimmten Gefühls, das Verarbeiten einer Erfahrung) keine Rolle spielt, können alle möglichen Gedichte gewählt werden, auch viel zu anspruchsvolle. Aufgabe ist ja nicht, den Text mit dem Verstand auszuloten, sondern seine Struktur (Machart) zu erfassen, um einen ähnlichen Text zu einem anderen Thema zu schreiben, wobei praktisch manchmal einfach die Wörter schematisch ersetzt werden. Der Unterricht „funktioniert“, zumal die Schüler ja von früh auf daran gewöhnt wurden, sich diszipliniert, ja gefügig zu verhalten. Den Einwand der Verfrühung weist U. ab: Angesichts der Behandlung von EICHENDORFFS **„Mondnacht"** stellt er selbst die Frage „Zu früh im 7. Schuljahr?" und antwortet: „Nein! Haben wir Vertrauen zu dem ahnenden Vermögen der Dreizehnjährigen. HÖLDERLINS ‚Eichbäume' und ‚Des Morgens' können u. U. in Quarta ein tieferes Erlebnis auslösen als in Prima" (1963:95) (Quarta = 7. Klasse, Prima = 12./13. Klasse). Keine Frage: Sie *können* das. Aber *werden* sie das auch bei einem größeren Teil der Siebtkläßler? Und reicht dieses irgendwie geartete „tiefere Erlebnis" einiger Schüler aus, um allen Schülern den Text vorzulegen und aufzugeben? Welchen Widerwillen gegen Lyrik, ja gegen Dichtung überhaupt erzeugt man auf diese Weise so nebenbei? Solche kritischen Fragen sind längst nicht mehr nur angesichts von Gedichten EICHENDORFFS und HÖLDERLINS zu stellen.

1.3.3 Fazit

ULSHÖFERS Darstellung gilt dem Unterrichten als einer gewissermaßen handwerklichen Tätigkeit mit erzieherischer Absicht, wobei die Erziehung sich an bestimmten Wertvorstellungen orientiert. U. ist sich nicht zu schade, auf praktische Details wie die Heftführung, die Vermittlung von Gesprächsregeln und die Sitzordnung einzugehen; denn solche vermeintlichen Nebensächlichkeiten haben pädagogische Bedeutung, dienen sie doch seiner Erziehung zu Ordnungssinn und Disziplin. Das Fachliche ist eingebunden in das Pädagogische, und deshalb ist beim Lehrer seine Persönlichkeit ebenso wichtig wie seine Fachkompetenz. Der LU ist aufs engste verbunden mit den anderen Aufgaben des DU; er vermittelt neben (Sekundär-)Tugenden vor allem praktische Fähigkeiten im Umgang mit den Texten. (Im Unterschied zu ESSEN bezieht sich ULSHÖFERS Methodik trotz ihres Umfangs – drei Bände – nur auf die Sek. I.)

Weil Literatur nicht eigentlich Thema des Unterrichts ist und LU kein Problem, kann sich U. eine Erörterung von Zielen und Inhalten schenken und sich auf die Methodenfrage konzentrieren. Das ermöglicht zugleich eine Darstellung des *Unterrichts als Prozeß*: Ausgangslage (vor allem: die anthropogenen Bedingungen auf Schülerseite) – einzelne Unterrichtsschritte – Ergebnis.

Die Basis von ULSHÖFERS Darstellung ist seine Erfahrung; auf didaktisch-methodische Literatur greift er nur sehr selten zurück. Er setzt sich mit anderen Auffassungen kaum auseinander, sondern diese sind ihm nur Anstoß zum Ausbuchstabieren seiner eigenen Konzeption. Das ist sicherlich auch zeitbedingt; U. schrieb seine „Methodik" in den ersten Jahren der Bundesrepublik. Wenn er auf andere Konzeptionen eingeht, so stammen sie aus der Weimarer Zeit. Daß U. nur selten unterschiedliche Auffassungen gegeneinander stellt, hat allerdings deutliche Folgen für die Darstellung: Sie wird monologisch, es gibt keine Erörterung unterschiedlicher Möglichkeiten. Die Orientierung an der eigenen Erfahrung zeigt sich besonders krass bei der Darstellung von „Arbeitsweisen". U. zählt auf, was er kennt und was sich bewährt hat; aber er leitet die einzelnen Verfahren nicht aus Prinzipien ab und versucht nicht, sie systematisch-hierarchisch zu ordnen. Durch eine Systematik als Heuristik könnten demgegenüber didaktische und methodische Möglichkeiten in den Blick geraten, die noch nicht realisiert sind.

1.4 Folgerung

Während HELMERS einen knappen und notwendigerweise recht abstrakten systematischen Überblick über wesentliche Fragen des LU gibt, zeigen uns ESSEN und ULSHÖFER an Unterrichtsbeispielen, wie ihre jeweilige Konzeption durchgeführt wird. Will man beides haben, also sowohl Orientierung und Überblick als auch Veranschaulichung und Vielfalt der Details, so muß man die Erörterung *didaktischer* Grundfragen verbinden mit der Darstellung *methodischer* Möglichkeiten. Ich werde deshalb ausgehen von einem *Beispiel*, im übrigen aber die Darstellung systematisch nach didaktischen Aspekten gliedern: *Ziele* und *Inhalte*, *Methoden*, *Unterrichtsphasen*. Zu diesen pädagogisch-didaktischen Themen kommen hinzu die an der Psychologie orientierte Frage nach der *literarischen Entwicklung* und die an der Literaturwissenschaft orientierte nach der *Rezeption* und *Interpretation*.

Die eigene Konzeption, die ja einschließlich ihrer Prämissen vor allem in den „Grundlagen" (Band 1) ausgeführt worden ist, wird in drei eingestreuten „Kamingesprächen" diskutiert: *Literatur und Praxis*, *ästhetische Kommunikation*, *Literatur und Moral*. Mit den Begriffen „Praxis" und „Moral" wird gleich zweimal auf die handlungsorientierende Funktion des LU angespielt. Damit scheint die hier vertretene Konzeption derjenigen ULSHÖFERS am nächsten zu stehen, der ja am deutlichsten die erziehende Funktion des LU betont hat. Im Unterschied zu ihm verstehe ich allerdings Literatur nicht als Transportmittel für Haltungen und Überzeugungen, sondern als Spielraum, in dem in der Phantasie Handlungsmöglichkeiten ausprobiert und die ihnen zugrundeliegenden Normen und Wertvorstellungen ausphantasiert, erkannt und diskutiert werden können. Obwohl HELMERS geradezu der Antipode von ULSHÖFER ist und sich ausdrücklich von einer „irrational vorgehenden ‚einfühlenden' Morallehre" absetzt, teilt doch auch er die Auffassung, Literatur habe eine lebenspraktische Funktion und der Unterricht müsse den „Erziehungswert der Dichtung" zur Geltung bringen. Allerdings erfüllt die Literatur bei ihm diese Funktion nicht direkt, sondern die „erzieherischen Potenzen" müssen durch einen kritisch-intellektuellen Umgang mit der Literatur entbunden werden. Demgegenüber vertritt ESSEN (schon in ihrer „Methodik", stärker noch in späteren Veröffentlichungen) einen LU ausdrücklich als Sprachunterricht; Fragen nach der Moral, nach Handlungsorientierung, nach Werten und Normen kommen natürlich auch in ihrem Unterricht vor, spielen aber keine Rolle für dessen Konzeptionierung.

Zur Darstellung der didaktischen und methodischen Probleme des LU beziehe ich mich durchgängig (aber nicht ausschließlich) auf denselben literarischen Text: PETER HACKS, ***„Der Bär auf dem Försterball"***. Um dies möglich zu machen, werden nicht nur drei hypothetische und fünf wirkliche Unterrichtskonzepte und -durchführungen vorgestellt, sondern der Text wird auch unter verschiedenen Aspekten ausführlich analysiert und interpretiert.

2 Ein literaturdidaktisches Exempel

Am Beispiel der Geschichte vom „Bär auf dem Försterball" (Hacks) werden Fragen der Planung und Realisierung von LU konkret diskutiert: Wie würden die bekannten Deutschdidaktiker (Ulshöfer, Essen, Helmers) mit dem Text umgegangen sein? Und wie gingen Lehrer in unterschiedlichen Klassen in den 80er Jahren tatsächlich damit um? Welche Methoden kamen zur Anwendung? Wie sieht die „didaktische Analyse" bei solch einem Text aus, und welches ist der Stellenwert der „Sachanalyse"?

2.1 Allgemeine Vorbemerkungen zur Planung: Ziele und Textauswahl

Die Planung von LU sieht in der Praxis recht anders aus, als es die Theorie vorsieht und die Logik verlangt. An allgemeine Bildungs- und Erziehungsziele denkt man in der Regel bei der konkreten **Unterrichtsvorbereitung** nicht; solche Überlegungen bleiben „didaktischen Sonntagen" vorbehalten (Referendariat – und dabei auch meistens beschränkt auf Prüfungssituationen; Lehrerfortbildung; Lehrplanarbeit u. ä.). Allerdings bedeutet dieses Versäumnis nicht, daß derartige Überlegungen bei der normalen Vorbereitung des Unterrichts keinerlei Rolle spielten. Sie sind „im Hinterkopf" und können auf Bedarf nach vorn geholt und expliziert werden. Sie sind Teil des Bildes, das jeder Lehrer von Schülern, Schule und Unterricht mit sich herumträgt; die Ziele, die er sich für eine Unterrichtssequenz vornimmt, sind faktisch die Konkretisierung der allgemeinen Ziele, die jeder Lehrer implizit verfolgt. Darüber hinaus haben diese allgemeinen Ziele den institutionellen Rahmen mitbestimmt, innerhalb dessen die einzelne Unterrichtsstunde stattfindet – von der Zusammensetzung der Klassen nach Altersjahrgängen über die Fächereinteilung und Stundenzuweisung bis hin zu inhaltlichen Vorgaben in den Lehrplänen. Ehe wir also anfangen zu planen, ist schon vieles entschieden!

Aber nicht nur die allgemeinen Ziele bleiben gewöhnlich unbedacht, sondern auch bei den einzelnen Entscheidungen über eine Unterrichtsstunde oder -einheit überlegt man sich häufig nicht zunächst bestimmte Ziele (etwa: eine literarische Gattung kennenlernen, sich mit einem Thema beschäftigen, Lesefähigkeiten erweitern, an einen anderen Text anknüpfen) und sucht sich dafür die Texte, sondern man geht umgekehrt von einem Anlaß aus (ein Drama wird im Theater gespielt, eine verfilmte Erzählung läuft gerade im Kino, ein Schüler bringt einen Text in den Unterricht ein usw.) oder trifft auf einen Text und überlegt, ob und wie man ihn behandeln könnte. Man trifft auf einen Text: Damit ist das Zufällige angesprochen, das oft genug die Textauswahl kennzeichnet. Dem Zufälligen haftet das Odium des Beliebigen und Belanglosen an. „Treffen" kann aber auch „Begegnen" heißen, und damit wäre ein Begriff gebraucht, der für die Pädagogik und Didaktik einmal wesentlich war. Bei der Begegnung stößt das Subjekt auf etwas, das es anspricht. Ein unbestimmtes Interesse wird geweckt, man ahnt, daß man auf etwas gestoßen ist, das irgendwie Bedeutung gewinnen könnte. Zumindest ein ganz klein bißchen hat man Feuer gefangen, und zugleich ist ein erster, wenn auch noch so bescheidener Zugang zum Text gefunden. Gerade das Zufällige der Begegnung eröffnet die Chance, daß sich – in Worten der Bildungstheorie gesprochen – Subjekt und Objekt gegenseitig erschließen. Bescheidener ausgedrückt: Es kommt dabei zu einer Berührung, zu einer Fühlungnahme mit dem Text.

Solche Fühlungnahme geschieht beim Literaturlehrer fast nie ohne die gleichzeitige Frage nach einer schulischen Verwendbarkeit. Ist das eine Déformation professionelle, eine Berufskrankheit? Tatsächlich klagen Deutschlehrer bisweilen darüber, sie könnten nichts mehr lesen, ohne sich gleich zu überlegen, ob der Text geeignet wäre für den Unterricht. So unangenehm das vom einzelnen vielleicht empfunden wird, so ist es doch nicht grundsätzlich schlecht, wenn man sich bei dem, auf das man trifft, die Frage vorlegt, ob es sich lohnen würde, andere und speziell Jüngere darauf aufmerksam zu machen. Die Frage nach der Weitergabe dessen, was wir lesen, macht den Literaturlehrer empfindlich gegenüber dem „Bildungswert“ oder wenigstens dem didaktischen Nutzen der Lektüre. Vielleicht sollte man neutral von einer „Formation professionelle“ sprechen. Literaturlehrer ist einer, der nicht nur Literatur gern hat (das ist eine Conditio sine qua non), sondern sie auch vermitteln möchte.

Die Zufälligkeit der Textbegegnung kennt verschiedene Grade. Recht zufällig ist es, wenn wir morgens die Zeitung aufschlagen und uns ein Artikel auffällt, der für den Unterricht brauchbar scheint. Ähnlich, aber doch schon weniger zufällig ist es, wenn wir in einer Fachzeitschrift einen Aufsatz über die Behandlung einer bestimmten Dichtung lesen, der uns anspricht. Viel absichtlicher freilich ist die Begegnung, wenn der Text im Lesebuch der Klasse steht, die wir unterrichten. In das Lesebuch ist er allerdings auch aus manchen rationalen und vielen irrationalen Gründen hineingekommen – genug Zufall auch hier. Ob wir ihn auswählen (bzw. ihn den Schülern zur Wahl vorlegen), hängt wiederum von vielen Faktoren ab, von Stimmungen und Überlegungen. Ohne daß wir uns dessen bewußt sind, wirken sich unsere Vorstellungen von „gutem Unterricht“ aus; wir orientieren uns eben auch dann an Zielen, wenn wir sie nicht ausdrücklich formulieren.

Nicht immer beruht die Textwahl auf Zufall oder bewußter eigener Entscheidung bzw. der Verbindung von beidem, sondern oft genug tritt der Fall ein, daß wir einen Text behandeln *müssen*, sei es, weil der Lehrplan es vorschreibt oder die Fachkonferenz es beschlossen hat, sei es, weil er prüfungsrelevant ist, sei es, weil wir – als Praktikant oder Referendar – uns der Entscheidung eines anderen fügen. Das braucht nicht unangenehm zu sein; vielleicht sind wir ganz dankbar, daß wir die Textauswahl nicht selbst zu treffen und damit auch zu verantworten haben. Nur kann die psychische Ausgangslage hier recht anders sein: Wir fühlen uns von dem Text womöglich nicht angesprochen, er läßt uns völlig kalt, wir haben keinen Zugang, ja nicht einmal die Ahnung eines Zugangs. Oder aber – schlimmer? weniger schlimm? – wir finden den Text idiotisch, abwegig, belanglos. In dieser Lage greifen wir wahrscheinlich auf Routinen zurück, die wir uns für solche Fälle angeeignet haben, und zwar nicht erst als Lehrer, sondern schon als Studenten, ja schon selbst als Schüler. Denn als Schüler ist man ja oft genug in der Situation, mit einem Text etwas anfangen zu müssen, mit dem man zunächst einmal gar nichts anfangen kann.

2.2 Die Suche nach dem „Bildungsgehalt"

Gleichgültig wie wir nun zu unserem Text gekommen sind, ob zufällig oder unter Zwang, ob aus Neigung oder aus Pflicht: Immer stellt sich dem Literaturlehrer die Frage, was er mit dem Text, den er vorliegen hat, im Unterricht machen kann. Der Ausgang vom Text und nicht die von Lernzielen, „didaktischen Funktionen" (SEIFERT 1975) und allgemeinen pädagogischen Überlegungen her gesteuerte Auswahl ist sicher kein literaturdidaktisches Ideal, aber es ist wohl der Normalfall. Und immerhin hat der Ausgang vom vorliegenden Text eine ehrwürdige didaktische Tradition. Verstehen wir den Text nämlich als **„Bildungsinhalt"**, so galt das Bemühen der „bildungstheoretischen" Didaktik ja dem Erschließen des **„Bildungsgehalts"** aus diesem Inhalt. Diese didaktische Theorie nahm nämlich den Bildungsinhalt als gegeben bzw. vorgesetzt hin (die Texte stammten im allgemeinen aus dem **„Kanon"**) und fragte dann: Was macht den Text für den Schüler wichtig? Was läßt sich an ihm zeigen? Worin betrifft er den Schüler? Was kann er an ihm lernen? Welche Wirkungen kann der Text entfalten? Wofür steht er beispielhaft? In KLAFKIS (1964:14) Worten:

> „Es charakterisiert einen Bildungsinhalt, daß er als einzelner Inhalt immer stellvertretend für viele Kulturinhalte steht; immer soll ein Bildungsinhalt Grundprobleme, Grundverhältnisse, Grundmöglichkeiten, allgemeine Prinzipien, Gesetze, Werte, Methoden sichtbar machen. Jene Momente nun, die solche Erschließung des Allgemeinen im Besonderen oder am Besonderen bewirken, meint der Begriff des Bildungs**gehaltes**. Jeder besondere Bildungsinhalt birgt in sich also einen allgemeinen Bildungs**gehalt**."

Nach diesem Verständnis ist Schule der Ort, wo am Besonderen das Allgemeine studiert wird. Wofür steht der Text stellvertretend? Was für allgemeine Einsichten können die Schüler an ihm gewinnen? Solche Fragen sind zu stellen, wenn man diesen didaktischen Ansatz wählt. Und von den Antworten darauf hängen wiederum alle anderen Entscheidungen methodischer und organisatorischer Art ab. (Ein kurzes Nachdenken und Vergegenwärtigen der Unterrichtswirklichkeit zeigt das Illusionäre dieses Ansatzes: Wann je steht der besondere „Stoff", der gerade vermittelt wird, für etwas Allgemeineres? Da wird „das Attribut" durchgenommen [„nenne die sieben Arten von Attributen!"], „die Ballade", der „innere Monolog": Steht irgend etwas davon jemals für ein Allgemeineres? Ist es so vom Lehrer intendiert? Wird es so von den Schülern begriffen?)

2.3 Textauswahl – nicht ideal, aber typisch

Der Zufall regierte, als ich 1978 die Geschichte ***„Der Bär auf dem Försterball"*** von PETER HACKS für eine 7. Gymnasialklasse auswählte. Ich hatte in einer Klasse, in der ich Deutsch unterrichtete, den Klassenlehrer am Wandertag zu vertreten. Weder ich noch die Klasse hatte Lust auf Wandern. So schlug ich vor, im Audio-Visuellen Zentrum der Universität Hamburg, an der ich einen Lehrauftrag hatte, eine Schulstunde zu filmen – mit anschließendem Besuch einer Eisdiele. Einhellige Zustimmung. Was macht man in einer Einzelstunde, die man mit der Absicht, den Studenten „ganz normalen Literaturunterricht" vorzuführen, filmen will? Ich hatte kaum Zeit zur Vorbereitung. Am besten nimmt man einen kurzen, überschaubaren Text und behandelt ihn konventionell, also im **Unterrichtsgespräch**, damit der Zuschauer auch was sehen kann. Man kennt dieses Setting von Vorführstunden, wie sie jeder Referendar zu geben hat; die Methode (durch Lehrerfragen gelenktes „Unterrichtsgespräch") wird durch die Situation nahegelegt, sie ergibt sich nicht aus der Sache.

Welcher Text? Ich suchte in Lesebüchern und Anthologien. Der Text mußte kurz sein, pfiffig, facettenreich; er mußte mir gefallen und sollte den Schülern gefallen. (Ohne darüber nachzudenken, hatte ich natürlich meine Klasse im Blick.) In einer Sammlung von „Geschichten für Kinder" stieß ich auf PETER HACKS' Erzählung vom betrunkenen Bären – damals im DU noch so gut wie unbekannt. Schnell und routinemäßig war die Stunde geplant, ohne spürbare Komplikationen wurde sie durchgeführt und aufgezeichnet, und das Eis schmeckte danach wunderbar.

Nicht abzusehen war damals, daß dieser Zufall dazu führen sollte, daß ***„Der Bär auf dem Försterball"*** im folgenden Jahrzehnt zu einem der am häufigsten behandelten, am gründlichsten untersuchten und am ausführlichsten dokumentierten Literaturunterrichtsthemen avancieren (ANTONACOPOULOS-MÜLLER/LEIDHOLDT 1982, WILLENBERG 1987, WIELER 1989) und in zahllosen Seminaren diskutiert werden würde.

Der Bär auf dem Försterball

Der Bär schwankte durch den Wald, es war übrigens Winter; er ging zum Maskenfest. Er war von der besten Laune. Er hatte schon ein paar Kübel Bärenschnaps getrunken; den mischt man aus Honig, Wodka und vielen schwierigen Gewürzen. Des Bären Maske war sehr komisch. Er trug einen grünen Rock, fabelhafte Stiefel und eine Flinte auf der Schulter; ihr merkt schon, er ging als Förster.

Da kam ihm, quer über den knarrenden Schnee, einer entgegen: auch im grünen Rock, auch mit fabelhaften Stiefeln und auch die Flinte geschultert. Ihr merkt schon, das war der Förster.

Der Förster sagte mit einer tiefen Baßstimme: „Gute Nacht, Herr Kollege, auch zum Försterball?"

„Brumm", sagte der Bär, und sein Baß war so tief wie die Schlucht am Weg, in die die Omnibusse fallen.

„Um Vergebung", sagte der Förster erschrocken, „ich wußte ja nicht, daß Sie der Oberförster sind."

„Macht nichts“, sagte der Bär leutselig. Er faßte den Förster unterm Arm, um sich an ihm festzuhalten, und so schwankten sie beide in den Krug zum zwölften Ende, wo der Försterball stattfand. Die Förster waren alle versammelt. Manche Förster hatten Geweihe, die sie vorzeigten, und manche Hörner, auf denen sie bliesen. Sie hatten alle lange Bärte und geschwungene Schnurrbärte, aber die meisten Haare im Gesicht hatte der Bär.

„Juhu“, riefen die Förster und hieben den Bären kräftig auf den Rücken.

„Stimmung“, erwiderte der Bär und hieb die Förster auf den Rücken, und es war wie ein ganzer Steinschlag.

„Um Vergebung“, sagten die Förster erschrocken, „wir wußten ja nicht, daß Sie der Oberförster sind.“

„Weitermachen“, sagte der Bär. Und sie tanzten und tranken und lachten; sie sangen, sie hätten so viel Dorst im grünen Forst. Ich weiß nicht, ob ihr es schon erlebt habt, in welchen Zustand man gerät, wenn man so viel tanzt und trinkt, lacht und singt. Die Förster gerieten in einen Tatendrang und der Bär mit ihnen; der Bär sagte: „Wir wollen jetzt ausgehn, den Bären schießen.“

Da streiften sich die Förster ihre Pelzhandschuhe über und schnallten sich ihre Lederriemen fest um den Bauch; so strömten sie in die kalte Nacht. Sie stapften durchs Gehölz. Sie schossen mit ihren Flinten in die Luft. Sie riefen Hussa und Hallihallo und Halali, wovon das eine so viel bedeutet wie das andere, nämlich gar nichts, aber so ist das Jägerleben. Der Bär riß im Vorübergehn eine Handvoll trockener Hagebutten vom Strauch und fraß sie. Die Förster riefen: „Seht den Oberförster, den Schelm“, und fraßen auch Hagebutten und wollten sich ausschütten vor Spaß. Nach einer Weile jedoch merkten sie, daß sie den Bären nicht fanden.

„Warum finden wir ihn nicht?“ sagte der Bär, „er sitzt in seinem Loch, ihr Schafsköpfe.“ Er ging zum Bärenloch, die Förster hinterdrein. Er zog den Hausschlüssel aus dem Fell, schloß den Deckel auf und stieg hinunter, die Förster hinterdrein.

„Der Bär ist ausgegangen“, sagte der Bär schnüffelnd, „aber es kann noch nicht lange her sein, es riecht stark nach ihm.“ Dann torkelte er zurück in den Krug zum zwölften Ende und die Förster hinterdrein.

Sie tranken gewaltig nach der Anstrengung, aber die Menge, die der Bär trank, war wie ein Schmelzwasser, das die Brücken fortreißt.

„Um Vergebung“, sagten die Förster erschrocken. „Sie sind ein großartiger Oberförster.“

Der Bär sagte: „Der Bär steckt nicht im Walde, und der Bär steckt nicht in seinem Loch; es bleibt nur eins, er steckt unter uns und hat sich als Förster verkleidet.“

„Das muß es sein“, riefen die Förster, und sie blickten einander mißtrauisch und scheel an.

Es war aber ein ganz junger Förster dabei, der einen verhältnismäßig kleinen Bart hatte und nur wenige Geweihe und überhaupt der Schwächste und Schüchternste war von allen. So beschlossen sie, dieser sei der Bär. Sie krochen mühsam auf die Bänke, stützten ihre Bärte auf die Tische und langten mit den Händen an der Wand empor.

„Was sucht ihr denn?“ rief der junge Förster.

„Unsere Flinten“, sagten sie, „sie hängen leider an den Haken.“

„Wozu die Flinten?“ rief der junge Förster.

„Wir wollen dich doch schießen“, antworteten sie, „du bist doch der Bär.“

„Ihr versteht überhaupt nichts von Bären“, sagte der Bär. „Man muß untersuchen, ob er einen Schwanz hat und Krallen an den Tatzen“, sagte der Bär.

„Die hat er nicht“, sagten die Förster, „aber, Potz Wetter, Sie selbst haben einen Schwanz und Krallen an den Tatzen, Herr Oberförster.“

Die Frau des Bären kam zur Tür herein und war zornig. „Pfui Teufel", rief sie, „in was für Gesellschaft du dich herumtreibst."

Sie biß den Bären in den Nacken, damit er nüchterner würde, und ging mit ihm weg.

„Schade, daß du so früh kamst", sagte der Bär im Walde zu ihr, „eben hatten wir ihn gefunden, den Bären. Na, macht nichts. Andermal ist auch ein Tag."

Man ist also auf diesen Text gestoßen, man findet ihn komisch und irgendwie interessant, man stutzt bei dem sonderbaren Ende, man ahnt, daß in dem Text ein Sinn verborgen liegt, aber man erkennt den Sinn noch nicht. Man nimmt an, daß der Text auch Schüler zum Schmunzeln und Nachdenken bringen könnte. Der Text scheint als Unterrichtsinhalt geeignet. Aber was wird er wirklich hergeben? Wie gründlich soll man sich im Unterricht damit befassen? Warum denn wird man ihn eigentlich vorlegen? Welche Ziele verfolgt man dabei? Und schließlich natürlich: Wie wird man den Text darbieten, wie wird man mit ihm umgehen? Diese Fragen zielen zum einen auf eine **didaktische Analyse** des Textes, zum anderen auf **methodische Überlegungen**. In der didaktischen Analyse enthalten ist eine **Sachanalyse**, nämlich eine fachliche, also literaturwissenschaftliche Untersuchung des Textes.

Der Ausdruck „Analyse" täuscht. Er tut nämlich so, als läge da etwas vor – der Text –, das man nur zu trennen bräuchte wie der Chemiker eine Substanz im Reagenzglas, und dann ergäben sich völlig zwingend die einzelnen Bestandteile. Tatsächlich ist die Analyse aber eine konstruktiv-kreative Leistung, die Ideenreichtum verlangt und stark von dem Subjekt bestimmt wird, das die „Analyse" durchführt: die „Analyse" ist Interpretation. Das heißt, daß das Ergebnis nicht einheitlich sein wird. Es wird nicht ein Ergebnis geben, sondern mehrere. In die didaktische ebenso wie in die sachliche Analyse gehen immer schon Annahmen ein, die von den Erfahrungen, Überzeugungen, Kenntnissen usw. des Lehrers bestimmt sind. Dies und nicht nur die Unterschiedlichkeit der Schüler ist der Grund dafür, daß Unterrichtskonzepte zum selben Thema, zum selben Text so verschieden ausfallen.

2.4 Mögliche Unterrichtskonzepte von Helmers, Essen, Ulshöfer

Die absehbare Pluralität von Unterrichtskonzepten läßt es geraten erscheinen, im folgenden nicht konstruktiv und spekulativ vorzugehen, also nicht eine bestimmte Art des Umgehens mit dem Text vorzuschlagen, sondern sich mit dem Unterricht zu beschäftigen, der tatsächlich stattgefunden hat, und die didaktischen und methodischen Überlegungen dazu aus dem empirischen Material zu *re*konstruieren. Zuvor aber sollen einige Grundmöglichkeiten in Erwägung gezogen werden, die sich aus den in Kapitel 1 besprochenen didaktischen Konzeptionen ergeben. Das heißt: Ehe wir uns tatsächlich gehaltenem Unterricht zuwenden, überlegen wir, wie HELMERS, ESSEN und ULSHÖFER mit diesem Text umgegangen sein *könnten*. Das öffnet uns nicht nur den Blick für einige fundamentale Möglichkeiten der Textbehandlung, sondern wir vergegenwärtigen uns dabei noch einmal die Positionen der in Kap. 1 besprochenen Didaktiker.

HELMERS: Der Text würde in einer Reihe mit anderen Geschichten desselben Genres behandelt. Welches Genre wäre das? Tiergeschichte? Ganz sicher nicht. Fabel? Die Stiefel des Bären sind zwar „fabelhaft", der Text aber ist es nur sehr beschränkt (!). Wenn der Bär, gemäß der Gattung Fabel, für einen Menschen stünde, wäre es unwahrscheinlich, daß die Förster als reale Menschen drin vorkämen. Satire? Am ehesten. Aber kann man Satire überhaupt als eigenes Genre bezeichnen, oder handelt es sich vielmehr um eine bestimmte Schreibweise bzw. Haltung, die in vielen Genres möglich ist, in Erzählungen ebenso wie in Reden, in Gedichten nicht anders als in Briefen? Wahrscheinlich würde der Text von HELMERS dem sehr weiten und literaturwissenschaftlich nicht üblichen, weil zu vagen Begriff „Geschichte" („Kindergeschichte"?) subsumiert; vielleicht würde er auch als „Parabel" gelesen. Die Schwierigkeit, den Text einzuordnen, bestätigt aber zunächst einmal HELMERS' Behauptung, die Gattungsfrage sei wesentlich für das Textverständnis; denn natürlich verstehen wir den Text anders, wenn wir ihn als Fabel, als Tiermärchen oder als Parabel lesen. Und wieder anders verstehen wir ihn, wenn wir von all dem nichts wissen, wenn wir diese Einordnungsschemata gar nicht kennen. – Behandelt werden könnte der Text bei HELMERS auf vielerlei Weise. Wichtig wäre aber, daß die Schüler zu bestimmten Einsichten über die Menschen gelangten, etwa über die Gemeinheit und Dummheit der „Förster" und über das merkwürdige, möglicherweise selbstvergessene Verhalten des Bären. Wahrscheinlich würde der Text als Satire auf die Gesellschaft interpretiert, und es würde versucht, den Schülern eine „kritische Erkenntnis über die gesellschaftliche Realität" zu vermitteln – HELMERS' erste „Funktion der Dichtung" (1971:301). Entsprechend spät würde der Text wohl behandelt, sicher nicht vor der 8. Klasse (Parabeln sieht H. für die 3. Bildungsstufe, also Kl. 8–10, vor).

ESSEN: Sehr wahrscheinlich ließe E. den Text szenisch spielen; nicht nur die Handlung regt dazu an, sondern vor allem die Dialoge legen das nahe. Dabei würde das laute Sprechen geübt. Das Verständnis des Textes würde also praktisch vorbereitet und über den Sprechausdruck erarbeitet; daran würde man z. B. erkennen, wie betrunken oder doch noch nüchtern die Gesellschaft eigentlich ist. Auch die Ironie könnte durch die Sprechgestaltung deutlich werden. Das Ende würde aber sicherlich auch ein Gespräch über den Sinn des Textes veranlassen und eine erneute Lektüre des ganzen Textes nötig machen. Dabei würden, je nach Klassenstufe, sehr genaue Textbeobachtungen provoziert werden: Warum heißt es „er war von der besten Laune", „schwierige Gewürze", „des Bären Maske", „fabelhafte Stiefel"? Besonders beachtet würden die sprachlichen Äußerungen: „Juhu", „Stimmung", „Hallihallo", „um Vergebung" usw. Ziel des vermutlich klar gelenkten Unterrichtsgesprächs wäre eine schlüssige Deutung als „autonomes Kunstwerk", bei der alle Einzelheiten Sinn bekämen, indem sie aufeinander verweisen. – Wenn der Text den Schülern vor allem über Spielen und Sprechen nahegebracht wird, kann er ihnen schon recht früh angeboten werden, vielleicht in Kl. 3 oder 4, sicher in Kl. 5. Das Ende wird die Schüler dann wahrscheinlich nicht befriedigen, und deshalb würde E. wohl den Vorschlag machen, einen anderen Schluß zu erfinden.

ULSHÖFER: Auch U. würde an den Text handelnd herangehen; in unteren Klassen würde der Text gespielt, möglicherweise auch zuvor in einen szenischen Text umgeschrieben („Dialogisierung"), und vielleicht ließe der Lehrer einige Passagen als Gedächtnisübung auswendig lernen. Auch zur vorbereiteten Leseübung, zum lebendigen mündlichen Nacherzählen und zum Bebildern (Zusammenarbeit mit dem Kunstunterricht!) würde er sich eignen. Allerdings wäre bei U. die (moralische) Frage nach richtigem und falschem Verhalten wesentlich. Ob dabei die Bärin zur eigentlichen Heldin avancierte? Da die Hauptfiguren, sowohl der Bär als auch die Förster, sich wenig vorbildhaft verhalten und der Text wohl weder menschliches Schicksal noch Lebenssinn veranschaulicht (eher zeigt er eine Tendenz zum Zynismus), fragt es sich allerdings, ob U. ihn Schülern überhaupt vorlegen würde. Welche positive erzieherische Wirkung könnte denn von ihm ausgehen? Das Vorurteilsthema (der schwächste und schüchternste Förster soll abgeschossen werden) ist nicht zentral genug, außerdem verhält sich hier nur der besoffene Antiheld, der Bär, vernünftig; der offene Schluß schließlich bringt den Text vollends um eine eindeutige und wünschbare Wirkung. – Falls U. den Text behandelte, wäre schwer zu sagen, auf welcher Klassenstufe dies geschähe. Um alles Hintergründige und Doppelbödige gekappt, könnte er in der Kategorie „Lustige Geschichten" neben dem von ihm vorgeschlagenen ***„Reineke Fuchs"*** (der freilich – ernst genommen – auch weit mehr als eine „Lustige Geschichte" ist!) in der 6. Klasse auftauchen; aber es wäre auch denkbar, daß ihn U. erst viel später behandelte, weil die Schüler – so ULSHÖFERS entwicklungspsychologische Rücksicht – erst am Ende der Sek. I Verständnis für den symbolischen Sinn und das Spiel von Wirklichkeit und Fiktion haben.

2.5 Tatsächlicher Unterricht über *„Der Bär auf dem Försterball"*

„Würden Sie so gut sein und den Text ***‚Der Bär auf dem Försterball'*** in einer Klasse Ihrer Wahl behandeln?" So lautete die Bitte an mehrere Lehrer in Hamburg; die Textauswahl war also vorentschieden. Darüber hinaus wurden aber keine weiteren didaktischen oder methodischen Vorgaben gemacht, und die Lehrer erhielten auch keine Hinweise zur Interpretation: Sowohl im Hinblick auf die „didaktische Analyse" als auch die „Sachanalyse" wurden die Lehrer nicht beeinflußt. Abgesehen von der Textvorgabe waren sie vollkommen frei beim Entwerfen ihres Unterrichts (etwa auch im Hinblick auf dessen Dauer). Meistens banden sie die Behandlung des Textes lose in ihren laufenden Unterricht ein, bisweilen schoben sie sie aber auch unverbunden ein. Der Unterricht dauerte in den Klassen 7–9 im allgemeinen eine Stunde, in den höheren Klassen bis zu drei Stunden. Er wurde auf Tonband mitgeschnitten und dann transkribiert, so daß er danach wie unter dem Mikroskop betrachtet werden konnte. (Im folgenden wird sich zeigen, wie sehr oftmals der Teufel im Detail steckt!)

Das Unternehmen hatte zum Ziel, unterschiedliche didaktisch-methodische Konzeptionen angesichts eines identischen Textes zu dokumentieren und darüber hinaus Material zu gewinnen über die Art und Weise, wie Schüler verschiedener Altersstufen mit diesem Text umgehen. Beides ist ja nicht dasselbe: Was Schüler verstehen, folgt nicht notwendigerweise und schon gar nicht unmittelbar aus dem, was Lehrer lehren. Der entwicklungspsychologische Gesichtspunkt ist in letzter Zeit in verschiedenen Arbeiten (z. B. KREFT 1977, SPINNER 1980, SPINNER 1983/84, WILLENBERG 1987) herausgestellt worden. Dabei nimmt man, völlig zurecht, an, daß es nicht nur von individuellen Erfahrungen, sondern vor allem auch vom Stand der kognitiven, sprachlichen, sozialen und ästhetischen Entwicklung abhängt, was Schüler von einem Text aufnehmen und verstehen. Ihr Verständnis, mehr noch ihr (Sprach-)Handeln im Unterricht hängt aber auch stark vom Unterrichtsverlauf ab, ohne doch, wie noch ULSHÖFER, ESSEN und HELMERS annahmen, eine bloße Folge des intentionalen Lehrerhandelns zu sein. Dies soll durch die zusammenfassende, aber doch detaillierte Wiedergabe einer kleinen Auswahl der protokollierten Stunden zum ***„Bär auf dem Försterball“*** gezeigt werden. Dabei konzentrieren wir uns auf die Sek. I, obwohl der Text als „Kindergeschichte“ oft auch schon in der Primarstufe behandelt wird, tatsächlich aber, wie die Sachanalyse zeigen wird, wohl erst auf der Sek. II voll verstanden werden kann.

2.5.1 Beispiel 1 (Klasse 7):

2.5.1.1 Verlauf des Unterrichts (eine Stunde)

Der Text wird zu Beginn der Stunde ausgeteilt. Zunächst korrigiert der Lehrer einen Druckfehler: In der kopierten Fassung fehlt „und Halali“ hinter „Sie riefen Hussa und Hallihallo“. Dann läßt er den Text abschnittsweise von verschiedenen Schülern vorlesen. Schon bei der ersten Leserin greift er ein, weil sie ihm nicht ausdrucksvoll genug liest: „Ich wußte ja nicht, daß Sie der Oberförster sind“ läßt er noch einmal lesen, um die „tiefe Baßstimme“ deutlicher werden zu lassen (ein anderes Mädchen probiert das). Einmal unterbricht ein Schüler das Lesen und fragt, was denn „und es war wie ein ganzer Steinschlag“ bedeute. Ein anderer Schüler erklärt diese Formulierung: „Das ist so hart gewesen, als wenn lauter Steine auf den Rücken fallen.“ An späterer Stelle bittet der Lehrer noch einmal um besseres Lesen, und zwar wendet er sich diesmal an einen Jungen, der mehrfach bei seinem Vorlesen hatte lachen müssen: „Man muß untersuchen, ob er einen – Schwanz hat und Krallen an den Tatzen (lacht), sagte der Bär. Die hat er nicht (lacht), sagten die Förster. Aber Potzwetter! Sie selbst haben einen Schwanz und Krallen an den Tatzen, Herr Oberförster (lacht).“ Der Lehrer bittet, „die ganze Stelle noch mal ein bißchen im Zusammenhang zu lesen“(!).

Unmittelbar nach der Phase des Vorlesens fragt der Lehrer: „Irgendwelche Worte, Begriffe unklar?“ Auf das Schweigen der Schüler folgt alsbald der Impuls: „An einer Stelle hat jemand beim Lesen gezögert. Da hieß es ‚So viel Dorst im grünen Forst'". Ein Schüler erklärt: „Ich glaub', daß die so viel Durst im grünen Forst haben, meint der." Ein anderer Schüler ergänzt: „Daß die so am Trinken waren und ..." Der Lehrer unterbricht: „Aber warum steht denn da ‚Dorst'?" Antwort: „Ja, weil sich das sonst nicht reimt."

Da sich nun niemand mehr äußert, stellt der Lehrer wiederum eine Frage und leitet damit die nächste Phase ein: „Wie findet ihr die Geschichte?" Zunächst kommen Antworten wie „albern", „komisch", „etwas dumm von den Förstern aus". Dumm sei, einen Bären nicht von einem Menschen unterscheiden zu können. Als eine Schülerin diesen Vorwurf ergänzt: „Wo kriegt er vor allem die Kleidung von dem Förster her? Man sieht doch, der hat ja keine Maske von dem Bär, sondern der hat ja Haare", antwortet ein Junge: „'ne Fabel!" Das greift der Lehrer auf und fragt nach dem Typischen der Fabel. Er hält an der Tafel fest:

FABEL: Tiere mit menschlichen Eigenschaften
Will eine Lehre vermitteln

„Lehre" ist das Stichwort für die nächste Frage des Lehrers: „Welche Lehre will uns diese Geschichte vermitteln?" Die Schüler vermuten: Man soll nicht zu viel Alkohol zu sich nehmen. Das bleibt unwidersprochen und zunächst als einzige „Lehre" stehen, denn nun fragt der Lehrer: „Also, daß die Jäger betrunken sind, das erklärt noch nicht, warum sie den Bären für einen Förster halten. Das müssen wir nochmal untersuchen, woran das liegt." Auch auf diese Frage gibt es rasch eine Antwort: Es liegt an der guten Verkleidung. Und schon ist man bei der nächsten Frage: Haben die Förster den Bären denn am Ende der Geschichte erkannt? Nach einigem Hin und Her besteht Einigkeit, daß die Förster den Bären bis zum Ende nicht identifiziert haben. Der Lehrer resümiert: „Die Geschichte sagt uns nichts darüber, daß sie den Bären erkannt haben. Was hätten die dann sonst gemacht?" Eine Schülerin: „Abgeknallt." Der Lehrer: „Ja. Nicht? O.K."

Damit scheint diese Phase des Unterrichtsgesprächs beendet. Aber der Lehrer kommt auf die Frage zurück, warum die Förster den Bären für einen Förster halten, und als das wiederholt ist, fragt er, warum sie ihn denn für einen Oberförster halten. Schnell tragen die Schüler Indizien zusammen, und der Lehrer bittet um genaue Zitate. Es stellt sich heraus, daß die Frage „Woran zeigt sich, daß die Förster den Bären für den Oberförster halten?" doppeldeutig ist. Einige Schüler nennen Merkmale des Bären („kräftigster Schulterschlag", „säuft am meisten", „größter Bart"), andere verweisen auf das Verhalten der Förster, die ja Befehle von dem Bären entgegennehmen. Daraufhin bittet der Lehrer: „Könnt ihr dies mal nachweisen am Text? Bitte, jeder kuckt nochmal eine Minute in den Text hinein, ganz ruhig, bis dahin bitte keine Meldung. An welchen Stellen gibt der Bär Befehle bzw. gibt er Anweisungen? Streicht sie euch mal bitte an!"

Das Zusammentragen der Textstellen nimmt längere Zeit in Anspruch, da sich herausstellt, daß es strittige Fälle gibt. „Der Bär steckt nicht im Walde, und der Bär steckt nicht in seinem Loch. Bleibt nur eins: Er steckt unter uns und hat sich als Förster verkleidet." Ist das eine „Anweisung", die der Bär gibt? Ein Schüler hält es für eine bloße Feststellung, ein anderer für eine Aufforderung, wenn auch eine indirekte. Mehrere Minuten lang streiten die Schüler über den Sinn dieser Sprachhandlung. Schließlich versucht der Lehrer einen Kompromiß, schlägt sich aber faktisch doch auf die Seite des Schülers, der die Äußerung als Aufforderung verstanden hat. Der siegreiche Schüler bricht in Triumphgeheul aus. Der unterlegene Schüler versucht es noch einmal in einer Art Coda: „Nein, das is 'ne Feststellung." Aber der Lehrer will endlich weiterkommen: „O.K. Aber sie suchen ihn. Weiter! Ist das die letzte Stelle?"

Als alle direkten und indirekten Aufforderungen genannt sind, faßt sie der Lehrer noch einmal zusammen und stellt dann die nächste Frage: „Warum sucht der Bär den Bären?" Die Schüler antworten mit den unterschiedlichsten Mutmaßungen – jemand meint, der Bär wolle sich bloß einen Scherz erlauben, jemand anders glaubt, der Bär habe Hunger und möchte durch die Aufforderung zur Bärenjagd ein Motiv dafür schaffen, ins Freie zu gehen, wo er Hagebutten fressen kann, und ein Schüler meint, als Oberförster fühle er sich zu solchem Verhalten verpflichtet. Diese Meinungen bleiben im Raum stehen.

Als nächstes fragt der Lehrer nach dem Verhalten der Förster. An welchen Stellen ist es besonders komisch oder auffällig? Zunächst weisen die Schüler auf das Hagebuttenfressen hin, das ja auch vorher gerade genannt worden war. Dann wird die Stelle besprochen, an der die Förster den Jüngsten und Schwächsten aus ihrer Gruppe für den Bären halten. Und ein Schüler erwähnt noch die Tölpelhaftigkeit, daß die Förster sich nichts dabei denken, als der Bär den Schlüssel zu seiner Wohnung aus dem Fell zieht und die Tür aufschließt. „Paßt das jetzt irgendwie zusammen? Gerade den Bären halten sie für den Oberförster, und gerade diesen einen jungen Förster halten sie für den Bären?" fragt der Lehrer. Antwort: Die Förster halten den Mutigsten für den Oberförster und den Schwächsten für den Bären.

Die Schlußphase der Besprechung leitet der Lehrer mit einer Frage ein, die ja schon zu Beginn einmal gestellt und kurz beantwortet worden war: „Was ist denn nun die Lehre dieser Geschichte?" Als sich zunächst nur wenige Schüler melden, wiederholt er: „Was will uns diese Geschichte lehren?" und erinnert daran, daß Fabeln eine Lehre enthalten. Die Schüler mutmaßen: Nicht jeder ist das, was er zu sein vorgibt; man muß sich die Leute genauer ansehen, denn dann fällt man nicht auf „Bären" herein; man hält sich bisweilen für klüger, als man ist. Der Lehrer lenkt hin zu einer bestimmten Antwort: Wenn ihr daran denkt, woran sich die Förster gehalten haben, als sie den Oberförster identifizierten – tiefste Stimme, kräftigster Schulterschlag, säuft am meisten, größter Bart –, woran erkennen sie den Oberförster? Was steckt da vielleicht für eine Lehre für uns dahinter?" „Daß vielleicht nicht immer der Größte und Stärkste der Beste ist und als Anführer taugt."

Da ist die Stunde zu Ende. „Schönen Dank“, verabschiedet sich der Lehrer, „dann schönes Wochenende, und am Montag die Arbeit.“

2.5.1.2 Kommentar

Diese Stunde dürfte exemplarisch sein für **Lesebuchunterricht**. Sie zeigt, wie der Unterricht über kurze Texte in der Sek. I normalerweise verläuft. Im Vordergrund steht das vom Lehrer durch seine Fragen und Aufforderungen gelenkte **Unterrichtsgespräch**. Aber es wird auch die Arbeitsform gewechselt, wodurch sich eine Gliederung der Stunde ergibt: Zunächst **lautes Lesen**, dann **Unterrichtsgespräch**, und das Unterrichtsgespräch wird unterbrochen durch eine kurze **Stillarbeitsphase**. Vor dem lauten Lesen ist noch eine kurze Phase erkennbar, in der der Text ausgeteilt und korrigiert wird. Da das Unterrichtsgespräch eine recht klare Binnengliederung aufweist, läßt sich folgendes Unterrichtskonzept rekonstruieren:

1. Textverteilung; Verbesserung eines Druckfehlers
2. Vorlesen des Textes durch mehrere Schüler, unterbrochen durch Fragen des Lehrers
3. Unterrichtsgespräch:
   a) Klärung von Verständnisfragen
   b) Äußerungen zum Gesamteindruck („Wie findet ihr die Geschichte?“)
   c) Inhaltliche Klärung anhand von Fragen:
      – Erklärung des Verhaltens der Förster
        • Warum halten sie den Bären für einen Förster?
        • Warum halten sie den Bären für den Oberförster? (Stillarbeit: Belege suchen)
      – Erklärung des Verhaltens des Bären
        • Warum sucht er den Bären?
      – Weitere Erklärung des Verhaltens der Förster
        • Wo verhalten sie sich besonders auffällig und komisch?
        • Warum halten sie den jüngsten und schwächsten Förster für den Bären?
   d) Ermitteln und Festhalten der „Lehre“
4. Verabschiedung (zwar keine Hausaufgabe, aber Erinnerung an die in der nächsten Stunde fällige Klassenarbeit)

Es bleibt offen, ob der Lehrer diese Stundenstruktur bewußt ausgearbeitet und gar auf dem Papier vorher fixiert hat (was sich für einen Lehranfänger empfiehlt) oder ob sie sich durch seine Unterrichtsroutine ergab, ob sie also einfach seinem normalen und ganz selbstverständlichen Vorgehen entspricht. Anzunehmen ist jedenfalls, daß der Aufbau der Stunde den Schülern nicht bewußt geworden ist, daß sie die Funktion der einzelnen Schritte nicht erkannten und keine Ahnung vom Warum und Wozu dieser Stunde hatten. Sie erhielten einen Text vorgelegt, bekamen gesagt, was sie zu tun hatten (z. B. gleich zu Beginn: Warum mußten sie eine Stelle korrigieren? Ergab sich daraus irgend etwas für das Verständnis? Welcher Norm folgt solches Korrigieren? Was lernen die Schüler dabei implizit?) und brauchten deswegen nicht zu überlegen, was zu tun wäre. Während der Lehrer beides im Kopf hatte, sowohl den Text als auch den Gang des Unterrichts, d. h. die Erarbeitung des Textes, waren die Schüler mit ihren Gedanken nur im Text. Hätte anderes sie überfordert?

Die kognitive Psychologie hat gezeigt, wie wichtig das **Aufgabenverständnis** für den Erkenntnisprozeß und das daraus resultierende Handeln ist (z. B. DONALDSON 1982). Aufgaben sind nicht nur leichter zu lösen, wenn Funktion und Ziel der Aufgabe klar ist, sondern die gewonnenen Erkenntnisse bleiben auch länger haften; sie werden leichter verallgemeinert und auf neue Aufgaben übertragen. „Aufgabenbewußtheit" („task-awareness") läßt sich auf dreierlei Weise erreichen:

- Entweder steht die einzelne Aufgabe in einem Handlungskontext (wie bei Projekten), so daß sich der Sinn der Aufgabe aus dem Zusammenhang ergibt; die einzelne Aufgabe ist für die Schüler erkennbar als Schritt auf dem Weg zum Gesamtziel,
- oder die Aufgabe ist Teil einer Unterrichtseinheit mit gleichartigen Aufgaben (wie bei Übungen), so daß sich ihr Sinn beim Vergleich mit den anderen Aufgaben zeigt,
- oder ihre Funktion wird ausdrücklich genannt und erörtert.

Bei einer isolierten Stunde wie der vorliegenden wäre nur das Dritte möglich gewesen. Die didaktischen und methodischen Entscheidungen, die der Lehrer getroffen hat, müßten den Schülern bewußt gemacht werden, und zwar nicht nur durch eine bloße Nennung des Themas („Wir wollen heute die Geschichte ‚...' behandeln") oder des Stundenziels („Wir wollen heute versuchen, eine Geschichte von Peter Hacks zu verstehen"). Anderenfalls gehen die Schüler nur mit dem diffusen Eindruck nach Hause, über eine komische Geschichte gesprochen zu haben. Der Deutschunterricht als „Schwafelfach"? Dieser Vorwurf scheint gerade angesichts der vorliegenden Stunde überzogen; denn sie zeigt ja einen recht klaren Aufbau, und der Lehrer hat zweimal durch schriftliches Festhalten Verbindlichkeit zu erzielen versucht. Es sind dies die beiden Stellen, an denen es dem Lehrer offenbar ausdrücklich um Lernen zu tun war. Die erste Stelle ist die, an der der Lehrer nach Merkmalen der Fabel fragt und dies an der Tafel notiert. Vermutlich handelt es sich um eine Wiederholung und Sicherung von schon Bekanntem; die Gattungsfrage wird nicht weiter erörtert (was im Hinblick auf den Text bedenklich ist), sondern leitet gleich über zur Frage nach der Lehre. Die andere Stelle ist die, an der der Lehrer eine Arbeitsform üben läßt, nämlich das Zusammentragen von Textstellen als Beleg für eine Aussage. Die Aussage könnte lauten: „Es liegt am Verhalten des Bären, daß die Förster ihn für den Oberförster halten." Durch Unterstreichen der entsprechenden Textstellen belegen die Schüler diese Aussage.

Was war das Ziel dieser Stunde? Was sollten die Schüler lernen? Vermutlich hatte die Stunde nicht *ein* Ziel, sondern die Behandlung des Textes diente dazu, eine ganze Reihe von Zielen zu verfolgen, und zwar recht lokker. Zwei Ziele wurden eben schon genannt: Die Schüler sollten den Begriff „Fabel“ wiederholen, und sie sollten eine Arbeitstechnik üben. Als weitere Ziele kann man erkennen: Die Schüler sollten üben, einen Text ausdrucksvoll vorzulesen; die Schüler sollten sich im Argumentieren üben; die Schüler sollten lernen, aus den Einzelheiten eines poetischen Textes auf einen Gesamtsinn („Lehre“) zu schließen, also zu verallgemeinern, zu abstrahieren, zu vereinheitlichen, und die Schüler sollten aus dem Text eine ganz bestimmte, freilich recht triviale Verhaltenslehre ziehen.

Angesichts eines Unterrichtsinhalts (eines Textes) mehrere Lernziele zu verfolgen, erscheint ökonomisch. Aber werden hier wirklich Ziele verfolgt, und zwar nicht nur halbherzig, geht es wirklich um Lernen, oder laufen Routinehandlungen ab, wird ein Textbesprechungsritual vollzogen? Sehen wir uns dazu die didaktischen Entscheidungen des Lehrers und die vermuteten Lernaktivitäten der Schüler genauer an.

a) Textvermittlung

Wenn über einen Text gesprochen werden soll, muß er zunächst einmal bekannt sein. Wie macht man die Schüler mit dem Text bekannt? Entweder müssen sie ihn lesen, oder er wird ihnen vorgelesen – visuelle oder akustische Rezeption. Der Lehrer entscheidet sich hier für beides: Alle Schüler haben den Text vorliegen und lesen ihn mit, während abwechselnd jeweils ein Schüler ihn vorliest. Damit gewinnt das **Vorlesen** eine besondere Funktion. Normalerweise lesen wir jemandem etwas vor, um ihm den Inhalt zu vermitteln; außerhalb von Lehrsituationen käme kaum jemand auf die Idee, einen Text vorzulesen, der dem Hörer vor Augen liegt. Im Unterrichtsarrangement gewinnt das Vorlesen Prüfungscharakter: Liest X richtig? Liest er gut? Tatsächlich unterbricht der Lehrer den ersten Vorleser und bittet einen anderen Schüler um eine ausdrucksvollere, treffendere Sprechgestaltung. Aber das bleibt beiläufig. Hat irgendein Schüler dabei etwas gelernt? Ist irgend etwas dadurch gewonnen worden, daß die Schüler vorgelesen haben? Werden die Schüler in Zukunft Texte besser, verständnisvoller vorlesen? Denkbar wäre ja gewesen, daß die Art des Vorlesens einen Hinweis auf das Verständnis gegeben hätte; denn natürlich kann Sprechgestaltung Interpretation sein. Diese Funktion konnte das Vorlesen hier aber verständlicherweise nicht haben. (Ulshöfer schlägt vor, einen Text erst von einem Schüler lesen zu lassen, danach vom Lehrer, und die Klasse soll sich zu den Unterschieden äußern. S. o. Derartiges kann aber nur dann sinnvoll sein, wenn der Schüler das Vorlesen vorbereiten konnte.)

Welche methodischen Alternativen gibt es?

1. Man läßt den Text still lesen. Nachteile: Die Schüler brauchen ganz unterschiedlich lange. Außerdem sind spontane Reaktionen der Hörer und Verlesungen oder Unterbrechungen des Vorlesers nicht für die spätere Besprechung zu nutzen („Einige haben an dieser Stelle gelacht ... Warum?“, „Annette hatte da und da Schwierigkeiten beim Vorlesen ... Warum?“).

2. Man läßt den Text von einem Schüler – evtl. nach häuslicher Vorbereitung – vorlesen, ohne daß die anderen Schüler mitlesen.
3. Der Lehrer liest den Text selbst vor, ohne daß die Schüler mitlesen.

Nachteile von 2 und 3: Erstens haben die Schüler bei der anschließenden Besprechung Mühe, Textstellen, auf die sie sich beziehen, in der schriftlichen Vorlage wiederzufinden, und zweitens kann der Vortrag die Deutungen der Schüler beeinflussen; das ist besonders der Fall, wenn der Lehrer vorliest. Ein packender Vortrag kann freilich das Interesse am Text stärken und ihn damit für die Schüler attraktiver machen, als er es für sie bei bloßer stiller Lektüre wäre, und er kann – als sprechgestalterische Interpretation – die Zeit, die die Schüler zum Verstehen brauchen, abkürzen. Durch entsprechendes Vorlesen kann die Textanalyse vorweggenommen werden – mit allen Vor- und Nachteilen, die diese Beeinflussung hat. (Vgl. OCKEL 1988: „Vorlesen als Methode der Textanalyse".)

b) Das Unterrichtsgespräch
„Welche Wörter, Begriffe sind unklar?" Es ist üblich geworden, nach der Lektüre eines Textes die Schüler erst einmal Fragen nach unverstandenen Wörtern und Formulierungen stellen zu lassen. Diese Praxis ist nicht ganz unproblematisch, weil sie die Aufmerksamkeit nur allzu leicht auf völlig Nebensächliches lenkt und die Schüler zu der Meinung verführt, man müsse jedes Wort in einem Text einzeln verstehen, ohne die Bedeutung aus dem Kontext zu erschließen. Klärung der Wortbedeutungen kann sinnvoll, kann aber auch bloße Pedanterie sein. Bei der vorliegenden Stunde führt die Aufforderung zu nichts; die Schüler schweigen. Das scheint dem Lehrer nicht zu behagen, und so stellt er seinerseits eine Frage nach einem befremdlichen Wort: „Dorst". Der Impuls verpufft; denn natürlich erklärt jemand die Vokalvertauschung mit dem Reimzwang. Die Folgerung, daß diese Vertauschung der Charakterisierung der Förstergesellschaft und damit einem parodistischen Zweck dient, wäre an dieser Stelle – und wohl auch auf dieser Klassenstufe – verfrüht; allenfalls hätten die Schüler hier eine Wirkung des Alkohols konstatieren können.

In zweierlei Hinsicht kann die Praxis des vorgängigen Worterklärens dennoch sinnvoll sein. Erstens beugt sie der Gefahr vor, daß die Textbesprechung durch unverstandene oder mißverstandene Begriffe erschwert wird. (Aber auch hier ist zu bedenken, daß vielleicht zu schnell „Mißverständnisse" abgewehrt werden, die für die Interpretation fruchtbar sein könnten.) Zweitens – fast wichtiger – verschafft sie den Schülern eine Pause zum Nachdenken über den Text: Sie müssen sich nicht gleich über den gesamten Text äußern, sondern können erstmal bei Einzelheiten verweilen.

„Wie findet ihr die Geschichte?" Auch der zweite Impuls der Textbesprechungsphase ist weit verbreitet. Verlangt wird natürlich nicht eine begründete Stellungnahme, sondern eine vorläufige pauschale Reaktion. Der Lehrer möchte einige Äußerungen haben, an denen er ansetzen kann oder mit denen die Schüler selbst ein Gespräch beginnen können. Der Impuls soll die

Schüler dazu bringen, ganz subjektiv ihren ersten Eindruck zu äußern. Man nimmt dabei an, daß jedes Textverstehen von einem Vorverständnis und einer affektiv-evaluativen Beziehung ausgeht und daran anknüpft. Indem sie ihre subjektiven Eindrücke äußern, sollen sich die Schüler die Basis für das folgende Erarbeitungsgespräch schaffen. Mißlich ist dabei allerdings, daß sich, je höher die Klassenstufe, desto weniger Schüler äußern und das Gespräch an diese zufälligen Äußerungen anknüpft und gleich wieder eine objektive Wendung nimmt. Allzu häufig läßt man den Schülern nicht die Zeit, daß sich alle in den Text „verhaken", sich ihn aneignen, sich mit ihm auseinandersetzen, kurzum: sich eigene Verstehensvoraussetzungen schaffen. Die Text*besprechung*, das gemeinsame Argumentieren, kommt fast immer zu früh.

Dem könnte auf zweierlei Weise abgeholfen werden. Entweder muß den Äußerungen eine Pause vorausgehen, in der die Schüler nachdenken können – wenigstens eine Minute. Danach müssen sich mindestens ein Drittel der Schüler äußern, ohne daß die Äußerungen kommentiert oder aufeinander bezogen werden – also eine deutliche Trennung dieser *Sammelphase* (viele Monologe) von der eigentlichen (dialogischen) *Textbesprechung*. Die andere und im allgemeinen bessere Möglichkeit ist, daß sich die Schüler schriftlich äußern. Ein Satz mag genügen, und es bleibe offen, ob das ein Urteil, eine Feststellung oder eine Frage ist. Alle Schüler lesen das vor, ohne Kommentierung, ohne Verbindung („ich habe dasselbe geschrieben wie Thomas" ist unangebracht: Gerade durch die Wiederholung wird die Gemeinsamkeit der Leseeindrücke sichtbar). Auf der Grundlage dieser vielstimmigen Äußerungen können die Schüler im allgemeinen sehr leicht selbst ein Gespräch beginnen; es bedarf eines Anstoßes wie „Was ist denn den meisten aufgefallen?" oder „Welche Unterschiede gab es in euren Äußerungen?" nicht. (Eine dritte Möglichkeit, die näher an der Frage „Wie findet ihr die Geschichte?" liegt, aber mehr Erfolg verspricht, wäre „Wer findet die Geschichte gut, wer findet sie doof?", vgl. das 2. Unterrichtsbeispiel.)

Gegenüber diesem „subjektiven" Einstieg in die Textbesprechung gibt es auch einen „objektiven": Man fordert die Schüler – bzw. einen einzelnen Schüler – unmittelbar nach dem Lesen auf, den Inhalt des Textes wiederzugeben (was meistens zu einer mündlichen **Nacherzählung** in Präsensform führt). Dabei wird unterstellt, daß sich monologische **Inhaltswiedergabe** („erst mal wollen wir den Inhalt klären, zur Bedeutung kommen wir später") und Interpretationsgespräch trennen ließen. Daß das nicht der Fall ist, zeigen die Einsprüche, die gewöhnlich schon während der Inhaltswiedergabe erfolgen und dann gleitend zur Textbesprechung führen. Auch vom Verstehensprozeß her gesehen ist dieses Vorgehen fragwürdig: Wir rekonstruieren nicht zunächst das Geschehen, ehe wir uns eine Meinung bilden, sondern die Notwendigkeit einer nüchternen und distanzierten Rekonstruktion dessen, was dasteht, ergibt sich im Verlauf des Textgesprächs, also erst in der Auseinandersetzung mit anderen Lesern.

„'ne Fabel": Kaum haben sich die ersten Schüler geäußert, wirft schon ein Schüler ein, es handle sich bei dem Text um eine Fabel. Offenbar will

er damit erklären, wieso der Bär in der Geschichte wie ein Mensch, ein Förster aussieht, obwohl man doch auch deutlich sein Fell sieht. Daß Schüler dieses Alters den Text als Fabel einordnen, ist zu erwarten; aber an dieser Stelle paßt dem Lehrer die Äußerung sicher nicht ins Konzept. Sie kommt entschieden zu früh. Dem Lehrer, der die Rolle des Gesprächsleiters und -lenkers übernommen hat, stehen nun zwei Möglichkeiten zur Verfügung: Die Äußerung aufgreifen und damit sofort die Frage nach dem globalen Sinn des Textes (hier als „Lehre" zu verstehen) stellen oder die Frage überhören (oder sie als bloße Begründung für das Sprechenkönnen des Bären herunterspielen) und weitere Texteindrücke sammeln. Er entscheidet sich für einen Mittelweg: Er hakt nach, fragt, was denn charakteristisch für eine Fabel sei, gibt dieser Frage einen hohen Stellenwert, weil er die Antwort sogar (für spätere Verwendung) an der Tafel festhält, erweitert das noch um die jetzt eben viel zu früh kommende Frage nach der „Lehre" – und kehrt dann mit einigem Glück und Geschick in die Spur zurück, die er sich vermutlich für die schrittweise Erarbeitung des Textes vorgenommen hatte.

Abgesehen davon, daß die Charakterisierung der **Fabel** durch zwei Merkmale (Tiere mit menschlichen Eigenschaften, Lehre) ungenügend ist (zumindest hätte noch die konventionelle Typisierung der Tiere genannt werden müssen, außerdem die übliche Gegenüberstellung von zwei Tieren), bleibt diese Rekapitulation von literarischem Begriffswissen hier folgenlos; denn gerade die Stelle, an der der Schüler „'ne Fabel" eingeworfen hatte, wäre mit diesem Begriff zu problematisieren. Tauchen in einer Fabel denn sowohl Menschen als auch Tiere auf? Und verkleidet sich in einer Fabel ein Tier als Mensch? Paßt die in Rede stehende Situation – die Förster erkennen den verkleideten, aber doch wohl am Fell identifizierbaren Bären nicht – zu einer Fabel? Die bloße „Festigung" des rudimentären Wissens, was eine Fabel ist, bleibt ohne Nutzen, wenn dieses Wissen nicht angewendet und überprüft wird.

„Warum halten die Förster den Bären für einen Förster?" In der nächsten Phase, der eigentlichen argumentativen Texterarbeitung, geht es darum, die Schüler zu einem möglichst guten, d. h. textadäquaten Verstehen zu bringen. Jetzt müssen Wege gefunden werden von dem *Vorverständnis*, das die Schüler nach der Lektüre haben und das sie in ihren Ersteindrücken äußerten, zu dem *Endverständnis*, das sie erreichen können. Einzelheiten des Textes, bei einem Erzähltext vor allem einzelne Handlungselemente, müssen in einen sinn- und bedeutungsvollen Zusammenhang gebracht werden. Zu erklären ist das Seltsame, Absonderliche, Verwunderliche, das Brüchige und Widersprüchliche: Warum halten die Förster den Bären für einen der Ihren, warum halten sie ihn sogar für den Oberförster, warum jagen sie den Jüngsten und Schwächsten unter ihnen als Bären, warum verhält sich der Bär so, wie er sich verhält (er verkleidet sich als Förster, er geht zum Försterball, er läßt sich als Oberförster behandeln, er fordert zur Bärenjagd auf, er gibt Hinweise zum Identifizieren des Bären), warum kommt am Ende die Bärin, warum ist der Text so kurios geschrieben, manchmal altertümlich, manchmal kindlich, was soll das merkwürdige Ende? Das alles sind na-

türlich Fragen, die nicht der Lehrer stellen sollte, sondern auf die die Schüler stoßen müßten, wenn sie sich auf das Rätselhafte des Textes einlassen.

Der Lehrer läßt sich die Gelegenheit nicht entgehen, an dieser Stelle eine **Arbeitstechnik** einzuüben, die die Schüler wahrscheinlich bei allen Textanalysen und Interpretationen anwenden sollen: Eine Behauptung muß durch Angabe von Textstellen belegt werden. Wenn ein Schüler sagt „Die Förster halten den Bären auch für einen Förster und erkennen ihn sogar als Oberförster an, weil er so aussieht und sich so verhält“, muß er diese Behauptung **belegen**. An dieser Stelle gewinnt der Unterricht Festigkeit (es wird unterstrichen oder geschrieben), alle Schüler sind beschäftigt, die Arbeitsform wird gewechselt, es kehrt für einige Minuten Ruhe ein. Danach werden die Ergebnisse zusammengetragen. Im Unterschied zu Deutungen und Erklärungen, bei denen man „unterschiedlicher Meinung“ sein kann, zielt diese Belegaufgabe auf ein eindeutiges Ergebnis. Um so unangenehmer, wenn, wie im vorliegenden Fall, die Sammelphase zu neuen Problemen führt, weil die Aufgabenstellung nicht eindeutig war.

Auf eine Gefahr des Behauptungbelegens sei aufmerksam gemacht: Allzu leicht wird auch dies zu einer sinnlosen Übung. Sinnvoll ist der Hinweis auf Textstellen, wenn eine Behauptung strittig ist oder man annimmt, daß der Kommunikationspartner sie bestreiten könnte. Für die von den Schülern erhobene Behauptung trifft dies aber nicht zu. Woran es liegt, daß die Förster den Bären für den Oberförster halten, haben die Schüler schnell erkannt, ebenso daß der Bär die Förster anführt; beides ist unstrittig. Weshalb „belegen“? Das Textverständnis wird durch das Anstreichen von Belegstellen nicht gefördert. Insofern dürfte die Aufforderung des Lehrers wohl in dem Wunsch begründet sein, sicherzustellen, daß wirklich *allen* Schülern die führende Rolle des Bären klar ist, und darüber hinaus frühzeitig ein Routineverhalten einzuüben – ein Verhalten freilich, das später auch zur sinnlosen Zitierpraxis pervertieren kann.

„Warum sucht der Bär den Bären?“ Diese Frage folgt logisch auf die vorhergehende Aufgabe, die aktive Rolle des Bären zu belegen. Die Schüler hatten ja da schon darauf hingewiesen, daß der Bär die Förster zur Bärenjagd animiert und sie dabei anführt. Die Frage nach seinem Motiv ist allerdings für Schüler dieses Alters schwer zu beantworten. Die Antworten liegen entsprechend auf unterschiedlichen Ebenen, und es bleibt offen, ob die Frage irgendwelche Erkenntnisse angestoßen hat.

„Warum wird der jüngste und schwächste Förster zum Bären erklärt?“ Der Lehrer steuert die Antwort auf diese Frage von einem etwas weiten Impuls aus an: Die Schüler sollen Auffälligkeiten im Verhalten des Bären nennen. Das scheint wieder eine Sammelaufgabe zu sein wie bei der Frage, warum die Förster den Bären für den Oberförster halten. Aber der Lehrer möchte hier auf etwas anderes hinaus: Die Schüler sollen den gemeinsamen Grund dafür erkennen, daß die Förster den Bären für den Oberförster und den jüngsten und schwächsten Förster für den Bären halten.

„Was ist die Lehre der Geschichte?“ Wir erinnern uns: Angestoßen von der Schülerbemerkung „'ne Fabel“ war diese Frage schon in der Eingangs-

phase der Textbesprechung einmal gestellt worden. Nun, an der logisch richtigen Stelle, nämlich am Ende der Besprechung, wiederholt der Lehrer sie noch einmal. Er zwingt die Schüler damit, Abstand von den Einzelheiten des Textes zu nehmen und die Geschichte auf einen Nenner zu bringen. Die Unterstellung, es handle sich bei dem Textsinn um eine Lehre, der Text sei also ein didaktischer, veranlaßt die Schüler, einen Aspekt des Textes herauszugreifen und zu verallgemeinern: Seid wachsam und kritisch gegenüber euren Führern! (Man könnte ergänzen: Laßt euch keinen Bären aufbinden!) Im Rückblick zeigt sich, daß der Lehrer dies als zentralen Punkt während der ganzen Stunde angesteuert hat. Sicher war dieses *sein* Textverständnis der Grund dafür, daß er um genaue Belege gerade an der Stelle bat, wo es um die Führungsrolle des Bären ging. Der durch **Leitfragen** gesteuerte Unterricht steht immer in der Gefahr, den Schülern das Textverständnis des Lehrers zu suggerieren oder gar zu oktroyieren, und zwar geschieht dies vermutlich meistens, ohne daß es dem Lehrer bewußt wird.

Denn: Was wäre, wenn der Text gar keine „Lehre" enthielte? Richtig ist sicher, daß der Leser versucht oder versuchen sollte, den Text auf einen Sinn hin zu verstehen, in ihm einen sinnvollen Zusammenhang zu sehen, sich einen Reim darauf zu machen. Die unterschiedlichen Aspekte des Textes müssen zusammengefaßt, „die Ergebnisse elaborativer Textverarbeitung" müssen wieder verdichtet „und für das Gedächtnis behaltensfähig" gemacht werden (Hölsken 1987). Qualitätskriterium der Interpretation ist deren „Kohärenz" (Spinner 1987c) – in älterer Begrifflichkeit: deren „Stimmigkeit" bzw. der Nachweis ihrer „Notwendigkeit der Komposition" (Kügler 1975). Hätte man die Schüler statt nach der „Lehre" nach dem „Sinn" fragen sollen? Vermutlich hätte das die Siebtkläßler nur ratlos gemacht. „Lehre" ist die Art und Weise, wie Schüler dieses Alters einen Text zu einem Thema zusammenfassen, wie sie ihn auf einen Begriff reduzieren; hätte man sie gefragt: „Wovon handelt der Text?", so hätten sie ihn vermutlich nacherzählt oder mehrere Inhaltselemente wiedergegeben. Insofern hat sich der Lehrer mit der Frage nach der „Lehre" den Verstehensmöglichkeiten der Schüler angepaßt. Aber wurde mit dem Schema „Fabel" und „Lehre", das den Schülern zur Verfügung stand, nicht der Text verfehlt? Und wenn Siebtkläßler die Komplexität des Textes nicht anders denn als „Lehre" verstehen können – können sie den Text dann überhaupt verstehen? Anders gefragt: Können sie ihn verstehen, ohne wesentliche Aspekte zu eliminieren? Immerhin fällt auf, daß bei der ganzen Besprechung – und vermutlich auch im Unterrichtskonzept des Lehrers – der sperrige Schluß des Textes (der Auftritt der Bärin) unberücksichtigt bleibt, daß auf Formulierungen wie „die Schlucht, in die die Omnibusse fallen" nicht eingegangen wird und die Sprache bei der ganzen Texterarbeitung keine Rolle spielt („Dorst" bleibt folgenlos), und schließlich, daß die Schüler der Frage, ob sich der Bär selbst für den Oberförster hält, überhaupt nicht nachgehen. Es bleibt offen, ob all das die Folge der Lehrerhandlungen war oder ob die Schüler zum Verfolg dieser Fragen gar nicht in der Lage gewesen wären.

Was haben die Schüler angesichts dieser Defizite von der Textbesprechung gehabt? Hat sie sich gelohnt? Hat irgendein Schüler sein Wissen oder seine Fähigkeiten erweitert, neue Erkenntnisse gewonnen (Ist „Seid wachsam gegenüber euren Führern!“ in dieser Allgemeinheit eine Erkenntnis?), Lust auf Lesen bekommen oder ist wenigstens produktiv irritiert worden? Hat der Unterricht einem Schüler geholfen oder seine Entwicklung gefördert? Solche – natürlich schwer zu beantwortenden – Fragen müssen gerade im Hinblick auf eine Unterrichtsstunde gestellt werden, die alles andere als konzeptionslos war und so völlig normal und ordentlich verlaufen ist wie diejenige in der 7. Klasse über den „Bär auf dem Försterball“.

2.5.2 Beispiel 2 (Klasse 8)

2.5.2.1 Verlauf des Unterrichts (eine Stunde)

Der Unterricht findet gegen Ende des Schuljahrs statt. – Der Text wird ausgeteilt, anschließend liest der Lehrer ihn vor. Während des Vorlesens gibt es mitunter Gelächter, z. B. an der Stelle, an der die Förster Hagebutten fressen und an der sie den schwächsten Förster zum Bären erklären.

Nach dem Vorlesen schreibt der Lehrer an die Tafel: „Wie hat der Text Euch gefallen?“ Die Schüler haben fünf Minuten Zeit, in der sie die Frage schriftlich beantworten. Das Geschriebene wird nicht vorgelesen, sondern der Lehrer beginnt mit dem Feststellen eines Meinungsbildes: „Wer fand den Text gut?“ Bis auf drei Schüler melden sich alle. Bei der Gegenfrage melden sich diese drei Schüler, und der Lehrer hält an der Tafel fest:

„Positiv: 26
Negativ: 3“

Die Eröffnungsphase endet mit der Aufforderung: „Ich glaube, wir fangen mal mit der Minderheit an, da sie etwas Unterstützung braucht, und untersuchen erstmal, was ihr an dem Text negativ fandet. Unterstreicht das bitte mal, und dann wollen wir das sammeln.“

Das Sammeln kritischer Stellen geht unmittelbar in die Textbesprechung über, weil den Kritikpunkten sofort von Mitschülern widersprochen wird, und zwar so, daß sie das Kritisierte aus der Logik der Geschichte zu erklären versuchen. Dabei hält sich der Lehrer fast völlig heraus, bittet allenfalls mal um Begründung oder Detaillierung:

S1: „Ich finde die Geschichte unrealistisch.“
L: „Warum?“
S1: „Der Bär kann doch nicht sprechen.“
S2: „Ich glaube, das muß man allgemeiner nehmen, das muß auf Menschen bezogen werden.“

Die Frage, ob die Geschichte realistisch sei, wird länger diskutiert. Dabei weist ein Schüler schon auf die Merkwürdigkeit hin, daß der Bär sich selbst sucht. Als unrealistisch erscheint auch, daß der Oberförster den Schlüssel zur Bärenhöhle haben soll und die Förster nichts merken. Immer wieder rechtfertigen Schüler die Geschichte damit, daß sie sinnbildlich gemeint und auf die Menschen zu übertragen sei: Ein Schüler erwähnt das Motto „Kleider machen Leute", ein anderer zieht eine Analogie zum Autoritätsverhältnis am Arbeitsplatz, ein dritter sagt geradeheraus: „Das ist doch nicht wörtlich gemeint, das ist doch 'ne Satire" und erfährt dabei allerdings Widerspruch von anderen Schülern, die sich eine Satire weniger verschlüsselt, also direkter vorstellen. Sowohl das Rollenverhalten der Figuren als auch die Identitätsproblematik („der Bär hat sich eben so in seine Rolle eingelebt, daß er wirklich glaubt, er sei der Oberförster") werden angesprochen.

Die ungelenkte Textbesprechung, an der sich 23 der 29 Schüler beteiligen, dauert die ganze Stunde. Der Lehrer greift nur noch sechsmal ein, dabei zweimal gesprächssteuernd („Anja, wolltest du dich direkt auf Oliver beziehen?", „Ja, Dagmar, zu Katrin?"). Bei den anderen Äußerungen bittet er um genauere Ausführungen: Als eine Schülerin sagt, sie habe sich den Schluß anders vorgestellt, fragt er: „Wie hast du den Schluß denn erwartet?" („weiß ich auch nicht, aber jedenfalls nicht so"); als ein Schüler behauptet, der Bär habe sich selbst in Gefahr gebracht, bittet er um Erläuterung, u. ä.

Kurz vor Stundenende bricht der Lehrer das Gespräch ab, bittet um eine Zusammenfassung und die Angabe noch offener Fragen. Zum erstenmal verstummt die Klasse. Daraufhin beschränkt sich der Lehrer auf die Bitte, noch offene Fragen zu nennen. Zwei solche Fragen werden genannt: Haben die Förster mit der Zeit gemerkt, daß der Bär der Oberförster war? Wollte der Bär die Förster veräppeln, oder war sein Auftritt auf dem Försterball Zufall? Eine Schülerin nennt schließlich doch noch ein Ergebnis der Besprechung: „Wir haben herausgefunden, daß die Geschichte nicht nur realistisch zu verstehen ist, daß sie hintergründig sehr viel sagt."

2.5.2.2 Kommentar

Die Stunde hat zwar eine klare Gliederung: Textdarbietung – Anfangsimpuls – ungelenktes Gespräch der Schüler – Ergebniszusammenfassung; aber da das Gespräch den größten Teil der Stunde ausmacht, erscheint sie dem Betrachter eher unstrukturiert.

Textdarbietung: Auch dieser Lehrer teilt den Text gleich aus und läßt die Schüler mitlesen, allerdings trägt er ihn dann selbst vor. Verschenkt er damit eine Möglichkeit zur Aktivierung der Schüler, oder wählt er die einfachste und zeitsparendste Form, die Schüler mit dem Text bekanntzumachen, ohne ihre Aufmerksamkeit auf etwas anderes, nämlich das **Vorlesen**, zu lenken? Durch das Mitlesen finden sich die Schüler bei der Besprechung mühelos im Text zurecht, ohne ihn erst noch lesen zu müssen.

Einstieg: Die Schüler werden aufgefordert, schriftlich ihren Eindruck zu formulieren, und zwar subjektiv wertend („gefallen"). Das Gewicht dieser Aufforderung wird darin deutlich, daß der Lehrer sie an die Tafel schreibt – Schriftlichkeit verlangt Schriftlichkeit. Da die Schüler das, was sie schreiben, nicht vorlesen, dient das Aufschreiben nur der ruhigen Klärung der eigenen Einstellung gegenüber dem Text; wesentlich ist, daß alle Schüler auf dem Papier zu Wort kommen. Die Schüler scheinen mit diesem Verfahren und dieser kognitiven Funktion des Schreibens vertraut. Es ist kein sinnloses Ritual, sondern der gesprächseröffnende Impuls – wer fand den Text gut? wer nicht? – greift unmittelbar darauf zurück. Hier wird nicht – wie im ersten Beispiel – gefragt: „Wie fandet ihr den Text?“, sondern der Lehrer reduziert die zweifellos differenzierteren schriftlichen Äußerungen der Schüler auf eine einfache Ja/Nein-Alternative. Dadurch ergibt sich ein Meinungsbild; der Lehrer hält es an der Tafel fest. Daß während der ganzen Stunde nur dieses Meinungsbild an der Tafel steht, ist typisch; denn es zeigt, daß in diesem Unterricht die Schüler und ihre Meinungen im Zentrum stehen. (Man vergleiche: Im ersten Beispiel stand etwas über die FABEL an der Tafel.)

Angesichts von nur drei Schülern, die den Text nicht gut fanden, scheint die nächste Aufforderung des Lehrers, nämlich Negatives zu unterstreichen, sonderbar, vor allem auch, weil diese Schüler ja sicher schon Fragwürdiges als Begründung für ihr Urteil notiert hatten. Die angekündigte Sammlung der Punkte findet deshalb auch nicht pedantisch statt, sondern endlich – nach fast einem Drittel der Stunde! – wird die Arena freigegeben für ein Gespräch über den Text.

Hauptphase: Gespräch über den Text

Die gründliche Vorbereitung zahlt sich aus: Es gelingt den Schülern ein selbständiges Gespräch über den Text, an dem sich über drei Viertel der Klasse ohne weitere Aufforderung beteiligen. Im Laufe des Gesprächs werden alle wichtigen inhaltlichen Punkte von den Schülern selbst angesprochen, nur auf die sprachliche Gestaltung weist niemand hin. Entscheidend ist, daß die Schüler die Fragen besprechen, die sie sich selbst stellen bzw. die der Text ihnen stellt – nicht die Fragen, die der Lehrer für wichtig hält.

Im Vordergrund steht zunächst die Frage nach dem Realismus der Geschichte. Nachdem klar ist, daß man die Geschichte nicht wörtlich nehmen kann, finden die Schüler Analogien für die Ungereimtheiten, sowohl für die Verblendung und Verführbarkeit der Förster als auch für ihre Aggressivität gegenüber dem Schwachen und schließlich sogar für die Identitätskonfusion des Bären:

- „Ich finde das ganz realistisch, denn es gibt doch auch heute bei uns noch Menschen, die aus ihrer Haut rauswollen oder die gezwungen sind, eine andere Rolle zu spielen. Wenn z. B. ein Mensch jemanden umgebracht hat und verfolgt wird und sich nur verstecken kann, indem er sich verkleidet und eine andere Rolle übernimmt.“
- „Ja, dann steigert der Bär sich so in seine Rolle rein, daß er gar nicht mehr unterscheiden kann, ob er nun der Oberförster oder der Bär ist.“

Die Schüler erklären das Verhalten der literarischen Figuren unter Rückgriff auf ihre eigene Lebenserfahrung, die sie dabei artikulieren. Das Thema „Alkohol“ spielt in dieser Diskussion eine ganz untergeordnete Rolle, nur an zwei Stellen wird der Alkohol zur Erklärung herangezogen:

- „Komisch finde ich, daß der Bär es am Ende so weit treibt, daß er sich nachher selber sucht. Er kann sich ja dabei nicht verlieren, das ist ja Blödsinn. Aber die sind eben alle ganz schön angeheitert."
- „Spätestens als die Bärenfrau in der Tür stand und den Bären angeredet hat, da war doch allen Förstern klar, daß der Oberförster der Bär war. Und sie hätten ihn sicherlich auch erschossen, wenn sie nicht so viel getrunken hätten. Sie haben ja ihre Flinten gar nicht mehr vom Haken gekriegt."

Schlußphase: Zusammenfassung
Im Vergleich zu der differenzierten und klugen Argumentation der Schüler während der Besprechung fällt die vom Lehrer am Schluß unter Zeitdruck geforderte Zusammenfassung deutlich ab. Nicht nur die Schüler werden hier von außen gezwungen, sondern auch der Lehrer scheint unter einem Zwang zu stehen, nämlich unter dem Zwang eines „regelgerechten" Stundenkonzepts, bei dem am Ende ein **Ergebnis** zu stehen hat – eine engagierte Diskussion während der Stunde reicht offenbar nicht aus, es muß am Ende auch klar sein, was dabei „herausgekommen" ist. Dabei wird übersehen, daß die Formulierung eines Ergebnisses auf einer neuen Reflexionsstufe liegt. Um die Diskussion in Form eines Ergebnisses zusammenfassen zu können, müßten die Schüler Abstand haben, zurückblicken und möglichst ihren Ersteindruck konfrontieren mit dem, was für sie in der Diskussion wichtig gewesen ist. Und aus dieser Konfrontation müßte jeder für sich einen Schluß ziehen. Solch eine Reflexion („Was hat die Besprechung mir gebracht?" – vgl. Kap. „Vier-Phasen-Schema") könnte sinnvollerweise wieder schriftlich geschehen, und dies könnte ebenso selbstverständlich sein wie das anfängliche Aufschreiben des ersten Eindrucks. Die Schüler würden sich dabei ihres eigenen Lernens bewußt, und es würde der Eindruck vermieden, als sei eine Textbesprechung etwas völlig Unverbindliches und Nutzloses (ein Eindruck, den die Schüler in dieser Stunde allerdings kaum gehabt haben dürften). In der vorliegenden Stunde wird dagegen nicht deutlich, ob der so ganz ohne Abstand vorgenommene Rückblick mehr ist als ein Unterrichtsritual.

2.5.3 Beispiel 3 (Klasse 9)

2.5.3.1 Verlauf des Unterrichts (eine Stunde)
Der Lehrer beginnt den Unterricht in dieser Klasse mit kurzen Vorbemerkungen zu der Geschichte: Es gibt sie als Kinderbuch und als Zeichentrickfilm; „vielleicht kennen deshalb einige von euch die Geschichte schon". Dann liest er die Geschichte vor.

Unmittelbar danach eröffnet er die Besprechung mit der Frage: „Was kann man dazu sagen?" Die Schüler äußern sich sehr zögernd und vorsichtig und müssen sogar einzeln aufgerufen werden. Es kommen schließlich Bemerkungen wie „Die Geschichte ist ganz witzig", „sie hat irgendwie keinen Hintergrund", „da ist keine richtige Handlung drin", „ich fand es unsinnig, daß am Ende die Bärin kam", „das war so 'ne Geschichte aus dem Kinderbuch". Die Schüler, die sich äußern, scheinen fast durchweg ein distanziertes Verhältnis zu dem Text zu haben oder gar ihn nachdrücklich abzulehnen.

Der Lehrer greift eine Äußerung heraus und fragt, warum die Geschichte eine Kindergeschichte sein könnte, und die Schüler nennen mehrere Gründe. Dann teilt er den Text aus und beginnt die eigentliche Besprechung, indem er eine andere Schüleräußerung aufgreift und diesmal nicht um Begründungen bittet, sondern um Stellungnahmen dazu: „Regina sagte, die Geschichte hat keine richtige Handlung. Wollen wir mal prüfen, ob dieser erste Eindruck tatsächlich stimmt." Als Regina die Behauptung abmildert – es sei da schon eine Handlung, aber eine schwer zu verstehende –, fordert der Lehrer dazu auf, die Handlung zu rekonstruieren: „Was passiert in der Geschichte?" Die Frage läßt die Schüler zunächst wieder verstummen. Der Lehrer setzt noch bescheidener an: „Was ist denn der Ausgangspunkt? Was geschieht als erstes?" Auch jetzt meldet sich niemand, so daß der Lehrer schließlich jemanden aufruft. Nun wird Stück für Stück der Inhalt wiedergegeben, von der nicht unwichtigen Unterscheidung „Maskenball" – „Försterball" über die Anerkennung des Bären als Oberförster und seine Führungsrolle bis hin zur Bärenjagd, zur Verwechslung des jungen Försters mit dem Bären und der Erkenntnis, daß der „Oberförster" ja selbst das Aussehen eines Bären hat.

Die Klärung des inhaltlichen Verlaufs nimmt allerhand Zeit in Anspruch. Am Ende fragt der Lehrer erneut, ob denn die Geschichte keine Handlung habe. Nun schränkt Regina ein: Eine Handlung habe die Geschichte schon, aber sie könne nichts damit anfangen. Daraufhin kommt der Lehrer auf die anfänglichen Schüleräußerungen zurück: Ist das nur eine witzige Geschichte, oder hat sie einen Hintergrund? Die Schüler sind ratlos. Der Lehrer fragt enger: „Was ist denn merkwürdig an dieser Geschichte?" und läßt die Schüler schließlich zusammentragen, was am Verhalten der Förster merkwürdig ist und was am Verhalten des Bären. Dabei wird auch über die Gründe für das Verhalten spekuliert. Als ein Schüler meint, es sei doch „schwachsinnig", sich den Kopf über die „Charakterzüge" (gemeint sind wohl die Motive) des Bären zu zerbrechen, denn das sei doch alles ein „Märchen", wird diskutiert, ob es sich bei der Geschichte um ein Märchen oder eher um eine Fabel handeln könnte. „Fabel" ist dann auch das Stichwort, um sich über eine mögliche übertragene Bedeutung der Geschichte Gedanken zu machen: „Irgendwie ist da ja auch immer so'n Bezug auf die Menschen drin, vielleicht wie die sich in der Gesellschaft verhalten." Mehrere Schüler meinen, wenn man Gesellschaftskritik üben wolle, würde man das direkt tun und nicht so eine Geschichte mit dem Bären erfinden. Doch, meint ein anderer Schüler, das werde durch die Einführung des Bären deutlicher. Was wird deutlicher? fragt der Lehrer. Antwort: Deutlich wird, wie sehr sich die Förster von Äußerlichkeiten beeindrucken lassen. Lehrer: Worauf hätten sie denn sonst achten sollen? Schüler: Auf die besonderen Fähigkeiten, die ein Oberförster haben muß, z. B. muß er besonders gut Fährten lesen können. Lehrer: Handelt es sich bei der Geschichte also um eine Kritik an Förstern? Schüler: Nein, man muß das allgemeiner sehen; es handelt sich um eine Kritik an Menschen. Einspruch eines anderen Schülers: Aber die meisten Menschen würden doch nicht so blöd sein wie diese Förster.

An dieser Stelle lenkt der Lehrer das Gespräch auf den Schluß der Geschichte, der ja auch gleich zu Beginn der Stunde als „merkwürdig“ apostrophiert worden war. In den wenigen Minuten, die jetzt noch zur Verfügung stehen, äußern die Schüler einheitlich ihr Befremden über den Schluß. Der Gong beendet die Stunde. („Macht nichts, andermal ist auch noch ein Tag!“)

2.5.3.2 Kommentar

Der Unterricht verlief sehr zähflüssig und für alle Beteiligten eher unerfreulich. Interessanterweise erklärte der Lehrer danach, er habe den Text sehr ungern in dieser Klasse behandelt, da er ihn eigentlich für viel zu anspruchsvoll hielte; er liebe ihn über die Maßen und wollte nicht „Perlen vor die Säue werfen“. Statt die Schüler zu begeistern und mitzureißen, hat der Lehrer seine Gefühle unter Verschluß gehalten und einen betont sachlichen Unterricht durchgeführt. Dafür allerdings war der Unterricht nicht klar genug strukturiert, er machte einen improvisierten Eindruck. (Möglicherweise dachte sich der Lehrer, er brauche sich angesichts eines heißgeliebten Textes keine Gedanken um den Unterricht zu machen – eine gar nicht so abwegige Vorstellung; nur hätte er dann seiner Begeisterung freie Zügel lassen müssen.)

Vorbemerkung zum folgenden Text:

Die Vorbemerkungen sollen offenbar Äußerungen wie „Ach, das kenn ich schon“ verhindern und Unlust abwehren. Sie erreichen aber das Gegenteil. Die Neuntkläßler haben keine Lust, sich mit einem Text auseinanderzusetzen, der so eindeutig als Kindergeschichte deklariert worden ist. Wäre aber der Widerstand nicht genauso groß gewesen, wenn – wie der Lehrer befürchtete – während des Vorlesens ein Schüler gerufen hätte: „Ach, das hat neulich mein kleiner Bruder im Fernsehen geguckt“? Sieht man diese Gefahr voraus, so bleiben eigentlich nur zwei Möglichkeiten: Entweder man verzichtet auf den Text, oder man packt den Stier bei den Hörnern. Letzteres hieße, man müßte die Textdarbietung unter die Frage stellen: Ist das ein Text für Kinder? Würdet ihr – wenn ihr Kinderbuchlektor wäret – ihn veröffentlichen? Oder man fordert die Schüler heraus, indem man behauptet, es sei ein völliges Mißverständnis, diesen Text Kindern vorzulegen, denn er sei eindeutig für Erwachsene geschrieben.

Die vorsichtige Bemerkung des Lehrers, „vielleicht kennen einige den Text schon“, verstärkt vermutlich das Desinteresse der Schüler: Warum sich mit einem Text befassen, den man eh schon kennt? Die Schüler bräuchten eine Orientierung über den Nutzen, den sie von der Besprechung auch dann haben könnten, wenn sie den Text schon einmal gelesen oder „Der Bär auf dem Försterball“ als Film gesehen haben, zumindest einen Hinweis wie „Wer die Geschichte schon vom Fernsehen her kennt, sollte mal die Ohren spitzen und auf die Unterschiede achten“.

Textdarbietung: Der Lehrer liest den Text vor, ohne daß die Schüler mitlesen. Das gibt ihm die Möglichkeit, die Schüler erlebnismäßig zu fesseln. Er kann den Vortrag fast schauspielerisch ausgestalten; die Schüler sehen ihn an. Bedenklich ist dabei aber zweierlei: Der Lehrer steht ganz im Zentrum; wird er sich im folgenden Unterricht aus dieser Stellung befreien können? Und außerdem müssen die Schüler den Wechsel vom sinnlichen Erleben der Geschichte zur distanziert-kognitiven Erarbeitung im Unterricht bewältigen – keine ganz einfache Aufgabe. Vielleicht ist das der Grund, daß der Lehrer im vorliegenden Fall auf die erlebnismäßige Fesselung der Schüler verzichtet und den Text so distanziert, nüchtern, sachlich wie möglich vorträgt. Aber welch eine Folge hat das! Die Schüler bleiben dem Text die ganze Stunde hindurch fern.

Einstieg: Auch in dieser Stunde werden die Schüler zum Äußern erster Eindrücke aufgefordert, und zwar unmittelbar nach dem Vorlesen mit der sehr allgemeinen Frage: „Was kann man dazu sagen?" Die Vorsicht des Lehrers, der die Schüler nicht provozieren oder schon in irgendeine Richtung lenken will, zeigt sich sogar in der Wahl des unpersönlichen „man" statt des direkteren „ihr" („Was meint ihr zu der Geschichte?"). Die Vorsicht ist aber zu groß. Die Schüler reagieren nicht. Daraufhin läßt sich der Lehrer schon in dieser Phase, in der die Schüler erst noch warm werden müssen, dazu verleiten, einzelne Schüler aufzurufen. Die Stunde gewinnt Prüfungscharakter.

Textbesprechung: Der nächste Unterrichtsschritt ist daran erkennbar, daß der Text ausgeteilt wird. Jetzt soll offenbar die eigentliche Erarbeitung beginnen. Sie geschieht nicht mit Hilfe von Leitfragen, sondern der Lehrer knüpft jeweils an Schüleräußerungen an, stellt sie in Frage oder läßt sie erläutern. Es entsteht ein kleinschrittiges und unstrukturiertes Gespräch, das ständig über den Lehrer läuft. Es gelingt dem Lehrer nicht, die Ablehnung der Schüler zu überwinden. Wegen der Lustlosigkeit der Schüler entsteht der Eindruck, sie hätten den Inhalt nicht verstanden, und das verleitet den Lehrer dazu, Stück für Stück den Handlungszusammenhang zu rekonstruieren – eine besonders langweilige Tätigkeit, die hier recht viel Zeit in Anspruch nimmt und die Schüler natürlich deutlich unterfordert.

2.5.4 Beispiel 4 (Klasse 10)

2.5.4.1 Verlauf des Unterrichts (zweieinhalb Stunden)

Der Text ist in dieser Klasse schon am Ende der vorhergehenden Deutschstunde ausgeteilt worden, die Schüler sollten ihn zu Hause lesen. Die Klasse ist in sechs *Gruppen* mit vier bis sieben Schülern geteilt. Jede Gruppe hat ein *Arbeitsblatt* bekommen:

„Deute den Sinn der Erzählung ‚Der Bär auf dem Försterball' von Peter Hacks. Für die Deutung kann folgende Information mitbenutzt werden. [...] Die Aufgabe soll so gelöst werden, daß die Arbeitsergebnisse in einem kurzen mündlichen Vortrag der Klasse vorgestellt werden."

An der Stelle der Punkte „[...]“ standen bei den Gruppen unterschiedliche Informationen (je zwei Gruppen erhielten dieselbe Information):

1: Peter Hacks wurde 1928 geboren, lebte bis 1955 in München und siedelte dann freiwillig in die DDR über, wo er bis heute lebt.
2: Die Erzählung erschien in der Reihe „rororo rotfuchs“ als Bilderbuch für Kinder. Der Verlag empfiehlt das Buch für Kinder ab 4 Jahren.
3: „Peter Hacks ist zum Dichter des Allgemeinmenschlichen ... geworden“, urteilt ein Literaturwissenschaftler über diesen Autor und sein Werk.

Die Gruppenarbeit soll eine Viertelstunde dauern; aber – nach einer anfänglichen Lesepause von einigen Minuten (die wenigsten Schüler haben nämlich den Text zu Hause gelesen) – diskutieren die Schüler so intensiv, daß der Lehrer Mühe hat, das Gespräch in der Gesamtklasse zu eröffnen. Er erläutert noch einmal das Verfahren und erteilt dann dem Sprecher der ersten Gruppe das Wort.

Diese Gruppe hatte die Kinderbuch-Information, und logischerweise bezieht sich der Gruppensprecher darauf, wenn auch nur kurz. Die Gruppe hat den Text nämlich doppelt interpretiert, einmal als Kindergeschichte, dann aber auch als Text für Erwachsene. Erwachsene – das waren sie selbst, die Schüler: „eben ja auch wir so jetzt in der Klasse“. Sie haben die Geschichte auf gesellschaftliche Mechanismen überhaupt übertragen: Obrigkeitsgläubigkeit und leichte Verführbarkeit, Sündenbock, Verlust des Identitätsbewußtseins. Auch eine „Moral“ hat die Gruppe gefunden: Laßt die Finger vom Alkohol!

Ein Schüler widerspricht: „Ich hab die Geschichte einmal im Fernsehen gesehen, und zwar in einer Kindersendung, und ich war derjenige in dieser Gruppe, der gesagt hat, daß diese Geschichte gar nicht so auf Erwachsene abzielt, denn als ich das im Fernsehen gesehen hab, war das so lustig gemacht. Wenn das ein Erwachsener sehen würde, der würde sich eigentlich nie Gedanken darüber machen, sondern einfach nur Spaß dran haben an der Geschichte.“

Als der Lehrer fragt, was denn in den Augen der Gruppe wichtiger gewesen sei, der Spaß oder die Gesellschaftskritik, entscheiden sich die Schüler überraschenderweise für den Spaß – allerdings unter Hinweis darauf, daß das Buch ja für Kinder ab 4 Jahren empfohlen sei. Nun erkundigt sich natürlich ein Schüler aus einer anderen Gruppe, woher denn diese ihm unbekannte Information stamme. Der Lehrer klärt die Schüler darüber auf, daß die Gruppen unterschiedliche Informationen erhalten haben.

Dann berichtet die zweite Gruppe. Sie hat ebenfalls die Geschichte zunächst ohne Rücksicht auf die Zusatzinformation interpretiert: Der Bär hat auf vielerlei Weise die Förster getäuscht; unter dem Einfluß des Alkohols täuscht er sich aber schließlich selbst – er vergißt, daß er der Bär ist. Dennoch ist der Bär der einzige, der „noch den Überblick behält“, nämlich als die Förster unbesehen den jüngsten unter ihnen zum „Sündenbock“ stempeln. „Die Lehre, die man daraus ziehen kann, ist, daß man eine Person näher betrachten muß, bevor man irgendwie was zu ihr sagt oder mit ihr irgend etwas macht." Die zweite Lehre, die die Gruppe herausgefunden hat: „Daß man nicht so viel trinken soll eben, da das die Realität doch ziemlich verändert." Eine Schülerin ergänzt dieses Ergebnis mit Bezug auf die Zusatzinformation, daß HACKS in die DDR übergesiedelt sei: Der Sinn der Geschichte könne sein, daß man sich die Leute genauer ansehen und nach Eignung, nicht nach Kleidung beurteilen müsse; im Westen sei es ja wohl so, daß das Äußere eine sehr große Rolle spiele.

Nun berichtet die dritte Gruppe. Sie war sich schnell einig, daß es sich bei dem Text nicht um eine Kindergeschichte handelt. Die Geschichte drücke menschliches Verhalten aus, wie es in der Nazizeit zum Vorschein gekommen sei. Man könne den Bären, den Anführer der Förster, mit dem Führer Hitler vergleichen, dem die Leute ja auch alles abgenommen hätten. Diese Analogie wird fortgesetzt: Die Bärenjagd sei vergleichbar mit der Verfolgung der Juden (Hitler sei Halbjude gewesen), der jüngste Förster war wie ein Jude andersartig, und die Schlußsentenz des Bären „morgen ist auch noch ein Tag" lasse sich als Warnung vor der Wiederkunft des Nazismus verstehen. Nicht alle Schüler der Gruppe waren allerdings von dieser Analogie völlig überzeugt; so sei es doch nicht wahr, daß Hitler die Verfolgung auf sich selbst gelenkt habe. Als ein Schüler fragt, was denn der Ansatzpunkt für diese Deutung gewesen sei, rechtfertigt sich die Gruppe mit der ihnen gegebenen Information über HACKS' Geburtsjahr 1928: „HACKS ist kurz vor der Nazizeit geboren und hat diese Krähe genau mitgekriegt."

Es folgt eine emotionsgeladene, kaum noch kontrollierbare Diskussion über diese Deutung. Der Schüler, der sie vorgetragen hatte, wird immer mehr in die Enge getrieben, aber er hält daran fest: Hitler sei selber Ausländer gewesen und Halbjude. Das Ende der Geschichte zeige ja fast einen Selbstmord, auch das spreche für die Analogie.

Schließlich beendet der Lehrer die Diskussion mit dem Hinweis darauf, daß über die Angemessenheit aller Deutungen ja noch gesprochen werden soll, und bittet die vierte Gruppe um ihre Interpretation. Diese Gruppe ist besonders auf die leichte Beeinflußbarkeit eingegangen; nicht nur die Förster werden vom vermeintlichen Oberförster beeinflußt, sondern auch der Bär ist leicht beeinflußbar, nämlich durch die Bärin. Auf Nachfrage stellt sich heraus, daß die Gruppe als Zusatzinformation das Zitat des Literaturwissenschaftlers hatte: „PETER HACKS ist zum Dichter des Allgemeinmenschlichen geworden."

In der nun folgenden Unterrichtsphase bittet der Lehrer zunächst darum, *Übereinstimmungen und Unterschiede der Deutungen* zu nennen, und er hält das in Stichworten an der Tafel fest:

„Übereinstimmende Deutungsaspekte:
- Stärke des Bären als entscheidend für seine Wahrnehmung als jemand, der übergeordnet ist,
- der Schwächste wird als Opfer/Sündenbock ausersehen,
- nicht nur Unterhaltung für kleine Kinder,
- Bär übernimmt eine andere Rolle/steht für etwas anderes."

Dieses Sammeln beginnt am Ende der ersten Stunde und wird in der nächsten Stunde fortgesetzt. Es handelt sich dabei nicht um eine bloße Rekapitulation; denn da sich die Schüler bisweilen nicht einig sind, ob bestimmte Auffassungen von allen Gruppen geteilt werden (etwa die Bedeutung des Alkohols), nehmen sie die inhaltliche Diskussion wieder auf.

Als nächstes fragt der Lehrer nach den *Ursachen für die unterschiedlichen Deutungen*. Natürlich nennen die Schüler zunächst die verschiedenen Zusatzinformationen. Sie bleiben aber dabei nicht stehen. „Ich glaub', mit dem Hitler, daß wir auf Hitler gekommen sind, das hat was mit dem Unterricht im Moment zu tun, also weil wir da eben in mehreren Fächern drüber sprechen; ich glaub', das hat auch einen Einfluß." Der zweite Grund ist also der Einfluß des übrigen Unterrichts. Als dritter Grund werden Assoziationen jedes einzelnen Lesers genannt, die auf individuelle Erfahrungen zurückgehen. Schließlich weist ein Schüler noch auf die speziellen Leseumstände hin, die sich auf das Verständnis auswirken: Man verstehe den Text anders, wenn man ihn in der Schule liest als z. B. in der Bahn.

Der Lehrer faßt nun zusammen und erklärt die Beobachtungen der Schüler: „Ihr habt nämlich mit euren eigenen Worten sehr deutlich gesagt, daß die Deutung eines Textes immer eine Auswahl von Merkmalen ist. Wenn ich einen Text deute, richte ich meine Aufmerksamkeit auf ein oder zwei Aspekte, ich nehme also gar nicht alles wahr, was ich an dem Text wahrnehmen kann. Und ich bringe auch meine eigenen Gedanken und meine eigenen Vorlieben und meine eigenen Vorurteile in diesen Text mit hinein. Und das kann man jetzt etwas vornehmer formulieren folgendermaßen. Es gibt eine Reihe von Experimenten, die nachgewiesen haben, daß jeder von uns, und zwar meistens eben nicht ganz klar bewußt, eine Reihe von Vorurteilen hat, die ihn so beeinflussen, daß er die Wirklichkeit um sich herum und selbstverständlich auch solche Texte nicht frei von seinen Vorurteilen wahrnehmen kann. Er sieht also zum Teil in Texten auch das, was er gern sehen möchte, worauf seine Aufmerksamkeit gerade gerichtet ist durch Zusammenhänge, durch Unterricht usw., so daß man nie davon sprechen kann, ein Text wird objektiv gedeutet, sondern in jeder Deutung ist das Vorurteil dessen und die eingeschränkte Wahrnehmung dessen, der den Text deutet, mit enthalten."

Der Lehrer *diktiert* den Kern dieser Erläuterung ins Heft: „Die Textdeutung wird beeinflußt durch Vorurteile des Interpreten und seine eingeschränkte Wahrnehmungs- und Beobachtungsfähigkeit." Dann fragt er, welche Probleme sich aus dieser Feststellung ergeben, und prompt kommen die Schüler auf die Subjektivität und Beliebigkeit der Interpretationen zu sprechen und weisen auf die Schwierigkeit hin, eine bei einer Klassenarbeit gegebene Interpretation zu bewerten. Zwei Schüler bieten Korrektive an: In einer Gruppendiskussion heben sich die Vorurteile möglicherweise auf, „weil jeder andere Vorurteile hat"; im übrigen müsse man ermitteln, was sich der Autor gedacht habe.

Wiederum faßt der Lehrer in einem längeren Monolog das Gespräch der Schüler zusammen: Zwar scheinen alle Interpretationen subjektiv zu sein, aber dennoch unterstellt jeder die Angemessenheit seiner und die Unangemessenheit der anderen Interpretation. Am Beispiel der Bär-Hitler-Analogie sei das ja deutlich geworden; denn diese Deutung hätten viele Schüler zurückgewiesen. Kriterium der Angemessenheit sei, ob der Text überall die Deutung decke oder ob es Textstellen gebe, die nicht zu ihr paßten. Die Schüler sollten deshalb jetzt Stellen heraussuchen, „die eindeutig zu der Interpretation dieser Gruppe nicht passen".

Was als bloße Sammelphase angelegt war, gerät wieder zu einem Streitgespräch; denn die Befürworter der Analogie verteidigen sich tapfer. Die Klasse diskutiert darüber, ob Hitler Halbjude war, ob er Ausländer war, ob er eine Frau hatte. Ein Schüler wendet ein: So genau war die Analogie nicht gemeint, es müßten nicht alle Fakten historisch stimmen. Es gehe vielmehr um eine allgemeine Ähnlichkeit. Aber da hakt der Lehrer ein: „Wir versuchen ja gerade Kriterien zu finden, nach denen man bestimmen kann: Das ist noch zulässig an einer Interpretation und das andere nicht mehr." Durch diesen Hinweis fühlen sich die Verteidiger der Analogie in die Enge getrieben; die Diskussion wird erregter und persönlicher, und schließlich gehen die Verteidiger der Analogie zum Gegenangriff über: Die Deutungen der anderen Gruppen seien nur deshalb weniger angreifbar, weil sie sich auf allgemeine Aussagen beschränkt hätten. Der Lehrer unterstützt das: „Halten wir das mal fest. Die Gruppe hat versucht, einen Gesamtsinn in dieser Geschichte durch die Analogie zu einem politischen Zusammenhang herzustellen. Dabei – deswegen werdet ihr hier auch am stärksten angegriffen – war das offensichtlich für die anderen die verblüffendste Interpretation und die irritierendste. Während die anderen sicherlich Details schärfer und differenzierter erfaßt haben, aber sich noch ein bißchen rumgedrückt haben, genau zu sagen, was denn die Tendenz oder ein Sinn dieser Geschichte insgesamt sein sollte."

Durch diese Klarstellung fühlt sich die Gruppe herausgefordert, die den Text als Beispiel für die leichte Beeinflußbarkeit der Menschen gedeutet hatte – schließlich habe ihre Zusatzinformation auf das „Allgemein-Menschliche" hingewiesen. Deshalb seien sie nicht darauf gekommen, die Förster als eine bestimmte Gruppe zu identifizieren oder den Bären mit einer historischen Person zu vergleichen.

Nun weist der Lehrer ausdrücklich darauf hin, daß es ja um die Methode der Textinterpretation gehe. Und da sei der gegenwärtige Diskussionsstand: Wenn man bei einer Deutung einen Vergleich zieht, muß man sehr genau hinsehen, ob der Vergleich möglich ist und wie weit er trägt, damit er nicht nur die Qualität beliebiger Assoziationen hat.

Auch diese Klarstellung eröffnet eine neue Streitrunde. Die Analogie-Vertreter stellen fest: Ihre Deutung sei die weitgehendste; die anderen Gruppen hätten nur Trivialitäten zutage gefördert. Dieser Vorwurf führt zurück zu der Frage, wie es denn zu den diversen Interpretationen gekommen sei, und dabei werden nun noch einmal die Zusatzinformationen in den Vordergrund gerückt: „Hätten wir die Zusatzinformationen nicht benutzt, du wärst nie im Leben auf Hitler gekommen, da könnt' ich wetten!"

Um den Streit zu schlichten, erklärt der Lehrer die politische Deutung des Textes als *eine* mögliche. Es wäre besser gewesen, wenn die Gruppe von vornherein diese Relativität betont hätte, um nicht das Mißverständnis zu provozieren, der Text sei nichts anderes als die Verschlüsselung einer historischen Situation. Die Kürze der zur Verfügung gestellten Zeit habe natürlich solch eine Vereinfachung nahegelegt. „Dadurch sind Interpretationsfehler reingekommen, die wir jetzt aber versucht haben, wieder auszuscheiden. – So, ganz kurz, jetzt von dieser Gruppe weg. Nur noch als Abschluß: Hat diese Geschichte denn überhaupt einen Sinn, hat sie mehrere Sinnmöglichkeiten?“

In dieser *Schlußphase* (in der Mitte der dritten Stunde) werden von den Schülern keine neuen Gesichtspunkte genannt, sondern schon Gesagtes wird wiederholt: Die Geschichte sei auf zwei Ebenen zu lesen, nämlich auf der von Kindern zur Unterhaltung und auf der von Erwachsenen als Denkanstoß („daß sie einen Anstoß geben soll, über diese Deutung, die man macht, nachzudenken“); die Geschichte enthalte die Lehre, daß man nicht über Schwache herfallen solle. Diese Äußerungen faßt der Lehrer nochmal zusammen und verallgemeinert: Ihr habt drei Deutungsmöglichkeiten gefunden, nämlich einen unterhaltenden, einen politischen, einen moralischen Sinn. „Wenn wir uns jetzt ganz viel Zeit nähmen, würdet ihr feststellen, daß es noch eine ganze Reihe von anderen Deutungsmöglichkeiten gibt. Das heißt: Hier sind mit Sicherheit mehrere richtige Interpretationen möglich. Man muß nur jeweils überprüfen, für welche Ebene des Textes die Deutung trifft und was also noch so als Überhang übrig bleibt. Wenn ich die Geschichte moralisch deute, dann bleiben ja eine ganze Menge von rein lustigen Aspekten übrig, die ich nicht so moralisch auflösen kann; wenn ich sie nur unterhaltsam deute, bleiben die Aspekte des Unterdrückens, des Sich-auf-einen-Schwachen-Stürzens als Problem immer noch da.“

Durch diese Relativierung angestoßen, fragt ein Schüler, ob man eigentlich wisse, was der Autor mit der Geschichte bezwecken wollte. „Hat er das irgendwo aufgeschrieben?“ Ein anderer Schüler erkundigt sich, ob HACKS' Gründe für seine Übersiedelung in die DDR angegeben habe, und ein dritter fragt schließlich, ob er die Geschichte vor oder nach seiner Übersiedelung geschrieben habe. Mit der Beantwortung dieser Fragen ist die Besprechung zu Ende.

2.5.4.2 Kommentar

Dieser Unterricht unterscheidet sich drastisch von allem anderen bisher dokumentierten:

- Er dauert viel länger,
- er ist absichtsvoll inszeniert,
- er hat zwei Themen: nicht nur den Text, sondern auch den Umgang mit ihm.

Der Lehrer ist bei der Planung seines Unterrichts von zwei Voraussetzungen ausgegangen: Einmal hat er hier einen kurzen, sehr offenen und vieldeutigen Text, zum anderen hat er eine aufgeweckte und diskussionsfreudige 10. Klasse. Vor allem das Alter der Schüler dürfte ihn bewogen haben, den Text nicht einfach nur besprechen zu lassen, sondern die Besprechung bzw. Deutung selbst zum Gegenstand des Unterrichts zu machen. Sein Hauptziel lag im Methodischen: Die Schüler sollten Erkenntnisse gewinnen über das Textverstehen, um Texte künftig bewußter zu interpretieren. Der Unterricht wird zur Interpretationsübung, der Text wird Mittel zum Zweck.

Der Verlauf der drei Stunden zeigt, daß der Wechsel in der Aufmerksamkeitsrichtung den Schülern schwerfällt. In einigen Phasen kommt es zu einem regelrechten Kampf zwischen den Schülern, die ihr Verständnis des Textes, ihre Sinnentwürfe diskutieren, auf der einen Seite und dem Lehrer, der ein anderes Thema verfolgt, nämlich die Methode des Textverstehens, auf der anderen Seite. Nicht nur etwas zu tun, sondern sich auch Rechenschaft abzulegen über das, was man da tut, verlangt ein Abstandnehmen, zu dem die Schüler noch nicht durchgängig in der Lage sind. Ihr Interesse liegt mehr im Inhaltlichen als im Methodischen.

a) Textdarbietung und Vorbereitung der Auslegung

Der Text wird den Schülern nicht vorgelesen, sondern am Ende einer Stunde zur häuslichen Lektüre ausgeteilt. Das ist ein erster Hinweis auf den für diesen Unterricht charakteristischen, sehr intellektuellen Umgang mit dem Text; die Schüler werden ja nicht durch eine theatralische Gestaltung in den Bann geschlagen, es fehlt das Erlebnismäßige, und es gibt keine spontanen Reaktionen, an die eine Besprechung anknüpfen könnte. Lesend nehmen wir Texte weniger sinnlich auf; durch die Hausaufgabe geschieht die Textrezeption überdies nicht in der Gemeinschaft, sondern isoliert.

Ein weiteres Indiz für diese Haltung ist das Arbeitsblatt, das zu Beginn der ersten Stunde ausgeteilt wird. Es enthält eine Aufgabe, deren hoher Anspruch auch an der Formulierung erkennbar ist: Eine „Deutung“ wird verlangt, der „Sinn“ soll angegeben werden. Außer diesem Auftrag enthält das Arbeitsblatt auch noch eine Information über den Text bzw. den Autor. Es ist klar, daß die Schüler diese Angabe als Auftrag verstehen, bei ihrer Deutung die Information zu berücksichtigen. Die Schüler sprechen also von vornherein nicht „unbefangen“ über den Text, sondern in gewisser Weise gelenkt. Die absichtliche Beeinflussung hat einen methodischen Zweck: Sie soll die Schüler erkennen lassen, daß es mit der „Unbefangenheit“ bei Interpretationen grundsätzlich nicht weit her ist. Dahinter steckt natürlich die rezeptionsästhetische Erkenntnis von der Abhängigkeit und Beeinflußbarkeit unseres Textverstehens.

b) Gruppenarbeit

Die eigentliche Textdeutung wird in Gruppen durchgeführt. Die Gruppen arbeiten parallel und haben alle denselben Auftrag. Durch die Aufteilung der Klasse kommen bei der Textbesprechung vermutlich mehr Schüler zu Wort als bei einer Diskussion im Plenum; außerdem wird unterstellt, daß die Schüler den Text schon zu Hause gelesen und sich individuell darüber Gedanken gemacht haben. Sie hatten also genügend Zeit, um sich eine Meinung zu bilden, und müssen sich nicht wie in den bisher dokumentierten Stunden unmittelbar nach der Textrezeption äußern. Durch den schriftlich gegebenen Hinweis auf das Ergebnis der Gruppenbesprechung, nämlich einen „kurzen mündlichen Vortrag vor der Klasse" zu halten, können die Schüler zielorientiert arbeiten; die Gruppenbesprechung wird verbindlich, weil sie ein Handlungsziel hat. Der Gefahr, daß alle Gruppen am Ende dasselbe herausgefunden haben, so daß keine Besprechung mehr im Plenum stattfindet, ist durch die unterschiedlichen Informationen vorgebeugt.

c) Vortrag der in den Gruppen erarbeiteten Deutungen
Die Berichte aus den Gruppen zeigen, daß die Schüler die Aufgabe sehr genau ausgeführt haben. Sie haben nämlich zunächst eine Deutung ohne Rücksicht auf die Zusatzinformation vorgenommen, diese dann aber in einem zweiten Schritt berücksichtigt. Wollte man diese Zweistufigkeit erzwingen, so sollte man die Zusatzinformation erst dann geben, wenn die Schüler ihre Deutung schon formuliert haben, und sie fragen, was sich durch diese Information an ihrem Textverständnis vielleicht ändert.
Unvermeidlich ist, daß schon bei den Berichten eine Plenumsdiskussion beginnt. Rückfragen an die Gruppe und Kritik an ihr lassen sich nicht einfach trennen.

d) Herausarbeiten der Gemeinsamkeiten und Unterschiede der Deutungen
Nachdem die einzelnen Deutungen vorgetragen sind, stellt der Lehrer die naheliegende Aufgabe, Gemeinsamkeiten und Unterschiede zu nennen. Dieser Vergleich zwingt die Schüler zum Abstandnehmen und ermöglicht Orientierung im vielleicht bei diesem oder jenem Schüler entstandenen Deutungswirrwarr. Der Übersichtlichkeit halber hält der Lehrer die in dieser Sammelphase genannten Punkte an der Tafel fest. Damit unterstreicht er auch seine Absicht, den Schülern ihr eigenes Vorgehen und dessen Ergebnis bewußt zu machen.

e) Herausfinden der Ursachen für die Unterschiede
Logisch folgt jetzt der nächste Schritt, der zur Erkenntnis der Ursachen von Deutungsdifferenzen führt. Jetzt zahlt es sich aus, daß den Gruppen unterschiedliche Informationen gegeben worden waren; so kommen die Schüler ohne Schwierigkeiten zu der Einsicht, daß wir eben nicht unbefangen an Texte herangehen, sondern daß unser Textverständnis von verschiedenen Faktoren abhängt. Da alle gegebenen Informationen korrekt waren, fühlen sich die Schüler nicht veräppelt und irregeführt (wie in einem Experiment, bei dem Schülern ein Gedicht von BRECHT u. a. mit der Information vorgelegt wurde, es sei von einem Insassen einer Trinkerheilanstalt namens „Bert Old" verfaßt worden, PÄTZMANN 1980). Sie erkennen, wie die einfachsten Informationen, die Lehrer ihnen geben oder die sie in einem Lesebuch finden, ihr Textverstehen beeinflussen. Problematisch erscheint allerdings das

Verfahren der Erkenntnissicherung, das der Lehrer in dieser Phase anwendet. Der Erkenntnisprozeß sieht ja so aus: Der Lehrer stellt eine klare Frage, läßt die Schüler darüber diskutieren und faßt dann ihre Diskussion in einem eigenen Text zusammen, wobei er deutlich über das von den Schülern Geäußerte hinausgeht. Er formuliert nicht die Erkenntnis der Schüler, sondern er erweitert sie und biegt sie um. Das erklärt die seltsame Stelle, an der der Lehrer – ganz aus dem bisherigen Unterrichtsstil herausfallend – den Schülern auf einmal einen Satz diktiert. Wäre das, was der Satz ausdrückt, von den Schülern verstanden worden, bräuchte man ihn nicht zu diktieren. Wäre es aber nicht verstanden (und das muß man annehmen), so würde es auch nicht durch einen Merksatz zum geistigen Besitz. Sinnvoller wäre es deshalb, die Schüler aufzufordern, die gewonnene Erkenntnis (die ja offensichtlich Lernziel war) selbst zu formulieren, und zwar zunächst jeder für sich, danach gemeinsam an der Tafel. Dann hätte im Hinblick auf Faktoren, die das Textverständnis beeinflussen, schließlich sicher nicht ein abstrakter Satz über die „eingeschränkte Wahrnehmungs- und Beobachtungsfähigkeit" im Heft gestanden, sondern eher etwas über Informationen, persönliche Erfahrungen und die besondere Lesesituation; denn das waren die Punkte, die die Schüler genannt hatten. Falls aber weitergehende Abstraktion gewünscht ist, müssen die Schüler sie vollziehen, es nützt nichts, wenn der Lehrer sie ihnen diktiert und damit oktroyiert.

f) Relativität und Angemessenheit von Deutungen

Wiederum ergibt sich der nächste Unterrichtsschritt logisch aus dem vorangegangenen: Wenn unsere Textdeutungen relativ zu unseren Voraussetzungen sind, wie ist es dann um ihre Richtigkeit bestellt? Landet man nun im totalen Deutungsrelativismus? Auf diese Frage hätten die Schüler eigentlich selbst kommen müssen; vielleicht war ihnen die Tragweite der eben gewonnenen Erkenntnis aber noch nicht recht klar. Jedenfalls kommt die Frage hier vom Lehrer, und auch in den folgenden Minuten läuft das **Unterrichtsgespräch** recht traditionell fast immer über den Lehrer. Die Überwindung des Relativismus' scheint den Schülern schwerzufallen. Als der Lehrer die Schüler auffordert, Textstellen zu nennen, die „eindeutig zu der Interpretation" des Bären als Sinnbild Hitlers nicht passen, will er exemplarisch das Problem der Triftigkeit resp. Unangemessenheit von Interpretationen behandeln; die Schüler denken aber auf einer konkreteren Ebene und geraten sich erneut über die Bär-Hitler-Analogie in die Haare. Um voranzukommen, greift der Lehrer immer wieder ein, hält Gesprächsergebnisse fest, faßt zusammen, verallgemeinert und zeigt den Schülern Konsequenzen ihrer Gedanken. Dabei werden die Schüler mehr und mehr zu bloßen Rezipienten. Die vom Lehrer beabsichtigte Einsicht wird auch dadurch behindert, daß die Schüler die Beschränktheit ihrer Interpretation als persönliches Versagen verstehen und sich deshalb mit Hinweisen auf Zeitmangel und äußere Umstände rechtfertigen zu müssen glauben.

g) Schlußfrage
Kurz vor dem Schluß der Besprechung und sicher in der guten Absicht, die Besprechung zu Ende zu bringen und abzurunden, stellt der Lehrer die Frage: „Hat diese Geschichte denn überhaupt einen Sinn, hat sie mehrere?“ Angesichts der vorhergehenden Differenzierungen ist so eine pauschale Frage erstaunlich. Den Schülern fällt natürlich nichts Neues dazu ein; sie wiederholen drei schon früher gegebene Antworten. Auch bei diesem Unterricht zeigt sich, daß die Zusammenfassung und (vermeintliche) **„Ergebnissicherung“** eine besonders heikle Angelegenheit ist. Allzu leicht bleibt sie weit unter dem Niveau der vorangegangenen Besprechung, und so ist es nicht verwunderlich, wenn Schüler in dieser Phase desinteressiert sind. Die Schüler möchten nicht eine „Sicherung“ des Erreichten, sondern eine Entscheidung: Die Pluralität der Textdeutungen wird als Mangel empfunden; man möchte sie überwinden durch die Kenntnis der tatsächlichen **Autorintention.**

Ergiebiger als eine vom Lehrer für die ganze Klasse formulierte Zusammenfassung wäre ein individueller Rückblick mit den Fragen: „Was hat mir die Beschäftigung mit der Geschichte ‚Der Bär auf dem Försterball‘ gebracht? Welche Fragen sind für mich offen geblieben?“

2.5.5 Beispiel 5 (Jahrgangsstufe 12)

2.5.5.1 Verlauf des Unterrichts (dreieinhalb Stunden)
Leistungskurs 2. Semester. Der Kurs hat „Umgang mit Texten des 20. Jahrhunderts“ zum Inhalt; die Geschichte von Hacks wird als zweite in einer Reihe von vier Parabeln behandelt. Zunächst wird den Schülern am Ende einer Stunde ein Aufgabenblatt gegeben; darauf steht nur der Anfang der Geschichte bis „Ihr merkt schon, das war der Förster“ und dazu folgende Aufgabe:

„1. Denken Sie über eine Fortsetzung dieser Geschichte nach!
2. Skizzieren Sie einige Sätze, einige Dialogfragmente oder einen Handlungsverlauf!
3. Klären Sie (möglichst in einem Satz) die Intention Ihrer Fortsetzung (schriftlich)!“

Der Unterricht beginnt damit, daß die Schüler berichten, wie es ihnen mit der Aufgabe ergangen ist. Ergebnis: Einige Schüler hatten sofort eine Idee, fanden es aber schwierig, sie sprachlich umzusetzen oder bemerkten im nachhinein, daß sie zu assoziativ drauflosgeschrieben hatten, so daß der Geschichte die Stringenz fehlte; andere Schüler brauchten länger, um überhaupt etwas mit der Vorgabe anfangen zu können. Ein Schüler hatte Schwierigkeiten, weil er den Text schon kannte und sich nicht davon lösen konnte. Er hat nur darüber nachgedacht, welche **Intention** Hacks wohl bei seinem Text gehabt haben könnte. Der Lehrer zeigt Verständnis: Er sei in derselben Situation gewesen, da er den Text ja kannte, aber er habe die Aufgabe dennoch gelöst. Schließlich gestehen mehrere Schüler, daß sie die Hausaufgabe aus verschiedenen Gründen nicht gemacht haben.

In der anschließenden Phase werden mehrere Skizzen für Fortsetzungen der Geschichte vorgelesen, und es wird jeweils die „Intention" besprochen. Ein Schüler hat beispielsweise geschrieben:

„Als sie sich gegenüberstanden, sagte der Förster zum Bär: Willst du auch zum Försterball? Wir können ja gemeinsam gehen. Der Bär merkte, daß der Förster ihn als Bär nicht erkannte. So ging er mit. Es wurde sein großer Abend, denn sein Kostüm war perfekt, und durch sein kräftiges Aussehen und seine aufsehenerregenden Geschichten, die er dank des Bärenschnapses erzählen konnte, wurde ein Bär Mittelpunkt eines Försterballs."

Als Intention dieser Fortsetzung nennen die Schüler: „Perfekte Verkleidung ist alles", „Kleider machen Leute". Der Lehrer hält das an der Tafel fest. Genauso wird bei den folgenden sieben Skizzen verfahren; allerdings muß die „Intention" oft erst noch formuliert werden, und dies geschieht im gemeinsamen Bemühen von Lehrer und Schülern („Wie kann man das ausdrücken? Paßt dieses Wort? Wollten Sie das sagen?"). Auf diese Weise entsteht schließlich das Tafelbild:

„Intention 1: Kleider machen Leute (perfektes Kostüm ist alles)
Intention 2: Äußerlichkeiten halten uns davon ab, ehrliche Kommunikation zu treiben (Maskenfeste können helfen, einander näher kennenzulernen)
Intention 3: Ich-Sein ist nicht immer leicht (Bär-Sein ist nicht immer leicht; manchmal Angst, deshalb Anpassung)
Intention 4: Verunglückte Identifikation
Intention 5: Es ist nicht gut sich anzupassen, denn irgendwann wird man doch erkannt.
Intention 6: Kindergeschichte: Der Bär als Held; er überlistet seine Feinde.
Intention 7: Kleider machen Leute, und Kleider machen blind.
Intention 8: Sei wie du bist (mach's nicht wie der Bär)."

Beim Besprechen der Skizzen gehen die Schüler auf den Ausgangstext zurück: Wollte der Bär zum Försterball, oder war er unterwegs zu einem Maskenfest? Da von anderen unverkleideten Förstern noch nicht die Rede war, bleibt offen, ob der eine Förster, dem der Bär begegnet, eine Ausnahme darstellt; insofern ist die Frage hier noch nicht zu entscheiden.

Die meisten Schüler haben „Intention" im Sinn von „Moral", „Lehre" oder „Aussage" verstanden: „Als Intention hatte ich, daß nachher irgendwas rauskommen müßte, was einen Interpretationsansatz bietet. Also daß da irgendwie Moral und ein Sinn dahintersteht." Diesem Verständnis von „Intention" folgt auch die Tafelanschrift; oft gibt es längere Diskussionen, bis die Intention kurz und griffig formuliert ist. Ein Schüler versteht „Intention" nicht so inhaltlich, sondern stärker bezogen auf Stil und Gattung; er erklärt nämlich, seine Intention sei vor allem gewesen, den „mündlichen Erzählstil" beizubehalten, z. B. so etwas wie „Ihr merkt schon ...": „Der Bär erschoß den Förster. Ihr merkt schon, er war nüchtern." Ein Märchen sei das, eine Kindergeschichte.

Als ein Schüler ein grausames Ende der Geschichte vorgetragen hat (die Förster erkennen den Bär an seinen Zähnen und erschießen ihn, Nr. 5), protestiert eine Schülerin und lehnt das Verfahren ab: „Ich finde, wir sollten jetzt erstmal entscheiden, ob das jetzt 'ne Kindergeschichte ist oder ob wir da noch mehr reininterpretieren. Ich hab da nämlich keine Lust mehr dazu, das ist mir echt zu blöd. Nachher stellt sich heraus, das ist echt 'ne Kindergeschichte, dann weiß ich nicht, wofür ich das alles mache." Der Schüler verteidigt sich: „Also, ich finde, wir haben da gar nichts reininterpretiert. Wir haben 'nen Anfang und setzen da ein Ende dazu, und weil wir nicht wissen, wie das Ende ist, können wir dazusetzen, was wir wollen." Als die Schülerin sich beklagt: „Da gibt's ja tausend Möglichkeiten!", fragt der Lehrer: „Was ist da jetzt so unangenehm an den tausend Möglichkeiten?" Im Fortgang dieser Auseinandersetzung wird deutlich, daß der Schülerin vor allem der Tiefsinn mißfällt, der durch die Skizzen der Schüler in den Text hineingetragen wird; ihr klingt der Anfang eben wie eine harmlose Kindergeschichte bzw. wie eine Fabel.

Diese Kritik provoziert den Lehrer, nun seine Version vorzulesen (Nr. 6), denn er hat gerade im Gegenzug zu Hacks (und absichtlich als Kritik an ihm) versucht, den Text als harmlose Unterhaltung für Kinder fortzusetzen. Daß er dabei den Försterball mit einem Maskenfest verwechselt, wird sogleich von den Schülern moniert – eine Försteruniform wäre ja keine sehr witzige Maskierung für einen Förster. Auch wird dem Lehrer vorgeworfen, Förster und Jäger verwechselt zu haben; Förster seien doch gar nicht dazu da, Bären zu jagen (das Jagdmotiv hat der Lehrer natürlich aus dem Originaltext, den die Schüler zu diesem Zeitpunkt noch nicht kennen). Durch diese Kritik kommt nicht recht zur Wirkung, was der Lehrer mit dem Vorlesen seiner Version erreichen wollte, nämlich indirekt das Verständnis des Hacks-Textes als harmloser Kindergeschichte in Frage stellen.

Nachdem zwei weitere Versionen vorgetragen sind, beginnt die nächste Unterrichtsphase. Die Schüler erhalten den ganzen Text von Hacks, lesen ihn still durch und achten auf die Unterschiede des Originals zu ihrer eigenen Textfortsetzung („Welcher Verfasserintention begegnen Sie in dem Text von Peter Hacks?"). Dafür haben sie zehn Minuten Zeit.

Es folgt eine Besprechung, bei der nicht nur Deutungen der Intention des Originals vorgetragen und diskutiert werden, sondern bei der vor allem auch weitere Schüler mit ihren Intentionen zu Wort kommen. Die Schüler haben Mühe, sich auf das Original einzulassen und den Text genau zu lesen. Längere Zeit wird eine Schülerfassung diskutiert, bei der der Bär den Förster erschießt: Auflehnung gegen den Unterdrücker? Eine politische Parabel über Revolution? Rechtfertigung von Gewalt? Ein Schüler assoziiert „revolutionäre Arbeiterkämpfe", und der Lehrer unterstützt die politische Deutung durch die Feststellung, Peter Hacks sei ein „Schriftsteller der DDR, und zwar ein orthodoxer". Nun versuchen die Schüler, mit dieser (fragwürdigen!) Information den Originaltext zu deuten, und spinnen Analogien. Dabei spielt die Bärenfrau eine wichtige Rolle. Der Bär begibt sich nämlich in dieser Deutung aus der (sozialistischen) Tiergesellschaft in die (kapitalistische) Menschengesellschaft, aber die Bärin rettet ihn, ehe er darin umkommt. Neben dieser sehr weitgehenden Interpretation stehen andere, die direkter versuchen, die Information zu verwenden, HACKS sei ein orthodoxer Kommunist, z. B. gehe es in der Geschichte um die Frage, wieviel Kritik eine Gesellschaft vertrage („treib's nicht zu weit!"). Das Gespräch wird immer assoziativer und spekulativer. Ein Schüler drückt die entstandene Verwirrung aus: „Es geht jetzt alles so durcheinander, daß ich keinen gemeinsamen Nenner mehr finden kann."

Am Ende dieser Doppelstunde, schon nach dem Läuten, provoziert der Lehrer die Schüler noch durch eine neue Assoziation: „Ich will Ihnen ganz kurz in drei Sätzen eine Geschichte erzählen. Als Panzerjäger sollte ich russische Panzer jagen, die mich nachher gejagt haben. Als der Frieden beschlossen wurde, im Mai '45, habe ich mich in einen Panzer verwandelt, in dasjenige am meisten gefürchtete Objekt, und habe meine Psychose in einer Irrenanstalt zu Ende gebracht. Überlegen Sie mal, ob diese kleine Geschichte vielleicht mit der von HACKS was zu tun hat." Betroffen schweigend, aber auch sichtlich ratlos gehen die Schüler auseinander.

In der nächsten Doppelstunde (eine Woche später) verteilt der Lehrer zunächst ein Arbeitsblatt:

Verfasser	Intention der eigenen Produktion	Differenz zur Intention des Peter Hacks-Textes
Lehrer	Stil: Kindergeschichte Der Bär als Held (Er holt sich listig wichtige Informationen bei seinen Feinden.)	Die Geschichte ist für eine Kindergeschichte nicht harmlos genug. Der Bär ist hier kein Held; er liefert sich seinen Feinden aus; er überschätzt sich. Ohne seine Frau wäre er in die Katastrophe reingetappt.
	Handlungsanweisung für den Leser: „Handle wie der Bär!"	Handlungsweise für den Leser: „Handle auf keinen Fall wie der Bär!"

Analog zum Lehrer sollen die Schüler ihre Intention eintragen und sie mit der von HACKS vergleichen.

Auf diese schriftliche Phase folgt ein Unterrichtsgespräch, in dem die Schüler die gefundenen Unterschiede erörtern. Da nun jeder Schüler seine spezifische Beziehung zum Text vor Augen hat, entsteht nicht mehr so eine Verwirrung wie die Woche davor.

Auch die nächste Aufgabe läßt der Lehrer erst einmal schriftlich lösen: „‚Andermal ist auch ein Tag.' Wie interpretieren Sie diesen letzten Satz der Geschichte?" Die Äußerungen der Schüler werden anschließend reihum vorgelesen. Es zeigt sich, daß sie zum Teil indirekt interpretiert haben, indem sie nämlich den Satz ergänzt haben (z. B. antwortet die Bärin: „treib's nicht zu weit!"), zum Teil direkt (z. B. wird der Bär als schizophren bezeichnet). Inhaltlich unterscheiden sich die Deutungen nur hinsichtlich der Bewußtheit, mit der der Bär die Bärenjagd fortsetzen will; einige Schüler meinen, er will das tun, andere verstehen den Satz so, daß er nicht mehr anders kann. Auf das Sprachliche (immerhin handelt es sich um eine Redewendung) ist kein Schüler eingegangen. – Auch diese Aufgabe hat der Lehrer gelöst. Seine Deutung hat er in Form einer Ersetzung des letzten Satzes durch einen kurzen Dialog gegeben: „Bär: Heute haben sie mir das Fell ja noch nicht abgezogen. Aber – ich finde, das sollten die Förster unbedingt tun! – Bärin: Mein Lieber, du bist ja stockbesoffen!"

2.5.5.2 Kommentar

Dieser Unterricht zeigt einige Möglichkeiten und viele Probleme des Literaturunterrichts, der als „handlungsorientiert", „produktionsorientiert" und „operativ" bezeichnet und „literaturpragmatisch" bzw. „rezeptionsästhetisch" begründet wird. Positiv fällt die starke Schülerbeteiligung auf, und zwar nicht nur quantitativ, sondern auch qualitativ im Hinblick auf das große Engagement, mit dem die Schüler diskutieren. Sicherlich tragen dazu auch die Beteiligung des Lehrers bei den Schreibaufgaben bei und die persönlichen, zumindest teilweise sehr unlehrerhaften Diskussionsbeiträge; er versteht seine Rolle nicht als Magister, sondern als Primus inter pares. Der Unterricht ist ungeheuer lebendig, und das, obwohl er sich auf einer recht abstrakten Ebene abspielt. Negativ fällt allerdings ins Gewicht, daß der Text nur oberflächlich rezipiert wird. Die den Schülern gestellten Aufgaben führen nicht zum Text hin, sondern eher von ihm fort. Die Schüler werden nicht zu disziplinierter, methodisch kontrollierter Arbeit angehalten, sondern zum Assoziieren und Analogisieren. Der Lehrer macht das vor, und die Schüler machen es nach – fast wie in der Geschichte beim Hagebuttenfressen.

Die Betrachtung der einzelnen Unterrichtsphasen und der dabei getroffenen didaktisch-methodischen Entscheidungen macht das im einzelnen deutlich:

a) Textvermittlung

Nachdem der Lehrer den Textanfang vorgelegt hat, läßt er die Schüler den Fortgang antizipieren. Das fordert die Phantasie heraus; aber je kürzer das vorgelegte Textstück des Originals ist, desto breiter streuen natürlich die Fortsetzungen der Schüler, und desto schwieriger wird es, damit den Originaltext zu vergleichen und die Schülertexte als Hilfen zum Verständnis des Originals zu gebrauchen.

Der vollständige Text wird dann auf der Folie des eigenen Entwurfs und der anderen schon besprochenen Entwürfe von jedem Schüler still gelesen. Die stille Lektüre weist auf einen intellektuellen, unsinnlichen Umgang mit dem Text hin. Unterstützt wird dies durch die Aufgabe, sich auf die „Intention" des Textes zu konzentrieren; denn das zwingt die Schüler von vornherein zur Abstraktion. Die Textwahrnehmung wird durch den vorher gegebenen Arbeitsauftrag auf die „Intention“ gelenkt, und diese wird ohne Umschweife als „Verfasserabsicht“ (nicht etwa als Textabsicht!) verstanden. Der schriftlich vorgelegte Text wird also von den Schülern mit der Frage gelesen, was der Verfasser damit zum Ausdruck bringen will; die meisten Schüler fragen ganz einfach und naiv, welche Lehre er vermitteln will.

Diese Engführung auf so etwas wie Intention oder Lehre ist zwar nicht zwingend, aber sie liegt doch bei dem gewählten Unterrichtsvorgehen sehr nahe; denn die Schülerproduktionen gehen eben so weit auseinander, daß eine Möglichkeit des Vergleichs gefunden werden muß. Deshalb werden die Handlungsskizzen, die die Schüler entworfen haben, reduziert auf „Intentionen“, die den Texten zugrunde liegen, und nachdem diese Reduktion mehrfach vorgenommen worden ist, wird sie auch beim Originaltext durchgeführt. Die Schüler üben sich darin, einen Text auf eine bündige Aussage hin zu verknappen.

b) Besprechung des Originaltextes

Spontane Reaktionen auf den Text (einige Schüler haben beim Lesen gelacht) werden nicht besprochen, sondern das Unterrichtsgespräch setzt gleich bei der Frage nach der Intention des Textes an. Der Begriff „Intention“ wird nicht thematisiert; die Schüler verstehen darunter wohl „Lehre“, der Lehrer meint eher „Textgattung“ oder „Schreibweise“; denn ihm war die Geschichte nicht konsequent genug eine „lustige Kindergeschichte“. Die Schüler haben Mühe, sich überhaupt auf den Text einzulassen, zu sehr sind sie noch mit ihren eigenen Produktionen beschäftigt. Die Frage nach der „Intention“ verstärkt das assoziativ-spekulative Umgehen mit dem Text: Die Schüler sind immer schon über ihn hinaus. Der Text ist nur das Sprungbrett für politische und existentielle Überlegungen, zu denen sie durch den Text, noch mehr aber durch ihre eigenen Produktionen angeregt werden. Sie sprechen über das, was sie sich bei ihren eigenen Produktionen gedacht haben, und streifen bisweilen den Text. Der Lehrer fordert die Schüler zur Elaborierung ihrer eigenen Ideen heraus, aber er verweist sie nicht auf den Text. Das bloß assoziative Analogisieren wird auf die Spitze getrieben durch die Erzählung des Lehrers über seine Identifikation mit dem Panzer; daß dahinter eine vulgär-psychoanalytische Interpretation des HACKS-Textes steckt, wird wohl keinem Schüler klargeworden sein.

c) Vergleich der Intentionen

Die schriftlich zu lösende Aufgabe des Intentionen-Vergleichs soll den Schülern helfen, Abstand vom eigenen Text zu gewinnen und die Geschichte von Hacks auf den Begriff zu bringen. Die Aufgabe führt aber nicht weiter, denn dasselbe war ja schon mündlich im Unterricht gemacht worden, freilich nur von den Schülern, die sich beteiligt hatten. Beabsichtigt ist eine Art Ergebnissicherung. Der Lehrer insistiert auf „Intentionen“, weil er, wie er sagt, die Schüler auf das Abitur vorbereiten will, wo die Fähigkeit, „Intentionen“ eines Textes zu erkennen, verlangt werde.

d) Interpretation des letzten Satzes
Es ist unklar, was mit dieser Aufgabe bezweckt wurde. Die Lösungen wurden nicht evaluiert.

2.6 Rückblick: Wovon hingen die methodischen Entscheidungen ab?

Die fünf Beispiele sind keine „Modelle": Es ging nicht darum, vorbildlichen Unterricht zu zeigen, sondern einen Querschnitt durch den tagtäglich stattfindenden Unterricht zu geben. Dazu gehört auch das Mißlingen, dazu gehört leerlaufende Routine, dazu gehören gut gemeinte, aber erfolglose Bemühungen. Die dokumentierten Stunden dürfen nicht in allen Einzelheiten als repräsentativ oder typisch für den Literaturunterricht überhaupt oder den LU auf einer bestimmten Klassenstufe verstanden werden: Natürlich kann der Unterricht auch ganz anders sein. Einschränkungen der Allgemeingültigkeit ergeben sich schon aus dem Zeitpunkt (Anfang der 80er Jahre) und dem Ort (Hamburg), an dem der Unterricht stattfand; die Schulform (alle Beispiele stammen aus dem Gymnasium) scheint mir dagegen nur einmal (im vierten Beispiel) deutliche Auswirkungen zu haben. Aber der Vergleich mit anderem in der Fachliteratur dokumentiertem LU (etwa bei WILLENBERG 1987 oder WIELER 1989) weist doch auf Gemeinsamkeiten hin. Es zeigt sich, wie wenig selbstverständlich das Vorgehen im Unterricht ist und wie folgenreich methodische Entscheidungen sind. Es gibt kein Schema, nach dem Literaturstunden abgehalten werden, sondern in jeder Phase wird, bewußt oder unbewußt, eine Möglichkeit unter mehreren Alternativen ausgewählt. Ob gesprochen oder geschrieben wird, ob die Schüler gemeinsam oder einzeln arbeiten, ob der Text auf einmal oder in Teilen dargeboten wird usw., all das ist zu entscheiden. Aber es gibt offenbar keinen Algorithmus, der Voraussagen über die Folgen einer einzelnen Entscheidung erlauben würde. Bemerkenswerterweise fügen sich dennoch die einzelnen methodischen Entscheidungen oftmals zu einem Gesamtbild. Es paßt eben zu seiner gesamten auf Detailerfassung gerichteten Unterrichtskonzeption, wenn ein Lehrer als erstes einen unbedeutenden Druckfehler im Text beseitigen läßt, wenn er die Schüler abschnittsweise vorlesen und dabei Lesefehler korrigieren läßt und gleich zu Beginn fragt, ob irgendwelche Wörter nicht verstanden wurden. Und es paßt zu einem anderen, auf Objektivierung subjektiver Textverständnisse abzielenden Unterrichtskonzept, wenn die Schüler zu individuellen Textfortsetzungen aufgefordert werden, der Lehrer sich daran mit eigenen Erzählungen beteiligt und jede Erzählung auf eine Intention festnagelt.

Wovon werden die methodischen Entscheidungen des Lehrers hauptsächlich bestimmt? Handelt es sich nur um persönliche Vorlieben, um individuelle Unterrichtsstile? Um die Frage solide beantworten zu können, bedürfte es natürlich viel mehr Materials, vor allem auch der Protokolle unterschiedlicher Stunden desselben Lehrers. Die wenigen Einzelfallbeobachtungen erlauben nur eine vorläufige Hypothese: Es gibt (selbstredend) unterschiedliche Vorstellungen vom Sinn des LU, und diese Vorstellungen wirken sich bemerkenswerterweise bis hinein in kleinste Details der Unterrichtsführung aus. Solche Vorstellungen wären etwa:

- LU leitet zu genauer Lektüre an,
- LU schärft den symbolischen Sinn,
- LU klärt über die Subjektivität allen Verstehens auf,
- LU dient der Entwicklung von Phantasie (und dann auch der Bewußtmachung des rationalen Gehalts von Phantasien).

Hinter solchen Vorstellungen werden bestimmte pädagogische und didaktische Grundüberzeugungen erkennbar.

Welche weiteren Bedingungen für methodische Entscheidungen werden in den dokumentierten Stunden sichtbar?

Ein wichtiger Faktor scheint das Alter der Schüler zu sein. Während in der Sek. I die Rekonstruktion des Geschehens und das Erarbeiten von Einsichten in die Motive und Intentionen der Aktoren im Vordergrund stehen und dazu die Methode des gelenkten **Unterrichtsgesprächs** verwendet wird, geht es in der Sek. II (wie auch andere, hier nicht wiedergegebene Unterrichtsstunden zeigen) sofort um Gesamtdeutungen des Textes, und diese werden heute gern durch **produktive Verfahren** angestoßen (etwa auch: einen Brief an den Autor schreiben – so geschehen als Klausur in einer anderen 12. Klasse!).

Das Beispiel 4 nimmt in vieler Hinsicht eine Sonderstellung ein. Unter dem jetzt in Rede stehenden Aspekt kann man aber sagen, daß auch hier das Alter der Schüler ausschlaggebend war: Im Alter von 16 Jahren (so offenbar die Annahme) müssen Schüler in der Lage sein, nicht mehr nur einen Text zu verstehen, sondern auch die Bedingungen zu erkennen, von denen das Verstehen abhängt. Dies wird noch unterstützt durch die Rücksicht auf die Klassenstufe: Nach der 10. Klasse folgt im Gymnasium die „wissenschaftspropädeutisch" gemeinte Oberstufe, und deshalb bietet sich die Reflexion auf die Bedingtheit des Erkennens und Interpretierens an.

Ein weiterer wichtiger Faktor sind die schulischen Umstände. Dazu zählen die **Organisationsform des Unterrichts** (Einzelstunde oder Doppelstunde), die Rücksicht auf **Klassenarbeiten** und Prüfungen (z. B. die Orientierung des Unterrichts an Abituranforderungen), die Einbettung der einzelnen **Unterrichtseinheit** in einen größeren Zusammenhang und der **Zeitpunkt** des Unterrichts (z. B. vor dem mündlichen Abitur).

Nicht zu übersehen ist die Bedeutung, die das Literaturverständnis des Lehrers hat, zumindest sein in der Schule zur Geltung kommendes Literaturverständnis (vielleicht unterscheidet es sich von seinem privaten?). Verblüffend ist zunächst, wie einheitlich der Text auf eine „Lehre" hin befragt wird; dabei wird „Lehre" meistens ausdrücklich und unverblümt als direkte, aber verschlüsselte Handlungsanweisung an den Leser verstanden. Literatur, so muß man folgern, ist verpackte *Moral*. Einen Text verstehen heißt, seine *Lehre* qua Moral verstehen. Völlig in den Hintergrund tritt in allen Konzeptionen der Aspekt des *Spielerischen,* der *Unterhaltung*: *Spaß* zu haben an einer verkehrten Welt, überraschende Wendungen und kuriose Einfälle zu genießen, sich von der Faktizität des Wirklichen zu entlasten, das scheint als Motiv zum Lesen und Schreiben kaum eine Rolle zu spielen. Daß ein Text im Unterricht behandelt wird, scheint schon zu implizieren, daß ein Sinn und Hintersinn herausinterpretiert wird. – Völlig außer Betracht bleibt der *Produktionsprozeß*: Poetische Texte entstehen häufig gerade nicht nach vorgefaßtem Plan (Rodari 1992), dienen nicht der Veranschaulichung einer „Intention", sondern aus einem anfänglichen Einfall entwickeln sie sich nach eigener Logik Schritt für Schritt. (Gerade das verblüffende Ende könnte aus der Erzähllogik heraus verstanden werden ohne alle moralischen und didaktischen Annahmen.) Möglicherweise wirkt sich hier eine mangelnde Unterscheidung von Realität und Fiktion aus: Man spricht über den Inhalt eines poetischen Textes als spräche man über Vorkommnisse in der Wirklichkeit („wie dumm die Förster doch handeln!"). Vielleicht drückt sich hier ein plattes Verständnis von Literatur als bloßer „Widerspiegelung" der Wirklichkeit aus. Auf die sprachliche, gar poetische Gestaltung wird jedenfalls erstaunlich wenig eingegangen, abgesehen von der hin und wieder erörterten Gattungsfrage.

Beispiel 4 teilt das Verständnis von Literatur als verschlüsselte Lehre, aber der Lehrer gibt hier den Schülern zu verstehen, daß die Leser auf Grund unterschiedlicher Kenntnisse und Erfahrungen unterschiedliche Lehren aus ein und demselben Text ziehen können. Der Text erscheint auch hier als eindeutig: Nur die beschränkte Wahrnehmungsfähigkeit der Leser macht, daß es unterschiedliche Deutungen gibt. (Allerdings ist gegen Ende des Unterrichts schließlich auch von mehreren richtigen Interpretationen die Rede – da scheinen die Schüler aber schon aus dem Verstehensprozeß ausgestiegen zu sein.)

Der Unterricht wird nun meistens so organisiert, daß die Schüler zur Erkenntnis der „Lehre" kommen. Das vom Autor Gemeinte und Gewollte muß herauskommen. Dem dienen **Leitfragen** oder antizipierende **Schülerproduktionen**. Außer in dem etwas widersprüchlichen Beispiel 4 führte die Pluralität von (praktischen, d.h. produktiven, oder theoretischen) Deutungen nicht dazu, den Text als mehrdeutig und vielschichtig anzuerkennen und an ihm eine neuartige Erfahrung zu machen. Die „Lehre", auf die die Interpretation den Text reduziert, ist für die Schüler nichts Neues, sie wußten auch vorher schon, daß man Alkohol meiden, keine Vorurteile gegen Außenseiter haben und sich vor Anpassung und Verführung hüten soll. Das Beispiel 3 fällt hier aus dem Rahmen; da der Lehrer sich außerordentlich stark zurückhält, wirkt sich sein Literaturverständnis nicht sichtbar auf das Unterrichtsgeschehen aus. Bezeichnenderweise ringen die Schüler gerade in diesem Beispiel mehr als in jedem anderen um ein eigenes Verständnis der Geschichte; zwar kommen auch sie dabei auf den Gedanken, den Text sinnbildlich zu verstehen, aber sie reduzieren ihn nicht auf eine bloße „Lehre".

Zu guter Letzt fällt auf, daß die Behandlung des einzelnen Textes auch stark von **Unterrichtsroutinen** und **-ritualen** abhängt. Es werden eingespielte Verfahren benutzt. Das entlastet natürlich alle am Unterricht Beteiligten;

denn das Vorgehen muß nicht im Detail erklärt und schon gar nicht begründet werden, und damit zieht es keine Energie auf sich. Allerdings kann das auch leicht dazu führen, daß Schwierigkeiten, die die Schüler haben, verdeckt bleiben, und es täuscht nur allzu leicht über die individuellen Lese- und Verstehensprozesse. Außerdem verstehen die Schüler das Vorgehen nicht; sie kennen weder das Ziel (das Worum und Wozu), das der Lehrer gesetzt hat, noch sind sie sich des Weges bewußt, den der Lehrer gewählt hat. (Beispiel 4 bildet hier wieder eine Ausnahme.)

In diesem Zusammenhang zwei Beobachtungen. a) Es fällt auf, daß in unteren Klassen die Schüler viel mehr um *Belege* gebeten werden und die gesamte Besprechung viel textnäher ist. In der Sek. II wird unterstellt, daß die Behauptungen durch den Text gedeckt sind. Zu recht? b) Man stellt erstaunt fest, daß in unteren Klassen der Text häufig nacheinander von verschiedenen Schülern *vorgelesen* wird, in oberen Klassen wird er dagegen häufig gar nicht mehr laut gelesen. Gibt es dafür Gründe („Leseübung" wie möglicherweise im Beispiel 1), oder handelt es sich bloß um eine Gewohnheit? Ohne Zweifel könnten ja ältere Schüler besser vorlesen; die Textvermittlung ist oft sehr kläglich, wenn jüngere Schüler einen ihnen unbekannten Text vorlesen.

2.7 Sachanalyse

2.7.1 Die Problematik der Sachanalyse im Literaturunterricht

KLAFKI stellt fest, daß eine literaturwissenschaftliche Textuntersuchung vom Lehrer bei der Unterrichtsvorbereitung nicht erwartet werden könne: „Es wäre – so scheint uns – eine zeitliche und gedankliche Überforderung des Lehrers, wollte man von ihm erwarten, daß er sich den Inhalten in jeder Vorbereitung zunächst in einer vorpädagogisch verstandenen ‚Sachlichkeit' stellte, also etwa in der Haltung des Wissenschaftlers, der den betreffenden Inhalt als fachwissenschaftliches Forschungsproblem betrachtet. [...] Sehr wohl ist von dem sich der Vorbereitung widmenden Lehrer zunächst eine Konzentration auf die ‚Sache' gefordert, auf das ‚Was' des Unterrichts. Aber diese ‚Sache' ist für ihn von vornherein ein unter pädagogischem Aspekt gesehener Gegenstand, der einem jungen Menschen zum ‚geistigen Eigentum' werden soll, kurz ein *Bildungsinhalt*" (1964:8).

HELMERS widerspricht: „Das Zentrum der Unterrichtsvorbereitung ist der Dreischritt sprachliche bzw. literarische Analyse → didaktische Analyse → methodische Analyse. Den Überlegungen zum Gegenstand folgen die Fragen nach dessen unterrichtlicher Zubereitung, sowohl in inhaltlicher (didaktischer) wie in verfahrensmäßiger (methodischer) Sicht. Einzelne Stufen des Dreischritts können nicht ausgelassen werden; auch ist eine Verkehrung der Reihenfolge nicht möglich. Erst wenn der sprachliche Gegenstand auf Grund der wissenschaftlichen Forschungslage genau bekannt ist (Sachanalyse), kann die Analyse der Bildungsinhalte (didaktische Analyse) beginnen. [...]" (1971:46ff.)

HELMERS' Argumentation ist einleuchtend: Ohne genaue Kenntnis des Gegenstands sollte man ihn nicht unterrichten. Meint KLAFKI im Ernst, man könne darauf verzichten? Plädiert er für einen hinsichtlich des Unterrichtsgegenstands nur oberflächlich vorbereiteten Unterricht? In einer Fußnote weist er dies von sich: „Eine solche vorpädagogische Sachbegegnung scheint uns allerdings eine entscheidend wichtige Voraussetzung rechten Lehrerdaseins zu sein. Wir meinen jedoch, daß sie – grundsätzlich betrachtet – ihren eigentlichen Ort in der Lehrerbildung und in der Lehrerfortbildung – auch in der vom Lehrer ständig geforderten privaten Weiterbildung – hat. In ihr geht es um die eigene Bildung des Lehrers, die eine Voraussetzung seiner Bildungsarbeit und also auch jeder Unterrichtsvorbereitung ist" (1964:8). Der Widerspruch reduziert sich nun auf den Zeitpunkt, an dem die Sachanalyse erfolgt. HELMERS verlangt sie bei jeder einzelnen Unterrichtsvorbereitung, KLAFKI erwartet, daß sie während der Aus- und Fortbildung geleistet wird. Beides erscheint angesichts der realen Möglichkeiten als Illusion. Keinem der Lehrer, die den ***„Bär auf dem Försterball"*** unterrichtet haben, dürfte der Text im Studium oder in der Fortbildung begegnet sein. Die „Sachanalyse", sofern sie überhaupt vorgenommen wurde, beschränkte sich meistens auf das Einholen von Informationen über den Autor und das Buch, aus dem der Text stammte, also auf ein rasches Nachschlagen in einem Lexikon. Im übrigen wurde bestenfalls der Text genau gelesen. Nur bei den Lehrern der Beispiele 4 und 5 ist erkennbar, daß sie gründlicher recherchierten und einen Blick in die Sekundärliteratur warfen.

Es gibt zwei Gründe für die Vernachlässigung der fachwissenschaftlichen Analyse des Unterrichtsgegenstands. Den ersten Grund hat KLAFKI im Hinblick auf die einzelne Unterrichtsstunde genannt: Jeden Unterrichtsgegenstand fachwissenschaftlich zu analysieren bedeutet eine gedankliche, vor allem aber eine zeitliche Überforderung. Deshalb verlagert KLAFKI diese Arbeit in die Aus- und Fortbildung. Da die Aus- und Fortbildung, selbst wenn sie optimal verläuft, immer nur einen beschränkten Gegenstandsbereich erfaßt, müßte sich auch der Unterricht auf eine enge Anzahl von Gegenständen beschränken, auf einen **„Kanon"** von zu lesenden Texten. Dies ist heute im DU nicht mehr der Fall. Zwar gibt es noch immer quasikanonische Texte und beliebte „Renner", die häufig im Unterricht behandelt werden, aber die Moden wechseln doch häufiger, und darüber hinaus wird eine unübersehbare Zahl von Texten – z. B. auf Grund von Vorschlägen der Schüler – behandelt, auf die der Lehrer sich fachlich nicht speziell vorbereiten kann. Die Folge: Er greift auf Routinen zurück und verfehlt nicht selten den Text. – Der zweite Grund dürfte in dem Mißverhältnis von fachwissenschaftlicher Theorie und unterrichtspraktischem Nutzen liegen. Besonders der Lehrer in der Sek. I (von der Primarstufe ganz zu schweigen) fragt sich, was ihm die fachwissenschaftliche Textanalyse für seinen Unterricht bringt. Muß man Fachmann für Balladen, für Fabeln, für Satiren sein, um sie zu behandeln? Häufig erweist sich der wissenschaftliche Diskurs als Selbstzweck, und der Lehrer ist nach der Lektüre von Fachaufsätzen genauso klug wie vorher. Oder aber ein Aufsatz fasziniert ihn, aber beim zweiten Schritt, der didaktischen Analyse, stellt sich heraus, daß mit ihm nichts anzufangen ist, weil seine Ergebnisse das Fassungsvermögen der Schüler übersteigen oder einfach nicht relevant für sie sind. Der Aufwand steht allzuoft in keinem Verhältnis zum unterrichtspraktischen Nutzen. (Bisweilen, vor allem auf der Sek. II, wird der Nutzen erzwungen, indem die neuesten fachwissenschaftlichen Verfahren und Ergebnisse ohne Rücksicht auf ihre Bedeutung für die Schüler in den Unterricht eingebracht werden.) Dies gilt nicht nur für die private Weiterbildung am eigenen Schreibtisch, sondern auch für einen großen Teil der offiziell organisierten Fortbildung, in der Fachwissenschaftler ihre Stekkenpferde reiten ohne Rücksicht auf pädagogischen Sinn und Nutzen.

Der Streit um die Rolle der vorpädagogischen „Sachanalyse" leidet im übrigen an einer Unschärfe. Ab wann hat man denn den Gegenstand „analysiert"? Reicht die genaue Lektüre, von der die Rede war, nicht aus, zumindest, wenn sie von einem ansonsten fachkompetenten Lehrer vorgenommen wird? Wieviel Spezialliteratur muß zu Rate gezogen werden? Ist es ausreichend, wenn man die Sacherläuterungen und Hinweise studiert, die Lehrerhandbücher und Begleitmaterial zu den Texten meistens bereithalten, oder muß man die neuesten Publikationen in Fachzeitschriften kennen? Kann man erst dann an die didaktische Analyse gehen, wenn man eine schlüssige Textinterpretation erarbeitet hat? Oder muß man gar mehrere Interpretationen parat haben? (Der Lehrer des Beispiels 5 behauptete, sich drei Interpretationen zurecht gelegt zu haben, eine politische, eine psychoanalytische und eine rezeptionsästhetische.) Wie ist das Verhältnis von „Sachanalyse" und „Interpretation"? Kann eine fertige Interpretation nicht sogar schädlich sein, indem sie den Lehrer blind und taub macht für Beobachtungen und Überlegungen der Schüler?

Bisweilen wird gegen die vorgängige Sachanalyse im LU eingewandt, diese sei überflüssig, weil jeder Leser den Text auf unterschiedliche Weise „konkretisiere" und eine wie auch immer wissenschaftlich fundierte Interpretation um nichts besser sei als jede andere ad hoc vorgenommene. Von dieser Position aus ist allerdings jedes Unterrichtsgespräch, ist jede Textarbeit Spielerei. Eine argumentative Auseinandersetzung über Texte ist sinnlos, wenn keine **„Konkretisation"** besser ist als eine andere.

Daß eine ungenaue und oberflächliche Sachanalyse dem Unterricht abträglich ist, wird niemand bestreiten wollen, der sich auf ernsthafte Argumentation einläßt. Je genauer der Lehrer über den Text Bescheid weiß, je klarer ihm der Text selbst ist, desto besser ist der Unterricht – diesen Umkehrschluß kann man allerdings nicht ziehen.

Welchen Nutzen eine Sachanalyse tatsächlich haben kann, soll im folgenden gezeigt werden am Beispiel des HACKS-Textes, den wir doch nach allem Gesagten nun schon gut zu kennen glauben. (Ich verwende dabei dankbar Ergebnisse der Examensarbeit von ANTONACOPOULOS-MÜLLER/LEIDHOLDT 1982.)

2.7.2 Die Sachanalyse des Unterrichtsgegenstands „Der Bär auf dem Försterball“

2.7.2.1 Detailanalyse

Äußerlich betrachtet sind für einen poetischen Text Abweichungen vom Gewohnten kennzeichnend; dies können *sprachliche* Abweichungen sein, also Abweichungen vom alltäglichen Sprachgebrauch oder ein Durchbrechen der Erwartungen, die die Sprache des Textes selbst geweckt hat, oder *inhaltliche* in bezug auf unsere Erfahrungen, auf unser Wirklichkeitsverständnis, oder solche, die die *Form* betreffen, etwa wenn ein Text die Normen einer Gattung nur zum Teil erfüllt. Die Abweichungen irritieren den Leser, geben ihm zu denken und wirken sich darauf aus, wie ihm der Text gefällt. Es gibt Abweichungen, die uns amüsieren (z. B. Wortspiele, „verkehrte Welt“), solche, die uns ärgern (z. B. indem sie so große Verwirrung schaffen, daß wir den Text nicht mehr verstehen), solche, die uns provozieren (z.B. ungewohnte Metaphern, überraschende Vergleiche). „Genaue Lektüre“ eines Textes heißt demnach, sich Rechenschaft abzulegen über alle Auffälligkeiten des Textes.

Was fällt bei dem Text von Peter Hacks auf?

„Der Bär auf dem Försterball“: Schon die Überschrift des Textes widerspricht unserer Wirklichkeitserfahrung: Ein Bär besucht normalerweise keinen Ball. Nach dieser Überschrift ist der Leser darauf eingestellt, daß er wohl keinen Sachtext und keine „Tiergeschichte“, sondern einen fiktiven Text zu erwarten hat. („Die Geschichte ist unrealistisch.“) – Daß der Bär nicht nur irgendeinen Ball, sondern ausgerechnet den Ball der Förster besucht, ist die zweite Überraschung; in der Realität sind Bär und Förster (i. S. von „Jäger“, s. u.) ja eher Feinde, und der Bär sollte sich hüten, auf den Ball der Förster zu gehen. („Der Bär ist dumm.“) – Der Methode des „verzögerten Lesens“ (Frommer 1981) bzw. dem „antizipierenden Verfahren“ folgend, könnte man den Schülern zunächst nur die Überschrift geben und sie sich darüber den Kopf zerbrechen lassen; dies ist erstaunlicherweise bei keiner der dokumentierten Stunden versucht worden.

„Der Bär schwankte durch den Wald.“ Der Gebrauch des bestimmten Artikels, der bei einem Tatsachenbericht unkorrekt wäre, macht die ästhetische Fiktion deutlich (daher die Assoziationen „Märchen“ und „Fabel“; bei der Fabel werden die Tiere immer mit dem bestimmten Artikel versehen, da sie ja Typen darstellen). – Da „schwanken“ nicht zu den Verben gehört, mit denen wir gewöhnlich die Bewegung von Tieren beschreiben, wird der Bär durch dieses Verb vermenschlicht. (Schon hier ist die Assoziation „Fabel“ möglich.)

„Es war übrigens Winter.“ Mit „übrigens“ knüpft man normalerweise an vorher Gesagtes an; hier steht es unvermittelt. Das Wort macht auf den (vielleicht etwas verwirrten) Erzähler aufmerksam – ganz untypisch für eine Fabel!

„Er war von der besten Laune“ entfernt den Text von einer Alltagserzählung; es klingt künstlich und altmodisch. Die Vermenschlichung des Bären wird durch die Zuschreibung einer „Laune“ fortgesetzt, die, wiederum sehr menschlich, durch Alkohol hervorgerufen ist.

Die sprachliche Gestaltung dieser wenigen ersten Zeilen sorgt durch wiederholte Erwartungsenttäuschung für ein hohes Maß an Verwirrung beim Leser dieser angeblich so harmlos-einfachen Kindergeschichte; allerdings wird er sich dieser Verwirrung wohl nicht bewußt.

„Ein paar Kübel Bärenschnaps“: Die Übertreibung bei der Mengenangabe macht das Fiktive deutlich; „Bärenschnaps“ zeigt wieder die Vermenschlichung, betont aber zugleich durch die Nennung des Tiers auch den Kontrast.

„Honig, Wodka und [...] Gewürzen“: Honig als typische Nahrung des Bären, Wodka als typisches Getränk harter Männer erweitert die Vermenschlichung in Richtung Vermännlichung; beide Attribute entsprechen Klischeevorstellungen.

„schwierige Gewürze“: „Schwierig“ kann sich strenggenommen nur auf Handlungen, nicht auf Gegenstände beziehen (allenfalls spricht der Musiker von einem „schwierigen Stück“). Die Abweichung vom üblichen Sprachgebrauch charakterisiert den Text wiederum als poetischen.

„des Bären Maske“: Durch die Voranstellung des Genitivs wird das Tier betont (das doch sonst ganz als Mensch erscheint) und damit die Spannung verstärkt; im übrigen klingt die Formulierung altertümlich.

„sehr komisch“ ist eine alltagssprachliche Wendung und steht damit im Kontrast zu der sehr gewählten Formulierung „des Bären Maske“ (Anspielung auf Pippi Langstrumpf, von der gesagt wird: „Ihr Kleid war sehr komisch“? [„Pippi Langstrumpf“; Hamburg: Oetinger 1967:14]).

„fabelhafte Stiefel“ setzt die mit „sehr komisch“ begonnene subjektive Wertung des Aussehens fort; im übrigen läßt das Adjektiv wieder einmal an „Fabel“ denken.

„ihr merkt schon“: Durch das kommentierende „übrigens“ und die subjektive Bewertung hat sich der Erzähler schon eingeführt; nun tritt er deutlich hervor. Wie schon beim „übrigens“ fingiert diese Wendung an Zuhörer eine mündliche Kommunikationssituation. Man denkt an ein kindliches Publikum („ihr“).

„knarrender Schnee“ ist eine ungewöhnliche Verknüpfung; denn gewöhnlich bezeichnen wir das gemeinte Geräusch als Knirschen.

„da kam ihm [...] einer entgegen“: Die Unbestimmtheit wird durch das unbestimmte Pronomen „einer“ (statt „jemand“) betont.

„Er ging als Förster“ – „das war der Förster“: Der Parallelismus weist auf den entscheidenden Unterschied hin und läßt keinen Zweifel daran aufkom-

men, daß der, der da über den Schnee auf den Bären zukommt, nicht auch wieder ein verkleidetes Tier ist.

Die beiden Kontrahenten sind damit eingeführt, die Ausgangslage ist klar, die „Einleitung“ ist beendet, die eigentliche Handlung kann beginnen, und sie beginnt mit einem Dialog.

„Gute Nacht, Herr Kollege“: Der Förster wird mit zwei Mißgriffen eingeführt; er verwendet die Abschiedsformel „gute Nacht“ zur Begrüßung, und er erkennt den Bären nicht, sondern hält ihn für seinesgleichen. (Kein Wunder, daß die Schüler den Förster für dumm erklären.)

„auch zum Försterball?“ Der Förster nimmt an, daß der „Kollege“ auch zum Försterball will; der Leser weiß aber, daß der Bär eigentlich zum „Maskenfest“ wollte. Spätestens jetzt fühlt sich der Leser in einer überlegenen Position: Er weiß mehr als der Förster. (Wie dumm der Förster ist!)

„‚Brumm‘, sagte der Bär.“ Wieder wird Tierisches (Brummen) und Menschliches (Sagen) vermischt. Die undefinierbare Antwort läßt offen, was der Bär meint.

„sein Baß war so tief wie die Schlucht, in die die Omnibusse fallen“. Hatte schon der Förster eine „tiefe Baßstimme“, so übertrifft ihn nun der Bär bei weitem. Die Erwähnung von Omnibussen widerspricht der Erwartung: Sie passen weder zum Bild des Winterwalds noch zu den Gattungen Märchen und Fabel. Die Verwendung des bestimmten Artikels verstärkt den Kontrast, weil es nun so klingt, als sei bekannt, daß in die Schlucht am Weg (immer) Omnibusse fallen.

„‚Um Vergebung‘, sagte der Förster erschrocken.“ Allein die tiefe Stimme des Bären läßt den Förster glauben, daß er es mit dem Oberförster zu tun hat, und er reagiert unverhältnismäßig, als er bemerkt, daß er mit „Herr Kollege“ die Anredenorm verletzt hat.

„Ich wußte ja nicht ...“ Der Irrtum des Försters wird in seiner Entschuldigung durch das Verb „wissen“ noch besonders herausgestellt; er meint, nun etwas zu wissen, und irrt gerade darin.

„Macht nichts“: Der Bär akzeptiert die ihm soeben zugeschriebene Rolle des Oberförsters ganz selbstverständlich, er spricht zum erstenmal wie ein Mensch und äußert sich sofort völlig rollengemäß. Der Erzähler nennt seine Redeweise „leutselig“ (wiederum ein etwas archaischer Ausdruck, in dem im übrigen das Wort „Leute“ anklingt); der Bär spricht zu dem Förster so wohlwollend-herablassend wie ein Chef zu den Untergebenen.

„um sich an ihm festzuhalten“: Der Bär benimmt sich wie ein besoffener Mensch, aber die Fiktion wird klar, wenn man sich die Kräfteverhältnisse vor Augen führt: Der Förster könnte den Bären nicht halten.

„Krug zum zwölften Ende“: Wäre schon ein „Krug zum Zwölfender“ recht komisch, um wieviel mehr ist es die Auflösung der Zusammensetzung!

„Die Förster waren alle versammelt“. Die Förster werden als Gruppe eingeführt; es gibt keine Individualität, sondern nur Abschattierungen eines Typus.

„Geweihe, die sie vorzeigten – Hörner, auf denen sie bliesen“: Die Förster verhalten sich gemäß einer Klischeevorstellung (typisch Förster!); ihre Rituale erinnern an archaische Gesellschaften und passen damit schlecht zu der technisierten Umwelt („Omnibusse“).

„lange Bärte und geschwungene Schnurrbärte“: Die Förster erfüllen die Klischeeerwartungen; die Beschreibung (Wiederholung von „Bärte“) läßt die Förster noch lächerlicher erscheinen, als sie sich durch ihr Verhalten schon gezeigt haben.

„Die meisten Haare im Gesicht hatte der Bär“: Wieder wird Menschliches („Gesicht“) und Tierisches („der Bär“) absichtsvoll verbunden. Die aus purer Konvention getragenen Bärte der Förster werden durch den Vergleich mit der natürlichen Behaarung des Bären noch lächerlicher.

„Juhu“: Die Förster verhalten sich wie Kinder; der Ausdruck paßt in eine Kindergeschichte.

„hieben den Bären“: Diese veraltete, ungebräuchliche Imperfektform zu „hauen“ und der nachfolgende Akkusativ passen nicht zum kindersprachlichen „Juhu“ (Kinder würden „hauten den Bären“ sagen) und rücken das Handeln der Förster in die Nähe archaischer Rituale.

„Stimmung“: Der Bär verhält sich rollenkonform, indem er als Oberförster auf das Verhalten der Förster eingeht, sich aber auch als Chef zeigt, auf dessen Einstellung zur Situation es ankommt.

„hieb die Förster auf den Rücken, und es war wie ein ganzer Steinschlag“: Der Bär ahmt die Förster nach, übertrifft sie aber bei weitem. Die Gepflogenheiten der Förster erscheinen lächerlich: Indem ein Tier sie übernimmt, verlieren sie ihre symbolische Bedeutung und werden auf die physische Handlung reduziert.

„Um Vergebung ...“: Solche Parallelismen sind typisch für mündlich tradierte Volkserzählungen und für Kindergeschichten. Im übrigen zeigt die Wiederholung, wie stereotyp sich die Förster verhalten.

„Weitermachen“: Indem der Bär eine Aufforderung ausspricht, untermauert er seine Anführerrolle.

„und sie tanzten und tranken und lachten“ erinnert an Kinderverse und charakterisiert damit das Verhalten der Förster wiederum (wie schon „Juhu“) als kindlich. Auch läßt es den Text als Geschichte für Kinder erscheinen.

„so viel Dorst im grünen Forst“: Durch das Klischee des „grünen Forsts“ und die Vokalangleichung wird der Gesang der Förster lächerlich gemacht;

der erwachsene Leser assoziiert „typisch besoffene Männergesellschaft" – und nur bei einem erwachsenen Leser kommt dieser Witz an.

„Ich weiß nicht, ob ihr ...": Der Erzähler redet sein Publikum direkt an und fingiert wieder eine mündliche Erzählsituation. Das „Ihr" läßt vermuten, daß das Publikum Kinder sind; dem widerspricht aber der Appell an die Erfahrung des Alkoholgenusses.

„tanzt und trinkt, lacht und singt": Wiederholung, Alliteration, Rhythmus und Reim betonen das Gleichförmige, Monotone und Sinnentleerte des Verhaltens.

„Die Förster gerieten in einen Tatendrang": Jagd erscheint als Ritual, das in entsprechender Stimmung automatisch vollzogen wird. Die Förster und der Bär, der sich ihnen angepaßt hat, handeln ohne Bewußtsein.

„Wir wollen jetzt ausgehn und den Bären schießen." Der Bär handelt rollenkonform, indem er die Aufforderung zur Jagd gibt; daß er damit gegen seine individuellen Interessen verstößt, zeigt, wie sehr er in der Rolle aufgegangen ist. Der Konflikt, der in der Aufforderung zur Bärenjagd angelegt ist, erhöht die Spannung der Geschichte.

„Pelzhandschuhe": Die Förster gleichen sich äußerlich dem Bären an.

„So strömten sie": Die Förster erscheinen nicht als Individuen, sondern als amorphe Masse.

„Sie stapften durchs Gehölz. Sie schossen mit ihren Flinten in die Luft." Wieder wird das Sinnlose, aber offenbar Gewohnheitsmäßige des Verhaltens betont; denn ist schon das Stapfen wenig zweckmäßig (Jäger würden allenfalls durch den Wald pirschen), so ist das In-die-Luft-Schießen natürlich völlig widersinnig.

„Hussa und Hallihallo und Halali": Klischeehaft erscheint die Äußerung von Jägersignalen wie „Hussa" und „Halali"; die hier deplazierte umgangssprachliche Begrüßungsformel „Hallihallo" läßt die Jägersignale vollends lächerlich erscheinen.

„Wovon das eine so viel bedeutet wie das andere, nämlich gar nichts": Die Erwartung, die zunächst beim Leser geweckt wird, wird nicht erfüllt. An dieser Stelle, und nur an dieser (genau in der Mitte des Textes) nimmt der Erzähler selbst ausdrücklich Stellung und kritisiert das Verhalten der Förster als sinnlos.

„aber so ist das Jägerleben": Durch die Verbindung mit „Jäger" wird die Redewendung „so ist das Leben" ironisch eingeschränkt auf die hier dargestellte Gesellschaft. Sich sinnlos und rein gewohnheitsmäßig zu verhalten scheint zumindest in dieser Gesellschaft normal: So ist das Leben! Nicht übersehen werden darf, daß der Erzähler hier das Verhalten der Förster und des Bären ausdrücklich nicht mehr auf den Alkohol zurückführt, sondern auf die eingespielte Lebensform.

„Jägerleben“: An dieser Stelle verwendet der Erzähler für „Förster“ den Ausdruck „Jäger“ und weckt damit beim erwachsenen Leser Assoziationen in Richtung archaischer Jägergesellschaft, wogegen „Förster“ an moderne Forstwirtschaft und die Funktion des Försters als „Heger“ denken läßt.

„eine Handvoll trockener Hagebutten“: In seinem Verhalten wird der Bär durchaus als Tier beschrieben; dazu steht der Ausdruck „Handvoll“ im Widerspruch. Weiterhin also changiert diese Figur zwischen Tier und Mensch.

„Die Förster riefen: ‚Seht den Oberförster, den Schelm‘“: Die Förster werden als Gruppe dargestellt, die sich unisono äußert. Sie drücken sich, allem Alkoholgenuß zum Trotz, recht gewählt aus im Unterschied zu dem eher umgangssprachlich sich äußernden Bären.

„fraßen auch Hagebutten und wollten sich ausschütten vor Spaß“: Indem die Förster nun den Bären nachahmen, wird ihr Verhalten auch tierisch (fressen); aber was für den Bären Ernährung ist, ist für sie Spaß.

„‚Warum finden wir ihn nicht?‘ sagte der Bär, ‚er sitzt in seinem Loch, ihr Schafsköpfe.‘“: Der Bär wird seiner Rolle als Anführer gerecht; er scheint der einzige zu sein, der zu klarem Schlußfolgern in der Lage ist. Er fühlt sich so sicher, daß er die Förster ohne weiteres beschimpfen kann.

„die Förster hinterdrein“: Die zweimal wiederholte Wendung macht deutlich, wie täppisch die Förster den Bären nachahmen.

„Er zog den Hausschlüssel aus dem Fell“: Wiederum eine Engführung von Tierischem und Menschlichem.

„‚Der Bär ist ausgegangen‘, sagte der Bär schnüffelnd“: Auch hier die Vermischung von Mensch und Tier, denn der Bär redet über den Bären mit einem Verb („ausgegangen“), das nur in Verbindung mit Menschen gebräuchlich ist; dabei „schnüffelt“ er wie ein Tier.

„torkelte er“: Hier nun wieder der Hinweis auf die Trunkenheit, möglicherweise als Vorbereitung des nächsten Satzes.

„Sie tranken gewaltig nach der Anstrengung“: Die Ausdrücke „gewaltig“ und „Anstrengung“ sind unverhältnismäßig im Hinblick auf das, was die Förster und der Bär tatsächlich geleistet haben, und lassen ihre Handlungen lächerlich erscheinen. „Gewaltig“ entspricht der Gewalt des Brücken fortreißenden Schmelzwassers, von dem anschließend die Rede ist.

„‚Um Vergebung‘, sagten die Förster erschrocken“: Zum dritten Mal gebrauchen die Förster diese stereotype devote Wendung, diesmal aber endgültig: *„‚Sie sind ein großartiger Oberförster.‘“*

„Der Bär sagte ...“: Der Bär behält die Initiative; sein Hinweis, der Bär müsse als verkleideter Förster anwesend sein, erhöht die Spannung und treibt die Handlung in Richtung einer Katastrophe.

„So beschlossen sie“: „Beschließen“ ist deplaziert, da es um das Erkennen

der Identität geht. Die Förster verhalten sich wie Kinder bei einem Spiel („du bist der Räuber"), nur daß das Spiel hier tödliche Folgen haben kann.

„Was sucht ihr denn?": Die Frage läßt den jungen Förster sehr naiv erscheinen, da er den Beschluß ja mitbekommen haben muß (falls er nicht sogar beteiligt war) und wissen müßte, was die Förster jetzt suchen, zumal die Handlungen wohl eindeutig sind.

„sie hängen leider": Das Bedauern („leider") verstärkt die Ironie dieser Szene; die Förster bedauern nicht ihr Opfer, sondern die Mühe, die ihnen das Erreichen der Flinten macht.

„Wir wollen dich doch schießen, [...] du bist doch der Bär." Das zweimalige „doch" zeigt, wie selbstverständlich der junge Förster durch den Beschluß für die Förster (die natürlich weiterhin als Gruppe sprechen) zum Bären geworden ist. Und sie wollen ihn nicht etwa „erschießen", sondern „schießen" – wie ein Jagdtier. Die harmlose Darstellung steht im Widerspruch zum makabren Geschehen.

„Ihr versteht überhaupt nichts von Bären": Die Ironie wird hier auf die Spitze getrieben; denn der das sagt, verfügt zwar in der Tat über das beste Wissen in bezug auf Bären, aber das hindert ihn nicht, zu verkennen, daß er selbst der Gesuchte ist.

„Sie selbst haben einen Schwanz und Krallen an den Tatzen, Herr Oberförster." Die Förster erkennen zwar, daß die vom Bären gegebene Beschreibung auf ihn selbst zutrifft, ziehen aber daraus keine Konsequenzen, sondern reden ihn nach wie vor mit „Herr Oberförster" an.

„Die Frau des Bären kam zur Tür herein": Indem der Erzähler die Bärin auftauchen läßt, kann er offenlassen, ob die Förster doch noch die wahre Identität des „Oberförsters" erkannt hätten.

„in was für Gesellschaft du dich herumtreibst": Die Verwirrung wird durch das Auftauchen der Bärin nicht geringer; denn der Bär, der sich in Menschengesellschaft begeben hat, wird von einer Bärin zurückgeholt, die wie ein Mensch spricht („Gesellschaft") und sich wie eine typische Ehefrau benimmt.

„Sie biß [...] weg." Auch die Bärin ist halb Tier, halb Mensch: Sie beißt den Bären in den Nacken, aber sie tut das, um ihn nüchterner zu machen. Der Bär, eben noch der souveräne Anführer und allen Überlegene, fügt sich in die Rolle des Pantoffelhelden.

„Schade": Der Bär bedauert, daß die Frau ihm das Spiel verdirbt, obwohl es hätte tödlich ausgehen können.

„eben hatten wir ihn gefunden, den Bären": Durch das Pronomen „wir" drückt der Bär seine Zugehörigkeit zu den Förstern aus; er spricht vom Bären in der dritten Person, akzeptiert aber trotzdem die Bärin als seine Frau.

„Na, macht nichts." Die Wendung „macht nichts" wiederholt die erste sprachliche Äußerung, die der Bär gegenüber dem Förster „leutselig" gemacht hat. Da dabei der Bär nun wieder durch den Wald trottet, schließt sich der Kreis.

„Andermal ist auch ein Tag." Zuletzt gebraucht der Bär noch einmal eine Redewendung. Sprachlich wird damit das Typische und Gewohnheitsmäßige zum Ausdruck gebracht, inhaltlich deutet die Äußerung an, daß es sich nicht um ein einmaliges, sondern um ein morgen und wohl jederzeit wiederholbares Geschehen handelt.

Fazit: Die genaue Lektüre des Textes zeigt, an wievielen Stellen der aufmerksame Leser stutzen wird; sie macht auf Widersprüche und Verstehensprobleme aufmerksam und hilft, Irrtümer zu vermeiden (etwa die Gleichsetzung von „Maskenfest" und „Försterball", wodurch nicht nur der Anfang der Geschichte, sondern auch die Absicht des Bären mißverstanden würde, oder die vom Erzähler gerade nicht vorgenommene Unterscheidung von „Förster" und „Jäger", auf der einige Schüler insistierten). Sie wappnet den Lehrer für viele Eventualitäten und klärt manche Frage, die im Unterricht womöglich gestellt wird und bei weniger gründlicher Vorbereitung offen bleiben muß. (So fragt WILLENBERG [1977:12] angesichts des Endes der Geschichte, „Ist er nun Bär oder inzwischen schon der Oberförster? Wer weiß?" Genaue Lektüre macht deutlich: Die Bärin weiß: Er ist Bär; die Verkleidung täuscht sie nicht im mindesten. Der Bär weiß: Er ist Oberförster, allerdings folgt er der Bärenfrau nach Hause.) Die genaue Lektüre als erster Teil der „Sachanalyse" würde auch eine genaue Text-, eine genaue Spracharbeit ermöglichen und dem Leser ein Bewußtsein von den Gründen für seine Vermutungen („Fabel", „halb Mensch, halb Tier", Kinder- oder Erwachsene als Leser usw.) verschaffen; interessanterweise wird dies in keiner einzigen Klasse versucht – das Sammeln von Belegstellen ist kein Ersatz. Freilich: Keineswegs führt die mikroskopische Lektüre schon zu einer schlüssigen Interpretation. Wie ist die Geschichte zu verstehen?

2.7.2.2 Interpretation

Eine „schlüssige Interpretation" – was wäre das? Es wäre die Rekonstruktion oder auch Konstruktion der Logik der Geschichte. Die Interpretation zeigt, wie eines aus dem anderen folgt, wie die oft widersprüchlichen Einzelheiten, die man wahrgenommen hat, zueinander passen. „Schlüssigkeit" bzw. „Kohärenz" enthält natürlich einen normativen Anspruch. Was ist, wenn sich nicht alles fügt, wenn der Text nicht „aufgeht", wenn Einzelheiten sich sperren? Drei Möglichkeiten:

- Entweder liegt es am Interpreten, d. h., die Interpretation ist unzulänglich und kann durch eine andere überboten werden, die mehr erfaßt und erklärt,
- oder es liegt am Text, der unzulänglich ist und durch einen konsequenteren überboten werden könnte,

– oder es liegt am Autor, der diesen normativen Anspruch abweist, so daß die Verbesserung des Textes in Richtung auf Schlüssigkeit in seinen Augen eine Verschlimmbesserung wäre.

Man muß immer alle drei Möglichkeiten in Betracht ziehen und darf nicht vorschnell unterstellen, daß es am Interpreten liegt, wenn die Interpretation nicht aufgeht. Versuche, bei denen man Lesern verschiedene Varianten (Original und veränderte Fassungen) eines Textes vorlegte, zeigen, daß bisweilen eine Variante vorgezogen wird, weil sie schlüssiger, stimmiger, überzeugender als das Original ist. Außerdem verfährt ja gerade die Literaturkritik so, daß sie den Finger auf Mängel und Ungereimtheiten legt. Trotzdem genießt der Text einen Vertrauensvorschuß, und der Leser muß versuchen, die Widersprüche, die sich auf einer unteren Verstehensebene zeigen, auf einer höheren Ebene aufzulösen. Wenn uns das nicht im Alleingang gelingt, sprechen wir mit anderen darüber. Oder wir greifen zur „Sekundärliteratur“, wobei es uns allerdings passieren kann, daß wir eine Interpretation nicht verstehen, weil uns die Ebene, auf der sie durchgeführt ist, nicht erreichbar ist („das ist mir zu hoch“). Oder wir treffen auf unterschiedliche Interpretationen, die alle gleich schlüssig sind, die also alle „von ihrem Ansatz her“ recht haben, so daß wir nicht mehr über die einzelne Interpretation zu richten haben, sondern nur noch über deren Voraussetzungen, die wir von unserem Verständnis von Literatur her entweder akzeptieren oder verwerfen. (Im Beispiel 4 findet sich eine Variante dieser Möglichkeit: Der Lehrer stellt fest, daß es mehrere konkurrierende Interpretationen gibt, die er nun allerdings nicht als gleich gut, sondern als gleich mangelhaft charakterisiert: Alle erfassen nur bestimmte Aspekte des Textes, keine vermag ihn im ganzen zu rekonstruieren.)

Was sagt uns die *Sekundärliteratur* zum „Bär auf dem Försterball“?

An Äußerungen von Literaturwissenschaftlern zum Text findet sich nur eine (wenn man nicht die Feststellung, bei der Geschichte handle es sich um einen „Stoff im Märchengewand“ [sic!] dazuzählen will: Klein 1984). In seiner 1979 in der DDR erschienenen Arbeit über das Werk von Peter Hacks weist Trilse darauf hin, daß bei dieser Geschichte die Illustrationen eine wichtige Rolle spielen; er bezeichnet die Geschichte geradezu als „Bildergeschichte“, bei der der Illustrator (Walter Schmögner) „die Funktion eines Miterzählers“ habe. Im übrigen gibt er kurz den Inhalt der „sehr einfachen“ Geschichte wieder und fügt eine knappe gesellschaftskritische Deutung an: „Der Richtige wird für den Falschen gehalten, der Falsche für den Richtigen – dank der Verwandlung durch die Kleidung. Und der Bär selbst steigert sich so in seine Rolle als Oberförster hinein, daß er an die eigene Lüge glaubt. In dieser nach außen heiter-harmlosen Geschichte steckt doch eine harte Kritik an einer Gesellschaft (das Buch ist für einen Verlag in der BRD geschrieben), in der die Wahrheit manipulierbar geworden ist“ (Trilse 1979:93). Der Sinn der Geschichte also eine Kapitalismuskritik?

Der Text ist als Kinderbuch („empfohlen ab 4 Jahre“) in der rotfuchs-Reihe des Rowohlt-Verlags nachgedruckt und als Zeichentrickfilm im Kinderfernsehen gesendet worden.

Die Detailanalyse stützt sowohl die Art der Publikation und die mediale Vermarktung als auch die Darstellung TRILSES: Es gibt Stellen im Text, die ihn als Spaß für Kinder erscheinen lassen (HACKS hat ja auch andere Geschichten und Gedichte für Kinder geschrieben), und es gibt andere, die ihm einen parabolischen Charakter verleihen.

Erwachsene Leser erkennen ohne Schwierigkeiten, daß es in diesem Text um Handeln in Rollen geht. Nicht nur der Bär handelt als Oberförster und wird als solcher akzeptiert, weil er dem Typ Oberförster geradezu ideal entspricht, sondern auch die einzelnen Förster handeln nicht als Individuen, sondern in ihrer Rolle als Förster. Deshalb liegt es nahe, den Text von einer *rollentheoretischen Handlungstheorie* aus zu interpretieren.

Eine solche Interpretation hat KREFT (in WILLENBERG 1987:13–17) vorgelegt. Er zeigt, wie der Bär die Rolle des Oberförsters übernimmt und in ihr so aufgeht, daß er seine eigene Identität nicht mehr kennt. Auch die Förster spielen – unverkleidet! – Rollen; sie repräsentieren eine Männergesellschaft, deren Verhalten dermaßen geistlos ist, daß ein Tier ohne weiteres zu ihrem Führer werden kann, ja sogar dazu prädestiniert ist, weil es den Charakter dieser Männer am besten verkörpert:

„Der Bär hat die tiefste Baßstimme, die meisten Haare im Gesicht, den stärksten Schulterschlag und das größte Trinkvermögen, und in alledem übertrifft er die Förster bei weitem. Die Eigenschaften, durch die er sich als ein großartiger Oberförster qualifiziert, sind aber nichts anderes als seine natürlichen Bäreneigenschaften. Das spezifisch ‚Försterliche' erweist sich als ein Tierisches. Und wenn die Förster, ihre Gruppenstrukturen und ihr Selbstverständnis für Menschen in bestimmten sozialen Institutionen, Zuständen oder Systemen typisch sein sollten, dann wäre in dieser Beziehung das ‚Tierische' das ‚Menschliche'. Und tatsächlich gelten ja diese Eigenschaften: tiefe Stimme, Bartwuchs, körperliche Stärke, Trinkvermögen als typisch, ja als vorbildliche ‚menschliche', nämlich ‚männliche' Eigenschaften (‚mensch' ist von ‚Mann' abgeleitet: mannisc > mensch). In allen ‚echten' Männergruppen bestimmen sie das Selbstverständnis."

Die Förster halten den Bären für einen der Ihren, nicht weil er ihre Kleider trägt („Kleider machen Leute"), sondern weil der Bär, dieses Tier, ihrem Ideal entspricht. Sie fühlen sich „tierisch" wohl. Der Bär wird ganz „natürlich" zu ihrer Autorität:

„Die Verhaltensforschung hat gezeigt, daß der Rangplatz unter den Bären tatsächlich von der Tiefe des Brummens bestimmt wird, in der sich Alter und Größe des Bären ausdrücken. Daß auch in menschlichen Gruppen zwischen Rangplatz, Autorität und tiefer Stimme Verbindung besteht, gilt zumindest in der Weise, daß für die höheren Positionen tiefe Stimme erwünscht ist. Nicht nur die Großartigkeit des Oberförsters in unserer Geschichte, auch die Großgeartetheit bei Aristoteles (Nikomachische Ethik 1125a bzw. IV,8) hat eine Beziehung zum Sonoren, und daß der ‚Brustton der Überzeugung' den Mangel an rationalen Argumenten kompensiert und bei feierlichen Anlässen verbindlich ist, wenn von den ‚heiligen Gütern der Nation' die Rede ist, das weiß man. – Unser Text macht sich also Instinktresiduen und -analogien im menschlichen Verhalten zunutze, wenn er den Bären Oberförster werden läßt und wenn er dadurch menschliches Verhalten als (quasi-)tierisches denunziert und ideologie-kritisch in Frage stellt."

Die Förster verhalten sich animalisch. Der Bär kann zum Oberförster werden, weil er in eine quasi-tierische Gesellschaft gerät. Die Bärin holt ihn am Ende zurück in die eigentliche, natürliche Tierwelt.

Ist damit das Verhalten der Förster erklärt und kritisiert, so noch nicht das des Bären. Warum geht er zum Maskenfest ausgerechnet als Förster? Nur um der besonderen Komik willen, wie der Text sagt? Bleibt diese Frage offen, so nicht diejenige nach dem Grund für die Bärenjagd, zu der der Bär auffordert:

„Ein Oberförster muß mehr vom Bären verstehen als die Förster. Als Oberförster, der Bär ist, versteht der Bär natürlicherweise auch mehr vom Bären. Die vom Bären als Oberförster betriebene Suche und Jagd nach dem Bären dürfte nicht nur durch die Oberförster-Rolle – und durch den alkoholisch stimulierten Tatendrang – motiviert sein. Der Bär ist das mächtigste Jagdtier der Förster/Jäger-Welt, also dem Oberförster als Jagdtier zugeordnet. Insofern handelt der Bär rollengemäß. Es mag aber auch sein, daß der zum Oberförster gewordene Bär sich selbst vergißt und deshalb sich auf die Suche nach sich selbst begibt, die aber für den zum Oberförster gewordenen Bären nur als Jagd und Bärenschießen möglich ist. Mit unheimlicher Konsequenz erfolgt diese Suche und Jagd, im Wald erst, dann in der Höhle, schließlich im ‚Krug zum zwölften Ende' selbst, wo der Bär in dem Augenblick, wo er sich in den Augen der Förster als großartiger Oberförster erweist, den ersten der beiden entscheidenden Hinweise gibt, die aus der Jagd und Suche die Entlarvung machen: Der Bär muß sich als Förster verkleidet haben. Dieser scharfsinnige Schluß und hellsichtige Hinweis wird von den Förstern aus ihrer autoritär-gebundenen Denkweise zugleich akzeptiert und mißverstanden oder doch falsch angewendet. Befangen in hierarchisch-maskulinem Selbstverständnis, meinen sie im jüngsten, am wenigsten ‚försterlichen' Förster den Bären sehen zu müssen, wird für sie der Bär als Nicht-Förster definiert. [...] Die auf den ersten Blick so harmlos-lustige, feucht-fröhliche Geschichte vom Bären auf dem Försterball ist hier vielleicht am meisten genau und realistisch: Die harmlos-lustige Männergemeinschaft der biederen Förster schickt sich an, in aller Harmlosigkeit einen Totschlag zu begehen: ‚Wir wollen dich doch schießen ... du bist doch der Bär' antworten sie mit entwaffnender Selbstverständlichkeit dem angstvoll ‚Wozu die Flinten?' rufenden Stigmatisierten, dessen ‚Opferung' – sie würde freilich die Geschichte völlig ins Makabre umkippen lassen – nur unterbleibt, weil der Oberförster-Bär mit seiner *unheimlichen* Konsequenz die Förster wieder auf die richtige Spur bringt, nicht um den jungen Förster zu retten, sondern um den Bären – sich selbst – zu finden" (Kreft 1987:14f.).

Unter ontogenetischem Gesichtspunkt entspricht Rollenhandeln einer bestimmten Entwicklungsstufe des sozialen Handelns, nämlich der konventionellen. Als Jugendliche wachsen wir in Rollen hinein, aber normalerweise gehen wir nicht darin auf, auch nicht in der Berufsrolle. Das Entlarvende, Ideologiekritische des Textes besteht nun darin, daß er gerade zeigt, was daraus wird, wenn wir uns völlig mit Rollen, und zwar mit zum Klischee erstarrten Rollen, identifizieren.

„Der Gehorsam der Förster gegenüber ihrem Oberförster ist Gehorsam gegenüber dem Positions-Inhaber oder Rollenträger, ist ein Agieren in den komplementären Rollen von Vorgesetzten und Untergebenen. Entsprechend agieren Bär und Bärin in den konventionellen Rollen von Mann und Frau. Die Bärin ist die Ehefrau, die die Kneipen nach dem trinkfreudigen Ehemann durchkämmt, und der Bär ist der – vielleicht ein wenig unter dem Pantoffel stehende – Ehemann, der sich nach der Eskapade geduldig in die Familie und seine familiären Rollenverpflichtungen zurückholen läßt. Für das Handeln der Förster untereinander gilt das Entsprechende“ (ebd. 15).

Auch der Schluß der Erzählung zeigt die Kritik, die der Text am Handeln in einer Rolle übt: Wer in einer Rolle handelt, ist nicht bei sich selbst, ist außer sich. Das Tier, das als Mensch geht, hat keine *natürliche Identität* mehr, aber auch noch keine *Ich-Identität*, sondern die dazwischen liegende *Rollenidentität*.

„Rollen-Identität wird als Identitätsverlust erfahren. Das offenbart der Schluß der Erzählung. Der Bär hat den letzten, entscheidenden Hinweis gegeben, der zu seiner Entlarvung führt. Die Förster stellen fest, daß ihr Oberförster die Kennzeichen trägt, die er selbst angegeben hat. Damit geraten die Förster in eine double-bind-Situation, aus der sie das Auftreten der Bärin – dea ex machina – erlöst. Der Bär aber stellt gegenüber seiner Frau fest, daß sie den Bären, den er vor allem mit größter Konsequenz gejagt hat, gefunden haben, und er weiß nicht, daß er selbst der Bär ist“ (ebd. 16).

Die handlungstheoretische Interpretation Krefts ist insofern den Deutungsansätzen überlegen, die in den Unterrichtsstunden zum Ausdruck kamen, als sie die Grundstruktur bloßlegt, die nun verschieden konkretisiert und exemplifiziert werden kann, etwa psychoanalytisch und psychologisch (Rollenhandeln als Bild für unbewußtes und fixiertes Handeln bzw. für gespaltenes [Bewußt-]Sein) oder politisch-gesellschaftlich (Rollenhandeln als Bild für fremdbestimmtes Handeln in politischer Blindheit). Auch die Aufmachung des Textes als Kindergeschichte und die dabei aufgetretenen Brüche und Widersprüche werden unter diesem Blickwinkel verständlich. Die ironische Darstellung des Handelns rein in bis zum Ritual erstarrte Konventionen ist nur von einem Standpunkt außerhalb möglich. Außerhalb der Konventionen handeln Kinder (präkonventionell) und mündige Individuen (postkonventionell). Der Erzähler distanziert sich durch seine poetische Gestaltung (ironische, parodistische, groteske, satirische Elemente) vom Handeln der Figuren, er zieht es ins Lächerliche, und zwar bis zuletzt – auch die Bärenfrau ist eben nicht Repräsentantin des Vernunftprinzips, sondern sie handelt entsprechend einem Rollenklischee. Das Handeln der Figuren so zu sehen ist nur von einem postkonventionellen Standpunkt aus möglich. Von da aus erscheinen die rollenverhafteten Interaktionen einerseits komisch, andererseits makaber. Die Perspektive, die der Text dem Leser nahelegt, läßt ihn sowohl sich amüsieren als auch erschrecken.

2.8 Didaktische Analyse

2.8.1 Die Funktion der didaktischen Analyse

Sofern man KLAFKI folgt, der den Ausdruck m. W. geprägt hat, ist das Ziel der didaktischen Analyse, den Bildungsgehalt zu ermitteln, der dem Bildungsinhalt innewohnt. Das heißt, es geht um die Bedeutung, die der Unterrichtsgegenstand für die Schüler haben soll. Vorausgesetzt wird, daß der Unterrichtsgegenstand solch einen Gehalt hat, also etwas, das tatsächlich aus ihm hervorgeht, etwas, das er von sich aus zeigt, wenn wir ihn nur ordentlich öffnen. Dieser aus der idealistischen Tradition der Dialektik von Allgemeinem und Besonderem stammende Gedanke wurde in der Praxis meistens verflacht zu einer recht willkürlichen Beziehung von Repräsentat und Repräsentant. (KLAFKIS Formulierungen leisten an vielen Stellen solcher Verflachung Vorschub.) In der curricularen Diskussion wurde schließlich nur noch gefragt: Welche Lernziele kann ich mit diesem Unterrichtsgegenstand erreichen? Der Bildungsinhalt ist hier nicht mehr typisch, charakteristisch für etwas Allgemeines, sondern irgendein allgemeines (Fach-)-Lernziel läßt sich mit ihm ansteuern. Konsequenterweise drehte man die Beziehung deshalb auch um und ging nicht mehr vom Inhalt aus, sondern von den Zielen, zu denen man sich irgendwelche austauschbaren Inhalte suchte. Man nimmt sich z. B. vor, Tiersatiren zu behandeln, und greift zu ***„Reineke Fuchs“*** und unserem ***„Bär auf dem Försterball“***. Oder man plant eine Unterrichtseinheit über „Vorurteile“ und situiert den „Bären“ darin. Oder man möchte den Schülern zeigen, wie Textverstehen funktioniert, und nimmt dazu den Text. Oder man möchte das Umsetzen eines Erzähltexts in einen szenischen Spieltext üben, und da kommt einem der „Bär“ gelegen (man kann die ganze Klasse einsetzen, weil die Zahl der Förster nicht begrenzt ist!). Usw. D.h., in all diesen, uns heute vertrauten Arrangements und „Kontextuierungen“ geht es nicht um den Text und das, was er offenbart, sondern um das, was wir als Lehrer mit ihm machen, wobei natürlich vorausgesetzt wird, daß der Text das „hergibt“. Der Text enthält ja viele Möglichkeiten.

Unmerklich, aber nicht zufällig sind wir jetzt bei methodischen Verfahren angelangt und haben die eigentliche didaktische Analyse aus den Augen verloren. Die didaktische Analyse setzt nämlich einen inhaltlich festlegenden Lehrplan, d. h. einen durch die Tradition vorgegebenen *„Stoffplan“* voraus, wogegen die soeben charakterisierte Unterrichtsrealität nur einen curricularen *Rahmenplan* kennt. In dem inhaltlich festlegenden Lehrplan sind Entscheidungen getroffen, die der einzelne Lehrer bei der didaktischen Analyse nachvollziehen muß: „Es charakterisiert die Stoffe des Lehrplans wesensmäßig, daß sie von den Lehrplangestaltern als Bildungsinhalte gemeint sind.“ „Jene **Bildungsinhalte** also, die dem Lehrer in der Gestalt des Lehrplans sich darbieten und deren **Bildungsgehalt** (oder Bildungswert) es in der ‚didaktischen Analyse‘ aufzuspüren gilt, müssen als eine in bestimmten geistig-geschichtlichen Situationen und im Blick auf bestimmte Kinder (Lebenskreise, Schulformen, Bildungsstufen) getroffene Auswahl verstanden werden. Die Lehrplangestalter nehmen an, daß diese Inhalte, wenn die betreffenden Kinder oder Jugendlichen sie sich zu eigen gemacht haben, den jungen Menschen dazu befähigen, in sich und zugleich in seiner Beziehung zur Welt ‚eine gewisse Ordnung herzustellen' (LITT), ‚Verantwortung zu übernehmen' (WENIGER), Lebensnotwendigkeiten zu bewältigen und freie Lebensmöglichkeiten zu ergreifen" (KLAFKI 1964:13). Vor der didaktischen Analyse ist also schon eine Auswahlentscheidung getroffen worden, bei der die Relevanz des Unterrichtsgegenstands zur Diskussion stand. Je größer nun der Spielraum ist, den der Lehrplan läßt, desto wichtiger wird in der didaktischen Analyse die Stoffauswahl und ihre Begründung. Der Lehrer muß in der didaktischen Analyse diese Entscheidung nicht mehr nur nachvollziehen, sondern er muß sie selbst treffen. Die erste Frage nach der Sachanalyse muß demnach sein: Was an dem Gegenstand, wieviel von dem Gegenstand können meine Schüler verstehen? Wenn sich in der Analyse herausstellt, daß die Schüler Wesentliches des Gegenstands nicht erfassen werden, so bleibt nichts anderes übrig, als auf die Behandlung zu verzichten.

Gegen diese Konsequenz melden sich zwei Einwände:

1. Kein Mensch käme auf den Gedanken, KANTS „Kritik der reinen Vernunft" in der Grundschule zu lesen. Aber manche literarischen Texte, so auch unser „Bär", sind so vielschichtig, daß sowohl der Grundschüler wie der Siebtkläßler wie auch der Abiturient etwas davon haben können. Jeder nimmt sich das, was ihm erreichbar ist. Gerade die Unauslotbarkeit poetischer Texte legt es nahe, nicht zu schnell festzulegen, was an einem Text wesentlich ist. Für den Schüler mag etwas anderes wesentlich sein als für den Lehrer.

2. Es kommt gar nicht darauf an, daß die Schüler immer das Wesentliche eines Textes erfassen, sofern er sie nur irgendwie anspricht. Es ist uns doch selbst so gegangen, daß wir bisweilen von Texten beeindruckt waren, die wir erst viel später verstanden haben.

Bei der zweiten Argumentation wird eingestanden, daß es möglich ist, von einem angemessenen Textverständnis zu sprechen; der Lehrer hat dieses Textverständnis, und er hat den Text deshalb, also wegen des in seinem Verständnis erschlossenen „Bildungswerts" bzw. „Bildungsgehalts", ausgewählt oder doch vorgeschlagen. Aber er erwartet nicht, daß die Schüler den ausgewählten Text angemessen verstehen, sondern ihm reicht, daß sie ihn aus anderen, vielleicht völlig nebensächlichen Gründen, schätzen. – Das bedeutet nun freilich nicht nur eine Manipulation der Schüler, sondern auch eine Verstümmelung der Texte: Den Schülern wird eine Zustimmung zu etwas abgeluchst, das sie nicht verstehen, und die Texte werden nicht als das genommen, was sie sind. Überdies wird die didaktische Analyse sinnlos, wenn sie einen Bildungsgehalt erschließt, der im Unterricht keine Rolle mehr spielt.

Bei der ersten Argumentation wird das Risiko in Kauf genommen, daß die Schüler durch einen unter- oder überfordernden Text gelangweilt und frustriert werden. Innerhalb bestimmter Grenzen, die der Lehrer auf Grund seiner persönlichen Erfahrung setzt, ist dann jeder Text auf jeder Klassenstufe möglich. Auch bei dieser Argumentation ist die didaktische Analyse sinnlos, weil es auf einen vom Lehrer ermittelten Bildungsgehalt gar nicht mehr ankommt, sondern optimistisch angenommen wird, jeder Schüler werde sich schon selbst etwas für ihn Wichtiges aus dem Text herausholen.

Das Beispiel ***„Der Bär auf dem Försterball"*** zeigt nun sehr drastisch, daß eine genaue Sachanalyse und Textinterpretation bestimmte Schülerreaktionen, bestimmte Assoziationen, Einordnungen und Mißverständnisse erwarten läßt. Kreft zieht aus seiner Interpretation unter Berücksichtigung des empirischen Materials die Konsequenz:

„Der Text kann nur auf postkonventioneller Stufe oder im Übergang dorthin adäquat rezipiert werden, also etwa in der Sek. II. In der Elementar- und Grundschule [sic!] (Kohlbergstufe I, 1 und 2) wird der Text als Märchen rezipiert, und was dem nicht entspricht, wird kaum oder nicht deutlich wahrgenommen oder wird uminterpretiert. Die Rezeption verläuft glatt, oder der Text gilt, weil doch viel Unverständliches diffus wahrgenommen wird, als etwas langweilig. Auf entwickelter Stufe (I,2 voll etabliert) kann der Text als Fabel rezipiert werden, jedenfalls kann der Versuch gemacht werden. Je weiter das formale Denken entwickelt und die Anforderungen an logische Konsistenz gestiegen sind, desto schärfer wird der Text abgelehnt und unter Eliminierung der poetischen Mehrdeutigkeit und der poetischen Ideologiekritik rational auf den realistischen Nenner gebracht. So wird entweder z. B. alles Handeln zweckrational (der Bär verstellt sich, spielt bewußt den Oberförster, um bestimmte rationale Zwecke zu erreichen) oder kausal (‚das macht alles der Alkohol') gedeutet" (Kreft 1987:17).

Da jüngere Kinder noch kein Verständnis für **Rollenhandeln** haben, verstehen sie den Text wie eine **Phantasiegeschichte** oder ein **Märchen.** Im Märchen gibt es keinen Wesensunterschied zwischen Tier und Mensch, und deshalb können sich Tiere umstandslos in Menschen verwandeln. Die Probleme, die sich aus dieser Verwandlung sowohl für den Bären als auch für den jüngsten Förster ergeben, nehmen die Kinder höchstens undeutlich, wenn überhaupt, wahr. Damit aber ist der Text nicht nur unter Wert rezipiert, sondern er ist buchstäblich umsonst. Jede andere unterhaltsame Geschichte würde dasselbe leisten – man kann sie vorlesen, spielen, dazu malen, selber lesen. Das Besprechen beschränkt sich auf ein Nacherzählen von Inhaltssegmenten, Überlegungen zu realistisch aufgefaßten Situationen (die Geschichte spielt zur Karnevalszeit, dem Bären muß es in seiner Verkleidung sehr warm geworden sein, die Förster waren zu besoffen, um zu schießen), und vor allem das Äußern der Belustigung über die dummen, betrunkenen Förster, die den haushoch überlegenen Bären, mit dem sich die Kinder identifizieren, nicht erkennen. (Dies zeigt das Unterrichtsprotokoll aus einer 3. Klasse, Antonacopoulos-Müller/Leidholdt 1982, Anhang S. III–XXII.) Gerade weil der Bär so überlegen auftritt, haben die Kinder ihren Spaß an der Geschichte. Der Bär avanciert in ihrem Verständnis zum unumschränkten Helden, dem man es auch nachsieht, daß er im volltrunkenen Zustand nicht mehr weiß, wer er eigentlich ist; denn auch dann noch handelt er „gut", weil er ja den jüngsten Förster vor dem Erschossenwerden bewahrt. Befriedigt stellen die Kinder auch fest, daß die Geschichte gut ausgeht und der Bär nicht umkommt; die Ironie, daß der Held schließlich von seiner Frau recht barsch heimkommandiert wird, nehmen sie nicht wahr.

Je älter die Kinder werden, desto weniger gefällt ihnen der Text. Der Bär eignet sich nicht mehr als Identifikationsfigur, weil sein Verhalten nicht glaubhaft ist. Schon daß er spricht, ist albern; viel mehr noch, daß er einen Hausschlüssel zu seiner Höhle haben soll. Auch daß er zur Bärenjagd auffordert und diese mit äußerster Konsequenz betreibt, leuchtet den Kindern nicht recht ein. Und daß ihn am Ende die Bärin abschleppt – völlig unrealistisch. Die Geschichte ist in den Augen der Kinder schlecht, weil sie „unwahr" ist.

Auf der nächsten Verstehensstufe wird angenommen, daß der Text, da er offenbar unrealistisch ist, einen tieferen Sinn haben muß. Der Prototyp solcher Geschichten ist die **Fabel**, und tatsächlich gibt es ja Übereinstimmungen zwischen Fabeln und dem „Bären". Folglich suchen die Schüler nach einer Lehre. „Lehre" ist die einfachste Form, wie sich ein Text auf die Wirklichkeit beziehen kann, ohne sie realistisch wiederzugeben. Der einzige Genuß, den die Schüler am unrealistischen Text finden können, ist ein intellektueller, nämlich das Erfassen der Lehre. Gerade das mißlingt aber bei dieser Geschichte, wie an den kläglichen Ergebnissen ihrer Versuche deutlich wird (z. B. ermitteln sie ja die Lehre, nicht zu viel Alkohol zu sich zu nehmen).

Erst wenn man das Problem der Rollenidentifikation und der Identitätsdiffusion zumindest ahnt, gewinnt der Text wieder an Interesse. Der Wert des Textes liegt dann darin, daß er ein Sinnbild darstellt für den Identitätsverlust, den derjenige erleidet, der völlig in einer konventionellen, erstarrten Rolle aufgeht. Ohne Zweifel ist dies ein Thema für Jugendliche. Sie spüren die Notwendigkeit, trotz aller geforderten Anpassungen ein Ich zu behaupten. Die Rückkehr zu der „natürlichen" Identität des Kindes ist ihnen genauso versagt wie dem Bären; man übernimmt eben nicht ungestraft (bzw. folgenlos) eine soziale Rolle. Den Spott auf die leeren Rituale der Förster und das konventionelle Verhalten des biederen Bärenehemanns können Jugendliche gerade deshalb verstehen und goutieren, weil es ihnen um individuelles und sinnerfülltes Handeln zu tun ist.

2.8.2 Durchführung der didaktischen Analyse

Der Text hat sich als bedeutsam und zugänglich auf einer bestimmten Entwicklungsstufe erwiesen; er könnte also etwa ab der 9. Klasse mit Gewinn gelesen werden. (Das zweite Beispiel zeigt, daß auch eine 8. Klasse schon recht weit in den Text eindringen kann.) Versuchen wir, eine didaktische Analyse nach dem von Klafki vorgeschlagenen Verfahren durchzuführen.

„I. Welchen größeren bzw. welchen allgemeinen Sinn- oder Sachzusammenhang vertritt und erschließt dieser Inhalt? Welches Urphänomen oder Grundprinzip, welches Gesetz, Kriterium, Problem, welche Methode, Technik oder Haltung läßt sich in der Auseinandersetzung mit ihm ‚exemplarisch' erfassen?"

Klafkis erste Frage kann man streng oder großzügig auffassen, beides ist in ihrer Formulierung angelegt. Zunächst klingt die Fragestellung sehr streng: Da ist der vorgegebene Unterrichtsinhalt, und der Lehrer muß nun ermitteln, welchen Sinn- oder Sachzusammenhang er vertritt und erschließt, gar welches Urphänomen und Grundprinzip. Dann aber folgt eine Aufzählung, die Tür und Tor zu öffnen scheint für beliebige Verwendung des Unterrichtsgegenstands – man muß nur irgend etwas finden, was man an ihm exemplarisch demonstrieren kann. In diesem Sinn wurde der Text ja im Beispiel 4 zur Demonstration der Beeinflußbarkeit von Interpretationen verwendet; natürlich hätte das an jedem x-beliebigen anderen Text genauso gezeigt werden können.

Klafki gibt selbst das Beispiel eines kurzen literarischen Textes aus dem Lesebuch und bezeichnet ihn in zweierlei Hinsicht als exemplarisch – einmal wegen der Typisierung der Figuren, zum anderen wegen der Repräsentanz für eine literarische Gattung. Hält man sich aber an die strengere Version der Frage, so geht es nicht darum, *eine* Möglichkeit zu finden, sondern *die* Möglichkeit, nämlich diejenige, die der Sache angemessen ist. Im Idealfall spricht die Sache dann für sich, es bedarf weder einer besonderen Motivation noch einer methodischen Inszenierung, um etwa das Gemeinte herauszubekommen.

Strapazieren wir unseren kleinen Text nicht zu sehr, wenn wir unterstellen, daß er einen „allgemeinen Sinnzusammenhang", ein „Urphänomen oder Grundprinzip" erschließt? Ich glaube nicht; denn die Interpretation hat ja gezeigt, daß der Text nicht ein einmaliges Ereignis wiedergibt, nicht vom Handeln individueller Figuren erzählt, sondern Typen zeigt und Typisches ausdrückt. Er versinnbildlicht das Handeln in erstarrten Rollen und macht es lächerlich. Das Gefallen, das Jugendliche einer bestimmten Entwicklungsstufe an dem Text finden, rührt von einer Ahnung dieser den Text konstituierenden und zusammenhaltenden Problematik her, und der Unterricht hat nichts anderes zu tun, als dieser Ahnung nachzugehen und das undeutlich Gespürte aufzuklären. Durch das Bewußtmachen unterstützt er eine Entwicklung, in der sich die Jugendlichen schon befinden. So gesehen, ist der „Bildungsgehalt" eines Unterrichtsgegenstands dasjenige an ihm, was die Entwicklung, in diesem Fall die psychosoziale Entwicklung, der Schüler fördert.

„II. Welche Bedeutung hat der betreffende Inhalt bzw. die an diesem Thema zu gewinnende Erfahrung, Erkenntnis, Fähigkeit oder Fertigkeit bereits im geistigen Leben der Kinder meiner Klasse, welche Bedeutung sollte er – vom pädagogischen Gesichtspunkt aus gesehen – darin haben?"

Klafkis zweite Frage bei der didaktischen Analyse zielt auf die Beziehung, die die Schüler außerhalb des Unterrichts „im geistigen Leben" zu dem Unterrichtsgegenstand bzw. zu dem in ihm zu erschließenden Gehalt haben. Die Antwort fällt leicht: Das Rollen- und Identitätsproblem ist bei allem sozialen Handeln virulent. Der Text liefert viele Anhaltspunkte, die eine Exemplifizierung durch Alltagserfahrungen ermöglichen, z. B. daß dem einzelnen Rollen zugeschrieben werden, daß soziale Rollen das Handeln in gleicher Weise motivieren können wie praktische Zwecke, daß Gruppengeist narkotisierende Wirkung haben und daß die Identifikation mit einer Rolle zum Selbstverlust führen kann.

„III. Worin liegt die Bedeutung des Themas für die Zukunft der Kinder?“

Auch diese dritte Frage ist leicht zu beantworten, da ja der Bildungsgehalt unseres Gegenstands gerade darin liegt, daß er die Entwicklung der Jugendlichen fördert. Sie werden im Leben immer wieder auf Gepflogenheiten, Traditionen, Rituale treffen, sie werden in Rollen handeln müssen, sie werden in Situationen geraten, in denen Gruppendruck Anpassung verlangt und Autoritäten Respekt heischen. Der Text erlaubt eine vorwegnehmende und zugleich schon gemachte Erfahrungen aufarbeitende Auseinandersetzung mit diesen Fragen des sozialen Handelns. (LESSING sieht den moralischen Wert der Komödie darin, daß sie uns lächerliches Handeln zeigt und wir dann im wirklichen Leben dafür sensibilisiert sind: Die Komödie „soll uns zur Fertigkeit verhelfen, alle Arten des Lächerlichen leicht wahrzunehmen. Wer diese Fertigkeit besitzt, wird in seinem Betragen alle Arten des Lächerlichen zu vermeiden suchen und eben dadurch der wohlgezogenste und gesittetste Mensch werden.“ [Brief an Friedrich Nicolai, 1756].)

„IV. Welches ist die Struktur des (durch die Fragen I und II und III in die spezifisch pädagogische Sicht gerückten) Inhaltes?“

KLAFKI betont, daß die Frage nach der Struktur des Gegenstands nur unter dem Aspekt der ersten drei Fragen pädagogisch richtig gestellt ist; denn diese Fragen beziehen sich auf das Verhältnis des Gegenstands zum Schüler. Dabei wird vor allem auf das Alter und die Entwicklung der Schüler geachtet. Am Beispiel des Themas „der elektrische Strom“ zeigt KLAFKI, daß derselbe Unterrichtsinhalt unterschiedlich behandelt werden kann; der Lehrer muß die „Frage- und Verständnisebene der Schüler“ berücksichtigen. Das scheint nun jene (vor allem von J. S. BRUNER vertretene) Auffassung zu bestätigen, nach der man jeden Unterrichtsinhalt auf jeder Stufe behandeln kann, sofern man nur dasjenige an ihm herausstellt, das den Schülern dieser Stufe zugänglich ist. Die Analyse des Textes ***„Der Bär auf dem Försterball“*** und der dazu gehaltenen Unterrichtsstunden zeigt, daß tatsächlich auf unterschiedlichem Niveau der Text Unterschiedliches hergibt. Andererseits hat die Interpretation deutlich gemacht, daß der Text durch seine ästhetische Struktur einen Anspruch stellt, dem Jugendliche erst ab einer bestimmten Entwicklungsstufe gewachsen sind. Wie ist dieser Widerspruch aufzulösen?

Die Schwierigkeit liegt beim Begriff „Unterrichtsinhalt“. Wie eng ist er definiert? Wenn als Unterrichtsinhalt „Interpretation von Kurztexten“ oder „Die Parabel als literarische Gattung“ oder „Vorurteile“ oder „Rolle und Identität“ gilt, so muß dieser Inhalt der didaktischen Analyse unterzogen werden, und unser Text kann sich dann als Beispiel oder Modell für einen Aspekt als geeignet erweisen. Gilt der Text selbst aber als Unterrichts- bzw.

Bildungsinhalt – und davon waren wir bislang ausgegangen, und auch KLAFKI selbst gibt als Beispiel ein einzelnes Lesestück –, so ist er nicht mehr beliebig herauf- oder heruntertransponierbar. Zwar ist es richtig, daß sich Schüler unterschiedlichen Alters Unterschiedliches aus dem Text herausholen und daß er Unterschiedliches für sie bedeuten kann. Bei der außerunterrichtlichen Begegnung mit Texten, ja mit „Bildungsinhalten" überhaupt, ist es natürlich so, daß jeder das mitnimmt, was er versteht. Die didaktische Analyse hat demgegenüber aber gerade die Aufgabe, diese natürliche Beliebigkeit zu überwinden und zu untersuchen, welche Relevanz ein Stoff für den Bildungsprozeß bzw. die Entwicklung oder Befähigung der Schüler hat, damit zielstrebig und ökonomisch gelernt werden kann. Wenn die Analyse aber das (für die Schüler) Wesentliche des Stoffes freilegen soll, so heißt das, daß der Stoff ein „Wesentliches" hat, ein Sinnzentrum, eine Bedeutung, zumindest eine nachvollziehbare Struktur.

Bei vielen Unterrichtsinhalten erscheint uns diese Annahme einer Struktur unproblematisch, wir wissen, um was es geht, und wir wissen auch, in welchem Sach- und Verwendungszusammenhang dieser Stoff steht. Nicht so bei poetischen Texten. Hier wissen wir zunächst einmal gar nicht, worum es geht. Wir können zwar die Handlung, das Geschehen rekonstruieren, wir können uns die Figuren klarmachen, wir können den Text gattungsmäßig und historisch einordnen usw. Aber haben wir damit das Wesentliche erfaßt?

„V. Welches sind die besonderen Fälle, Phänomene, Situationen, Versuche, in oder an denen die Struktur des jeweiligen Inhaltes den Kindern dieser Bildungsstufe, dieser Klasse interessant, fragwürdig, zugänglich, begreiflich, ‚anschaulich' werden kann?"

Diese letzte Frage zur didaktischen Analyse hat nur Sinn, wenn die Stoffauswahl so getroffen worden ist, daß der „Bildungsinhalt" für die Schüler überhaupt zugänglich und interessant sein kann. Wenn die Sachanalyse nämlich gezeigt hat, daß der Gegenstand das Fassungsvermögen der Schüler übersteigt, dann kann er ihnen auch durch eine noch so kluge Präsentation nicht vermittelt werden. Was poetische Texte angeht, so können die Überforderungen auf verschiedenen Gebieten liegen:

- Der Text stellt einen Sachverhalt dar, den die Schüler kognitiv nicht bewältigen können, weil sie zu formalem, abstraktem Denken noch nicht in der Lage sind, z. B. reflexive Passagen in Romanen. Damit geht meistens auch einher, daß das Thema für die Schüler fremd und „abstrakt" ist. – Bei poetischen Texten besteht meistens eine Verbindung zum zweiten Aspekt:
- Der Text gibt Motive, Intentionen und Interaktionsstrukturen wieder, die die Schüler auf Grund ihrer sozialkognitiven Entwicklung nicht nachvollziehen können; z. B. berücksichtigen die Figuren in ihrem Handeln die unausgedrückten, „selbstverständlichen" Erwartungen der Gesellschaft (etwa einen Ehrenkodex), und die Kinder orientieren sich danach an konkreten Forderungen einzelner.

- Der Text hat eine ästhetische Struktur und verwendet poetische Mittel, die den Schülern unzugänglich sind. Oft verletzen hochliterarische Texte ästhetische Konventionen; dies kann nur der verstehen, der die Konventionen kennt.
- Der Text überfordert die Schüler sprachlich.

Erstaunlicherweise wird bei Auswahlentscheidungen von diesen vier Aspekten fast nur der letzte berücksichtigt; im übrigen achtet man auf inhaltliche Nähe zu den Erfahrungen der Schüler. Daß sie das Handeln der Figuren und deren Motive grundsätzlich verstehen *können*, wird genauso vorausgesetzt wie die Kompetenz zum Verstehen der ästhetischen Struktur. Nach dieser Vorstellung wäre es dann die Aufgabe der didaktischen Analyse, methodische Arrangements zu ersinnen, die dafür sorgen, daß das Handeln der Figuren und die ästhetische Struktur verstanden werden; prinzipielle Hürden würde es dafür nicht geben.

Demgegenüber müssen wir daran festhalten, daß bei der Entscheidung für einen Text dessen Zugänglichkeit in allen genannten Hinsichten zur Diskussion steht. Erst wenn der Text prinzipiell (d. h. von der Entwicklung der Schüler her) zugänglich scheint, kann KLAFKIS fünfte Frage sinnvoll beantwortet werden.

Diese Frage ist bei KLAFKI dreigeteilt, und die drei Teilfragen betreffen unterschiedliche Lernstufen. Zunächst wird nach Veranschaulichungen gefragt, die auf das Problem *hinführen*, dann nach solchen, die den Schülern eine möglichst selbständige *Lösung* erlauben, und schließlich nach Aufgaben, die der *Übertragung und Anwendung* dienen. Trotz der Bedenken, die man haben muß, ob denn dieses Modell kognitiven Lernens dem LU angemessen ist, versuchen wir einmal, es bei unserem Beispieltext durchzuspielen. Was ist geeignet, bei den Schülern eine auf die „Struktur gerichtete Fragestellung“ zu wecken, „jene Fragestellung, die gleichsam den Motor des Unterrichtsverlaufs darstellen muß?“ (20) Man ist versucht zu antworten: der Text selbst. Keine Inszenierung sollte einen bestimmten Zugang privilegieren. Die Fragen, warum der Bär so handelt wie er handelt, warum die Förster sich so benehmen, ob der Bär Mensch oder Tier ist usw. müssen nicht künstlich provoziert werden – der Text stellt sie von sich aus. Und die Schüler finden in der Tat auch selbständig Lösungen, freilich jeweils auf ihrem Niveau. Schüler, die keine soziale Motivierung von Handlungen kennen, kommen nicht darauf, daß der Alkohol höchstens ein enthemmendes Stimulans ist, im übrigen aber nur Metapher für die Berauschung, die das Gruppengefühl den Förstern „und dem Bären mit ihnen“ vermittelt. Sie halten den Bären mal für einen Oberförster, mal für ein Tier und erkennen nicht, daß das Tier sich als Mensch anbietet, weil die Menschengesellschaft animalisch ist.

Eine Anwendung und Übertragung könnte sowohl auf reale Situationen als auch auf andere Texte vorgenommen werden, bei denen „das eine so viel bedeutet wie das andere, nämlich gar nichts“. Die Schüler erinnern sich wahrscheinlich an Szenen, die derjenigen analog sind, wo der berauschte

Anführer die berauschten Gefolgsleute mit dem Ruf „Stimmung!“ animiert. Und sie werden im weiteren Leben sicher noch auf solche oder eben ähnliche Szenen treffen, und keineswegs immer wird Alkohol im Spiel sein. ***„Der Bär auf dem Försterball“*** kann dann derartige Realerlebnisse ebenso interpretieren, wie es für andere Situationen der ***„Hauptmann von Köpenick“*** oder ***„Kleider machen Leute“*** tun. (Solche Verwendung von Literatur als Deutungsmuster für eine Realerfahrung liegt auch vor, wenn ***Werther*** „Klopstock“ sagt und damit dessen Gedicht „Frühlingsfeier“ evoziert. Vgl. auch die Ausführungen im ersten Kamingespräch.) Eine andere Übertragung des Gelernten, nämlich des Methodischen, besteht darin, daß die Schüler auch bei anderen Texten, die sie lesen, auf die Interaktionsstruktur, die Motive und Intentionen der Aktoren und den Wirklichkeitsbezug des dargestellten sozialen Handelns (parodistisch? ironisch? karikierend? satirisch?) achten.

2.9 Rückblick unter Bezug auf die Lehrerausbildung

Das Beispiel der Behandlung von ***„Der Bär auf dem Försterball“*** hat gezeigt, welche Fülle von Entscheidungen vor dem Unterricht und in ihm getroffen werden, wie folgenreich diese oftmals gar nicht ausdrücklich getroffenen Entscheidungen sind und welche theoretischen Implikationen sie haben. Sowohl bei der Textwahl und der Festsetzung der Lernziele als auch bei der Wahl der Realisierungsstrategien folgen wir, ob bewußt oder unbewußt, theoretischen Annahmen über die Schüler, über Literatur, über Literaturunterricht, ja darüber hinaus über Individuum und Gesellschaft, Wahrheit und Erkenntnis, Moral und Ästhetik, Entwicklung und Erziehung. Die frühere Gymnasiallehrerausbildung thematisierte solche Fragen im Rahmen des philosophischen Begleitstudiums („Philosophicum“), sofern sie nicht sowieso im Fachstudium vorkamen (etwa Literaturtheorie). Das in der zweiten Phase folgende Referendariat schloß daran nicht an, sondern widmete sich ausschließlich methodischen Fragen. Die frühere Volksschullehrerausbildung beschränkte sich zunächst ganz auf die Vermittlung des methodischen Handwerks, ergänzte dies dann später durch ein Begleitstudium sog. „Grundwissenschaften“ (Philosophie, Psychologie, Pädagogik), wobei die Verbindung von beidem weitgehend dem einzelnen Studenten überlassen wurde.

Die Schwierigkeit, beides zu verbinden, zeigt sich auch in den Schwerpunkten der fachdidaktischen Diskussion: Während in den 70er Jahren vor allem Fragen der Legitimation und der allgemeinen Ziele diskutiert und oftmals kaum konkrete Vorschläge zur unterrichtlichen Realisierung gemacht wurden, wandte man sich in den 80er Jahren verstärkt den Methodenfragen zu, wobei die Gefahr bestand, daß die interessanten Wege („Umgangsformen zum Erschließen von Literatur“) in Vergessenheit geraten ließen, wohin man eigentlich wollte. (Daß die fachdidaktische Diskussion hier durchaus die allgemeine politische Situation spiegelte, liegt auf der Hand.)

Die folgenden Ausführungen sollen möglichst unmittelbar *praktischen* Nutzen haben, sie sind aber zu lesen auf dem Hintergrund der Gesellschafts- und Erziehungs*theorie*, wie sie im ersten Band knapp und in KREFTS „Grundprobleme der Literaturdidaktik“ ausführlicher dargestellt ist.

3 Ziele und Inhalte des Literaturunterrichts

Soll Unterricht durchschaubar sein, müssen seine Ziele genannt und legitimiert werden. Im Fall des Literaturunterrichts entsteht dabei ein Problem: Die Texte werden nur allzu leicht „instrumentalisiert", wenn man sie zur Erreichung irgendwelcher Ziele einsetzt – sie sind dann ja bloß noch Mittel zum Zweck. Gelöst wird das Problem, indem man anerkennt, daß die Texte selbst auf Erkenntnisgewinn angelegt sind und damit gewissermaßen „Lernziele" in sich tragen. Aber welche Texte? Doch wohl nicht alle? Die Textauswahl ist besonders umstritten. Das Problem der Textauswahl wird hier im Hinblick auf Trivialliteratur, auf ältere Werke und den „Kanon" diskutiert, und dabei ist natürlich auch der Literaturbegriff zu bestimmen.

3.1 Lernziele

Die Schüler sollen lernen, wie man ein Gedicht interpretiert; sie sollen lernen, daß Lesen Spaß machen kann; sie sollen Funktionen von Literatur kennenlernen und verschiedene Haltungen gegenüber Texten einnehmen können; sie sollen literaturgeschichtliche Kenntnisse erwerben; sie sollen literarische Gattungen kennenlernen; sie sollen unterschiedliche Interpretationsmethoden anwenden können; sie sollen wichtige literarische Werke kennenlernen usw.: Sie sollen, sie sollen, sie sollen! Eine Vielzahl unterschiedlichster Forderungen tritt uns in literaturdidaktischen Veröffentlichungen, in Lehrbüchern und Lehrplänen gegenüber. Sie betreffen sowohl

- *Einstellung/Motivation* (etwa: „Spaß am Lesen") als auch
- *Fähigkeiten* (etwa: „interpretieren können") als auch
- *Kenntnisse* (etwa: „literarische Gattungen").

So plausibel die Ziele sein mögen, so verstehen sie sich doch nicht von selbst, und es fragt sich auch, ob die Aufgaben des LU mit solchen *Lern*zielangaben ausreichend bestimmt sind. Zunächst einmal aber fehlt den Zielsetzungen die Begründung, die explizite Legitimation. Warum sollen die Schüler das lernen? Was gibt uns als Pädagogen das Recht, in ihr Leben einzugreifen, ihnen „die Zeit zu stehlen" und sie zum Lesen von Dichtungen, zur Beschäftigung mit Literatur zu bringen, ja zu zwingen?

Zur Rechtfertigung dieses Eingriffs ist die Unterscheidung von „Erziehung *zur* Literatur" und „Erziehung *durch* Literatur" nützlich (bei HELMERS: „literarische Erziehung" und „literarische Bildung"). Bei der „Erziehung zur Literatur" ist die Literatur Lern*gegenstand*, bei der „Erziehung durch Literatur" ist sie Lern*medium*. Der LU zieht seine Berechtigung aus der – im allgemeinen stillschweigend getroffenen – Unterstellung, daß die Begegnung oder Konfrontation mit Literatur in irgendeinem Sinn hilfreich für den Heranwachsenden sei. Diese Annahme liegt allen fachspezifischen Lernzielbestimmungen zugrunde; die Entscheidung, daß LU seine Berechtigung hat, ist schon getroffen, bevor didaktische und methodische Fragen entschieden werden. Wenn wir die Schüler zu „kundigen" oder „kritischen" Lesern erziehen wollen, so unterstellen wir, daß Lesen überhaupt eine sinnvolle Tätigkeit ist und wir diese im Prinzip bejahte Tätigkeit verbessern wollen, damit die Schüler sich ihre Lektüre bewußt auswählen und mit Gewinn lesen können. Das Erziehungsziel „mündiger Leser" ist ohne die Annahme, daß Lesen nützlich ist, unsinnig. Die Schüler zur Teilnahme am literarischen Leben zu befähigen, ergibt nur Sinn, wenn Lesen selbst sinnvoll ist. Dasselbe gilt natürlich für alle Ziele, die eine positive Einstellung der Schüler zum Lesen anstreben: Vorausgesetzt wird die Nützlichkeit des Umgangs mit Geschriebenem und, sofern es sich um poetische Literatur handelt, des Umgangs mit Dichtung. Und es versteht sich von selbst, daß aller Unterricht, der die Vermittlung von Kenntnissen über Literatur zum Ziel hat, nur sinnvoll ist, wenn der Wert des Lesens von Literatur unstrittig ist. „Erziehung zur Literatur" bezieht ihre Legitimation aus „Erziehung durch Literatur" – es sei denn, wir nähmen an, daß Literaturkenntnis ein Selbstzweck in unserer Kultur wäre oder schlicht zu einem erwachsenen Menschen dazugehörte wie die Kenntnis von Begrüßungsritualen und Tischsitten.

„Erziehung durch Literatur" heißt nicht, daß die Literatur ganz bestimmte pädagogische Absichten verfolgt (wie die „didaktische" Literatur) oder sie sogar erreicht, sondern es heißt nur, daß der Literatur eine positive Funktion beim Aufwachsen zuerkannt wird. (Man kann deshalb auch „Erziehung" durch „Entwicklung" ersetzen; der Ausdruck „Lernmedium" führt auch leicht in die Irre, wenn man nämlich einen behavioristischen Lernbegriff zugrunde legt.) So sehr sich gerade Schriftsteller gegen eine Indienstnahme der Literatur durch die Pädagogik wehren und eine pädagogische Funktion von Literatur zurückweisen, so können sie doch nicht bestreiten, daß die Leser in irgendeinem Sinn etwas von der Lektüre „haben" sollten, daß sie die Lebenspraxis tangiert. Durch die Formulierung „positive Funktion beim Aufwachsen" wird das, was die Leser von der Lektüre „haben", allerdings näher bestimmt. Das Lesen von poetischer Literatur wird nämlich als Mittel zur Kompetenzentwicklung und als Hilfe bei der Identitätsgewinnung verstanden; früher sprach man von der „bildenden" Funktion von Dichtung (was weniger präzis und überdies ideologieträchtig war: Bildung als äußerlicher Statusnachweis), oder man sah in ihr eine Hilfe bei der **„Personalisation"** (MARKEFKA/NAUCK 1972:72).

Muß man so hoch greifen? Man kann ja gegen eine so anspruchsvolle Zielsetzung nüchtern einwenden, daß Literatur doch offensichtlich in unserer Gesellschaft eine gewisse Rolle spielt und es deshalb nötig ist, sie den Schülern nahezubringen und die Schüler zur Auseinandersetzung damit anzuregen, wenn man sie zu kundigen und kritischen Zeitgenossen erziehen will: LU als Beitrag zur **„Enkulturation"** (so der entsprechende Begriff bei MARKEFKA/NAUCK 1972:72). Statt **Kompetenzentwicklung** also – bescheidener – Vermittlung von **Qualifikationen** zum Leben in unserer Gesellschaft. Nach dieser Vorstellung versorgt die Schule nämlich die Schüler mit all den Kenntnissen und Fähigkeiten, die sie im Leben brauchen. Sie lernen rechnen und schreiben, sie lernen nähen und kochen, sie werden aufgeklärt über die Gefahren von Straßen- und Geschlechtsverkehr, sie erfahren etwas über naturgesetzliche und historische Fakten. Reicht das nicht aus als Funktionsbestimmung von Schule? Offenbar nicht, denn all das Genannte bleibt den Schülern äußerlich, es bleibt im Bereich der bloßen Kenntnisse, des Bescheidwissens, das bestenfalls in bestimmten Situationen angewandt wird, schlimmstenfalls aber mangels Gebrauchs wieder in Vergessenheit gerät. (Sogar die Lese- und Schreibfähigkeit kann wieder verlorengehen: „funktionaler Analphabetismus".) Tatsächlich werden Qualifikationen relativ schnell und effektiv erworben, wenn aktueller Bedarf dafür besteht, sofern der Mensch dazu die (Lern-)Voraussetzungen hat. Fundamentale Voraussetzungen sind nun gerade die Grundkompetenzen. Wenn der LU zu ihrem Erwerb beiträgt, ist er über aktuelle Nützlichkeit hinaus prinzipiell legitimiert. (Zur ausführlicheren Darstellung und Diskussion des Zusammenhangs von LU und Grundkompetenzen vgl. die Ausführungen im Band 1 „Grundlagen".)

Zwischen den eingangs genannten beiden Zielen – Erziehung zur Literatur und Erziehung durch Literatur – besteht also ein Begründungsverhältnis: Weil Literatur für die Konstitution der Subjekte Bedeutung hat (Erziehung durch Literatur), müssen die spezifischen Voraussetzungen zu ihrem Gebrauch geschaffen werden (Erziehung zur Literatur). Der heutige wissenschaftsorientierte bzw. wissenschaftspropädeutische Unterricht mit seinem methodisch-methodologischen Übergewicht hat sich weitgehend der Erziehung zur Literatur verschrieben und fördert im wesentlichen eine eng gefaßte „Literaturkompetenz" (Kreft). Damit operiert er im Vorfeld; er schafft laufend Voraussetzungen für das Eigentliche, das dann womöglich gar nicht oder nur nebenbei stattfindet: die lebenspraktische Indienstnahme einzelner Texte, die Gadamer als „Applikation" bezeichnete. Diese Indienstnahme einzelner Texte ist das primäre Ziel des LU; das Schaffen der fachlichen Voraussetzungen (einschließlich des Aufbaus von so etwas wie „Lesefreude") ist das sekundäre Ziel. Warum sollte der Unterricht Spaß am Lesen vermitteln, wenn er damit nur die Befriedigung eines Unterhaltungsbedürfnisses ermöglichte und den Buchabsatz förderte? Warum sollten die Schüler Gattungskenntnisse erwerben und bestimmte „Rezeptionshaltungen" (Seifert 1975:232) ausbilden, wenn ihnen dies nicht beim Verständnis für sie bedeutsamer Texte helfen würde? Das sekundäre Ziel mit seinen vielfältigen Teilzielen hat sein Worum-Willen im primären Ziel der Entwicklung von Grundkompetenzen und Hilfe bei der Ausbildung einer individuellen Biographie. Nur wenn man der Literatur eine wesentliche Rolle in der Sozialisation und Individuation zugesteht, hat LU Sinn und Berechtigung. Wer diese Wirkung von Literatur oder von LU bezweifelt (etwa weil die Wirkung empirisch nicht nachgewiesen sei), stellt den LU in Frage.

So zwingend es ist, den LU nicht auf „Erziehung zur Literatur" zu beschränken, so schwierig ist dies in der Praxis. Unterrichtsprotokolle zeigen, daß bis in die einzelnen Schüler-Lehrer-Interaktionen hinein das Ziel der „Erziehung zur Literatur" dominiert, und es fragt sich, ob die beiden Ziele

– Vermittlung allgemeinen literarischen Wissens einerseits, Ausbildung individuellen praktischen Textverständnisses andererseits – überhaupt miteinander vereinbar sind. (Vgl. zu dieser Skepsis WIELER 1989.) Mindestens sollte man von einem weitaus weniger harmonischen Verhältnis dieser beiden Ziele ausgehen, als das gemeinhin in der Literaturdidaktik geschieht.

3.2 Zur Textauswahl und zur Frage des „Kanons"

Aus dem Begründungsverhältnis der primären zu den sekundären Zielen folgt das besondere Gewicht, das der Beschäftigung mit den Inhalten und Gehalten einzelner Texte zukommt. Nun hat man heute oft den Eindruck, daß die Textwahl beliebig ist: Um bestimmte Teilkompetenzen des Leseverhaltens, um Kenntnisse literarischer Gestaltungsweisen, um Einsichten in Gattungen und Epochen zu vermitteln, um einen Autor kennenzulernen, kann dieser oder jener Text verwendet werden. Die Texte sind Mittel zum Zweck; dasselbe Lernziel läßt sich mit dem einen oder dem anderen Text erreichen. Solange es nur um die Erreichung der sekundären Ziele geht (und diese Ziele haben durchaus Bedeutung), ist gegen eine derartige Instrumentalisierung wenig zu sagen. Lesen und Gelesenes zu verstehen hat auch einen technischen Aspekt, und die Technik lernt man durch Übung. Hier haben Textreihen, hat didaktische „Kontextuierung" (FINGERHUT 1974) ihren Sinn. Das primäre Ziel der Ausbildung von psychischen Grundstrukturen und des Gewinnens von Identität wird aber auf diese Weise nicht erreicht; die Schüler erfahren nicht die zentrale Funktion, die der Umgang gerade mit poetischer Literatur haben kann. Hier kommt es weniger auf die „richtige" Reihenbildung als auf die Auswahl der „richtigen" Texte an. Welche wären das?

Früher wurden im DU über Jahrzehnte hinweg immer dieselben Texte behandelt. (Bei Gedichten hieß dies zumeist auch: Sie wurden auswendig gelernt.) Die Lesebücher sorgten für Übereinstimmung und Kontinuität bei kürzeren Texten, den „Lesestücken". Vor allem bei Ganzschriften gab es, zumindest im Gymnasium, einen **„Kanon"** der in Lehrplänen vorgeschriebenen Lektüre, und dieser Kanon bedurfte keiner Rechtfertigung: Es waren die „bildenden" Texte (HERRLITZ 1964). Im 19. Jh. gehörten zu diesem Kanon zunächst die griechisch-römischen Dichter der Antike, dann das deutsche Mittelalter und schließlich die deutsche Klassik. Demgegenüber nannte FLITNER in seinem berühmt gewordenen Aufsatz über den „Kanon der literarischen Bildung" 1954 „vier Gruppen des literarischen Ethos": Die Bibel, die romantische Dichtung, die modernen Realisten, das humanistische Schrifttum. Empirische Untersuchungen zu Anfang der 60er Jahre zeigten nun, daß von diesem Kanon in der Praxis immer mehr abgewichen wurde. Die Lockerung kultureller Traditionen machte sich auch an dieser Stelle bemerkbar. Zudem besuchten immer mehr Schüler das Gymnasium, die aus Familien kamen, in denen die bürgerliche Bildung keine Selbstverständlichkeit war. Und die bürgerliche Bildung selbst – welchen Wert hatte sie angesichts der Greuel, die solcherart gebildete Menschen in den letzten 150 Jahren, vor allem aber im sogenannten „3. Reich" verübt hatten? Die Folge war, daß der Kanon schließlich insgesamt in Frage gestellt wurde. Das Ergebnis der Diskussion um den Literaturkanon, die in den 70er Jahren in der BRD geführt wurde, war, daß es heute nicht mehr möglich ist, Konsens über eine Liste verbindlicher Werke herzustellen und diese Auswahl ministeriell zu verordnen. Der quasi selbstverständliche Kanon gehört eben einer Gesellschaftsform an, die auf gemeinsamen Überzeugungen beruht, die feste Traditionen pflegt und ihr Selbstverständnis teils aus der Literatur gewinnt, teils an ihr demonstriert, und in der die Unterstellung gilt, daß der Lehrer seine Bildung aus dem Kanon bezogen hat und ihn deshalb mit Überzeugung vertritt. Dies ist in unserer Gesellschaft so nicht mehr der Fall; die letzte derartige Gesellschaftsform war die sich deutlich gegen die proletarische Lebensweise abgrenzende bürgerliche. Die Literatur wurde dabei immer mehr zum gesellschaftlichen Selektionsinstrument: Sie zeigte „höhere Bildung" an und diente zur Sicherung eines Klassenprivilegs.

Ein Blick in neuere Lesebücher oder auch ins Klassenbuch verschiedener Klassen zeigt nun allerdings: Der Verzicht auf einen amtlich vorgeschriebenen Lektürekanon hat ihn keineswegs völlig beseitigt. Daß regelmäßig und häufig dieselben Werke behandelt werden, läßt sich als **„heimlicher Kanon"** bezeichnen. Der „heimliche Kanon" wird nicht öffentlich diskutiert und nicht durch den Rückgriff auf Prinzipien legitimiert, sondern er setzt sich gewissermaßen naturwüchsig durch: bei der Kinderlyrik vor allem Krüss und Guggenmoos, bei Erzählungen in der Sek. I z. B. Max von der Grüns ***„Vorstadtkrokodile"***, auch Preusslers ***„Krabat"***, dann ***„Kleider machen Leute"***, die ***„Judenbuche"***, in der Sek. II z.B. ***„Homo faber"***, ***„Die Marquise von O…"***, ***„Der Untertan"***. Es erschiene aussichtsreich, diesen „heimlichen Kanon" in größerer Breite zu ermitteln, um ihn auch in der Ausbildung stärker zu berücksichtigen; denn einer der vermeidbaren Mängel des LU liegt in der *fachlichen* Uninformiertheit der Lehrer. (In vielen Fällen greift man auf die Lehrerhandbücher bzw. die eigens für schulische Zwecke erstellten methodischen Handreichungen zurück, nicht aber auf eigene wissenschaftliche Auseinandersetzung im Studium.) Allerdings dürfte sich der „heimliche Kanon" doch als ziemlich breit herausstellen, sofern man alle Bundesländer berücksichtigt: Was am einen Ort als selbstverständlich gilt („einen Roman von Fontane lesen doch alle Schüler mal!"), weist man andernorts zurück („Fontane gibt's bei uns nicht!").

Wenn sich in der Schule ein solcher Kanon durchsetzt, wenn die Lehrer ihre Wahlfreiheit nur in engen Grenzen nutzen, so hat das im wesentlichen zwei ganz unterschiedliche Gründe: Zum einen ist es die Folge von unterrichtspraktischen Notwendigkeiten (Sicherheitsbedürfnis und Beharrungstendenz bei den Lehrern sowie arbeitsentlastendes Ökonomieprinzip, das von Verlagen unterstützt wird), zum anderen macht sich darin eine posttraditionale Einsicht in die Unersetzbarkeit überlieferter Werke und die Bedeutung der Aneignung unserer spezifischen kulturellen Tradition geltend, unersetzbar für die Identitätsbildung der Subjekte. Dieses neue Motiv verbindet sich mit Resten des alten Traditionalismus, die sich besonders bei Eltern finden: Sie befürchten einen Traditionsbruch und einen Niveauverlust, wenn ihre Kinder nicht diejenigen Texte kennenlernen, die sie selbst in der Schule – oftmals unter Qualen – gelesen haben.

Offiziell gibt es aber seit den 70er Jahren keinen Kanon. (Einzelne Bundesländer schreiben allerdings im Hinblick auf das Abitur jedes Jahr die Behandlung bestimmter Werke in der Oberstufe vor.) Statt dessen ist es üblich geworden, *Kriterien für die Auswahl von Texten* anzugeben, insbesondere

hinsichtlich der Schüler:
- Altersangemessenheit (sprachliche Verständlichkeit, thematische Zugänglichkeit, Bezug zu vermuteten Interessen von Schülern dieses Alters),
- Bezug zu aktuellen Interessen und Bedürfnissen der Schüler dieser Klasse und zu ihren aus dem Unterricht bekannten Fähigkeiten, Defiziten, Vorlieben und Abneigungen,

hinsichtlich der Texte:
- Repräsentanz (für eine Form, einen Stoff, eine Epoche, einen Autor),
- literaturgeschichtliche Bedeutung (Wirkungsgeschichte),
- Unterschiedlichkeit (im Hinblick auf Alter des Textes, auf die Gattung, auf den Autor),

hinsichtlich des Unterrichts:
- unterrichtliche Eignung, z. B. Anschließbarkeit an andere Unterrichtsinhalte (Verbindung mit Sprach- und mit Sachunterricht, Bildung von Reihen, Textvergleich),
- „Greifbarkeit“ (im Lesebuch stehend, in der Schule als Klassensatz vorhanden, als Schülerausgabe erschienen usw.),
- Umfang (Zeitfaktor),
- Ergiebigkeit für Lernkontrollen (Klassenarbeit, Klausur).

Über solche Kriterien hinaus werden in Lehrplänen bzw. beigefügten „Literaturlisten“ einzelne Texte nur „empfohlen“ bzw. als Beispiele genannt, und man ordnet sie historisch oder gruppiert sie nach Formen oder Themen.

Die genannten Kriterien sind ebenso selbstverständlich wie nichtssagend; als Entscheidungsgründe taugen sie erst, wenn sie in eine pädagogische und literaturwissenschaftliche Theorie eingebunden werden, die vor allem Auskunft über die Unterrichtsziele und deren Begründung geben muß. Eigentlich sind die genannten Gesichtspunkte Hilfskriterien, die *zusätzlich* berücksichtigt werden müssen. Sie charakterisieren eher die *Bedingungen* gelingenden Unterrichts, als daß sie seinen *Zweck* betreffen. Unter dem Aspekt der Entwicklung psychischer Strukturen und des Gewinnens von Identität ist nämlich das entscheidende Kriterium, ob der Text geeignet ist, die Schüler intellektuell und emotional herauszufordern: Knüpft der Text nicht nur an irgendein Interesse oder irgendein aktuelles Problem an, gibt es nicht nur einen hübschen Aufhänger für ihn, sondern greift der Text eine entscheidende Stelle des Selbstverständnisses der Schüler an und provoziert eine

Änderung (Weiterentwicklung)? Fördert er die Selbst- und Fremderkenntnis? Dient er der Entwicklung von Verstehensstrukturen? Dies sind sehr anspruchsvolle Forderungen, nicht nur wenn man daran denkt, wie unterschiedlich die Schüler einer Klasse sind. Aber der ganze Aufwand des LU wäre umsonst, wenn es ihm nicht gelänge, immer wieder zu diesem entscheidenden Punkt vorzustoßen.

Andererseits ist der ganze Unterrichtsaufwand auch gerade deswegen nötig, weil der Punkt nur schwer zu erreichen ist. Es bedarf eben nicht nur der richtigen Textauswahl, sondern auch der richtigen „Inszenierung" („Arrangement", „Setting" usw.) und Vorgehensweise. Dabei muß der Unterricht sogar seine eigenen Bedingungen (z. B. Stundenplan, Zensurenzwang, Klassensituation) konterkarieren, d. h. er muß Umstände schaffen, die das ermöglichen, was mit einer alten Vokabel als „Begegnung" bezeichnet wurde und mit einer neuen Auslösen von „Betroffenheit" genannt wird; gemeint ist, ganz nüchtern und doch anspruchsvoll genug, das Initiieren von Lern- bzw. Erkenntnisprozessen. Die bis in die 50er Jahre getroffene Annahme, daß die Werke von selbst wirken, wenn man nur für eine schöne **„Einstimmung"** sorgt, diese Annahme gilt unter heutigen Bedingungen im allgemeinen nicht mehr. (Auch früher dürfte die tatsächliche Wirkung von schulisch vermittelter Literatur problematisch gewesen sein, ohne daß dies erkannt wurde; allerdings konstatiert schon SCHÖNBRUNN 1929 die Wirkungslosigkeit der Klassiker: „Noch nie wirkte Thekla so lächerlich wie jetzt. Aber auch Luise Millerin hat Schmerzen, die einfach nur noch restlos komischen Eindruck machen. Die Tragik der Gretchentragödie ist verblaßt und die Reinheit Hermanns läßt den Gedanken an Verlogenheit aufkommen. [...] Eine Götterdämmerung bricht über unsere liebsten Dichtwerke herein." [Zit. nach FRANK 1973:730.] Es fragt sich, ob heutige Schüler nicht schon wieder ein anderes Verhältnis zu den Klassikern haben, da die direkte Tradition ja längst abgebrochen ist; die Götterdämmerung ist selbst schon zum historischen Faktum geworden, so daß die klassischen Texte den Reiz des Exotischen gewinnen und auf neu erwachtes Interesse stoßen können.)

Weder der Hauptgesichtspunkt, noch die genannten zusätzlichen Kriterien ermöglichen an sich schon das Aufstellen einer für alle Schüler und Lehrer verbindlichen Liste der zu lesenden Texte. Möglich wäre ein derartiges Vorgehen nur bei anspruchsloseren Zielsetzungen, etwa wenn nur die Kenntnis „wichtiger" Werke das Ziel wäre, die alle Mitglieder der Gesellschaft gewissermaßen als „Notration" zur Verfügung haben sollten. (Faktisch liefe das aber auf eine „Schibboleth-Funktion" hinaus: Man erkennt die Leute mit „höherer Bildung" daran, daß sie bestimmte Namen und Titel kennen.) M. a. W.: Bei einer Erziehung *zur* Literatur könnte man sich allenfalls noch auf eine Auswahl von Texten einigen. Wenn Literatur aber als Medium von Bildungsprozessen verstanden wird, also bei einer Erziehung *durch* Literatur, kann keine solche Festlegung erfolgen, weil es schlechterdings unmöglich ist, allgemeingültige Prognosen über die Wirkung bestimmter Texte zu machen.

Diese Argumentation führt zurück zu der eingangs in Frage gestellten

Auffassung, alle Texte seien gegeneinander austauschbar, wenn nur die richtigen Ziele damit zu erreichen seien. Tatsächlich gilt das – über das bereits Konzidierte hinaus (Qualifikation) – in gewissem Maße, soweit die Texte nur als Mittel zur Strukturentwicklung eingesetzt werden. „In gewissem Maße“: Die Texte leisten nicht alle dasselbe, und vor allem dürfen Textstruktur und Denkstruktur des Schülers nicht zu weit auseinanderliegen, damit Entwicklung möglich ist. – Die Behauptung der Austauschbarkeit von Texten gilt jedoch nicht für den anderen Aspekt der Ichentwicklung, nämlich die Ausbildung einer personalen Identität. Zur personalen Identität gehört die soziale, zur sozialen die politische, zur politischen die historische. Der für die heutigen Zeitgenossen typische Verlust historischen Bewußtseins (wozu National- und Klassenbewußtsein gehört), die Leugnung der Funktion von „Zugehörigkeit“ hat unabsehbare Folgen; Traditionen können nur überwunden werden, sofern sie bewußt sind. Die Gesellschaft, in der die Jugendlichen heute heranwachsen, ist nicht nur geprägt von wissenschaftlich-technischer Rationalität (mit der sich im übrigen Literatur seit deren Auftreten nachhaltig auseinandergesetzt hat), von Industrieproduktion und den Gesetzen der Kapitalverwertung (mit der Folge eines immer mehr expandierenden Konsumismus), sondern auch von Ideen der Menschlichkeit, Mündigkeit, Freiheit, Gerechtigkeit usw., die durch die Rezeption ganz bestimmter Werke (Texte) durch die abendländische Geschichte hindurch wachgehalten wurden. Das Selbstverständnis, das wir haben, mag noch so universell, ahistorisch, übernational sein: Diese Qualitäten hat es in Überwindung ganz spezifischer kultureller Traditionen gewonnen und ist davon unauslöschlich geprägt.

Zugegeben: Dies ist ein heikler Punkt. Oberflächlich betrachtet, leben die meisten Zeitgenossen hier und heute in einer „Infotainment“-Kultur ohne historische Tiefendimension. Für Schüler bis zum Abschluß der Sek. I gilt dies in besonderem Maß: Die traditionelle Literatur ist ihnen allenfalls in Form von Zitaten und Geflügelten Worten bekannt, also unbekannt; ansonsten kennt man vielleicht die Namen von Autoren, weil sie als Straßennamen vorkommen (häufig genug ohne zu wissen, daß es sich dabei um Dichter handelt: War GRILLPARZER nicht ein Maler und NOVALIS ein Komponist?). Dieser Befund gilt zunehmend für alle Heranwachsenden, also nicht nur für proletarische oder bildungsferne, sondern auch für bürgerliche, ja solche aus Akademikerfamilien (und auch schon für „Akademiker“ selbst): Da erkannt worden ist, wie hohl die literarische Bildung längst war, wie sehr sie sich auf Büchmanns Zitatenschatz reduziert hatte, konnte man sich ohne weiteren Verlust von ihr verabschieden.

Es fragt sich allerdings, ob die in unserer Geschichte gerade auch in der Literatur erarbeiteten und propagierten Gedanken – von ihren Urhebern losgelöst – nicht doch das Denken der heute lebenden Menschen in einer Art konventionellen „Gemein-Bewußtseins“ mitbestimmen. Man ist tolerant, achtet die Würde des anderen, fordert Gleichberechtigung, setzt sich für das Recht auf Leben und die Erhaltung der Lebensmöglichkeiten auf der Erde ein usw. Solange diese Werte als Selbstverständlichkeiten bloß übernommen sind, bleiben sie den Subjekten relativ äußerlich und werden im Konfliktfall nur allzu leicht wieder aufgegeben. „Aneignung der Tradition“ würde demgegenüber heißen, daß sich die Menschen bewußt damit auseinandersetzen, indem sie zurückgehen zum Ursprungsort dieser Ideen und den Prozeß ihrer Verbreitung und konfliktbeladenen Durchsetzung nachvollziehen. – Was hier für die humanistischen Ideale angedeutet wurde, gilt sicher auch für andere moderne „Selbstverständlichkeiten“ wie etwa die Bedeutung des Individualismus, die Trennung von Geist und Leib, von Intellekt und Gefühl, das Verständnis von Natur und Technik, die Hochschätzung der Wissenschaft, die Auffassung von sozialen Beziehungen, die Haltung zur Religion, das Verständnis von Liebe, die Einstellung zum Tod: All dies ist Teil unserer Lebensform, unserer besonderen kulturellen Identität, die wir der nachkommenden Generation weitgehend indirekt und wie selbstverständlich übermitteln. Literatur ermöglicht Distanz dazu; in ihr ist das, was uns heute selbstverständlich ist, erstmals artikuliert worden, und es gibt wohl keinen ethischen Wert, keine gesellschaftliche Norm, die nicht auch in der Literatur in Frage gestellt worden wäre. Wenn wir das, was wir sind – unsere Identität – kennenlernen wollen und unsere existentiellen Entscheidungen bewußt treffen und verantworten wollen, ist die Literatur ein wesentliches, ja wahrscheinlich ein unverzichtbares Mittel, sofern es denn richtig ist, daß wir von ihr durchdrungen sind, ohne es zu wissen. Mit Fug und Recht könnte man die Literatur als ein Mittel zur personalen Rekonstruktion bezeichnen, zur bewußten Aufarbeitung der Herkunft. Die *Pop-Kultur*, in der Jugendliche heute heranwachsen, basiert nicht nur auf der *Kunstkultu*r der vergangenen Jahrhunderte, sondern sie ist zum guten Teil davon geprägt und durchdrungen. (Dasselbe gilt auch für die Sprache, zumal die poetische: „Dein ist mein ganzes Herz, du bist mein Reim auf Schmerz“ singt HEINZ RUDOLF KUNZE und bezieht sich damit nicht nur auf einen älteren Schlager, sondern auch auf einen berüchtigten Reim.)

Um Verständnis der gegenwärtigen Lebensform („Kultur“ im weitesten Sinn) zu gewinnen und sich aus unbewußter Verstrickung in sie zu lösen, ist bewußte Aneignung der Tradition unabdingbar. Dabei ist natürlich Auswahl nötig. Man wird zu den Werken greifen, die den größten Einfluß ausgeübt haben und die am geeignetsten sind, um ein Verständnis unserer heutigen Lebensform zu gewinnen; teilweise treffen Jugendliche ja heute auf Reste des alten Kanons in den Medien (Verfilmungen der klassischen Dramen oder von Erzählliteratur des 19. und 20. Jahrhunderts). Man wird aber auch Distanz zum „Main stream“ herstellen durch die Auseinandersetzung mit solchen Werken, die außerhalb des alten Kanons liegen, aber wegen ihres Komplexitätsgrades und ihrer Problemdichte wichtig sind: Ausländische Literatur, Arbeiterliteratur, „Vergessene Lektionen“ (demokratische und revolutionäre Traditionen) und schließlich Nicht-Werkhaftes wie Essays, Autobiographien, Briefe, Fragmente (BÜRGER 1982). Primäres Auswahlkriterium ist, daß die Schüler sich selbst und ihre heutige Lebenswelt durch die Beschäftigung mit dem Text besser verstehen sollten; man wird sich nicht einigen können, welche Werke dies für alle Schüler sind. Erst sekundär spielen innerliterarische Gesichtspunkte bei der Textauswahl eine Rolle (Kennenlernen von Gattungen, Epochen, Autoren, Stilmitteln usw.).

Mit dem Gedanken des Immer-schon-in-die-Tradition-Verstricktseins ist auch bereits der Weg vorgezeichnet, auf dem die Beschäftigung mit solcher Literatur vorgehen kann und muß. Ausgangspunkt ist die zu findende Nähe, die die Texte zur Welt der Schüler haben, zu erkennen ist ihre Besonderheit, die sie fremd macht, zu gewinnen ist eine tiefere Einsicht in die eigene persönliche und gesellschaftliche Identität. Die Textauswahl ist eng mit der Frage des Umgangs mit den Texten verknüpft; denn was nützt der „richtige" Text, wenn er nicht „richtig" gelesen wird? Oder haben die „richtigen" Texte womöglich die Kraft, ihr Potential auch ohne besonders geschickte und notfalls sogar gegen falsche unterrichtliche Behandlung zur Wirkung zu bringen, wie die alte Bildungstheorie annahm? Ehe diesen Fragen zur Methode nachgegangen wird, ist eine Erörterung des bisher verwendeten, aber unexplizierten Literaturbegriffs nötig.

3.3 Zum Literaturbegriff

3.3.1 Rhetorische versus poetische Literatur

Bis in die 60er Jahre verstand man sowohl in der Literaturwissenschaft als auch im LU unter „Literatur" vornehmlich oder ausschließlich die sog. poetische Hochliteratur – mit zwei Einschränkungen: In der Volksschule wurden mit Vorliebe „volkstümliche" und pädagogisch-kindertümliche Texte gelesen, und in der Höheren Schule umfaßte der Literaturbegriff auch philosophische Texte. Das **„Kanon"**-Problem betraf die Auswahl innerhalb dieses Bereichs. Erst die von der Literaturwissenschaft vollzogene Ausdehnung des Begriffs „Literatur" auf alles Geschriebene erweiterte das Kanon-Problem zur Frage nach der Textauswahl generell. Zu den „Texten aller Art", mit denen sich nun Schüler im DU beschäftigen sollten, gehörten fortan in allen Schularten und auf allen Schulstufen auch solche der „niederen" Literatur („Trivialliteratur") und der Kinder- bzw. Jugendliteratur sowie vor allem Sach- und Gebrauchstexte (Helmers: „pragmatische Literatur"). In den 80er Jahren wurde der Begriff „Text" auch ausgedehnt auf Medienprodukte. Damit bezieht er sich nun auf ein außerordentlich umfangreiches und heterogenes Gebiet, und das verschärft das Problem der Auswahl. Soll man von allem ein bißchen behandeln, oder wo sind Schwerpunkte zu setzen? Ohne Berücksichtigung der Unterrichtsziele ist diese Frage nicht zu entscheiden.

Die Ausweitung des Textbegriffs und die Lehrern und Schülern zugestandene Entscheidungsfreiheit ist zunächst einmal ein Gewinn. Sie stärkt die Möglichkeit, daß die Lektüre nicht äußerlich bleibt wie bei von oben verordnetem Lernstoff, sondern daß durch eine auf die Lerngruppe bezogene Textauswahl tatsächlich ein Lern- und Erkenntnisprozeß angestoßen wird. Das ist nun aber auch die Bedingung, unter der die Lektüreauswahl zu geschehen hat. Die unterschiedlichen Textsorten und Lesestoffe bieten ja unterschiedliche Lernmöglichkeiten, und im Hinblick auf diese Lernmöglichkeiten lassen sich zwei Arten von Texten unterscheiden: rhetorische und poetische Texte. „Literatur“ im engeren Sinn, also poetische Literatur, wird hier also weder, wie im **Strukturalismus**, formal definiert (abweichender Sprachgebrauch), noch in bezug auf das Verhältnis der Texte zur Wirklichkeit (fiktiv versus nonfiktiv, s. u.), sondern nach der Absicht des Autors und dem Nutzen, den der Leser hat. Der verwendete Literaturbegriff ist also ein kommunikativ-pragmatischer.

SACH- UND FACHTEXTE („Gebrauchstexte“, „expositorische Texte“, „pragmatische“ bzw. „rhetorische“ Literatur, „Zweckformen“): Sie sind durch eine deutliche Zwecksetzung bestimmt (Information, Belehrung, Werbung, Appell) und in Handlungszusammenhänge (meistens Arbeits- und Lernzusammenhänge) eingebettet. (In der Begrifflichkeit von HABERMAS: Sie sind in „kommunikatives Handeln“ integriert.) Im DU können diese Texte in dreierlei Weise eine Rolle spielen, als Übungsmittel im anfänglichen Leseunterricht (a), als Lerngegenstand im Sprachunterricht (b) und als Hilfsmittel im gesamten DU, vor allem auch im Literaturunterricht (c).

a) Lesenlernen: Wenn die Kinder in der Grundschule lesen lernen, müssen sie aus graphischen Zeichen Bedeutungen erschließen und dabei analytische und synthetische Operationen durchführen. Die Schwierigkeiten, die das dem Leseanfänger bereitet, haben in der Vergangenheit oft dazu geführt, daß man Lesen als reine Technik ansah und deshalb beliebiges Übungsmaterial vorlegte – einzelne Wörter, Sätze, schließlich primitive kurze Texte. Übersehen wurde dabei, daß für den Leseanfänger die *Funktion* des Lesens mindestens so wichtig ist wie dessen *Technik*: Lesen befriedigt nur dann die Neugier, wenn etwas Interessantes dasteht, es unterhält nur, wenn etwas Lustiges oder Spannendes gelesen wird, es bewegt nur, wenn Gefühle wachgerufen werden. Deshalb sind die Lesewörter und Lesestoffe wichtig. Da spielen nun pragmatische Texte eine große Rolle, weil sie Kinder oft mindestens so sehr zum Lesen motivieren wie poetische Literatur. Sachtexte sind natürlich vorzüglich geeignet, einen Zusammenhang zum Sachunterricht herzustellen; genaugenommen befinden wir uns beim (Er-)Lesen solcher Texte nicht im Literatur-, sondern im Sachunterricht, in dem selbstverständlich neben dem Sprechen und Hören auch Lesen und Schreiben ständige Kommunikationsmittel und Unterrichtstätigkeiten sind. Je mehr in einem eigenständigen, auf dem Stundenplan ausgewiesenen Fach Deutsch Texte aller Art gelesen werden (wie es ja die Lesebücher vorgeben), desto mehr besteht die Gefahr, daß Lesen als reine Technik mißverstanden wird: „Schön“, flüssig, ausdrucksvoll Lesen – sogar das „Sinnverstehen“ wird dabei zur Technik beliebiger Sinnentnahme. Es wäre demgegenüber richtiger, Lesen in allen Fächern bzw. Lernfeldern zu üben, im Fach Deutsch aber wegen ihrer besonderen Funktion (s. u.) den poetischen Texten den Vorzug zu geben bzw. das Fach Deutsch dadurch vom anderen Unterricht abzugrenzen, daß es in ihm vornehmlich um poetische Literatur geht.

b) Sprachunterricht: Die Schüler können lernen, wie Sachtexte verfaßt sind, wie sprachliche (und bildliche) Mittel zur Lesersteuerung verwendet werden und wie man komplizierte Texte aufschlüsselt. Der einzelne Text ist dabei Beispiel für eine Klasse von Texten („Textsorte"). Die Texte werden in ihrem Aufbau und in ihren einzelnen Teilen untersucht und beschrieben, und der Zusammenhang zwischen den sprachlichen Mitteln, dem Zweck und der intendierten Wirkung auf den Leser wird geklärt. Insofern die Texte, ihre Konstituenten und Wirkungen aber nicht nur beschrieben werden, sondern die Schüler auch wertend dazu Stellung nehmen (und mindestens bei den Themen „Werbung" und „politische Rede" bleibt das nicht aus), beziehen sie sich auf Werte und Normen („Das stimmt ja nicht, was da versprochen wird": Wahrheit; „die wollen ja was ganz anderes erreichen, als sie sagen": Ehrlichkeit; „die wollen die Käufer einwickeln": Freiheit). Auf der Basis dieser Sachtexte selbst können die Werte und Normen innerhalb des Unterrichts nicht in ihrer Geltung in Frage gestellt werden; meist wird von einem „konventionellen Gemein-Bewußtsein" aus geurteilt. Das bedeutet aber, daß dieser Unterricht fundiert ist in einem anderen, in dem die Frage nach der Gültigkeit und Verbindlichkeit von Normen und Werten ausdrücklich thematisiert wird.

c) Literaturunterricht: Als Hilfsmittel dienen Sach- und Fachtexte, wenn durch sie bestimmte Inhalte des Literatur- oder Sprachunterrichts geklärt werden. Das ist schon bei jedem Lehrbuchtext der Fall, es gilt aber auch für Lexikon- und Zeitungsartikel sowie biographische Dokumente oder historische Quellen, die die Schüler zu Rate ziehen, um einen Text oder ein Problem besser zu verstehen. Zwar ist es wegen der Schwierigkeit mancher solcher Texte oft nötig, daß sich der Unterricht ihnen direkt zuwendet (die Schüler verstehen sie nicht ohne Hilfe), aber dennoch geht es nicht primär um diese Texte, sondern sie bleiben Hilfsmittel im Hinblick auf andere Unterrichtsgegenstände. Im LU haben diese „Sekundärtexte" nicht nur die (hermeneutische) Funktion, das Verständnis der Primärtexte zu verbessern, also tiefer in sie hineinzuführen, sondern auch die (ideologiekritische) Funktion, diese Texte inhaltlich und formal in Frage zu stellen, also über sie hinauszuführen.

POETISCHE TEXTE („Dichtung", „Literatur im engeren Sinn"): Der Unterschied dieser Texte zu den zuvor genannten ist zunächst einmal so offensichtlich, daß er keines weiteren Kommentars zu bedürfen scheint: Eine Bastelanleitung, ein Kochrezept, eine Zeitungsanzeige, ein Gesetzeskommentar, eine Wahlrede, eine Predigt, ein Lehrbuchtext, eine wissenschaftliche Abhandlung ist etwas anderes als ein lyrisches Gedicht, ein Drama oder ein Märchen. Aber es gibt Grenzfälle, bei denen die Unterschiede bewußt werden. Ein Brief kann sowohl der Alltagskommunikation (der rhetorischen Kommunikation) dienen als auch der poetischen, er kann also Bestandteil „kommunikativen Handelns" sein oder nicht. Der Unterschied ist nicht an sprachlichen Merkmalen festzumachen (der pragmatische Brief kann pathetisch geschrieben oder kunstvoll ausgeschmückt sein; ein Lehrtext kann zum besseren Einprägen in Gedichtform verfaßt sein). Auch die Zahl der Leser entscheidet nicht über Poesie oder Rhetorik: Ein Leserbrief oder ein „offener Brief" richtet sich durchaus an viele Leser, aber er *ist Teil* eines Kommunikationszusammenhangs, er drückt ihn nicht aus oder *bildet ihn ab*. (BRITTON [1973:98ff.] unterscheidet die rhetorische Kommunikation von der poetischen durch unterschiedliche Rollen, die die Akteure einnehmen: In der rhetorischen Kommunikation haben die Kommunikanten Teilnehmerrollen, in der poetischen Kommunikation haben sie Zuschauerrollen.) Poetische Texte sind auch nicht einfach an ihrem fehlenden oder andersgearteten Bezug zur Realität zu erkennen, obwohl der Ausdruck „Dichtung" dies nahelegt, klingt er doch nach „Erdichtung", also Erfindung (und die falsche etymologische Herleitung des Wortes „Dichtung" ist weit verbreitet). Literarische Briefe können durchaus auf Fakten zurückgreifen, es können in sie tatsächliche Briefstellen einmontiert sein, ja ein literarischer Brief kann im Extremfall sogar vollständig identisch mit einem echten Brief sein. Das ist auch schon das Beispiel für den anderen Grenzfall: Rhetorische Texte können allein durch den Willen des Autors zu poetischen werden. Bekannt ist die (wohl von ERICH FRIED in dem Text „Tiermarkt" erstmals vorgenommene) Transformation einer Zeitungsanzeige in ein Gedicht, wobei der Wortlaut der Anzeige vollständig erhalten bleibt, allerdings durch Zeilenbruch der Gedichtcharakter kenntlich gemacht wird. Aus der Bildenden Kunst kennen wir im übrigen genügend Beispiele, wo Objekte allein durch ihre Verpflanzung ins Museum zu Kunstwerken gemacht wurden, und diese Verpflanzung ist kaum mehr als der sichtbare Ausdruck der Künstlerintention, daß dieses Objekt kein Gebrauchsgegenstand mehr sein soll, sondern ein Kunstgegenstand. Mit minimalen Mitteln sorgt der Künstler hier für den Rollenwechsel der Menschen, an die er sich wendet: Von der „Teilnehmerrolle" eines Objektbenutzers zur „Zuschauerrolle" eines Objektbetrachters. Was „zuhanden" war (HEIDEGGER), wird zum Gegenstand des Empfindens und Nachdenkens.

Dieses Verständnis von poetischer Literatur gestattet es nicht, sie mit dem Begriff „fiktional" (oder „fiktiv") zu etikettieren, wie dies gerade in didaktischer Literatur und in Lehrplänen weithin geschieht, wenn zwischen „fiktionalen" und „nicht-fiktionalen" Texte unterschieden wird. Durch den Ausdruck „fiktiv" oder „fiktional" weicht man der Frage aus, in welcher Weise sich poetische Texte auf unsere Wirklichkeit beziehen. Literatur wird dabei nur allzu leicht, noch ganz im Sinne der „werkimmanenten" Literaturwissenschaft, als „in sich geschlossene Spielsphäre" (KAYSER 1948) verstanden – ohne Bezug auf den Autor, dessen Äußerung sie ist, ohne Bezug auf die Welt, die der Text evoziert, ohne Bezug auf den Leser, für den der Text publiziert wird.

Mit allem Nachdruck hat schon KREFT (1977) die Gleichsetzung von „poetisch" und „fiktiv" zurückgewiesen und einen kommunikativen Literaturbegriff verwendet:

„Der von mir vorgeschlagene Begriff von Literatur ist nicht mit dem Begriff ‚fiktionale' Texte identisch. Diesen Begriff halte ich für unbrauchbar, um die ‚poetische Literatur' zu kennzeichnen; denn viele poetische Texte sind nicht fiktional, viele fiktionale nicht poetisch. Nicht poetisch und doch fiktional sind Texte, die wissenschaftliche Hypothesen, ‚Gedankenexperimente' formulieren, Planspiel-Texte, ‚eingekleidete' Rechenaufgaben, ‚Denksport'-Aufgaben usw.; sie alle sind ‚nicht-dialogische' Texte. Nicht fiktional und doch poetisch sind weite Gebiete der Lyrik. Weder auf: ‚Über allen Gipfeln ist Ruh' oder: ‚Ans Haff nun fliegt die Möwe' oder: ‚Auf steigt der Strahl' oder: ‚Sein Blick ist vom Vorübergehn der Stäbe', noch auf: ‚Sagt es niemand, nur den Weisen' oder: ‚Festgemauert in der Erden ...' oder: ‚Ich weiß doch, nur der Glückliche ...' läßt sich der Terminus ‚fiktional' anwenden. Das sollte nicht überraschen, stammt er doch von der Erzähl-Literatur her, und zwar von der trivialen (‚fiction' bezeichnet diese Texte) und drückt ursprünglich ein triviales Vorurteil aus: ‚Fiktive', ‚ausgedachte' Erzählungen seien ‚unwahr' im Gegensatz zu ‚Tatsachen'. Für die Leser, die Fakten und triviale Illusion zugleich wollen, werden deshalb ‚Tatsachenromane' erfunden oder die ‚Geschichten, die das Leben schrieb'. – Diesem ganzen Sprachgebrauch liegt ein Mißverständnis zugrunde bzw. die Diskrepanz zwischen autonomer Hochliteratur, die ‚modale Verwechslungen absichtlich ausnutzt', ‚sich der Konfusion von Sein und Schein mit Absicht' bedient, ‚weil die phantasierte Wirklichkeit der Literatur ... der indirekten Mitteilung einer Erfahrung dient, die durchaus ernst genommen werden soll' (Habermas 1975, S. 53), und den Rezipienten, bei denen die Abgrenzung des Ichs von den Umwelt-Regionen noch nicht eine Stufe erreicht hat, die ihnen erlaubt, diesen Gebrauch der ‚Konfusion' mitzuvollziehen. – Daß Vertreter der LW die Differenz zwischen ‚fiction' als Trivialliteratur und Fiktion als einem Mittel, durch ‚Konfusion von Sein und Schein' ein ‚Superzeichen' zu konstituieren, nicht begriffen haben und Fiktionalität als das entscheidende Merkmal dichterischer Texte behaupten, ist ein Symptom von Regression.

Das poetische Werk, ob es nun fiktive Handlungen mit fiktiven Personen erzählt und sich dieser Fiktionen bedient, um, die condition humaine deutend, mit Natur zu kommunizieren (oder umgekehrt), oder ob es sich dazu anderer Mittel bedient, es ist in keinem Fall ein konstativer Sprechakt oder ein anderer Sprechakt, der bei identischem propositionalem Inhalt in einen solchen umgeformt werden könnte. Es macht keine Aussage zu innerweltlichen Fakten, erhebt keinen Geltungsanspruch, der die Entscheidung über ‚wahr' oder ‚falsch' einer Aussage provozieren könnte. Aber auch diese Negationen führen noch in die Irre, solange das Werk hier immer noch im Horizont der Aussagenwahrheit und der Beziehung auf innerweltliche Gegenstände gedacht wird. Es ist vielmehr selbst die Konstituierung eines Welt-Horizonts. Insofern es ein ‚Zeichen' (Superzeichen) ist, bezieht es sich nicht auf innerweltliche Gegenstände (das ist die Differenz zu den anderen Zeichen), sondern auf den Welt-Horizont, den es konstituiert, aber nicht als eine ‚eigene Welt', die auf nichts verweist (dann wäre es gar kein Zeichen mehr), sondern als Welt-Entwurf, der die Welt, die immer unser Entwurf ist, verändert."

(1977:209f.; vgl. auch die literaturgeschichtlich begründete Zurückweisung des Begriffs „Fiktion" für poetische Literatur bei Eagleton 1992: Mit „fiktiv" erfaßt man nur einen historisch und geographisch sehr schmalen Bereich der Weltliteratur.)

Halten wir fest:

- Poetische Literatur ist nicht an äußeren, sprachlichen Merkmalen sicher zu identifizieren; Charakteristika wie graphische Textgestaltung (Zeilenbruch), Bildhaftigkeit, gebundene bzw. rhythmisierte Sprache, Verwendung literarischer Formen usw., also all die vom Strukturalismus zur Definition von Dichtung verwendeten Abweichungen vom „normalen" Sprachgebrauch sind nur Indizien (ähnlich wie eine verstellte Stimme oder ein bestimmter Gesichtsausdruck Indiz für ironisches Sprechen sein kann). Poetische Sprache ist nicht außerhalb der Kommunikation als solche erkennbar. Dichtung wird zur Dichtung durch Autorintention und Leserrezeption, semiotisch gesprochen: durch eine besondere pragmatische Funktion der Sprache.

- Poetische Texte schaffen keine Wirklichkeit sui generis, sondern sie beziehen sich auf die vorhandene Wirklichkeit, indem sie sie in Frage stellen und neu interpretieren. Als ästhetisch gestaltete „expressive Sprechakte" geben sie Wirklichkeitsdeutungen Ausdruck, ohne Geltungsansprüche zu erheben.
- Entscheidend für poetische Texte ist die Funktion, die sie für Autor und Leser gleichermaßen haben: Sie dienen der „ästhetischen Kommunikation" und damit der „indirekten Mitteilung einer Erfahrung, die durchaus ernst genommen werden soll". Durch ihre Mitteilung – wie indirekt (z. B. bildlich) auch immer – werden sehr persönliche Erfahrungen öffentlich und können im Hinblick auf ihre Verallgemeinerbarkeit, ihre Relevanz und ihre Konsequenzen diskutiert werden. (Die Indirektheit macht Interpretation nötig und ermöglicht damit dem Leser, in die Erfahrungen und die Sichtweise des Autors sich selbst hineinzudenken.) Da diese Funktion des Ästhetischen nicht von Sachtexten erfüllt werden kann, können poetische Texte nicht durch Sachtexte ersetzt werden; sozial und existentiell leisten beide Arten von Literatur völlig Unterschiedliches. Während Sachtexte in allen Fächern wesentlich sind, kommen poetische Texte nur in den Sprachen, vor allem im DU vor. Das rechtfertigt ihre Vorrangstellung in diesem Fach.

3.3.2 Trivialliteratur versus Hochliteratur

Im angeführten Zitat grenzt nun KREFT poetische Literatur weiter ein, indem er „autonome Hochliteratur" und „triviale Erzähl-Literatur" unterscheidet. Auch diese Unterscheidung bezieht sich nicht auf äußere Textmerkmale (die freilich wiederum den Charakter von Indizien haben können – etwa die Schwarzweißzeichnung der Figuren oder die Wiederholung gleicher Grundmuster in der Trivialliteratur), sondern auf die Leistung der Texte für die Subjekte. „Autonom" und „hoch" sind Wertungen; ohne einen Wertmaßstab sind die Begriffe nichtssagend und unzulässig. Bei KREFT bildet den Maßstab das Konzept sozialer und individueller Entwicklung mit seinem notwendigen, alle Kommunikation (also auch die literarische) fundierenden Ideal der Mündigkeit. „Autonom" ist die Literatur in zweierlei Hinsicht: Sie hängt nicht von Leserbedürfnissen ab, die sie befriedigen will; der Autor beugt sich nicht vorhandenen Erwartungen, und der Leser hat die Möglichkeit, neue Erfahrungen zu machen, statt die vorhandenen bloß bestätigt zu bekommen. Autonom ist die Literatur darüber hinaus insofern, als sich die Kunst seit dem Ende des 18. Jh. von der Lebenspraxis trennt; sie wird nun auch nicht mehr von anderen gesellschaftlichen Subsystemen wie Religion oder Politik oder Wirtschaft determiniert, sondern wahrt ihnen gegenüber eine kritische Distanz (was nicht Unabhängigkeit bedeutet, sondern Reflexion der Abhängigkeit, gerade etwa auch der wirtschaftlichen im „Kulturbetrieb").

Unter dem Titel **„Schundliteratur"** ist Trivialliteratur lange Zeit aus moralischen und unter dem Titel **„Kitsch"** aus ästhetischen Gründen im Unterricht ausgegrenzt und bekämpft worden. In den 70er Jahren wandelte sich die Einstellung dazu. Das hatte zwei Ursachen. Zum einen gerieten im Gefolge einer mißverstandenen Ideologiekritik alle Wertungen in Verruf, schienen sie doch samt und sonders relativ zu sein und von den zufälligen Sozialisationsbedingungen desjenigen abzuhängen, der die Wertung vornahm: Wer den ***„Faust"*** liest, tut das, um seine bildungsbürgerlichen Bedürfnisse zu befriedigen, und diese Bedürfnisbefriedigung unterschiede sich, so wurde unterstellt, nicht grundsätzlich von derjenigen des Lesers eines Lore-Romans. Zum anderen wollte man die Kluft überwinden, die private und schulische Lektüre trennt, indem man die Literatur in den Unterricht hereinholte, die die Schüler (vermutlich oder tatsächlich) außerhalb des Unterrichts lasen – vom Comic über „Bravo" bis SIMMEL. Aber die schulische Behandlung mußte sich natürlich irgendwie vom außerschulischen bloßen Konsum unterscheiden. Man fand zwei Möglichkeiten, die im Ziel übereinstimmten, nämlich die Schüler zu *kritischen* Konsumenten zu machen. Die Schüler sollten Abstand gewinnen zu den Texten, die sie lasen. Entweder wurden die Texte auf ihre Konformität hin analysiert (Klischees, Stereotypien) und die Produktions- und Rezeptionsmechanismen aufgedeckt, oder die Schüler wurden ermuntert, selbst solche Texte zu verfassen, wobei natürlich gerade das Schablonenhafte der Trivialliteratur eine günstige Möglichkeit dazu bot (WALDMANN 1980). Die beiden Wege unterschieden sich eigentlich nur vordergründig methodisch hinsichtlich des Spaßes, den die Schüler dabei hatten: Die Entlarvung des Trivialen ist im analytischen Unterrichtsgespräch mühseliger und weniger lustbetont als beim eigenen Verfassen solcher Texte (SPINNER 1976).

So vorsichtig und lustvoll die Entlarvung auch geschah, so offenbarte das didaktische Konzept doch, daß Lern- und Erkenntnisprozesse bei der Trivialliteratur nicht *durch* sie, sondern *gegen* sie in Gang gesetzt werden. Das zeigte sich schon an der höheren Zahl von Sachtexten, die bei der Behandlung von Trivialliteratur regelmäßig herangezogen wurden: Leserstatistiken, Erläuterungen über soziologische und psychologische Zusammenhänge, literaturkritische Analysen u.a.m. Zwar vermied man in den 70er und 80er Jahren die frühere pauschale Diskriminierung dieser Texte – nicht zuletzt, um die damit verbundene Diskriminierung ihrer Leser zu vermeiden –, aber man wollte doch nicht bei einer bloßen Unterscheidung von Textsorten oder literarischen Produkten stehenbleiben, sondern beurteilte die Trivialliteratur kritisch als konforme Massenware im Unterschied zur Hochliteratur, bei der der Produktionsaspekt, das Gemachtsein, eher fragwürdig schien, weil die Texte zu individuell sind, zu sehr die Handschrift ihrer Verfasser tragen.

Auch an dieser Stelle kann man zum Verständnis der didaktischen Problematik auf die Unterscheidung von Erziehung zur Literatur und Erziehung durch Literatur zurückgreifen: Während die Behandlung von Trivialliteratur vorwiegend der Erziehung zur Literatur dient, indem die Schüler aufgeklärt werden über die Produktions- und Rezeptionsmechanismen derjenigen Texte, die sie (wie angenommen wird) sowieso lesen, verspricht man sich von der Lektüre der Hochliteratur selbst einen Lern- bzw. Erkenntniseffekt, weil die Texte zur Auseinandersetzung mit Denkweisen und Erfahrungen auffordern. M. a. W.: Die „Hochliteratur" provoziert direkt Erkenntnisse über uns, die „Condition humaine" und die gesellschaftliche Wirklichkeit, bei der „Trivialliteratur" erhalten wir solche Erkenntnisse nur indirekt. (Die Anführungszeichen bei den Begriffen weisen darauf hin, daß die Unterscheidung gerade durch die diesen beiden Arten von Texten hier zugeschriebene Leistung definiert wird.)

So plausibel und nachgerade trivial die Unterscheidung von Hochliteratur als erkenntnisfördernder und Trivialliteratur als bewußtseinsstabilisierender Lektüre auch ist, so fällt doch die Zuordnung einzelner Texte zum einen oder anderen nicht immer leicht. Bestimmte einzelne Textmerkmale erlauben die Zuordnung nicht. Nimmt man die Leistung für den Leser als Kriterium, so zeigt sich, daß ein und derselbe Text für den einen Leser trivial, für den anderen nicht-trivial sein kann. Dies ist nicht verwunderlich, da das Entscheidungskriterium ja auf die Leistung für den Leser Bezug nimmt, und die Leser befinden sich auf unterschiedlichen Entwicklungsniveaus. Das hat natürlich auch zur Folge, daß die Leser aus demselben Text Unterschiedliches herauslesen bzw. unterschiedlich weit in ihn eindringen. Was für den einen Leser neu, fremd, sonderbar ist und ihn zum Nachdenken bringt, ist für den anderen Leser vertraut und langweilig oder auch angenehm, weil bestätigend. Deshalb kann das, was für den Erwachsenen Trivialliteratur ist, für das Kind und den Jugendlichen durchaus nicht-trivial sein. Dies gilt natürlich gerade auch für **Kinder- und Jugendliteratur**. Und doch gibt es auch da bekanntlich gravierende Qualitätsunterschiede, die sich sowohl darin zeigen, welche Themen aufgegriffen werden, als auch darin, wie sie zum Ausdruck kommen. Vielleicht läßt sich unter diesem Aspekt sagen, daß Trivialliteratur nur konformes Rollenverhalten zeigt und *nur* konventionelle literarische Formen und Gestaltungsweisen verwendet (was sie gerade auch für Serien geeignet macht), wogegen nicht-triviale Texte, die Kindern und Jugendlichen zugänglich sind, zwar auch Rollenkonformität zeigen und konventionelle Formen und literarische Verfahren verwenden, aber immer auch schon darüber hinausgehen, sei es in einzelnen Teilen oder Aspekten, sei es durch Doppelbödigkeit, Hintergründigkeit, psychologische Wahrheit oder ästhetische Schönheit. (Beim „Bären" sorgt die Erzählerhaltung für das Über-die-Konventionen-Hinausgehen.) Das macht die nicht-triviale Konformliteratur für Erwachsene interessant, und das macht sie für Heranwachsende nützlich. Kriterium wäre also so etwas wie die in den Texten angelegte

Entwicklungsmöglichkeit, das über den Status quo Hinausweisende, die Offenheit für das Abweichende, Individuelle und Komplexe.

Wiederum zeigt sich, daß die Dichotomie von Hochliteratur und Trivialliteratur zu einfach ist; denn auch Hochliteratur enthält Elemente des Konformen und Konventionellen schon allein durch ihren Traditionsbezug. Das Gewohnte ist hier aber die Basis für das Neue, das Vertraute macht die Provokation erträglich und läßt sie zuallererst zur Wirkung kommen. Deshalb ist Hochliteratur „bahnbrechend“: Neue Themen werden aufgegriffen, Tabus werden gebrochen, innovative poetische Verfahren sorgen dafür, daß das Bekannte in ein neues Licht gerückt wird und befremdlich erscheint. Die aufgebrochenen Bahnen können dann von vielen begangen werden, wodurch sie womöglich trivial werden.

(Was hier über Trivialliteratur gesagt wurde, gilt weitgehend auch für **Fernsehserien** u. ä.)

3.3.3 Die Aufgaben des Literaturunterrichts in bezug auf Hochliteratur und Trivialliteratur

Für die meisten Schulanfänger gilt: Lesen ist per se keine selbstverständliche, keine triviale Handlung. Untersuchungen über das Leseverhalten und den Medienkonsum von Kindern belegen, daß dies auch für das Schulkind sowie für viele Jugendliche und Erwachsene gilt. Sobald es um mehr geht als das Lesen von Reklame, Hinweisen, Überschriften usw., ist Lesen eine exklusive Beschäftigung. Sieht man im Lesen nun aber eine analytische, die kognitive und sprachliche Entwicklung unterstützende Tätigkeit (und dafür gibt es mannigfache Gründe), so wird man es ohne Rücksicht auf bestimmte Lesestoffe zunächst einmal grundsätzlich fördern, also jede Möglichkeit ergreifen, Kinder zum Lesen zu bringen. Trivialliteratur ist vor allem Kindern und Jugendlichen aus der Unterschicht (aber auch darüber hinaus) noch am ehesten zugänglich: Sie ist relativ billig, sie wird nicht nur im Buchhandel vertrieben, sie ist den Erwachsenen bekannt, sie erleichtert die Lektüre durch Wiederholung (Seriencharakter). Das macht sie als „Einstieg“ ins Lesen geeignet. Tatsächlich war die Einstellungsänderung gegenüber Trivialliteratur wesentlich mitbedingt durch den mangelnden Erfolg, den der herkömmliche, an traditioneller Erwachsenenliteratur orientierte LU vor allem in der Volksschule hatte: Der Abstand zu ihr war für die meisten Kinder und Jugendlichen so groß, daß sie nicht zu Lesern wurden. Durch leicht zugängliche, eben auch „triviale“ Texte wollte man die Schüler zum Lesen motivieren und ihnen einen Weg in die Schriftkultur eröffnen, sie sollten sich über die Trivialliteratur „hinauflesen“.

Wenn aber nicht nur die kognitive und die sprachliche, sondern auch die moralisch-soziale und die ästhetische Entwicklung gefördert werden soll (und die sprachliche weitergefördert werden soll), wird die Textauswahl wichtig. Da viele Kinder von sich aus keine andere als höchstens die massenhaft verbreitete Literatur kennenlernen, hat der LU die Aufgabe, die Schüler mit solchen Texten bekannt zu machen, die ihre Bedürfnisse nach Unterhaltung, Orientierung und Selbstbestätigung auf eine Weise befriedigen, die

die Veränderung der Bedürfnisse erlaubt und die Entwicklung der Heranwachsenden fördert. „Der Junge, der in der Identifikation mit dem FBI-Agenten die Mängel seines Selbstwertgefühls kompensiert, befriedigt ein legitimes Bedürfnis und handelt legitim, solange ihm keine anderen Möglichkeiten eröffnet werden [...]. Die Identifikation mit anderen Helden in einem anderen Text, etwa mit den Brüdern Löwenherz, würde nicht weniger die genannte Funktion erfüllen, sie würde aber zugleich eine emanzipative Entwicklung, einen kognitiv-moralischen Lernprozeß ermöglichen, während die Jerry-Cotton-Lektüre sie in aller Regel eher blockieren wird, es sei denn, der LU führt zur kritischen Aufarbeitung dessen, was in der Jerry-Cotton-Lektüre durchschnittlich und auch im individuellen Fall geschieht" (Kreft 1977:345). Wenn dem so ist, dann muß im Mittelpunkt des LU die Literatur stehen, die solche Lernprozesse ermöglicht: poetische Literatur mit, vorsichtig gesagt, Tiefendimension.

Dem Entwicklungskonzept entspricht also ein Literaturbegriff, der unter „Literatur" nicht unterschiedslos „Texte aller Art" versteht, sondern primär entwicklungsfördernde poetische Texte, sekundär solche Texte, die zum Lesen überhaupt motivieren oder die dem besseren und kritischeren Verstehen der primär bedeutsamen Texte dienen. Dabei tritt der Aspekt der *schriftlichen* Vermittlung in den Hintergrund: Mit Poesie werden die Kinder zunächst mündlich vertraut, und auch der Jugendliche rezipiert Ästhetisches eher über die elektronischen Medien als über das Buch oder andere Printmedien. (Ob und in welcher Weise ein Zusammenhang zwischen Ästhetischem und Schriftlichem besteht, bedarf besonderer Untersuchung. Historisch ist die Entwicklung der ästhetischen Produktion und Rezeption sicherlich an Schriftlichkeit gebunden: Die Autonomiesetzung der Literatur, ihre Trennung von Lebenspraxis wäre ohne das Medium der Schrift nicht möglich gewesen.)

3.4 Textauswahl und Schülerinteresse

Jeder Pädagoge wird versuchen, den literarischen Horizont der Schüler zu erweitern, indem er ihnen anspruchsvollere Texte anbietet, als sie ohne seine Hilfe lesen würden. Während das Gymnasium dabei in der Vergangenheit darauf vertrauen konnte, daß die Schüler teils aus Neugier oder genuinem Interesse, teils aus familiärer Konvention und Prestigebedürfnis die Anstrengung solcher Lektüre auf sich nehmen würden, sah sich die Volksschule mit dem Problem konfrontiert, daß Literatur für ihre Schüler vielerorts nicht „im Leben", sondern nur in der Schule vorkam. Wegen der immer höheren Übertrittszahlen und der gesellschaftlichen Veränderungen hat dieses Problem nun längst auch die weiterführenden Schulen erreicht und ist damit allgemein geworden – es betrifft in bescheidenem Maße die Grundschule, ganz deutlich aber Haupt- und Realschule (Regelschule), Berufsschule und eben längst auch Gymnasium. LU findet nach wie vor statt, die Schüler unterwerfen sich dieser schulischen Anstrengung, wie sie sich dem

Stundenplan insgesamt und den oftmals ebenfalls nicht ihren manifesten Interessen entsprechenden Inhalten anderer Fächer unterwerfen, um das Ziel – den höheren Bildungsabschluß – zu erreichen. Lehrer suchen verzweifelt nach Möglichkeiten, Schüler trotz deren Desinteresses für den LU zu motivieren, und werden immer unsicherer, ob sich dies lohnt, zumal sie selbst oft ein gespaltenes Verhältnis zu der Literatur haben, die sie laut Lehrplan, schulischen Forderungen oder Gepflogenheiten vermitteln müssen: Literatur ist für nicht wenige Lehrer selbst zu einem bloßen Unterrichtsgegenstand geworden und hat seine lebenspraktische Bedeutung verloren. Sie mißtrauen auch zunehmend den Begründungen, die sie oder andere für diesen LU geben, da es so aussieht, als werde dieselbe Praxis, da sie sich nicht abschaffen und nur beschränkt verändern läßt, mal so, mal anders legitimiert: Legitimation als nachträgliche Rationalisierung des Unvermeidlichen. Lohnt sich Begründung, wenn das Ergebnis schon feststeht, nämlich daß LU sein muß?

Sie lohnt sich in zweierlei Hinsicht. Zum einen ist ein Unterricht, der, weil der Lehrer seinen Sinn selbst nicht einsieht, nur halbherzig erteilt wird, sicher weniger effektiv als ein Unterricht, hinter dem der Lehrer mit Überzeugung steht. Legitimation fungiert also als Selbstklärungsprozeß und Gewinnen eigener Überzeugung. Zum zweiten wirkt sich die Begründung, die der Lehrer seinem LU gibt, auf seinen Unterricht aus, auf die Zielsetzung, die Textauswahl und die Methoden – natürlich innerhalb des Spielraums, den der einzelne hat.

Gründe für einen LU, in dessen Zentrum anspruchsvolle poetische Literatur steht, sind:

- Kinder und Jugendliche haben (trotz allem) ein genuines Interesse daran, weil sie neugierig sind, weil sie sich erregen und unterhalten lassen wollen, weil sie sich bestätigen und abgrenzen wollen, weil sie teilhaben wollen an dem, was andere denken und empfinden, weil sie freier und selbständiger werden wollen.
- Kinder und Jugendliche können dieses Interesse nicht nur durch Lesen, sondern auch durch Sehen (Film, Fernsehen, Video) befriedigen. Lesen ermöglicht aber größere Selbständigkeit, weil es
  - eine stärkere Beteiligung des Subjekts verlangt,
  - weil die Auswahl an Büchern die Auswahl an Medienprodukten übertrifft,
  - weil es historische Tiefendimension hat (die wenigste Literatur ist auch elektronisch zugänglich),
  - weil es fast überall und jederzeit möglich ist und
  - weil ohne großen technischen Aufwand die Rollen von Rezipient und Produzent vertauschbar sind (Schreiben ist leichter möglich als Filmen).

Solche und ähnliche Begründungen finden sich natürlich überall in Lehrplänen und didaktischen Verlautbarungen. Wenn er so etwas liest, fragt sich der skeptische oder enttäuschte Lehrer: Warum merke ich davon so wenig?

Meine Schüler greifen lieber zum Anspruchsloseren – zur Trivialliteratur lieber als zur Hochliteratur, zum Video lieber als zum Buch. Jede empirische Untersuchung über Medienverhalten bestätigt das, wenngleich dann auch die sattsam bekannten Unterschiede zwischen Geschlechtern (Lesen scheint immer mehr zu einer typisch weiblichen Beschäftigung zu werden), Herkunftsmilieus, Altersstufen usw. hervortreten. Ist es nicht einfach menschlich, sich Anstrengungen lieber zu entziehen? Handeln wir nicht selbst so? Aus welchen Motiven lesen wir selbst? Und zu welcher Lektüre greifen wir aus eigenem Antrieb? (Aber auch: Dürfen wir bei unseren Schülern, die in der Mehrzahl ganz andere Interessen haben als wir Deutschlehrer und ganz andere Berufe ergreifen werden, überhaupt ähnliches erwarten wie bei uns? Dürfen wir von uns auf sie schließen?)

Seitdem sich der LU nicht mehr traditional begründet, also durch Hinweis auf die bildende Wirkung des Literaturkanons oder auf die Notwendigkeit kultureller Kenntnisse, seitdem er nicht mehr von der Objektseite ausgeht, sondern von der Subjektseite, steht er vor dem Dilemma, daß der empirische Schüler nur selten der Vorstellung entspricht, auf die die didaktische Legitimation zurückgreift. Zuflucht bietet da die Unterscheidung von einerseits „wahren" bzw. „authentischen" und andererseits realen bzw. empirisch feststellbaren Interessen und Bedürfnissen. Diese uns aus der marxistischen Theorie vertraute, allerdings viel ältere Unterscheidung basiert auf dem Mißtrauen gegenüber dem Offensichtlichen, Naheliegenden. Kritische Analyse vermag das Manifeste als Gewordenes zu erklären und zugleich die Ursachen anzugeben, die zu der Differenz von wahren und falschen Bedürfnissen geführt haben. Konkret: Die Klassenlage, das soziale Milieu, die Lebensumstände, die biographischen Erfahrungen, die täglichen Einflüsse in der Produktions- und heutzutage vor allem der Konsumsphäre haben *ursprüngliche* Bedürfnisse so deformiert, daß sie kaum noch in den *geäußerten* Bedürfnissen erkennbar sind. Während empirische Untersuchungen die manifesten Wünsche und Bedürfnisse ermitteln, rekonstruiert ideologiekritische Analyse die darin sich verbergenden Grundbedürfnisse (etwa nach Anerkennung, Liebe, Geborgenheit, unverzerrter Kommunikation), wobei sie sich von einer Vorstellung des „ganzen", „wahren", „mündigen" Menschen leiten läßt, die transzendental-pragmatisch legitimierbar ist (vgl. die entsprechende Argumentation in Bd. 1 „Grundlagen").

Gegenüber dieser spekulativ und „idealistisch" anmutenden Konzeption liegt der nüchterne, „realistische" Einwand nahe, daß hier um vermeintlicher späterer Mündigkeit willen die Betroffenen zunächst einmal entmündigt werden: Man nimmt ihnen nicht ab, daß sie das, was sie wollen, wirklich wollen, sondern unterstellt andere Bedürfnisse, die sie aber nicht äußern (können) und die ihnen gar nicht bewußt sind. Mit welchem Recht eigentlich? Woher weiß denn der Pädagoge, was dem Educandus frommt, wenn dieser es nicht selbst äußert? Bezogen auf die hier anstehende Frage, von der unsere Überlegungen ihren Ausgang nahmen: Mit welchem Recht (mit welcher Rechtfertigung) dienen wir Schülern bestimmte Literatur an, wenn sie doch selbst gar nicht danach verlangen?

Tatsächlich nehmen wir ein überlegenes Wissen in Anspruch, d. h., wir beanspruchen zu wissen, wie die Entwicklung der Heranwachsenden weitergehen wird und wie sie günstig zu beeinflussen ist. Allerdings: Unser Wissen ist ein hypothetisches! Jede Literaturstunde ist ein Test, ob unsere Hypothese zutrifft. Unterricht kann nicht nur aus äußeren Gründen oder wegen methodischer Mängel scheitern, sondern auch, weil unsere Grundannahmen über die Entwicklung und ihre Förderung falsch waren. Dennoch kommen wir nicht umhin, solche Annahmen zu treffen; wir tun es, wann immer wir pädagogische Entscheidungen treffen, ob wir uns dessen bewußt sind oder nicht. Wenn wir uns nicht nur an den manifesten Wünschen der Schüler orientieren, sondern „in pädagogischer Verantwortung" (wie man dann sagt) auch ohne oder gar gegen ihre Wünsche entscheiden, so können wir uns nur damit rechtfertigen, daß die Schüler im nachhinein, also bei besserem Kenntnisstand und größerer „Reife", unsere Entscheidung akzeptieren würden. Glücklicherweise kommt es im Unterrichtsverlauf oftmals zu solcher nachträglichen Zustimmung („eigentlich wollte ich das gar nicht lesen, aber jetzt muß ich sagen, es ist doch ganz interessant"); bleibt sie völlig aus, so ist dies ein Indiz für eine Fehlentscheidung. Der Lehrer pflegt in solchen Fällen sein Gewissen damit zu beruhigen, daß ja nicht ausgemacht sei, ob nicht der Same, der im Unterricht gelegt wurde, doch später – vielleicht nach Jahren oder Jahrzehnten – noch Frucht bringen wird. Eine recht verzweifelte Hoffnung, die ihre Berechtigung aber aus der ideologiekritischen Annahme von deformierten bzw. veschütteten „wahren" Bedürfnissen erhält.

Die Lektüreauswahl wird also zwischen zwei Polen getroffen: Auf der einen Seite das Bewußtsein des Lehrers (bzw. Lehrplanmachers) von dem, was für die Schüler gut wäre, auf der anderen Seite die manifesten Wünsche der Schüler. Nur im Idealfall stimmt beides von vornherein (oder nach kurzer Überzeugungsarbeit) überein.

Welche manifesten, tatsächlichen Leseinteressen haben die Schüler? Umfangreiche Untersuchungen zu den Leseinteressen von Kindern und Jugendlichen (z.B. BAMBERGER 1965, BAMBERGER u.a. 1977) haben im Detail belegt, was auf der Hand liegt: Ihre Lektürewünsche hängen zum Teil von äußeren Merkmalen ab (Textumfang, sprachliche Schwierigkeit, Bekanntheit des Autors usw.), wesentlich ist aber darüber hinaus vor allem das Stofflich-Inhaltliche. Entgegen landläufiger Meinung orientieren sich aber junge Leser nicht an den in Bibliotheken und Lehrplänen vorgegebenen Kategorien (spannende Lektüre, Abenteuerroman, fiktive Literatur, Sachliteratur, Biographien usw.), sondern wenn sie ein Thema interessiert, greifen sie zu unterschiedlichsten Genres. Ein Mädchen, das sich fürs Reiten interessiert, liest sowohl einen Ratgeber über den richtigen Umgang mit Pferden als auch eine Erzählung über ein Mädchen, das ein wildes Pferd zähmt, als auch die Biographie eines Reittrainers oder ein Sachbuch über Pferdezucht (HAYNES/RICHGELS 1992). Kategorien wie „phantastische" oder „realistische" Erzählungen sind zu allgemein, wenn sie nicht mit inhaltlichen Vorstellungen verbunden werden. Diese Erkenntnis spricht dafür, Texte unterschiedlicher

Genres nach stofflichen Gesichtspunkten zusammenzustellen, sofern das Ziel ist, Schüler überhaupt zum Lesen zu bringen. Ohne Hilfe wird ihnen allerdings die unterschiedliche Leistung der Texte nicht bewußt.

3.5 „Ältere Literatur“: Zur Frage der historischen Begrenzung der Textauswahl

Nach der Preisgabe eines verbindlichen Literaturkanons stellte sich auch die Frage, bis wie weit zurück in die Geschichte der LU reichen sollte. Wenn für Schüler schon THOMAS MANN altmodisch wirkt, soll sich der Unterricht dann auf Literatur der Gegenwart beschränken? Oder sollte man mindestens bis zum Beginn des 19. Jh. zurückgehen? Aber wohl auch noch die Klassik? Und natürlich die Literatur der Aufklärung? Aber wie steht es um Barockdichtung? Um Texte aus der Zeit des Neuhumanismus und der Reformation? Besonders heikel: Wie steht es um mittelalterliche Literatur?

Grundsätzlich läßt sich nirgendwo eine Grenze ziehen, von der ab Literatur für die Heranwachsenden wertvoll ist. (Ähnliches gilt auch für nationale Grenzen.) Sprachliche Schwierigkeiten spielen natürlich eine wichtige Rolle; wenn Texte schon auf Grund ihrer sprachlichen Verfassung enorme Leseanstrengungen fordern, steht zu befürchten, daß die Schüler die Literatur nicht wirklich nutzen können („Erziehung durch Literatur“). Gern verwandelt sich der LU dann unter der Hand zum Sprachunterricht (Kennenlernen früherer Sprachstufen, Einsicht in den Sprachwandel), oder er beschränkt sich auf sekundäre Ziele: Weitung des literarischen Horizonts, Erwerb von literaturhistorischen Kenntnissen und dergleichen. Die Tendenz, sekundäre Ziele in den Vordergrund zu schieben, wird dadurch verstärkt, daß ältere Texte oft nicht ohne eine gewisse Gelehrsamkeit zu verstehen sind (Verstehen der Anspielungen, der Zitate, der poetischen Regeln usw.). Verfolgt der LU aber das primäre Ziel („Erziehung durch Literatur“), so sind für die Lektüreauswahl die beiden schon genannten Gesichtspunkte wichtig:

1. Struktur: Welches *Weltbild* repräsentiert der Text? Welche gesellschaftliche Ordnung, welche Werte und Normvorstellungen kommen in ihm zum Ausdruck? (Daß sich z. B. das höfische Epos hierin prinzipiell vom klassischen Drama unterscheidet, liegt auf der Hand.) Dieser Gesichtspunkt ist wichtig im Hinblick auf das Weltbild, die Wert- und Normvorstellungen, die der Heranwachsende auf unterschiedlichen Entwicklungsstufen hat. Soll Literatur zur Entwicklung beitragen, darf der Text weder bloß bestätigend sein (= Unterforderung), noch darf er zu weit entfernt sein (= Überforderung). Unter diesem Gesichtspunkt wird man die Literatur der Klassik (einschließlich der auch heute noch üblicherweise in der Sek. I gelesenen ***„Wilhelm Tell“***, ***„Götz von Berlichingen“***, auch ***„Emilia Galotti“***) für den Übergang zur postkonventionellen Entwicklungsstufe reservieren müssen, der im allgemeinen frühestens auf der Sek. II vollzogen wird. Deutlich gesagt: Das streng konventionelle Weltbild der mittelalterlichen Epik entspricht dem

Weltbild und den Moralvorstellungen der frühen Jugend (etwa Sek. I) eher als das universalistisch-humanistische Ethos der Aufklärung und Klassik.

2. *Identität/Tradition:* Welche Rolle spielt der Text im kulturellen Traditionszusammenhang? Kann der Schüler ihn als Glied einer Kette verstehen, die bis in die Gegenwart reicht? Kann er, zumindest mit Hilfen, aktuelle Probleme in ihm erkennen? Kann er also den Text als ihm zugehörig und sich als zum Text gehörig verstehen? – Auch hier wieder die Frage nach Nähe oder Ferne: Zwar sind wir über unzählige Zwischenglieder auch noch mit dem historisch und kulturell entferntesten Text verbunden, können ihn in unsere Sprache übersetzen und uns in die dargestellte Welt hineindenken, aber primär wird man solche Texte auswählen, zu denen sich leichter ein Zugang eröffnen läßt, weil sie die Moderne geprägt haben und unserem gegenwärtigen Bewußtsein näherstehen. Das, was in den Texten der Aufklärung, der Klassik und Romantik zum Ausdruck kommt, steht in einem so engen Traditionszusammenhang auch noch mit der „postmodernen Moderne" (WELSCH) und prägt (wie auch immer verborgen) so sehr unsere heutigen Denk-, Empfindungs- und Anschauungsweisen, daß man annehmen kann, die Aneignung dieser Tradition und die Auseinandersetzung mit ihr werde zur Klärung und Ausbildung der Identität der Heranwachsenden beitragen. (Dasselbe gilt darüber hinaus auch für die Basis-Texte der abendländischen Kultur: die Bibel ebenso wie Homer und die griechische Tragödie. Der DU mit seinen wenigen Stunden kann freilich nicht die Lücken schließen, die der Lehrplan insgesamt enthält.)

Fazit: Unter *sprachlichem* Gesichtspunkt sind für das Gros der Schüler die meisten literarischen Texte früherer Jahrhunderte schwer zugänglich; dasselbe gilt freilich auch für anspruchsvolle oder gar avantgardistische Literatur des 20. Jh. Unter *strukturellem* Gesichtspunkt ist auf die Nähe von Weltbild des Textes und Weltbild des Schülers zu achten, was bedeutet, daß bis zum Ende der Sek. I Literatur aus vormoderner, traditionaler Gesellschaft (mit klarer Rollenverteilung und fester Normenhierarchie) leichter zugänglich und wirkungsvoller sein dürfte als Hochliteratur seit dem 18. Jahrhundert. (Im übrigen wird man auf **Kinder- und Jugendliteratur** zurückgreifen müssen.) Unter dem Identitätsgesichtspunkt (Zugehörigkeit zur Tradition und Prägung des modernen Bewußtseins – auch der Schüler) muß der Schwerpunkt auf der Literatur seit der Säkularisierung und dem Siegeszug des Rationalismus liegen.

Wie man sieht, hat es erhebliche Konsequenzen, wenn man den Entwicklungsgesichtspunkt voll zur Geltung bringt. Ein „postkonventionelles" Bewußtsein prägt ja nicht nur die großen Erzählwerke und Dramen der Klassik, sondern auch weite Teile der Lyrik (inklusive der Balladen SCHILLERS). Wenn all dies auf die Sek. II verschoben wird, fehlt es den Schülern an literaturhistorischen und unmittelbar literarischen Kenntnissen, um die nachklassische Literatur, die oft genug auf klassische Werke anspielt, zu verstehen. Es fragt sich, wie dann in der Sek. II überhaupt noch LU möglich sein soll „bei so geringen Vorkenntnissen"! Wäre es da nicht besser, doch schon in der Sek. I den ***„Götz“*** und die ***„Minna“*** und den ***„Tell“***, den ***„Werther“*** und GOETHEsche Lyrik zu behandeln, wohl wissend, daß die Schüler nicht alles verstehen, aber darauf bauend, daß sie dadurch bessere Voraussetzungen in die Sek. II mitbringen? Man mag diese Hoffnung teilen; aber vielleicht ist das Gegenteil der Fall: Die Schüler kommen mit schlechteren Voraussetzungen, nämlich mit einer Antipathie gegen klassische Literatur, gegen Dichtungen vom „ollen Goethe und Schiller“ und von „diesem komischen Typen, diesem Lessing“ in die Sek. II. Oder sie haben, wenn sie in der Berufsschule diesen Namen nicht wieder begegnen sollten, doch ein lebenslanges Ressentiment gegen die bildungsbürgerliche Literatur. Geht die Schule nicht von falschen Voraussetzungen aus, wenn sie heutigen Vierzehnjährigen Genuß an ***„Mignon“*** oder ***„Wanderers Nachtlied“*** zumutet?

3.6 Textauswahl in der Praxis

Die Textauswahl geschieht in zwei Stufen. Eine Vorauswahl aus der unüberschaubaren Gesamtmenge der Texte wird getroffen durch amtliche Literaturlisten, durch Lesebuchautoren, Verlage und schulische Tradition. In der Regel trifft der Lehrer seine Lektüreentscheidung innerhalb dieser Vorauswahl, wobei er sich im Hinblick auf seine Klasse an den oben genannten Kriterien orientiert. Nicht wesentlich anders verhält es sich, wenn die Schüler an der Entscheidung beteiligt werden: Die Schüler treffen meist ihre Wahl aus einer begrenzten Zahl von vorgeschlagenen Texten.

Man könnte meinen, daß die Textwahl seit der Aufgabe eines verbindlichen Kanons ein großes Problem geworden sei; aber das Gegenteil ist der Fall. Da man überzeugt ist, mit fast jedem Text die Ziele erreichen zu können, die man sich gesetzt hat, kann man guten Mutes den Schülern verschiedene Texte zur Wahl vorlegen oder sich von den eigenen Kenntnissen und der Intuition (oder dem Zufall – siehe ***„Der Bär auf dem Försterball“***!) leiten lassen. Dementsprechend oberflächlich sind die Begründungen.

Beispiel 1: Eine Referendarin übernimmt den Unterricht in einer 9. Klasse des Gymnasiums. Für die Textwahl stützt sie sich auf Beobachtungen: Bei ihren vorangegangenen Hospitationen ist ihr aufgefallen, daß die Schüler dazu neigen, die behandelten Texte (von BRECHT, BORCHERT und BÖLL) auf ihre politische Aussage und die Intention des Autors hin zu befragen, daß sie aber nicht gern eigene Verstehensentwürfe wagen. Mit anderen Worten: Die Schüler streben nach Eindeutigkeit der Textaussage. Dies scheint ihr ein für Literatur einseitiges, wenn nicht gar prinzipiell unangemessenes Verhalten. Also sucht sie für ihren Unterricht nach einem Text, der dieser Neigung nicht entgegenkommt. Er soll vor allem keine eindeutige politische Tendenz haben. (Überlegen wir kurz: Was käme nun in Frage? Fast die gesamte Weltliteratur!) – Hinzu kommt ein zweites Kriterium. Die Schüler haben sich bislang fast nur mit Literatur aus der jüngeren Vergangenheit beschäftigt. Um den Horizont zu weiten, möchte die Referendarin zu einem

Text aus einer früheren Epoche greifen. (Nochmals: Was käme nunmehr in Frage? Noch immer fast die gesamte Weltliteratur!) Geeignet scheint ihr da besonders die Romantik ob ihrer Widersprüchlichkeit und der Tendenz, nicht den vernünftig in der Gesellschaft handelnden, sondern den empfindsam sich außerhalb der Gesellschaft und gegen sie verwirklichenden Menschen zu zeigen. So fällt die Wahl auf ***„Das Fräulein von Scudéri"*** von E. T. A. Hoffmann, einen Text, der zweifellos zum „heimlichen Kanon" gehört. Diesen Text hält sie nach ihren Beobachtungen in der Klasse zunächst aus drei Gründen für besonders geeignet: a) das Handeln des Juweliers richtet sich nicht auf gesellschaftliche Veränderung, also können es die Schüler nicht in gewohnter Weise interpretieren; b) die Motive des Juweliers sind nicht leicht zu erkennen; also können die Schüler ihre Fähigkeit zur Erschließung literarischer Figuren schulen; c) die Figur des Juweliers läßt sich nicht leicht moralisch beurteilen, also können die Schüler ihre Urteilsfähigkeit entwickeln. Darüber hinaus können die Schüler an der Figur der Scudéri Einsicht in die historischen Bedingungen einer Schriftstellerinnenexistenz im 17. Jahrhundert gewinnen und die Wandlungsfähigkeit einer Persönlichkeit erkennen. Zuletzt erwähnt die Referendarin noch, der Text sei spannend, unheimlich und ein bißchen befremdlich, und das gewährleiste wohl Motivation und Ausdauer bei Schülern dieser Altersstufe.

Man könnte angesichts dieser Textwahlentscheidungsgründe die Frage stellen, ob es sich dabei nicht um nachträgliche Rationalisierungen einer vorab getroffenen Wahl handele, doch würde dies nichts über die Geltung der Kriterien besagen. Tatsächlich geschieht die Textwahl meistens nicht in einem streng hierarchisch aufgebauten bzw. linear verlaufenden rationalen Suchverfahren, sondern es wird mehr oder weniger intuitiv zu einem Text gegriffen, der für die Klasse geeignet erscheint, und erst im nachhinein legt man sich Rechenschaft darüber ab, warum man gerade diesen Text für geeignet hält. Nichts spricht also gegen „nachträgliche Rationalisierung", solange die Chance besteht, daß unser Legitimationsversuch wirklich ein Versuch ist, der auch scheitern kann; d.h., es muß die Möglichkeit bestehen, daß wir beim Nachdenken über unsere intuitiv getroffene Wahl auch zu dem Ergebnis kommen, der Text sei ungeeignet.

Welche Kriterien spielen nun in diesem Beispiel eine Rolle? Dominant ist offenbar das Ziel, die Schüler in ihrem Interpretationsvermögen zu fördern: Sie sollen nicht mehr jeden Text auf seine (politische) Botschaft reduzieren. Der Text wird gewählt, weil sich mit ihm die Texterschließungsfähigkeit schulen läßt. Dem dient auch die vorgesehene Methode: Es sollen vor allem **„produktive" Verfahren** angewandt werden, weil sie individuelle Interpretationen provozieren. Möglicherweise hat sogar die Methodenentscheidung die Textwahl beeinflußt, d. h., die Entscheidung für ***„Das Fräulein von Scudéri"*** fiel vielleicht, weil sich da Aufgaben zum phantasiegeleiteten Schreiben stellen ließen. Jedenfalls ist damit zu rechnen, daß die Entscheidungen über Ziele, Inhalte und Methoden nicht nacheinander getroffen werden, sondern daß sich Überlegungen zur Methode schon bei der Wahl von Zielen und Inhalten auswirken. (In diesem Punkt dürfte die „lerntheoretische" Didaktik der sog. „Berliner Schule“ von Heimann/Otto/Schulz realistischer sein als die „bildungstheoretische“ Klafkischer Provenienz.)

Das zweite genannte Kriterium ist die literarhistorische Kenntnis der Schüler – sie soll erweitert werden. Ohne Zweifel gehört auch dieses Ziel, das als Entscheidungsgrund für die Textwahl genannt wird, zum Komplex **„Literaturkompetenz“** und betrifft wie die Erweiterung der Texterschließungsfähigkeit die „Erziehung zur Literatur“. Anders sieht es mit den Aspekten aus, die sich auf das Verstehen der literarischen Figuren beziehen. Zwar spricht die Referendarin auch hier von einer Verbesserung der Interpretationsfähigkeit, tatsächlich aber geht es um mehr, nämlich um das Verstehen menschlicher Motive und Intentionen. Hier sind soziale Kompetenz, Handlungsorientierung, moralisches Bewußtsein betroffen. Der Gesichtspunkt der Entwicklung moralischer Kompetenz hat aber bei der Textwahl keine Rolle gespielt. Dasselbe gilt für die Entwicklung ästhetischer Kompetenz; auf Ästhetisches wird überhaupt nur mit den Begriffen „spannend“, „unheimlich“ und „befremdlich“ angespielt. Keinen Einfluß auf die Textwahl hatte auch der biographische Aspekt (Literatur als Medium der Selbstvergewisserung), es sei denn, man rechne die Einsicht in die „Wandlungsfähigkeit einer Persönlichkeit“ hierzu.

Das Beispiel ist nicht untypisch. Tatsächlich orientieren sich die Entscheidungen meistens eng am vorangegangenen Unterricht, und bei der Textwahl dominieren die innerfachlichen Ziele („Literaturkompetenz“); die übergreifenden allgemeinen Ziele, von denen das Fach doch eigentlich seine Existenzberechtigung bezieht, spielen bei den konkreten Unterrichtsentscheidungen eine sekundäre oder gar keine Rolle. Zwar sollte man die Möglichkeit in Betracht ziehen (und die Hoffnung nicht aufgeben), daß über die „Fähigkeit, literarische Figuren zu erschließen“, auch die Fähigkeit, sich selbst und andere zu verstehen, gefördert wird, aber als Ziel scheint dies für die Referendarin nicht relevant.

Beispiel 2: Unter dem Titel „Die Klasse bestimmt den Kanon“ hat Willenberg (1982) eine ebenso interessante wie aufschlußreiche Darstellung einer Lektüreentscheidung vorgelegt. Der Titel läßt erwarten, daß es darum geht, wie eine Klasse sich ihre Lektüre auswählt; genau das ist aber nicht gemeint, vielmehr soll gezeigt werden, wie der Lehrer zu einer eng und stringent auf die Klasse bezogenen Textauswahl kommen kann. Basis ist auch hier wieder die Hospitation in der Klasse. Allerdings bleibt es nicht bei pauschalen Beobachtungen, sondern der Unterricht in einer 7. Realschulklasse wird wortwörtlich aufgenommen, und das Protokoll wird unter der Frage: Was können die Schüler – und was können sie nicht? analysiert.

In der Hospitationsstunde geht es nicht etwa um Literatur, sondern um Redensarten, insbesondere um „Zwei Eisen im Feuer haben“, „Zwei Fliegen mit einer Klappe schlagen“ und „Er hat Fische im Netz“. Ziel des Unterrichts ist offenbar, die Schüler auf den Unterschied von wörtlicher und übertragener Bedeutung aufmerksam zu machen; die Schüler sollen nicht nur Redensarten sinngemäß verwenden, sondern den Sinn auch erklären können. Das

Unterrichtsgespräch wird genau protokolliert und anschließend im Hinblick auf die sprachlichen Fähigkeiten der Schüler analysiert. Dabei verwendet W. die Kategorien „Syntax/Pausen“, „Lexik/Wortschatz“, „Semantik/Stufen der Übertragung“ und „Kommunikation“.

In der Kategorie *„Syntax/Pausen“* „fallen die Pausen oder die Füllungen auf, die entweder bei Formulierungsproblemen oder bei Denkschritten auftauchen“. Als Beispiele gibt W. „bei den/mit den zwei Eisen“, „Kripofilm oder irgendwie“, „wenn man das dann/also dann doppeltes Geschäft hat“, „Zwei Fliegen würd ich aber dann////mit den Fischen im Netz///[vergleichen] daß es auch ... [um den Erfolg geht].“ Solche Pausen, Satzbrüche und Umformulierungen sind m. E. typisch für mündliche Kommunikation, wir finden sie, wo immer Gespräche wortwörtlich wiedergegeben werden. Helfen solche Beobachtungen bei der Lektüreauswahl?

In der Kategorie *„Lexik/Wortschatz“* konstatiert W., daß „häufig die genauen Bezeichnungen z. B. für Personen (Kommissar/Verbrecher/Ganove), für Gattungen (Roman/Film) und für Abstraktionen (Erfolg/Reserve)“ fehlen. Das Protokoll zeigt allerdings, daß die Verständigung trotzdem funktioniert:

René: Grad mit den Fischen im Netz,/ das sind meiner Meinung Bilder und so, die zeigen, er bringt ein paar Fische mit, daß er welche gefangen hat, nicht?
L.: Gibst du mal ein Beispiel, fällt dir was ein?
René: Kripofilm (ja) oder irgendwie, das sind die Fische.
L.: Ja, gut.

W. moniert, daß hier „Aktor und Objekt“ nicht näher bezeichnet sind, daß René also nicht gesagt hat: „Im Krimi fängt der Kommissar die Ganoven wie der Fischer die Fische.“

Am detailliertesten sind die Befunde in der Kategorie *„Semantik/Stufen der Übertragung“* – kein Wunder, denn darum geht es ja in dieser Unterrichtssequenz. W. unterscheidet vom schlichten Wörtlichnehmen (ohne Übertragung) bis zur abstrakten Formulierung der Übertragung fünf Stufen. Die höchste Stufe, nämlich „Der gemeinsame Nenner, die begriffliche Brücke muß formuliert werden, damit die allgemeine Anwendung der Redensart erfaßbar wird“, wird von den Schülern dieser Klasse nicht erreicht. Genauer: Einige Schüler erkennen zwar das Gemeinsame der Redensarten („zwei Sachen gleichzeitig“), können es aber nicht begrifflich ausformulieren.

Bei der Kategorie *„Kommunikation“* stellt W. lobend fest: „Die Schüler zitieren mehrfach Aussagen anderer und gehen mit differenzierter Zustimmung oder Ablehnung darauf [!], oder sie führen das Beispiel analog bzw. begrifflich weiter.“

Es interessiert jetzt nicht, wie treffend WILLENBERGS Analyse ist. Spannend ist vielmehr, wie er auf Grund solcher sprachlichen Beobachtungen zu einer Lektüreauswahl kommen will. Dabei beschränkt er sich nicht auf die Frage der Textauswahl, sondern zieht aus seinen Beobachtungen auch Folgerungen für die Methodik.

Zunächst stellt er fest, daß die syntaktischen Erscheinungen keine Hilfe bei der Textauswahl geben. „Auffälliger war der Mangel dieser Schüler im Wortschatz, so daß zu fordern wäre: Benutzt zwar eure eigene Sprache in der Darstellung und Interpretation von Texten, verwendet aber auch Spezifika der Vorlage, so daß euch die exakten Wörter zur Verfügung stehen." Das ist sicher ein sinnvoller Ratschlag, aber erstens steht er nur in einer ganz losen Beziehung zu dem protokollierten Unterricht (da gab es ja keine Textgrundlage außer den Redewendungen), und zweitens betrifft er nicht die Textauswahl. – Anders sieht das bei den „semantischen Stufen und den kommunikativen Anknüpfungen" aus, die W. jetzt zusammenfaßt. Er gibt folgende Übersicht:

„Unterforderungen:

a) konkretistische Stufe: Der Spaß an purem Aktionismus entspricht dem sprachlichen Haften an der Erscheinung, am bloßen Vorkommen.
b) Situationen: Unverbundene Situationen, in denen die Einzelheiten farbig und wichtig erscheinen, stellen zwar den Einstieg ins Erzählen dar, für Schüler dieser Klasse ist die kognitive Durchdringungsfähigkeit unterfordert.
c) ein Merkmal isolieren: Die häufig verbreitete Methode, literarische Figuren mit Eigenschaften kennzeichnen zu lassen, ist deshalb in diesem Alter zu simpel, weil die Schüler zu einer Etikettierung kommen nach dem Muster: er ist fröhlich, ja und auch noch mutig und groß auch noch. Sie kleben je einzelne, unverbundene, z. T. beliebige Merkmale auf eine ansonsten schemenhaft bleibende Figur.

Forderung:

d) Zwei Merkmale in einer Situation: Das Interesse an Szenen und Analogien muß wachbleiben, aber es muß dazu herangezogen werden, die Plastizität von Personen und Handlungen zu beschreiben. Akteure haben meist mehrere Motive, Taten mehrere Konsequenzen, Widersprüche und Vieldeutigkeiten existieren auch in scheinbar klaren Umständen.

Überforderung (z.T. fruchtbar):

Die Beurteilung von Geschehnissen nach vorgegebenen Kategorien fällt den Schülern schwer, die Anwendung allgemeiner Einsichten bei einer Interpretation ebenfalls. Das ist der Grund, weshalb formale literarische Deutungen, z.B. nach Gattungskriterien, oberflächlich bleiben."

In Willenbergs Schema ist unschwer Piagets Entwicklungskonzept mit seiner Stufung vom konkret-operationalen zum formal-operationalen Denken zu erkennen. Alltagssprachlich ausgedrückt: Die Schüler können erst auf einer bestimmten Stufe Beziehungen herstellen, abstrahieren und klassifizieren. Es ist schwer vorstellbar, daß W. ohne den Hintergrund der kognitiven Entwicklungspsychologie aus dem kurzen Unterrichtsprotokoll so weitreichende Folgerungen hätte ziehen können, ja es fragt sich, ob das Unterrichtsprotokoll überhaupt nötig war, um zu diesem Schema zu kommen. Allerdings bezieht es W. ja auf eine ganz bestimmte Klasse und spricht deshalb von „Unterforderung“, „Forderung“, „Überforderung“, d. h., er lokalisiert die Klasse auf einer bestimmten Stufe der Entwicklungsskala.

Lassen sich literarische Texte auf dieser Grundlage auswählen? Die kognitiven Fähigkeiten sind nur *eine* Bedingung. Als zweites nennt W. die *Inhalte/Themen*. Auf sie geht er hier nicht weiter ein, doch wird erkennbar, daß er sich dabei an Schülerwünschen oder beobachteten Interessen orientieren würde. Für die in Rede stehende 7. Realschulklasse unterstellt er ein Interesse an „Menschen und Beziehungen“, was in dieser allgemeinen Form wohl unproblematisch, aber auch recht nichtssagend ist. – Wichtig für die Textauswahl wird der dritte Gesichtspunkt, den W. *„emotionale Reaktion“* oder kurz *„Emotion“* nennt: „Die Leser neigen zur Identifikation mit Figuren, sie können diese existentielle Analogie jedoch nicht als Grund ihrer Zu- oder Abneigung, als Ratio ihrer Argumente erkennen. Nahe fühlen sie sich einer Gestalt dann, wenn sie ein eigenes Selbst anzeigt, das aber noch relativ schwach und vom Widerstand Stärkerer umgeben ist, seien es Menschen, Institutionen, Naturkräfte oder innere Unklarheiten. Die emotionale Antwort auf Literatur spiegelt die Ichwerdung dieses Alters.“ W. hat diese Einsichten nicht in der protokollierten Stunde über Redewendungen, sondern in anderen Stunden in dieser Klasse gewonnen. Die Kategorie „Emotion“ bezieht sich offenbar auf den biographischen Aspekt der Ichwerdung, nicht auf einen Kompetenzerwerb (etwa: interaktive Kompetenz, moralisches Bewußtsein). Als Regel für die Textauswahl scheint zu gelten: Je stärker sich die Schüler identifizieren können, desto besser ist der Text geeignet. Schüler dieses Alters, also Zwölf-/Dreizehnjährige, haben ein noch schwaches Ich und fühlen sich von starken Widerständen umgeben (!). Auf Grund dieser Kriterien kommt W. zu einer Einschätzung der Eignung von Lesestücken in Unterrichtswerken für die 7. Klasse:

	(KOGNITION)	(EMOTION)
Begegnungen 3 (1962)		
Churchill: Erster Schultag +	Eine Figur mit gradliniger Handlung: Eintritt in die Schule	Widerstand aus eigener Wahrnehmung gegen einen Rollenvertreter
Hemingway: Einen Tag warten –	Eine Figur mit einem einzigen Problem (Fieber)	Der Widerstand der Natur (das hohe Fieber) ist nicht gewichtig, weil die Informationen der Figur zu gering sind
Dickens: Oliver Twist +	Eine Person mit doppelter Relation zu den Mitzöglingen und der Institution. Aber die Hintergründe dieser Szene sind nicht erkennbar.	

▶

Lesen, Darstellen, Begreifen 7 (1971):		
Dickens: Oliver Twist ++	Besser: aufgrund ausführlicheren Materials sind die Motive der Erwachsenen sichtbarer, v.a. die der ersten Erzieherin	Tapferkeit gegen Ungerechtigkeit im existentiellen Kampf ums Überleben
Ebner-Eschenbach: Die Spitzin ++	Situative Herkunft mehrerer Motive (Töten-Helfen). Entwicklung widerstreitender Handlungen (Töten-Bitten). Analogie, Symbol der mütterlichen Sorge angesichts der Spitzin	Durchbruch eines Selbst gegen sehr schwere Widerstände
Kritisches Lesen 3 (1975)		
Defoe/Schlesinger/ Schlesak: Flucht +	Ableitung eines Motivs aus Szenen verschiedenen Lebens, hohe Anforderung, die eine verallgemeinernde Zusammenschau verlangt und damit an die Grenze stößt	

Wie man sieht, kommt W. mit Hilfe der Kriterien „Kognition“ und „Emotion“ zu Urteilen über die Angemessenheit bestimmter Lesebuch-Texte für die in Rede stehende 7. Realschulklasse. Er stellt auf recht hohem Abstraktionsniveau eine Beziehung her zwischen der Struktur der Texte und der Struktur der Schüler. Damit geht er deutlich über das hinaus, was wir im ersten Beispiel sahen. Dort wurde die Textwahl innerfachlich begründet: Interpretationsfähigkeit, Literaturkenntnis und methodische Überlegungen bestimmten die Lektüreentscheidung. Bei W. bestimmt die kognitive und emotionale Entwicklung das Urteil über die Eignung der Texte, und das heißt, daß hier die Förderung dieser Entwicklung auch das Ziel des Unterrichts sein könnte, daß also Literatur als Medium verstanden würde. So gesehen scheint das zweite Verfahren dem ersten deutlich überlegen. Deshalb sind einige kritische Bemerkungen nötig:

1. W. versteht seine eigenen Untersuchungen nicht als Mittel, um Aussagen über die *Bedeutsamkeit* (i. S. der Förderung) bestimmter Texte zu machen, sondern nur über deren *Zugänglichkeit*.
2. Die Beziehung zwischen den „sprachlichen“ (eigentlich kognitiven!) Fähigkeiten, die auf Grund der Hospitationsstunde ermittelt wurden, und den vorgeschlagenen Texten ist außerordentlich lose. Entscheidend ist

nämlich ein einziger Gesichtspunkt: Die Schüler dieses Alters bzw. dieser Entwicklungsstufe können zwei Vergleichspunkte gleichzeitig erfassen, sie können die Beziehung aber noch nicht mit einem abstrakten Begriff bezeichnen, d.h. es fehlt ihnen noch Abstraktionsfähigkeit. Dieser Gesichtspunkt, der nur eine pauschale Diagnose der kognitiven Fähigkeiten betrifft, wird zum hauptsächlichen Kriterium der Textauswahl.

3. Das Diagnoseverfahren ist recht aufwendig, das Ergebnis eher trivial. Daß einsträngige Handlungen leichter zu erfassen sind als mehrsträngige, daß ein Motiv leichter zu verstehen ist als ein Bündel von Motiven, daß Eindeutigkeit leichter zu begreifen ist als Mehrdeutigkeit, all das gehört ebenso zum Alltagswissen jedes Literaturlehrers wie die Feststellung, daß Siebtkläßler noch Mängel im Abstrahieren und beim Verwenden genauer Begriffe haben.

Fazit: Der Anspruch, den W. im Titel seiner Untersuchung erhebt, nämlich das Kanon-Problem durch eine Diagnostik der Klasse („Die Klasse bestimmt den Kanon") zu lösen, wird zweifellos nicht erfüllt; auf Grund seiner Diagnostik der Schülerfähigkeiten und seiner Kennzeichnung der Texte läßt sich eine Entscheidung über die Textauswahl auch nicht annähernd stringent treffen. Dazu wäre es nötig gewesen, nicht nur die kognitive Entwicklung zu berücksichtigen, sondern auch und gerade die interaktiv-soziale und die ästhetische. Also noch größerer Aufwand? Ohne Zweifel. Er wäre gerechtfertigt, wenn es dadurch gelänge, die weithin intuitive Textwahl durchschaubar zu machen und notfalls auch zu korrigieren. Die Skepsis gegenüber wissenschaftlichen Untersuchungen ist allerdings verständlich angesichts ihrer häufig trivialen Ergebnisse.

Beispiel 3: W. wandte seine Kriterien an auf Texte in Lesebüchern für die Sek. I, d.h., er bezog sie schon auf eine Vorauswahl. In den Lesebüchern, die ja eine eigene Tradition haben, sedimentiert sich ein **heimlicher Kanon**. Ebner-Eschenbachs ***„Spitzin"*** gehört ebenso dazu wie Auszüge aus Dikkens' ***„Oliver Twist"*** (und eine Reihe weiterer Texte sind unterdessen in der Sek. I „kanonisch", etwa Borcherts ***„Nachts schlafen die Ratten doch"***, Bichsels ***„Ein Tisch ist ein Tisch"***, Aichingers ***„Fenstertheater"***, von Gedichten ganz zu schweigen, vgl. zur Ballade Merkelbachs 1984 veröffentlichte „Hitliste").

Von seiner Herkunft her ist das **Kanon**-Problem aber eines, das die Sek. II betrifft, genauer: die Oberstufe des Gymnasiums (die Berufsschule kennt das Problem nicht). Die Lektüreauswahl stellt sich jedes Jahr bei der Planung der Kurse neu. Aus der Perspektive der Praxis hat Müller-Michaels (1982) *seinen* „Kanon" zur Diskussion gestellt, d.h., er hat die Werke genannt, die seiner Meinung nach in der Oberstufe zu behandeln wären, wobei er zwar nicht erklärtermaßen, aber doch indirekt durchaus von solchen Kriterien wie „Geschichtsmächtigkeit" und „emanzipatives Potential" (Kreft 1977:315), „Identitätsstiftung", „Aneignung von und Auseinandersetzung mit der Tradition" ausging. Wenn Texte nicht bloße Instrumente zum Erreichen beliebiger Ziele sein sollen, wenn man ihnen eigene Kraft zutraut und Unterrichtsentscheidungen von ihnen ausgehen, dann scheint MÜLLER-MICHAELS' Verfahren sinnvoll: Der Lehrer bildet sich *seinen* Kanon und stellt ihn zur Diskussion. (Die Diskussion wird sich sowohl auf die Kriterien erstrecken als auch auf ihre Anwendung.) Im Unterschied zu einem verordneten Kanon, mit dem sich heute die wenigsten Lehrer identifizieren würden, hat dieser selbst erstellte Kanon den Vorteil, daß der Lehrer ihn mit Überzeugung vertritt. Die öffentliche Diskussion (in der Fachkonferenz, aber auch auf Elternabenden) schützt davor, daß man bloß seine Steckenpferde reitet oder aus Bequemlichkeit immer dieselben Texte behandelt – auch der persönliche Kanon ist ja revidierbar (nicht zuletzt auf Grund von Unterrichtserfahrungen). Zwar ist es ein *persönlicher* Kanon, aber als *Kanon* beansprucht er auch allgemeine Geltung, und gerade das stellt ihn unter Legitimationszwang. – Wie sieht so ein persönlicher Kanon aus?

MÜLLER-MICHAELS macht zwölf Vorschläge. „Die Zahl 12 ist dabei kein Spiel [...], sondern ergibt sich aus der Tatsache, daß sinnvollerweise pro Grundkurs-Halbjahr zwei Werke durchschnittlich behandelt werden können, wenn man noch andere Texte und andere Gebiete des Deutschunterrichts hinreichend berücksichtigen will.“ (Selbst wenn man das „durchschnittlich“ betont, dürfte es fraglich sein, ob man zwei „Werke“ in jedem Kurs lesen kann, da ja die Kursthemen teilweise gar nicht die Behandlung von Literatur vorsehen, und das letzte Semester fällt dafür auch weitgehend aus. Der erste Vorschlag macht im übrigen deutlich, daß nicht immer *ein* Werk gemeint ist; im übrigen ist das Festhalten an „Werken“ statt „Texten“ erstaunlich.) Sein „Kanon“ sieht nun einschließlich der notwendigen Begründungen folgendermaßen aus:

„1. Theoretische Schriften zur Frage: Was ist Aufklärung? (Mendelssohn, Kant, Herder, Lessing) (1784)
Die Begriffsbestimmungen und Thesen der Aufklärer sind bis heute Herausforderung geblieben: Gedanken der Freiheit, Humanität, Toleranz, Brüderlichkeit wurden formuliert und bilden bis heute den Maßstab, an dem gesellschaftlicher Fortschritt gemessen werden kann.

Die Schüler lernen, sich mit dieser europäischen Tradition auseinanderzusetzen, die Dialektik der Aufklärung, d. h. die Selbstzerstörung des Anspruchs durch unaufhebbare Widersprüche zur gesellschaftlichen Wirklichkeit (vgl. Adorno/Horkheimer), zu verstehen und in den eigenen Erfahrungshorizont zu übertragen. In der Auseinandersetzung mit anspruchsvoller philosophischer und poetischer Prosa verbessern die Schüler ihre eigene Verstehens- und Formulierungsfähigkeit.

2. Schiller: Wallenstein (1800)
Die Trilogie ist über alle Teile, Akte und Szenen hinweg ein Meisterwerk der Komposition der klassischen Form geschlossener Dramen. Im Kern enthält das dramatische Gedicht den unaufhebbaren Konflikt, daß Wallenstein zwar Frieden in neuer Gesellschaftsordnung will, diese ‚Wohlfahrt aller‘ aber nicht durchsetzen kann, weil er Geschichte nicht als Feld menschlichen Eingreifens, sondern zunehmend als Verhängnis, als Mythos, begreift.

Die Schüler lernen, im Geflecht der verschiedenen Handlungen den Konflikt herauszuarbeiten, die zentralen Figuren nicht identifikatorisch, sondern distanziert zu betrachten und die wichtigsten Probleme auch aus ihrem eigenen Erfahrungshorizont zu diskutieren. Vorsichtige Identifikation ist vielleicht einzig möglich in bezug auf Max und Thekla, deren reine, von utopischer Hoffnung geprägte Existenz zugleich Kritik an Wallensteins Geschichtsauffassung ist; die Idylle muß aber dennoch in die kritische Distanz vorsichtig einbezogen werden.

3. Goethe: Faust (1808ff.)
Seit Schelling nach dem Erscheinen des ersten Teils den Faust als Schullektüre empfohlen hat, ist er, zugegebenermaßen aus unterschiedlichsten Gründen, es geblieben. Seine Behandlung ermöglicht das Gespräch der Generationen über die Bedeutungsspielräume dieses klassischen Dramas.

Das Lebenswerk eines der großen deutschen Autoren enthält in durchschaubarer Handlung und symbolischer Verschlüsselung so viele menschliche Grunderfahrungen, daß mit der Erörterung der historisch adäquaten Auslegung und dem Verständnis für die nach Freiheit strebende menschliche Existenz am Anfang des 19. Jahrhunderts zugleich die Eigenerfahrung ins Spiel gebracht werden kann. Hinzu kommt die Verwendung unterschiedlichster dramatischer Formen und lyrischer Metren in einem einzigen Werk, die eine Komplexität erzeugt, die auch das Spektrum literarischer Erfahrung erheblich verbreitern hilft.

4. Büchner: Woyzeck (1837)
Fünf Jahre nach Goethes Tod entstand das dramatische Werk, das in der offenen Form und in der Thematik bis in unser Jahrhundert beispielgebend bleiben sollte. Autoren, die die ‚Geringsten unter den Menschen‘ (Büchner), ihre Abhängigkeit von den gesellschaftlichen Umständen, ihr Aufbegehren für ein Stückchen Freiheit und ihr Scheitern zeichnen wollen, kommen an diesem Werk nicht vorbei. Auch die Schüler sollten es deshalb kennen.

Außerdem fordert das Fragmentarische der Textüberlieferung über die Diskussion der Szenenfolge dazu auf, die Kausalität des Geschehens zu beweisen – oder zu widerlegen. Das Verständnis für den Stoff wird erleichtert durch die verfügbaren Quellen zum Mordfall Woyzeck.

5. Heine: Deutschland. Ein Wintermärchen (1843)
Die Satire vermittelt einen Einblick in die Mißstände der vorrevolutionären Phase in Deutschland, ist zugleich aber Ausdruck der Zuneigung zu diesem Land, in dem die Hoffnung auf ‚freie Gedanken‘ und ‚freie Lust‘ lebendig bleibt. Die in Vers gebundene Sprache ist doch der Umgangssprache nahe und erhält sich dadurch bei aller Ironie und sprachspielerischen Wendungen eine ansprechende Musikalität.

Dennoch erfahren die Schüler bei der Lektüre vor allem etwas über die Macht und Grenzen politisch engagierter Dichtung: die Nähe des Tambours und des Lictors machen die Doppelrolle der Poesie sinnfällig und erleichtern die Diskussion über die Wirkungsmöglichkeiten der Poesie. (Zu erwägen ist ein Zusammenhang mit der Lyrik der Romantik, die aus Lesebüchern der vergangenen Jahrgänge zusammengestellt und exemplarisch behandelt werden kann. Als Fortsetzung bietet sich Biermanns ‚Deutschland – ein Wintermärchen‘ an.)

6. Thomas Mann: Buddenbrooks (1901)
Weitgehend mit Mitteln realistischer Erzählweise wird die Geschichte des Verfalls einer Familie aus dem 19. Jahrhundert erzählt, die in Wahrheit auch die Geschichte wachsender geistiger und ästhetischer Sensibilität des Bürgertums ist, das erst am En-

de von der kunstfeindlichen Bourgeoisie abgelöst wird, die von nun an für das Bürgertum gehalten werden wird.

Die Schüler lernen mit diesem Roman nicht nur die enge Verwobenheit von Familien- und Gesellschaftsgeschichte, sondern auch einen neuen Erzählstil kennen, dessen Realismus der Chronik vielfach gebrochen wird durch typisierende Dialoge, Gedankenketten, wissenschaftliche Prosa, Leitmotivik etc. Daß dadurch das Lesevergnügen nicht behindert wird, zeigt die Rezeptionsgeschichte des 20. Jahrhunderts, in die die Schüler sich durch ihre produktive Aneignung zugleich einschreiben.

7. Brecht: Der kaukasische Kreidekreis (1944)
Brecht selbst hat den ‚Kreidekreis' in die Reihe der Repertoire-Stücke gestellt und mit Shakespeare und ‚Faust' in Beziehung gebracht. In der Tat werden menschliche Güte (Grusche) und Gerechtigkeit (Azdak) allgemein, d. h. in verschiedene historische Situationen übersetzbar, abgehandelt.

Da die ‚Kreidekreis'-Probe als alte Fabel von einem Sänger nach einer politischen Entscheidung über die Bewässerung eines Tals im Kaukasus vorgetragen wird, wird sie selbst zur Parabel für die Weisheit alter Dichtung in neuer Zeit. Dies kann im Sinne des von Brecht geforderten Ko-Fabulierens der Zuschauer von den Schülern auf die Weise geprobt werden, daß sie das Rahmenspiel um die Kolchosbauern umschreiben und die Brauchbarkeit der literarischen Wahrheit überprüfen.

8. Grass: Die Blechtrommel (1959)
Über dem Muster des europäischen Schelmenromans wird die Geschichte zwischen 1930 und 1950 aus der Perspektive des kleingebliebenen Oskar erzählt, der mit der Trommel ständig wider Auffassungen, Handlungen, Tabus der Erwachsenen angeht. Dies stellt eine Perspektive her, auf die die Schüler sich gern einlassen werden.

Wiederum wird eine neue Dimension des Erzählens gewonnen, die, frei von aller belehrenden Besserwisserei, die Freude am Detail der erzählten Lebenswelt vermittelt, damit zugleich aber das Detail überdeutlich macht, aus dem liebevoller Realismus plötzlich in die zerstörerische Groteske umschlägt. In der Danziger Idylle ist die Gewalt des Menschen gegen den Menschen latent längst vor 1933 vorhanden.

Als vier Werke der europäischen Literatur werden vorgeschlagen (ohne sie hier gleichermaßen zu begründen):
Sophokles: König Ödipus
Shakespeare: Hamlet
Lyrik der deutschen Klassik, Romantik und des französischen Symbolismus
Tolstoj: Krieg und Frieden."

MÜLLER-MICHAELS' Textauswahl veranschaulicht typische Merkmale des Kanon-Prinzips:

1. Ausgangspunkt sind die Werke und nicht die Lernziele oder Schülerinteressen. Deshalb werden zunächst die Werke erläutert; deutlich erkennbar ist der Zusammenhang zwischen Werkinterpretation und Begründung der Auswahl. Die Lernziele ergeben sich, wie in der bildungstheoretischen Didaktik, aus der Interpretation der Werke. In der Interpretation wird ein bestimmtes Welt- und Menschenbild erkennbar, und dieses Bild steuert indirekt und wohl unbewußt die Textauswahl. (Bei MÜLLER-MICHAELS deutet sich solch ein Bild an in der Vokabel „unaufhebbar", die

bei der Begründung der ersten beiden Vorschläge gebraucht wird: „unaufhebbare Widersprüche“, „unaufhebbarer Konflikt“). Aus diesem Weltbild bezieht der Kanon seine normative Kraft.

2. Auswahlgesichtspunkte werden nicht vorweg genannt, sondern sie bestimmen eher indirekt die Auswahl, sie werden nicht explizit begründet und theoretisch hergeleitet. Für MÜLLER-MICHAELS' Kanon gelten offenbar folgende Kriterien: a) *Tradition:* Die Werke müssen in der Überlieferung (Literaturgeschichte und DU) Bedeutung gewonnen haben. b) *Gegenwartsbezug:* Die Texte müssen noch heute virulent sein. c) *Repräsentanz:* Sie müssen unterschiedliche Gattungen und Epochen repräsentieren. (Man bemerkt natürlich das Fehlen bestimmter Epochen: Naturalismus und Expressionismus kommen bei MÜLLER-MICHAELS ebensowenig vor wie im traditionellen Kanon.) d) *Sprache:* Sie müssen sprachlich interessant und anregend sein. (Andernorts nennt MÜLLER-MICHAELS als Kriterien „einen hohen Komplexitätsgrad [...], sowohl was die Realitätsbezüge wie auch die Problemdichte und schließlich die Durchstrukturierung angeht“ sowie die „Unabschließbarkeit“, die die Werke „in Gesprächen, auch früherer Generationen“ erwiesen haben, und am Beispiel von Kellers ***„Romeo und Julia auf dem Lande“*** erläutert er die Kriterien *Exemplarität, Potentialität* und *Aktualität.* MÜLLER-MICHAELS 1990:531, 534. Ausführlicher in BARNER, W. u.a. 1990.) – Allein mit Hilfe dieser Kriterien käme man natürlich nicht zwingend zu den genannten Werken, und vor allem käme man noch zu vielen anderen. Deshalb dürfte ein weiterer Gesichtspunkt eine Rolle spielen: Wie kommt der Text bei den Schülern an? (Punkt b bezieht sich ja nur auf eine grundsätzliche Bedeutung der Texte, nicht auf ihre konkrete Bedeutung für heutige Schüler bzw. für die Schüler eines bestimmten Kurses.) Angedeutet wird dieser Aspekt in einer Nachbemerkung von MÜLLER-MICHAELS: Sein Kanon sei schon jetzt korrekturbedürftig, und zwar „aus Bedürfnissen der Unterrichtsziele und denen der Schüler!“. Die vermutliche Wirkung des Textes müßte bei der Auwahlentscheidung aber von vornherein ein wesentlicher Gesichtspunkt sein; dabei darf man nicht die Bedeutung, die ein Text für den Lehrer hat, gleichsetzen mit derjenigen, die er für die, sagen wir, dreißig Jahre jüngeren Schüler hat. Und natürlich ist eine Argumentation wie die folgende kurzschlüssig: „Eine neuerliche Entscheidung für ‚Wilhelm Tell‘ fällt allein deshalb wieder leichter, weil Aufführungen 1941 und 1989 [...] den Bürgermut, wenn auch nur für Stunden, ermuntert haben“ (MÜLLER-MICHAELS 1990:533): Wenn ***„Wilhelm Tell“*** im Theater auf Erwachsene Eindruck macht, heißt das mitnichten, daß der Text Jugendliche in der Schule beeindruckt oder auch nur im mindesten anspricht.

3. Die Werke stehen zunächst einmal isoliert da, sie sind weder thematisch noch formal in Unterrichtssequenzen eingebunden. Hierin erweist sich das Kanon-Prinzip als prinzipiell verschieden vom Lehrgangsprinzip, wie es heute für Oberstufenkurse typisch ist. Nur bei HEINES ***„Wintermärchen“*** werden Anschlußtexte genannt (Lyrik der Romantik, BIERMANN).

Demgegenüber fordern z. B. die „Richtlinien für die gymnasiale Oberstufe“ von Nordrhein-Westfalen (1982): „Kursentwürfe genügen erst dann der Forderung nach Sequentialität, wenn sie eine in sich schlüssige Kursfolge darstellen. In diesem Zusammenhang haben die im folgenden dargestellten Verknüpfungsprinzipien ihre Bedeutung. [...] Solche Verknüpfungsprinzipien sind:

- Orientierung an Kommunikations- und Verstehensprozessen,
- Orientierung an Problemen,
- Orientierung an historischen Zusammenhängen,
- Orientierung an Textarten und Gattungen,
- Orientierung an Verfahren und Methoden.“ (S. 88f.)

Früher lebte der Kanon von der Annahme, daß die ausgewählten Werke selbst in einer inneren Beziehung zueinander stehen, daß sie einen Traditionszusammenhang bilden, der Verbindlichkeit beansprucht, so daß es keiner der im Lehrplan genannten „Orientierungen“ bedarf. Solch ein innerer Zusammenhang ist bei MÜLLER-MICHAELS’ Kanonvorschlag allerdings nicht erkennbar. Wenn überhaupt Beziehungen zwischen den Texten hergestellt werden, so betreffen sie Äußerliches: Gegenüber der „geschlossenen Form“ des ***„Wallenstein“*** repräsentiert der ***„Woyzeck“*** eine „offene Form“; bei den ***„Buddenbrooks“*** lernen die Schüler einen „neuen Erzählstil“ kennen (womit hier verglichen wird, bleibt unklar, da der Kanon ja noch keinen anderen Erzähltext enthielt); BRECHT hat den ***„Kreidekreis“*** selbst mit SHAKESPEARE (Hamlet?!) und ***„Faust“*** in Beziehung gebracht.

Der Verlust an Verbindung und Verbindlichkeit, an normativer Kraft, ist nun freilich nicht MÜLLER-MICHAELS vorzuwerfen, vielmehr ist er die Folge des Zerfalls eines bürgerlichen Bildungsideals, dessen Ausdruck dieser Kanon einmal war. Zurück bleiben einzelne Werke, für die, wie der NRW-Lehrplan zeigt, ein spezieller didaktischer Zusammenhang hergestellt wird, d. h., die Werke werden von vornherein unter einem bestimmten Aspekt behandelt. Ein erneuertes Kanon-Prinzip hält sich demgegenüber an die einzelnen Werke, nagelt sie nicht didaktisch fest, sondern hält sie offen für unterschiedliche Erfahrungen und Einsichten und formuliert ihren „bildenden“, nämlich auf die Gegenwart und Zukunft der Schüler verweisenden, Wert allenfalls hypothetisch: „Wenn also die Schüler am ‚Faust‘ z. B. den Wissensekel diagnostizieren, den Schüler lächerlich machen, über die Grenzen des Gebrauchs mephistophelischer Mittel diskutieren und Fausts Alterswerk bewundern, dann hat das Gespräch über eine gemeinsame vernünftige Zukunft schon begonnen“ (MÜLLER-MICHAELS 1982:599). Daß das Kanon-Prinzip prinzipiell unverträglich ist mit heute gültigen Selbstverständlichkeiten, darauf hat THIEL in einer Replik aufmerksam gemacht. Gegen die seines Erachtens beliebige Zusammenstellung einzelner Werke verlangt er: „Vor allem muß sichergestellt werden, daß der Deutschunterricht nicht nur von bestimmten Werken her konzipiert wird. Vielmehr muß ein Weg gefunden werden, auf dem die thematische Konzeption von Kursen und Unterrichtseinheiten innerhalb der Kurse erhalten bleibt.“ Und dann stellt er eine

Frage, die wohl als suggestive oder gar rhetorische gemeint, m. E. aber durchaus ernstzunehmen ist: „Stehen bei einer Konzeption des Deutschunterrichts an erster Stelle die literarischen Werke oder aber die Lernziele und Fragestellungen?" (THIEL 1983) Diese Alternative bestätigt, daß ein innerer Zusammenhang der Werke nicht mehr erkannt wird, so daß ein äußerer über „Lernziele und Fragestellungen" hergestellt werden muß, wobei die Werke zu Momenten der „Realisierungsstrategie" (KREFT) werden.

Resümee: Die drei Beispiele sind hier als unterschiedliche Typen für die Lösung des Problems der Textauswahl vorgestellt worden. Tatsächlich spielen bei der Lektüreauswahl in der Regel alle drei Gesichtspunkte zugleich eine Rolle, wenn auch mit unterschiedlichem Gewicht:

- Man berücksichtigt die literarische und pädagogische Bedeutung des Textes (Beispiel 3: *Kanon-Prinzip*),
- man schätzt die Kompetenzen der Schüler im Hinblick auf ihr Alter/ihre Entwicklung ein und überlegt, welcher Text sie fördern könnte (Beispiel 2: *entwicklungspsychologische Diagnose*), und
- man orientiert sich mehr oder weniger intuitiv am vorangegangenen Unterricht und den dabei erkennbar gewordenen Fähigkeiten und Defiziten der Schüler (Beispiel 1: *Unterrichtsbeobachtung*).

Damit sind zwar die Orientierungspunkte nicht erschöpft – es gibt z. B. noch den Gesichtspunkt der Umstände und Aktualität (ein Text wird gerade als Film oder im Theater dargeboten, oder er ist dominantes Thema der Feuilletons) oder den der Berücksichtigung eines Vorschlags der Schüler –, aber im Kern repräsentieren die drei Beispiele die in allen Textauswahlentscheidungen gegenwärtigen Momente Text, Schüler und Unterricht.

Erstes Kamingespräch: Literatur und Leben

Im vorangehenden Kapitel war von der „lebenspraktischen Indienstnahme der Literatur" als dem primären Ziel des LU die Rede. Derartiges ist keineswegs selbstverständlich: Sowohl die bekannte Trennung von Kunst und Leben als auch die bedenkliche Indienstnahme von Literatur als „Lebenshilfe" macht es nötig, diesen Punkt ausführlicher zu diskutieren. Dabei wird der Literaturbegriff zugrunde gelegt, der in Kapitel 3.3 erläutert wurde.

– Wie ein roter Faden ziehen sich zwei Gedanken durch Ihr Buch: Literatur sei „ästhetische Kommunikation", und sie habe „praktische" Bedeutung. Wenn ich ehrlich bin, verstehe ich gerade diese beiden Kernpunkte nicht so recht.
– Gut, daß Sie ehrlich sind! Mit Ihrem Unverständnis stehen Sie nämlich nicht allein. Man muß sich mächtig bemühen, um diese Gedanken zu kapieren, und immer wieder besteht die Gefahr, daß sie einem entschwinden. Sie sind ja nicht gerade populär. Womit soll ich beginnen?
– Mit dem Leichteren!
– Probieren wir es mit der „praktischen" Bedeutung von Literatur. Zunächst mal: Wir sind uns doch einig, was der Ausdruck „Literatur" bedeuten soll?
– Ich weiß, daß Sie ihn gern im engeren Sinn von „Dichtung" gebrauchen.
– Ja, gemeint ist „poetische Literatur". Darum also soll es gehen. Daß andere Literatur praktische Bedeutung hat, ist klar: Fahrpläne, Kochbücher, Fernsehzeitschriften werden benutzt.
– Und so soll auch poetische Literatur „benutzt" werden? Wozu?
– „Nutzen" ist natürlich ein mißverständlicher Begriff. Man denkt da an Utilitarismus: Verwendung einer Sache zu einem bestimmten Zweck unter Absehung von allen anderen Aspekten. Eine Schere ist wirklich nur zum Schneiden da. Aber wenn ich ein Bild an die Wand hänge?
– Zimmerschmuck! Dazu dient das doch!
– Ja, es dient dazu, aber es ist zugleich auch Ausdruck einer Lebensform. Ich bekenne mich damit zu meiner Zugehörigkeit zu einer bestimmten Art von Menschen und ...
– Was für Menschen denn?
– Eben solchen, die sich Bilder an die Wand hängen. Das ist ja nicht zwingend! In anderen Kulturen ist das nicht üblich. Und außerdem zeige ich ja auch mit der Art von Bild, das ich an die Wand hänge, meine Zugehörigkeit. Ich kann ja auch Poster an die Schranktüren kleben wie die Teenager.
– Ich merke schon, daß Sie mich so nebenbei aufs Feld des Ästhetischen ziehen.
– Das wollte ich eigentlich noch gar nicht. Mir geht es nur darum zu zeigen, daß vieles „im Leben vorkommt", also ganz alltäglich ist, was nicht streng

funktional oder zweckgebunden ist. Ich würde sogar sagen: Das meiste, womit wir es zu tun haben, ist nicht streng zweckmäßig. Am deutlichsten ist das natürlich im Hinblick auf andere Menschen.

– ?

– Wir können ja auch andere Menschen „benutzen", um irgendwelche Ziele zu erreichen. Aber das ist natürlich nicht der übliche Umgang. Trotzdem würden wir sagen: Andere Menschen sind uns nötig. Wir brauchen sie, aber wir verwenden sie nicht. Wir betrachten sie auch nicht einfach unter dem Gesichtspunkt ihrer Nützlichkeit.

– Einverstanden. Jedenfalls sollte es so sein! Aber was hat das mit unserem Thema zu tun?

– Ich versuche einfach, den Begriff „Lebenspraxis" zu verdeutlichen. Er ist ja heute im akademischen Bereich in aller Munde, aber man hat oft den Eindruck, daß er gar nicht recht verstanden wird. Praxis ist doch Handeln, und vielleicht wird klarer, was damit gemeint ist, wenn man auf „kommunikatives Handeln" hinweist. Mit Sprache tun wir etwas, das ist ja sattsam bekannt. Wir befehlen, bitten, informieren, fragen usw. Das ist aber eine andere Art von Handeln, als wenn wir einen Nagel in die Wand schlagen.

– Wieso eigentlich?

– Weil die Wand nicht reagiert – normalerweise jedenfalls nicht! Bei kommunikativen Handlungen sind wir dagegen auf die Reaktion des Partners angewiesen, und wir stellen sie schon bei unseren Äußerungen in Rechnung. Deshalb ist Kommunikation im allgemeinen Interaktion. Und mit „Praxis" ist im Unterschied zu „Technik" der ganze Bereich gemeint, in dem zwar gehandelt wird, aber nicht als Wirkung auf Sachen, sondern als Einwirkung auf Menschen.

– Und nun soll Literatur in diesem Handlungsbereich vorkommen? Denken Sie da an den Literaturbetrieb?

– Nein, gerade nicht. Der Literaturbetrieb, das sind die Rezensionen in der Zeitung, das „Literarische Quartett" im Fernsehen, das sind die Autorenlesungen, die Wettbewerbe, die Buchmessen usw. Das alles spricht nur eine Minderheit von Leuten an, vor allem die, die sich professionell damit beschäftigen. Natürlich auch eine gewisse akademische Bildungsschicht. Aber wir wissen doch, daß Lesen eine exklusive Tätigkeit ist, gewissermaßen eine Spezialpraxis.

– Jetzt bin ich ratlos. Wo soll denn Literatur sonst noch vorkommen? An die Schule denken Sie doch sicher nicht.

– Nein, tatsächlich nicht. Darauf kommen wir später noch. Woran ich denke, ist vielmehr so etwas wie der Abzählvers: Eene, meene, muh, und aus bist du.

– Literatur???

– Literatur! Warum nicht? Reim und Rhythmus sind vorhanden.

– Mir geht ein Licht auf!

– Auch Literatur!

– Wie bitte?

– Redewendungen, sprachliche Bilder, Metaphern: Das ist doch der Stoff, aus dem Literatur gemacht ist. Protoformen natürlich, aber bei ihnen sieht man am deutlichsten, wie Literarisches im Leben und der Alltagskommunikation angewandt wird. Eben gerade nicht von Literaturspezialisten oder einer kulturellen Elite, sondern von Lieschen Müller oder Otto Normalverbraucher.
– Was diese von Ihnen sogenannten „Protoformen" angeht, habe ich da noch Bedenken. Gar zu leicht verwischt sich der Unterschied zwischen Sprache überhaupt und Literatur. Am Ende behaupten Sie, daß aller Sprachgebrauch literarisch ist, und dann können Sie natürlich erklären, daß Literatur im Leben, oder wie Sie sagen: „in der Lebenspraxis" vorkommt. Aber das Problem haben Sie damit nicht aus der Welt geschafft. Zu groß ist doch der Abstand zu dem, was wir gemeinhin unter Literatur verstehen.
– Und der Abzählvers überzeugt Sie auch nicht?
– Schon eher. Aber ich sehe nicht, wo denn sonst Derartiges im Leben vorkommen soll.
– Wo immer geformte, gestaltete, fertige Sprache benutzt wird, um irgendetwas auszudrücken oder zu erreichen. Da sagt ein Junge, als er vom Ruderwettkampf erzählt: „Heute habe ich einen Krebs gefangen."
– Und was soll das heißen?
– Daß er sein Ruder nicht rechtzeitig aus dem Wasser gekriegt hat. Bildliche Rede also, gebunden an einen praktischen Zusammenhang, in dem sie für die daran Beteiligten völlig klar ist. In der bildlichen Rede steckt also mehr drin als nur die Wiedergabe eines Sachverhalts. Unüberhörbar ist ja der Vorwurf: Mensch, du sollst jetzt nicht Krebse fangen, sondern rudern! Der, an den sich der Vorwurf richtet, wird zwar lächerlich gemacht, aber durch die bildliche Rede wird zugleich Solidarität signalisiert: Du gehörst zu uns. Deshalb kann der Betroffene die Redewendung selbst gebrauchen, wenn er den Vorwurf erzählt. Noch indem er sein Versagen eingesteht, ist er stolz auf sich.
– Was hat das mit Literatur zu tun?
– Ich komme nochmal auf Redewendungen zurück, aber auch Sprichwörter: „Was Hänschen nicht lernt, lernt Hans nimmermehr." Das lesen wir nicht, das interpretieren wir nicht, das ist nicht Gegenstand von Unterricht, sondern: das gebrauchen wir. Beinlich spricht von einem „spielenden und handelnden Umgang mit dem Literaturgut", wenn er die Beziehung zur Literatur charakterisiert, die Kleinkinder haben. Neulich las ich von einem sehr gelungenen Unterricht in der zweiten Klasse: Da stellten sich die Kinder gegenseitig Rätsel. Sie schrieben sie auf und lasen sie vor. Die Lehrerin war froh, daß da geschrieben und gelesen wurde; aber den Kindern ging es gar nicht um diese Übung im Schriftgebrauch, sondern ums Rätselraten. Die Rätsel wurden nicht didaktisch eingesetzt, um irgendwelche Ziele zu erreichen, sondern hier ging es einfach darum, die Lösung zu finden. Die Lehrerin beteiligte sich natürlich am Rätselraten. Wenn das kein Beispiel für die praktische Verwendung von Literatur ist!

Und ich meine nun allerdings, daß es so etwas auch bei älteren Kindern und Erwachsenen gibt. Wir müssen es nur erkennen.
– Ich bin nicht recht glücklich. Sie sind mir schon wieder zu nahe an Alltagskommunikation und zu weit entfernt von Literatur. Den ***„Wilhelm Meister“*** und den ***„Woyzeck“*** und ***„Effi Briest“*** verwenden wir eben nicht in dieser Weise!
– Na, mal abwarten; immerhin hat GADAMER durchaus Hochliteratur im Auge gehabt, als er den Begriff „Anwendung“ oder „Applikation“ als Element des Verstehens rehabilitieren wollte. Ich versuche ja gerade, Ihnen Brücken zu zeigen, Bindeglieder zwischen Alltagskommunikation, wo wir Sprache einfach verwenden, und Literatur, die wir gar zu oft als ein Gegenüber betrachten, das „vermittelt“ werden muß. Also so ein Bindeglied sind natürlich auch Gelegenheitsgedichte, etwa wenn bei einer Hochzeit der Brautvater das Glas hebt und ...
– Schreckliche Machwerke meistens!
– Na und? Aber es ist Literatur, die *verwendet* wird!
– Scheußliche Reimerei, doch keine Literatur!
– Lassen wir den Streit um die Qualität! Ich suche nach weiteren Beispielen. Was halten Sie von Poesiealben?
– Dasselbe wie von den Hochzeitsgedichten. Mir wird schlecht, wenn ich hineinsehe. Und ich glaube auch nicht, daß Sie da ein gutes Beispiel für Ihre Sache haben; denn Poesiealben sind nur bei bestimmten Kindern und Jugendlichen in einem bestimmten Alter verbreitet. „Lebenspraxis“?
– Doch, doch! Auch wenn das, was da hineingeschrieben wird, oft nicht ernst gemeint ist: Ohne Zweifel wird hier Literatur *verwendet.* Vielleicht drückt sie nicht das aus, was derjenige wirklich meint, der den Vers oder Spruch da hineinschreibt, aber das ist auch keine Bedingung dafür, daß Literatur *praktisch* ist. Und wenn ich gerade „Spruch“ sage, fällt mir ein weiteres Beispiel ein: Die zahllosen Sprüche, die die Jugendlichen klopfen und die sie ständig neu erfinden: Das sind doch „einfache Formen“ im Sinne von JOLLES, also eben auch Literatur! Der Publikationsort dieser Literatur macht nur allzu deutlich, daß sie mitten im Leben sitzt – Mauern, Hauswände, Schultische.
– Miniformen, noch immer weit weg von der eigentlichen Literatur. Sie werden es nicht schaffen, mir zu zeigen, daß die Literatur im Leben vorkommt. Den Literaturbetrieb haben Sie als exklusiv gebrandmarkt, an die Schule wollen Sie gar nicht erst ran: Wo, bitte schön, finden wir Literatur im Leben?
– „Du gehörst zu mir wie mein Name an der Tür“. Keine Literatur?
– Wollen Sie mich auf den Arm nehmen? Schlagertexte als Literatur?
– Meinetwegen Trivialliteratur. ERNST BLOCH erkannte noch in der Kolportage den utopischen Vorschein. Im übrigen: Unter den Schlagertexten gibt es auch Geistvolleres als das, was Marianne Rosenberg hier trällert. Wo sind die Grenzen? Was gehört zur Literatur? Georg Danzer? Heinz Rudolf Kunze? Marius Müller-Westernhagen? Reinhard Mey? Franz Josef Degenhardt? Wolf Biermann? Keine Literatur?

– Nun gut, ich weiß ja, daß Sie sich auf den Qualitätsstreit nicht einlassen wollen.
– Jetzt noch nicht! Im Prinzip muß der Streit schon noch sein, oder sagen wir besser: Ausschließen möchte ich die Wertfrage nicht. Wir werden gar nicht drum herumkommen. Nur im Augenblick geht es mir noch immer darum zu zeigen, daß im Alltag, im Leben der Menschen, ja eben auch in Lieschen Müllers und Otto Normalverbrauchers Leben Literatur vorkommt, daß sie *verwendet* wird. Wir müssen erstmal davon wegkommen zu denken: Literatur spielt nur in der Schulzeit eine Rolle.
– Aber alle Untersuchungen zum Lesen und Literaturkonsum belegen das doch! Die Erwachsenen lesen viel weniger als die Schüler!
– Lesen, lesen! Wir dürfen bei Literaturrezeption eben nicht nur ans Lesen denken. Meine Beispiele beziehen doch gerade das Hören ein. Und Sie sollten auch ans Fernsehen denken – noch die albernste Seifenoper war zunächst ein Textbuch!
– Womit das Problem aber nicht aus der Welt geschafft ist. Vielleicht liest ja sogar Ihr Lieschen Müller, sie liest nicht nur die Bild-Zeitung, sie liest auch einen Arzt-Roman. Und sie hört sich Müller-Westernhagen an und Phil Collins. Aber die Literatur, um die es eigentlich geht, kommt in ihrem Leben nicht vor, die spielt überhaupt keine Rolle, die ist, wenn's hoch kommt, Bildungsgut.
– Bis Lieschen Müller einen Knacks bekommt, einen seelischen, und zum Gestalttherapeuten geht oder wenigstens in eine Frauenschreibgruppe, und dort darf sie dann Gedichte schreiben, womöglich nach Vorlagen aus dem ewigen Schatzkästchen der Poesie.
– Machen Sie sich lustig darüber?
– Ganz und gar nicht. Ich wollte nur ein weiteres Beispiel für die praktische Verwendung von Literatur geben: Die derzeitige „Schreibbewegung“ hat sich, abseits von Schule, Literatur wieder zu eigen gemacht. Da wird Literatur ganz einfach verwendet, benutzt. Und wenn man an die „Poesietherapie“ denkt, wird einem die praktische Funktion von Literatur vollends deutlich: Da ist ja unmißverständlich von der „heilenden Kraft“ der gestalteten Sprache die Rede. Heilung durch Poesie! Und nicht etwa Gegenstand von Literaturwissenschaft!
– Halten Sie die Poesietherapie etwa nicht für Scharlatanerie?
– Darüber will ich jetzt nicht rechten. Daß aber hier eine Form von praktischer Verwendung von Dichtung vorliegt, läßt sich doch nicht bestreiten.
– Es ist aber in allen Ihren Beispielen eine recht fragwürdige Art von Literatur, die da praktisch verwendet wird. Ich kann mir das bei wirklicher Hochliteratur, sagen wir: bei Literatur seit der „Geniezeit“ immer noch nicht vorstellen. ***„Iphigenie“*** als Mittel der Daseinsbewältigung? ***„Dantons Tod“*** als Therapie?
– So vielleicht nicht. Aber eine Szene fällt mir in diesem Zusammenhang ein. Kennen Sie ***„Cyrano de Bergerac“***?
– Dieses berühmte französische Theaterstück? Es ist ja gerade wieder mit Riesenerfolg verfilmt worden. Wollen Sie sagen: Die Verfilmung von Li-

teratur zeigt, wie lebenspraktisch sie ist? Wieder die Medien als Indiz für praktische Bedeutung?

– Das wäre gar nicht so abwegig. Ich will aber auf etwas anderes hinaus. Sie erinnern sich an den letzten Akt? Wie Cyrano im Herbstlaub unter dem Baum sitzt und auf den Tod wartet?
– Man vergißt es nicht, wenn man es einmal gesehen hat.
– Ja. Und nun erzählt der Literaturwissenschaftler ROBERT MINDER, wie der alte ALBERT SCHWEITZER ihn 1958 beim Hinaustreten aus seinem Haus in den Vogesen fragte: „Was ist das?" und dabei auf das am Boden liegende Laub deutete, und dann gab er selbst die Antwort: „Cyrano, cinqième acte."
– Was wollen Sie damit sagen?
– Daß nicht nur Lieschen Müller und Otto Normalverbraucher Literatur praktisch verwenden, sondern auch ALBERT SCHWEITZER ...
– ... der die Literatur natürlich in der Schule kennengelernt haben dürfte, jedenfalls geht es MINDER, wenn ich mich recht erinnere, doch gerade um den Einfluß, den Lesebücher ausüben!
– Und was besagt das? Für meine These, daß Literatur im Leben vorkommt, daß Menschen jeden Bildungsniveaus sie damals wie heute verwenden, ist es doch unerheblich, woher sie ihre Kenntnisse haben, ob aus den Medien, aus der Schule oder sonstwoher, meinetwegen von der Großmutter, die Märchen vorgelesen hat. Habe ich Sie endlich überzeugt?
– Ich gebe Ihnen zu, daß Literatur (in einem sehr weiten Sinn! über die Qualitätsfrage müssen wir ja noch streiten!) im alltäglichen Leben vorkommt. Sie mögen das als „verwenden" bezeichnen. Aber wieso nennen Sie das „praktische" Funktion? Man hört sich Schlager an, man spricht Sprichwörter nach, man verwendet Redewendungen, man äußert sich bildlich, man gebraucht Zitate, na und?
– Na und? Wenn wir auf solche Literatur zurückgreifen, begeben wir uns in einen Traditionszusammenhang. Wir stellen eine Beziehung her zwischen unseren eigenen Erfahrungen und denen, die in der Literatur ausgedrückt sind, mehr noch: Wir drücken unsere eigenen Erfahrungen mit den Worten anderer aus. „Ich habe einen Krebs gefangen": Wir leihen uns die Formulierungen aus der Tradition, in die wir uns damit zugleich stellen! Die gestaltete Sprache hat dabei den Vorzug, das, was wir sagen wollen, bündiger und intensiver auszudrücken. „Everything I do I do it for you": Wegen Reim, Assonanz und Rhythmus klingt das einfach besser als „Alles was ich tu, tu ich für dich". „Let's spend the night together, now I need you more than ever" – übersetzen Sie das mal!
– Sie haben eine Vorliebe für englische Schlager?
– Literatur ist unteilbar. Man kann Beispiele in jeder Sprache finden. Aber da ich an junge Leute hier in Deutschland denke, fallen mir spontan besonders englische Beispiele ein. Es ist ja nicht so, daß die Jugendlichen bei Schlagern die Texte überhaupt nicht wahrnehmen. Oft stehen sie auf den Plattenhüllen, und es gibt ja auch ganze Songbooks mit den Texten.

Worauf es mir aber eigentlich ankommt: Mit Hilfe und eben unter *Verwendung* von Literatur deuten und artikulieren wir unsere eigenen Erfahrungen. Wir verstehen uns selbst, vor allem unsere diffusen Gefühle und vagen Vorstellungen mit Hilfe nicht nur von Sprache allgemein, sondern eben von literarischer Sprache, von Literatur. Wir verallgemeinern unsere Erfahrungen, wir entprivatisieren sie. (Andere ästhetische Medien wollen wir einmal unberücksichtigt lassen.)

- Sie sehen ja hoffentlich die Gefahr, die darin besteht – falls Sie überhaupt recht haben!
- Daß man im Leben Romane nachspielt wie Don Quichote?
- Soweit wollte ich gar nicht gehen. Aber deuten wir denn unsere Erfahrungen richtig, wenn wir sie mit Zitaten aus der Literatur ausdrücken? Und vor allem: Kann nicht Literatur, wenn sie so „praktisch" verwendet wird, auch alle möglichen idiotischen Einstellungen und Strebungen unterstützen? Nationalismus? Fanatismus? Chauvinismus? Rassismus? Quietismus?
- Glücklicherweise sagen Sie nur „unterstützen" und nicht etwa „hervorbringen". Ich hatte schon Angst, Sie würden nun der Literatur gar zuviel zutrauen, nachdem Sie ihr endlich überhaupt etwas zutrauen. Aber Sie haben ganz recht: Natürlich ist es nicht gleichgültig, zu welcher Literatur die Leute greifen, um ihr Selbstverständnis zu gewinnen und ihre Erfahrungen, Erkenntnisse und Bedürfnisse auszudrücken. *Jetzt* stellt sich die Frage, die Sie als Qualitätsfrage mehrfach in die Diskussion geworfen haben. Und jetzt endlich kommen wir dann wohl auch zur Aufgabe, die der LU in der Schule haben müßte.
- Und das wäre?
- Literatur zur Verfügung stellen, die sich zunächst einmal zur praktischen Verwendung hier und heute eignet – also daß man sie jemandem ins Poesiealbum schreiben kann, daß man sich darin wiederfindet, wenn man glücklich oder traurig oder zornig ist, daß man erkennt, daß die eigenen Erfahrungen so einzig nicht sind, sondern daß andere sie auch haben, aber darüber hinaus nun auch solche Literatur, die weiterführt und nicht bloß bestätigt. Literatur als Provokation – ist das nicht eine praktische Funktion?
- Es wäre eine. Aber wer läßt sich schon gern provozieren?
- Sie haben recht: Aus einem gesättigten, zufriedenen Zustand heraus greift man wohl kaum freiwillig zu Texten, die den Status quo in Frage stellen. Das geschieht vielleicht eher aus Zufall oder aus Versehen, etwa wenn der Fernseher einfach weiterläuft, als die ***„Marquise von O ..."*** gesendet wird, und man sich plötzlich mit der Frage beschäftigt, warum ihr Vater so hart zu ihr ist. Aber dieser satte, mit sich selbst völlig zufriedene Zustand dürfte wohl nicht der Normalfall sein. Der Normalfall ist eher, daß wir ambivalent denken und fühlen, also daß irgendwo in uns drin der Zweifel sitzt, ob es denn so richtig ist, wie wir leben und sind. Da lassen wir uns schon ganz gern mal provozieren und spielen wenigstens in Gedanken andere Möglichkeiten durch. Wir suchen ja in der Literatur gar

nicht immer nach Antworten, wir sind schon froh, wenn sie unsere Zweifel auf den Punkt bringt oder unsere Fragen artikuliert. Dabei werden Texte zu Sinnbildern für bestimmte Probleme, ***„Hänsel und Gretel“*** für die Trennung von den Eltern, der ***„Erlkönig“*** für Angst vor Verführung, ***„Nathan“*** für Toleranz, der ***„Faust“*** für den Wissensekel ...

- Das sind ja schreckliche Verkürzungen! Gerade gegen diese schlimme Reduktion der Texte auf irgendeinen vordergründigen „Sinn“ läuft die Literaturwissenschaft doch Sturm, und nicht erst seit sie sich „postmodern“ geriert.
- Da tut sie gut daran. Natürlich enthalten die Texte mehr, und die Probleme oder Themen, die ich da genannt habe, werden nicht so plakativ präsentiert. Das ist ja das Besondere an Literatur, und darin haben die Texte gerade ihre Größe, daß sie sich nicht auf ein Schlagwort oder ein Sinnbild reduzieren lassen. ***„Faust“***, das ist eben auch der Pakt mit dem Teufel, das ist auch die Zerrissenheit der Seele, das ist auch die Gretchentragödie. Und trotzdem ist diese Reduktion zunächst einmal nötig. Es ist die Art – vielleicht nicht die einzige –, in der wir uns Texte bei erster Lektüre oder beim ersten Sehen aneignen. Ohne solche verkürzende Aneignung, solche Reduktion, solche „Assimilation“, wie man mit PIAGET sagen könnte, sind uns die Texte fremd und uninteressant.
- Aber leider bleibt es ja meistens bei solch schlagwortartigem Verständnis. Da wird der ***„Wallenstein“*** mit Insubordination identifiziert, ***„Hamlet“*** ist die Geschichte von einem, der vor lauter Denken nicht zum Handeln kommt, ***„Romeo und Julia“*** ist die Tragödie der Liebenden, die aus zwei feindlichen Lagern stammen, ***„Homo faber“*** die Geschichte von einem, der alles mit technischem Kalkül machen zu können glaubt usw. Die von Ihnen gemeinte „praktische Verwendung“ von Literatur liefe also darauf hinaus, bestimmte reale Lebenssituationen durch Etikettierung zu interpretieren, und solche Etikette würde die Literatur liefern.
- Sie haben auf das wohl berühmteste Beispiel solcher Verwendung verzichtet: ***Ödipus***. FREUD hatte keine Hemmung, zur Kennzeichnung einer realen Situation sich der Literatur zu bedienen.
- Was die Altphilologen bis heute bedauern: FREUD hat die Ödipus-Sage völlig mißverstanden.
- Das bestätigt nur, was ich meine. Er hat den „Ödipus“ subjektiv rezipiert und ganz subjektiv darin ein Muster gefunden, das er bestimmten Erfahrungen zugrunde legen konnte. Ich meine, es wäre viel gewonnen, wenn wir als Kulturgemeinschaft in der Lage wären, unsere Erfahrungen in solcher Weise zu deuten: „Aha, das ist ja wie in der ***‚Blechtrommel‘***!“, „Aha, wie ***‚Katharina Blum‘***!“ „Ganz wie ***‚Die Entdeckung der Langsamkeit‘***!“ Und dann würde jemand fragen: „Aber warum denn ***‚Katharina Blum‘***? Da geht's doch um was ganz anderes!“ Das heißt, wir würden unsere Realerfahrungen artikulieren, interpretieren und aufklären durch Konfrontation mit literarischen Texten. Die Kritik an vereinfachenden Literaturdeutungen wäre dann zugleich Kritik an simplifizierenden Daseinsdeutungen.

– Das ist vollkommen utopisch. Über solche Literaturkenntnis verfügt nur eine kleine Bildungselite. Wir können uns nicht verständigen, indem wir uns auf Literatur beziehen. Das wirkt eher arrogant und exklusiv: Guckt mal, was ich alles kenne.
– Völlig richtig. Offenbar gibt es eine Literatur, die praktisch, aber unkritisch verwendet wird, dazu würden vor allem eindimensionale Fernsehserien und Schlager gehören, und eine vieldimensionale Literatur, die studiert und nicht praktiziert wird, und das wäre die sog. „Hochliteratur". Nun fragt es sich, was die Bildungsinstitutionen, vor allem die Schule, eigentlich tun, um daran etwas zu ändern.
– Was sollten sie denn tun?
– Es gibt ja Ansätze, wo auch die Hochliteratur praktisch verwendet wird. Das bekannteste sind Theateraufführungen: Ein Text wird interpretiert, indem er gespielt wird. Gerade von neueren Regisseuren wissen wir, wie unendlich subjektiv, plakativ, einseitig solche Textaneignungen sein können. Bei Schüleraufführungen geht es da meistens braver und biederer zu.
– Aber wie könnte Ihre „praktische Verwendung" bei anderen Gattungen aussehen? Lyrik? Erzählung?
– Bei Lyrik ist es doch ganz klar: Sie muß gesprochen werden.
– Konkrete Poesie?
– Natürlich dominiert nicht bei aller Lyrik das Akustische. Visuelle Poesie muß eben graphisch präsentiert werden. „Praktische Verwendung" hieße hier: Ausstellung, Wandzeitung, Lyrik-Leine in der Klasse usw. Aber ansonsten muß Lyrik klingen. Vertonung ist auch so eine praktische Verwendung. Oder man schreibt seinerseits ein Gedicht als Antwort auf ein vorliegendes. Methodische Möglichkeiten gibt es genügend. In Japan macht man angeblich Tankas als Gesellschaftsspiel.
– Und bei Erzähltexten?
– Vorlesen ist auch hier nicht schlecht; ERIKA ESSEN hat es noch für die Oberstufe empfohlen. Man kann ja Auszüge vortragen und dann durch zusammenfassende Zwischentexte den Umfang reduzieren. Bekannt ist auch die Transformation in ein anderes Medium, also den Text in eine Bilderfolge umsetzen oder ihn als Spielszenen oder Film wiedergeben.
– Zugegeben: Es gibt eine Menge Möglichkeiten. Ich glaube, ich habe jetzt auch verstanden, was Sie mit dem Praktischwerden von Literatur meinen. Sie zielen in eine Richtung, in der man das Wort „Odyssee" gebraucht, wenn man von einer langen und beschwerlichen Irrfahrt berichten will.
– Oder von einer „Köpenickiade", von einem „Schildbürgerstreich", einer „Eulenspiegelei". Man sagt auch „Tja, Kleider machen eben Leute." Wir benennen gar nicht so selten unsere Erfahrungen mit Literarischem. Es stimmt nämlich nicht, daß wir immer nur unsere Erfahrungen in die Literatur hineinprojizieren, es gibt auch das Umgekehrte. Früher war das „Buch der Bücher" natürlich der Fundort für solche Lebensdeutungen. Noch heute spricht man von einer „Jeremiade", wenn man sich ein Gejammer anhören muß.
– Gut, man spricht auch von einer „Hiobsbotschaft". Zugegeben, daß die

Bibel in unserem Kulturkreis früher ganz schlicht zum Ausdrücken und Deuten von Alltäglichem benutzt wurde so wie bei den alten Griechen der „Homer“. Das ist ja typisch für traditionale Gesellschaften! Aber ich habe noch zwei Fragen. Erstens: Wird nicht die Hochliteratur bei dieser Indienstnahme trivialisiert – das geschieht doch auch auf unseren Bühnen laufend! Und zweitens: Cui bono? Wozu das alles? Steht nicht gerade hinter den methodischen Arrangements in der Schule das alte Postulat: Literaturunterricht muß sein, erfindet gefälligst Motivationen!

– Mit der ersten Frage spielen Sie auf die Trennung von Kunst und Leben an, die sich seit Ende des 18. Jh. vollzogen hat. Die Kunst hat sich auf Kosten ihres Bezugs zum praktischen Leben „emanzipiert“. Sie hat ihre Freiheit gewonnen, indem sie sich von der Gesellschaft gelöst hat. Zurückgeblieben sind die Trivialliteratur und der Kulturbetrieb als besonderer Bereich. So weit die Diagnose, über die ja wohl Einigkeit zwischen uns besteht. Nun glaube ich allerdings nicht, daß die Trennung gewissermaßen auf der gleichen Ebene passiert ist, daß sich die Kunst also neben die Gesellschaft gesetzt hat, sondern daß sie sich weiterentwickelt hat (Sie wissen ja, daß ich dem Entwicklungskonzept anhänge) und das gesellschaftliche Leben in vielen Bereichen auf derselben Stufe stehengeblieben ist. Deshalb verstehe ich die methodischen Möglichkeiten, die ich erwähnt habe, nicht als Brücken, sondern eher als Leitern. Es gibt doch – das behaupte ich jetzt mal – bei einer gar nicht so geringen Zahl von Schülern in der Sek. II das Bedürfnis, diese Leitern zu erklimmen, also sich mit Hochliteratur zu beschäftigen, und zwar gerade, um sie anzuwenden auf sich selbst, auf die eigenen existentiellen und sozialen Erfahrungen. Der Hesse-Boom war ja ein besonders deutliches Beispiel dafür.

– Abschreckend! HESSE war doch nur so beliebt, weil er sich besonders zur Trivialisierung eignet. ***„Steppenwolf“***: Eine Pop-Band!

– Wir können den Begriff „Literatur“ natürlich so exklusiv fassen, daß wirklich kaum noch ein Schüler rankommt. Wenn wir ihn auf ***„Ulisses“*** und den ***„Mann ohne Eigenschaften“*** beschränken, können wir die Interessenten dafür mit der Lupe suchen. Nein; das Entscheidende ist, daß wir die Schüler bei ihrem Versuch, Literatur *praktisch* zu verwenden, unterstützen und nicht die Texte generell zu einem Unterrichtsgegenstand und Wissenschaftsobjekt machen, das seziert werden soll.

– Also keine Analyse mehr? Und wohl auch kein Unterrichtsgespräch?

– Beides hat seinen Sinn; gerade die praktische Verwendung von Literatur muß im Unterricht auch problematisiert werden. Aber das ist nun wirklich ein zu weites Feld. Ich bin Ihnen ja noch eine Antwort auf Ihre zweite Frage schuldig: Cui bono? Was bringt's den Schülern eigentlich? Warum soll man Literatur an sie herantragen? Ich glaube, die Antwort muß dieselbe sein wie bei Ihrer allerersten Frage. Sie erinnern sich? Sie fragten nach dem Begriff „ästhetische Kommunikation“. Darüber müssen wir uns noch verständigen. Aber ich fürchte, das kostet uns wieder einige Zeit und Anstrengung. Deshalb schlage ich vor, unser Gespräch für heute zu beenden. Treffen wir uns morgen abend wieder am Kamin?

– Einverstanden. Ich sammle morgen beim Spazierengehen ein bißchen trockenes Holz.
– Und ich ein paar Ideen. Gute Nacht!

4 Zur literarischen Entwicklung

Es ist zum Topos geworden, daß der Unterricht die Schüler dort abzuholen habe, wo sie sind. Dazu bedarf es der Empirie. Wann befinden sich die Schüler wo? Gibt es eine „literarische Entwicklung", woran ist sie zu erkennen, und wovon hängt sie ab?

4.1 Schematische Einteilungen

Wo und wann immer versucht wurde, die Textauswahl mit Rücksicht auf die Entwicklung der Schüler zu begründen, griff man auf psychologische Phasen- oder Stufentheorien zurück. Diese unterstellen eine Veränderung der Lesemotive, -interessen und -fähigkeiten, wofür sowohl interne Faktoren (Reifung) als auch externe Einflüsse (Umwelt) verantwortlich gemacht werden. Die literarische Entwicklung wird dabei in Abhängigkeit von sprachlicher („Kindesmundart", B. OTTO 1908), vor allem aber kognitiver, soziomoralischer und ästhetischer („Erlebnisweise" und „Phantasie") Entwicklung gesehen, und die einzelnen Theorien unterscheiden sich nicht zuletzt danach, welches Gewicht dem jeweiligen Bereich gegeben wird.

Ausgangspunkt der bis heute diskutierten Phasenmodelle war die Überzeugung, daß die literaturgeschichtliche Entwicklung eine Parallele in der literarischen Entwicklung des Individuums habe. Man konnte sich auf GOETHE berufen („Die Jugend muß doch immer wieder von vorn anfangen und als Individuum die Epochen der Welt-cultur durchmachen", zu Eckermann am 17. 1. 1827) und an ERNST HAECKEL anknüpfen („Die Ontogenesis ist eine kurze und schnelle Rekapitulation der Phylogenesis", Die Welträtsel, Leipzig 1899), wenn man Phasen der Literaturgeschichte auf das Individuum übertrug. ERNST LINDE (1927) kam auf diese Weise zu einer Dreiteilung: Auf eine *Märchenstufe* folgt eine *Sagenstufe* und schließlich eine *Wirklichkeitsstufe* (die Stufe der „neuzeitlichen Wirklichkeitserzählung"). Zwar ist eine solche an literarischen Gattungen festgemachte Dreiteilung sicherlich zu grob und literaturgeschichtlich wie biographisch unhaltbar, aber es liegt ihr doch ein zukunftsweisender Gedanke zugrunde: In der Literatur spiegelt sich das Weltbild einer Epoche, und das Denken und Urteilen der Kinder und Heranwachsenden hat auch jeweils die Struktur eines eigenen Weltbildes (PIAGET: Das Weltbild des Kindes, 1926).

Eine der bekanntesten Einteilungen von Phasen literarischer Entwicklung stammt von CHARLOTTE BÜHLER (1922). Sie unterschied vier Stufen (HELMERS [1966:366] beschränkt sich in seiner Wiedergabe auf die beiden für die Schulzeit wichtigsten Stufen, die 2. und 3.):

1. Das *Struwwelpeteralter:* 2.–4. Lebensjahr. In dieser „Vorperiode" (unterschieden von der nächsten Phase, der „ersten literarischen Periode") nehmen die Kinder Literatur übers Ohr auf: Lieder, Reime, dann auch kurze

moralische Erzählungen (Struwwelpeter!), die mit den Ereignissen des täglichen Lebens zu tun haben (Essen und Trinken, Spielen, Schlafengehen). Die Kinder sind unmittelbar angesprochen und sprechen oder singen die Texte oft mit.

2. Das *Märchenalter:* Die Altersangaben unterscheiden sich nach dem Milieu, in dem die Kinder aufwachsen: In geistig anregender Umgebung zwischen 4.–8., sonst 6.–12./13. Lebensjahr; Höhepunkt bei den 8–10jährigen, danach verlieren Märchen bei Stadtkindern rasch an Interesse. Die Märchen (gemeint sind die Grimmschen) werden von den Erzählern zunächst noch eng an das Leben der Kinder angeschlossen („ein kleines Mädchen, so alt wie du ..."), aber die Kinder sind nicht mehr selbst die Akteure (wie bei Liedern oder Reimspielen), sondern sie versetzen sich in die Märchengestalten und unterscheiden damit erstmals reale und fiktive Welt.

3. Das *Robinsonalter:* 9.–11./12. Lebensjahr. Typisch sind das Interesse an Realismus und die Begeisterung für Helden. Die Altersüberschneidung macht deutlich, daß das Grimmsche Märchen noch weiterhin eine Rolle spielt, aber hinzu kommen Kunstmärchen (vor allem Andersen), Märchen aus Tausendundeine Nacht, Robinson Crusoe, Lederstrumpf, Eulenspiegel, Münchhausen usw.

4. Das *Heldenalter:* 12.–15. Lebensjahr. „Ich glaube, daß dem Robinson- als erstes das Heldenalter folgt. Aus dem praktisch Tüchtigen wird wieder ein idealer Held, ein Draufgänger, furchtlos und mutig wie Siegfried, weniger klug als edel" (BÜHLER 1922:25).

SUSANNE ENGELMANN (1952) unterschied die Entwicklungsstufen durchgängig mit Hilfe literarischer Gattungsbegriffe. So nannte sie die dem Bühlerschen „Heldenalter" entsprechende 4. Stufe *„Dramen- und Balladenalter"* und fügte noch eine weitere Stufe hinzu:

5. Das *lyrische und Romanalter:* 15.–20. Lebensjahr. Bei den Mädchen, auf die sich ENGELMANN bei der Festlegung dieser Phase stützt, beobachtete sie ein Umschwenken von Balladen zu lyrischen Gedichten, von Dramen zu Romanen.

BÜHLERS Versuch einer Theorie literarischer Entwicklung war bahnbrechend, er ist aber methodisch und in den Ergebnissen überholt. Methodisch verfuhr BÜHLER so, daß sie bestimmte Bücher oder Texte (z. B. einige von Grimms Märchen), die Kinder eines bestimmten Alters bevorzugten, auf ihre Struktur hin untersuchte und von dieser Textstruktur auf die seelische Gesamtverfassung der Heranwachsenden schloß. Problematisch ist diese Bindung an gewissermaßen „Prototypen", fragwürdig sind die Verallgemeinerungen, unberücksichtigt bleiben vor allem die Einflußfaktoren (so dürfte das „Märchenalter" unter anderem darauf zurückzuführen sein, daß man den Kindern keine andere Literatur anbot), weitgehend unberücksichtigt bleiben auch Geschlechtsunterschiede. BEINLICH (1970:898) freilich überzieht seine Kritik: „Dem Vorzug der Einprägsamkeit der Bühler-Engelmannschen Begriffe steht der Nachteil gegenüber, daß sie nicht ‚stimmen'. Die Kennzeichnung einer Lesephase durch ein Buch oder auch eine Gat-

tung war entweder von vornherein schief (Märchen) oder ist nicht vielsagend genug (Struwwelpeter, Robinson). Nur 12 von 42 Knaben einer Sexta hatten z. B. Robinson gelesen." Nun hatte BÜHLER natürlich nicht gemeint, daß die Mehrzahl der Kinder das bestimmte Buch, das als Etikett für die Stufeneinteilung dient, gelesen haben müßte, sondern es steht nur für den Typus. Deshalb verwundert es nicht, daß die allgemeinsten Entwicklungslinien, auf die BÜHLER aufmerksam gemacht hat, auch in späteren ähnlich verfahrenden Untersuchungen weitgehend bestätigt wurden; dabei verzichtet man allerdings lieber auf die Etikettierung der Phasen mit bestimmten Werken. So unterscheidet z. B. MAIER (1969)
„etwa 2.–5. Lebensjahr: literarische Frühphase
etwa 5.–8. Lebensjahr: märchenhafte Lesephase
etwa 8.–11. Lebensjahr: realistische Lesephase
etwa 11.–14. Lebensjahr: abenteuerliche Lesephase
etwa 14.–17. Lebensjahr: Phase der literarischen Reifung"
(nach BEINLICH 1973:199).

BEINLICH (1973:194–199) hat selbst eine ausführlicher erläuterte Einteilung in fünf Phasen vorgenommen, wobei er auch auf die „Eigenproduktionen" der Kinder eingeht, also neben der Rezeption auch die Produktion berücksichtigt:

2–5 Jahre (frühe Kindheit): „Das literarische Erleben ist an das klingende Wort gebunden. Gegenstand ist allein das mit der engsten Lebenswelt des Kindes Zusammenhängende. – Bevorzugte Texte: Versbilderbücher, Kinderreim, -lied, -gebet, kleine Geschichten von Kindern und Tieren." „Wahllos wird zunächst alles angesehen, nachgesprochen, nachgesungen (Schlager, Reime)." Typisch ist die Lust am häufigen Wiederholen desselben. Was die „Eigenschöpfungen" angeht, so verdrehen die Kinder Wörter oder erfinden neue, spielen mit Reimen und erfinden Erlebnisse.

5–8 Jahre (mittlere Kindheit): „Alter eines noch ungeschiedenen magischen Realismus. Die Sphären des Wunderbaren und der Realität werden nur fallweise als verschieden erfahren. Aber die eigene Illusionswelt nimmt das Kind nicht mehr bedingungslos als wortwörtlich ‚wirklich'. In steigendem Maße werden Realerfahrungen an Sachen, Dingen und Menschen eingesammelt und, zunächst nach Lebensgebieten verbunden, mehr assoziativ gemerkt. Das Menschenbild ist strichhaft, einförmig, auf Kontrastierung angelegt." Bevorzugt werden jetzt „Märchen mit mehr magischem, aber auch andere mit mehr realistischem Einschuß. Realistische, aber auch magisch durchwobene Umweltgeschichten. Legenden, einfache Volkssagen, Reime, Gedichte, Lieder, Lesebücher aller Art, Fibeln. Kleine Rollenspiele, schlicht darstellendes Spiel, Spiel mit Figuren, auch Handpuppen. Kinderfunk." Die Kinder seien anfällig für kräftig auftragenden Kitsch, und: „Mit den Tier- und Kinder-Burlesken der Comics setzt der Schund ein." Bei den eigenen Schöpfungen der Kinder konstatiert BEINLICH in diesem Alter eine Reimwut und eine ausgeprägte Lust am Fabulieren.

9–12 (w)/13(m) Jahre (reife Kindheit und Vorpubertät): „Eine realistisch gewertete, rational geordnete, lebenspraktisch dominierende Vordergrundswelt wird stark ausgebaut. Dahinter steht eine pseudorealistisch getarnte bzw. verheimlichte phantastisch-magische Hintergrundswelt, die ihre Ansprüche kräftig behauptet. Beide Geschlechter sind dynamisch, selbstsicher, kraftgeladen und können sich im äußeren Gehaben fast gleichen. Das Menschenbild ist additiv, typisierend, unpsychologisch. Beide Geschlechter schätzen überwiegend den vitalen ‚ganzen Kerl' als Leitbild. Beim Knaben kann der homo faber, beim Mädchen der soziale Typus hinzukommen. [...] Häufig zeigt sich eine echte Lesewut. Sie kann in Wellen auftreten und sich auch durch die Pubertät erstrecken. Der ganz überwiegende Teil des Lesegutes ist bei beiden Geschlechtern gleich beliebt oder ungefragt. An der Spitze stehen alle Arten des Abenteuerbuches und des fälschlich so genannten Jungenbuches. Viele Mädchen lesen daneben auch gern Mädchenbücher, wenige lesen sie allein. Es ist die typische Zeit der Jugendzeitschriften. Unbearbeitete längere Dichtung (für Erwachsene) wird nicht angenommen. Lesebücher aller Art, auch Gedichte, darunter schon geeignete Balladen, sind beliebt. Darstellendes Spiel, Handpuppenspiel, Kinderfunk finden Anklang. Zeitung wird nur sporadisch und in enger Auswahl gelesen. Kunstmärchen, schwankhafte und Tiermärchen, Abenteuermärchen, orientalische Märchen, aber auch unbekannte europäische Volksmärchen und Märchen aus aller Welt haben viele Leser. [...] Knaben lesen bereits einzelne Sachbücher [...], benutzen Nachschlagewerke, lesen aber ganz selten Mädchenbücher. Mädchen mögen zwar das erlebnishaft gestaltete, nicht aber das reine Sachbuch und noch nicht das Nachschlagewerk. Sie lesen fast nie Kriegsbücher." Kritisch stellt Beinlich für dieses Alter fest: „Die Hoch-Zeit für Kitsch und Schund, wenn nicht positive Anregungen geboten werden. Das Poesiealbum geht reihum. Heftchen und Illustrierte florieren. Deftige Witze und zünftige Schlager stehen hoch im Kurs." Günstiger beurteilt er dieses Alter im Hinblick auf „Eigenschöpfungen": „Das spontane Hervortreten von Sprachspielen, Wortneubildungen und Ansätzen zu poetischen Versuchen ist selten geworden. Sprachnorm und Schule wirken sich aus. Im schriftlichen Gestalten zeigen bewußte Wortwahl, gewisse sprachliche Bilder und rhythmisierte Partien gestalterische Potenz und innere Bereitschaft. Gedichte schreiben und Geschichten erzählen mag man meistens gern, wenn Anregungen gegeben und Verschulung vermieden wird. Die Gestaltungsfreude ist offenbar."

Bemerkenswert ist Beinlichs Feststellung, das „Gros der Erwachsenen ist wegen der Milieubedingungen und des frühen Endes der Schulzeit ganz unstreitig auf etwa dieser Stufe des literarischen Lebens und der (auch literarästhetischen) Erlebnisfähigkeit stehengeblieben. Die potentiell entscheidenden Fortschritte der gesamtseelischen und der literarischen Entwicklung der nächsten Entwicklungs-‚Zonen' werden häufig nur andeutungsweise über den zuvor skizzierten Stand hinaus realisiert." So fragwürdig die Kennzeichnung der dritten Stufe auch sein mag, so interessant ist die Diagnose der Entwicklungsstagnation, des Abbruchs der literarischen Entwicklung für den Großteil der Jugendlichen schon auf diesem frühen Stand; dabei ist zu berücksichtigen, daß für die meisten Jugendlichen seinerzeit mit etwa 14/15 Jahren der Besuch der allgemeinbildenden Schule endete.

13/14–16/17 Jahre (Pubertät): „Leitbilder, extrem idealisiert, spielen eine ausschlaggebende Rolle. Personen des Schrifttums werden wie wirkliche Menschen genommen. Das Menschenbild zeigt nun beginnende psychologische Artikulierung." Zu erkennen ist ein „Drang zum Transzendieren von Welt und Menschenleben". Gelesen werde so ziemlich alles („eine neue Lesewut kann auftreten"), Jugendbuch, Abenteuerbuch, volkstümliche Dichtung, alle Bereiche der Erwachsenenliteratur, Kurzgeschichten (sie finden „bei rechter Hinführung erwiesenermaßen erklärtes Interesse"). „Insgesamt scheinen diese Lebensjahre die Prosa ausgesprochen zu bevorzugen (erster Höhepunkt für den historischen Roman). Damit vereinbar ist allerdings das Vollerlebnis für anspruchsvollere Balladen. Der Zugang zur Lyrik bahnt sich allmählich an. Das Drama als Bühnenspiel und Film wird begehrt. Vor dem Selbstspielen besteht nun eher Scheu." „Die Zeitung wird regelmäßig eifrig, aber betont auswählend gelesen (nun auch der ‚Roman'). Jugendzeitschriften sind noch im Schwang, verlieren aber gegen Ende des Zeitraumes völlig das Interesse, soweit nicht Teenager-Periodika den Platz besetzen." – An „Eigenproduktionen" konstatiert BEINLICH „Tagebuch, Album, stoßhafte kurze lyrische Produktion, wenig Prosaversuche, bei Mädchen nicht selten Märchenartiges." Die „ästhetische Erlebnisfähigkeit" sei nun „stark ausgeprägt, mindestens bei Körperlichem, Rhythmisch-Motorischem, bei Musik, bei Visuellem; im sprachlich-literarischen Bereich analog zu vermuten." An „unwertigem Literaturgut" werde nun neben Kitsch und Schund auch „jene Literatur" gelesen, „die Erotisches und Sexuelles unverhältnismäßig akzentuiert." – Zu erwähnen bleibt noch, daß sich in dieser Phase (der typischen Übergangsphase vom kindlichen zum erwachsenen Leser) die Jugendlichen in vier Gruppen trennen: „a) Nicht-(mehr-)Leser, b) Leser von ausschließlich nicht qualifiziertem Druckwerk oder von ausgesprochen Minderwertigem, c) Leser von gehobener Unterhaltungslektüre, volkstümlicher Dichtung und auch Kitschproduktion, d) relativ wenige Leser, die selbständig zur anspruchsvolleren Dichtung greifen."

16/17–21(w)/24(m) (Adoleszenz): Jugendliche dieses Alters verfügen über eine beständigere Persönlichkeitsstruktur. Typisch ist ein „idealischer Schwung, der heute offenbar ausgesprochen revolutionär geartet ist". Daneben zeigen sich „klar nüchtern-realistische Tendenzen. Personen werden nun über das Individuell-Einmalige hinaus als hochdifferenzierte, unverwechselbare Charaktere begriffen." Die Jugendlichen haben sehr unterschiedliche, aber recht stabile Leseinteressen. „Das Jugendschrifttum ist endgültig überwunden, mit Ausnahme einiger Klassiker der Weltliteratur. [...] Drama und Lyrik finden stärkstes Interesse. Biographien, biographische Romane, Entwicklungs- und Bildungsromane, psychologische Romane, aber auch modernste Prosa und zeitnahes, auch besonders gesellschaftskritisches Schrifttum sowie Sachbücher werden gewählt." Auch auf dieser höchsten Entwicklungsstufe wird „unwertiges Literaturgut" konsumiert: Es sind „nicht selten Kriminalroman, Sexliteratur und Frauenroman billigster Art Begleitlektüre". Jugendliche, die nicht „stagniert" sind, schreiben auch gern selbst und erringen „ihre relativ größten (meistens nur vorübergehenden) Erfolge".

Beinlichs Darstellung ist repräsentativ für den Stand der entwicklungspsychologischen und (in Abhängigkeit davon) der auf die literarische Entwicklung bezogenen Forschung und ihrer Wiedergabe in den 60er Jahren. Aus heutiger Sicht erkennt man deutlich ihre Mängel:

1. Es wird nicht zwischen inhaltlichen Vorlieben und strukturellen Möglichkeiten unterschieden; es werden empirische Regelmäßigkeiten konstatiert, aber es wird kein Versuch zur Rekonstruktion einer Logik der Entwicklung gemacht. Sowohl die Darstellung der seelischen Verfassung als auch der literarischen Neigungen bleibt an der Oberfläche. Die Darstellung ist insofern positivistisch, als sie sich an die manifesten Lesegewohnheiten und Vorlieben hält und nicht fragt, wie es dazu gekommen ist; vor allem wird der Einfluß, der durch Erwachsene auf die Leseinteressen der Kinder genommen werden kann, unterschätzt.
2. Da die Oberfläche ein buntes Bild bietet, sind die Aussagen häufig unverbindlich („es *kann* so sein – oder auch anders"), verallgemeinernd und wenig aussagekräftig („es wird häufig viel gelesen"); ja durch das Bemühen, auch die gegensätzlichsten Möglichkeiten noch zu erfassen, werden die Feststellungen bisweilen völlig nichtssagend (die Jugendlichen haben „idealischen Schwung" oder sind „nüchtern-realistisch", „das Weltbild wird relativ geschlossen und bestimmter geprägt", „das Problem der Transzendenz wird ausgetragen, so oder so").
3. Es wird nicht unterschieden zwischen relativ stabilen, entwicklungsbedingten Tendenzen und solchen Merkmalen, die offensichtlich zeitbedingt sind (bei den 9–12jährigen haben „Märchen viele Leser") und stark dem schulischen Einfluß unterliegen. (Etwa: Kurzgeschichten finden „bei rechter Hinführung" großes Interesse, oder „Lesebücher sind beliebt".) Überhaupt unterbleibt eine Differenzierung nach schulischer und nichtschulischer Lektüre.
4. Zum Teil ist die Darstellung rein beschreibend, zum größeren Teil ist sie aber von vornherein und ausdrücklich wertend („unwertiges Sprachgut"). Die Wertungen werden nicht begründet, sie stehen als Vorurteile außerhalb der Theorie (der „Drang zum Tanszendieren von Welt und Menschenleben" wird positiv eingeschätzt, das Interesse für „Erotisches und Sexuelles" negativ). Es bleibt offen, inwieweit die Vorurteile die Wahrnehmung und Beschreibung der Fakten beeinflußt haben.

Neuere Darstellungen der literarischen Entwicklung zeichnen sich demgegenüber durch dreierlei aus:

- Anschluß an die genetisch-strukturelle Entwicklungstheorie (Piaget-Tradition),

- Beschränkung auf wenige Hauptaspekte (etwa: Entwicklung des Menschenbildes oder des Symbolverständnisses),
- stärkere Systematisierung der Bereiche und Stufen.

Eine solche, sich an PIAGET und KOHLBERG orientierende Übersicht hat DAHRENDORF (1980) vorgelegt. Unter Verwendung der begrifflichen Einteilungen dieser psychologischen Theorie unterscheidet er drei Stufen der Leseentwicklung:

- präoperativ/prämoralisch (heteronom-moralisch),
- konkret operational/konventionell-moralisch,
- formale Denkfähigkeit/autonom-moralisch.

Innerhalb der Stufen geht er jeweils auf folgende Aspekte ein:

- Entwicklungsvoraussetzungen,
- Motivationen, Lesererwartungen, die sich aus den Entwicklungsvoraussetzungen ergeben,
- Textstruktur, Sprache und Stil,
- Darstellungsmodi, Erzähltechniken,
- Darstellungstypen, Erzählarten,
- Umwelten, Inhalte, Themen.

Diese Übersicht macht deutlich, daß DAHRENDORF viel detaillierter und ausführlicher die sprachlich-literarischen Aspekte der Entwicklung berücksichtigt. Das führt allerdings dazu, daß wiederum wie bei BEINLICH eine Menge Oberflächenphänomene erfaßt werden (z.B. Art der in den jeweils bevorzugten Texten verwendeten Adverbien, präferierte Erzähltechnik), ohne daß ein Zusammenhang mit der zugrunde gelegten Entwicklungstheorie hergestellt würde. Offenbar hat man derzeit nur die Wahl zwischen einer relativ starken und tiefreichenden Theorie einerseits oder einer Oberflächenbeschreibung andererseits, die sich an die von Kindern und Jugendlichen tatsächlich gelesenen Texte hält. Darüber hinaus gibt es Untersuchungen zu einzelnen Aspekten der literarischen Entwicklung, z. B. zur Entwicklung der Wahrnehmung fremder Perspektiven (ANDRINGA 1987) und der sozialen Wahrnehmung überhaupt (WILLENBERG 1987).

Aus dem Dilemma: bloßes Erfassen von Oberflächenerscheinungen hier, grundsätzliche psychologische Theorie da führt der Ansatz heraus, den KREFT (1977) skizziert hat. Er geht aus von PIAGETS Stufentheorie, verbindet sie mit Theorien der sprachlichen und sozialen (interaktiv-moralischen) Entwicklung und stellt auf jeder Entwicklungsstufe eine grundsätzliche Beziehung her zu der von Kindern und Jugendlichen produzierten bzw. rezipierten Literatur. Im Unterschied zu den bisher dargestellten Schemata beschränkt sich KREFT nicht darauf, Leseneigungen zusammenfassend auf den Begriff zu bringen, sondern ihm geht es um die pädagogische und psychologische Funktion, die die Literatur auf jeder der Stufen hat. Das wird besonders deutlich bei der höchsten Stufe, für die es empirisch die wenigsten Belege gibt:

Stufe I (etwa bis zum Schuleintritt): Symbolische Rollenspiele, bei denen Dinge zu Mitspielern werden können. Natürliche Vorgänge finden in den Texten mythische, animistische, artifiziale Erklärungen; dadurch wird

> „Unsicherheit beseitigt, ein Quasi-Zusammenhang, Ordnung hergestellt usw. Bei den symbolischen Rollenspielen und der Rezeption von Märchen usw. überwiegen stärkere Funktionen der Entlastung, Erträglichmachung durch Distanzierung, fiktive Lösung oder Beseitigung von Konflikten, mit den Eltern etwa, oder durch Kompensation. Eine andere Funktion oder ein Ergebnis ist, daß durch die Versprachlichung oder symbolische Darstellung mit der Distanzierung auch eine erste Verallgemeinerung der konkreten Interaktion zu typischen Interaktionen angebahnt wird.
>
> Nimmt man hinzu, daß das Kind die Sprache in Interaktionen erwirbt, diese aber in den symbolischen Spielen und in von Kinderversen usw. begleiteten Regelspielen in besonderen Formen stattfinden oder fortgesetzt werden, dann ergibt sich, daß ein erheblicher Teil des Spracherwerbs in dieser proto-literarischen Kommunikation stattfindet. – Für die interaktive (und kommunikative) Kompetenz aber gilt das erst recht: Nicht nur die ersten Verallgemeinerungen von Interaktionen zu Rollen finden in den symbolischen und Regelspielen statt, die ja mit Texten oder quasi-Texten kombiniert sind, sondern die genannten Formen der Konfliktlösung sind trotz ihres *fiktiven* Charakters *reale* Entlastungen und Kompensationen, ohne die das schwache Ich des Kindes sich nicht entwickeln könnte."

Entscheidend an diesem Gedanken ist, daß sich die Rezeption und Produktion von Literatur (oder Vorformen von Literatur) nicht nur auf die literarische Entwicklung im engeren Sinn auswirkt, sondern daß sie Bedeutung hat für die sprachliche, soziale und ästhetische Entwicklung insgesamt (auch auf die kognitive Entwicklung, doch darauf kommt es hier nicht an). KREFT faßt zusammen:

> „Auf der elementaren Stufe ist der Erwerb und die Entwicklung der interaktiven (kommunikativen), der sprachlichen Kompetenz und der allgemeinen Zeichenkompetenz von proto-literarischer Kommunikation nicht abtrennbar, ohne sie nicht denkbar" (299).

Stufe II (etwa Schulbeginn bis Beginn der Pubertät): Jetzt

> „macht das Kind den Schritt von konkreten Handlungssequenzen zu sozialen Rollen. Ich vermute, daß erst damit die Differenz zwischen Interaktion und literarischem Text für die Kinder deutlich wird, während vorher die quasi-Texte in etwa schwellenlos in Spiel und Interaktion übergingen und umgekehrt. – Die Bedeutung der literarischen Texte für die interaktive Entwicklung und Ich-Entwicklung überhaupt wird damit aber nicht geringer. Z. B. der kognitive Aspekt der Entwicklung der Interaktionskompetenz bzw. der Moral wird in der Lektüre und Diskussion von literarischen Texten ebenso durchgearbeitet, wie für unterdrückte Bedürfnisse in solcher Lektüre sensibilisiert wird" (299f.).

Stufe III (etwa ab Sek. II): Der Lektüre und Auseinandersetzung mit Literatur kommt eine entscheidende Bedeutung zu beim Übertritt von konventioneller Moral zu postkonventioneller und innerhalb dieser (gemäß KOHLBERGS Stufen) beim Übertritt von „legalistischer Vertragsorientierung" zu universaler Pflichtethik und schließlich zur universalen kommunikativen Ethik. Zu dieser Entwicklung „bedarf es solcher Texte, in denen entweder dieser Übergang selbst vollzogen wird oder die zumindest, indem sie etwa einmal diese, einmal jene moralische Konventionen darstellen, im Vergleich die Konventionalität von Normen problematisieren und so den Überstieg provozieren“ (302). Die Bedeutung der Texte resultiert also aus der Tatsache, daß in ihnen Konflikte dargestellt und behandelt werden, die die Jugendlichen beim Erwachsenwerden selbst haben. Im Medium der Literatur können sie ihre eigenen Probleme bearbeiten. Doch betrifft das nur den Aspekt der Interaktion und Moral. Beim Übertritt zur 7. Stufe (universale kommunikative Ethik) wird der ästhetische Aspekt entscheidend, weil auf dieser Stufe die Menschen nicht einfach Bedürfnisinterpretationen übernehmen können, sondern ihre „noch unentdeckten Bedürfnisse selbst artikulieren und interpretieren und dann mit den Betroffenen im praktischen Diskurs auf die Verallgemeinerbarkeit hin überprüfen“ müssen (303).

Die Literatur, die dieser Stufe entspricht, ist zunächst einmal die klassisch-idealistische, weil in ihr der Übertritt selbst vollzogen wurde, danach die von dieser Literatur abhängige des 19. und 20. Jahrhunderts. Die Schwierigkeiten, die die Schüler mit diesen Texten oft haben, rühren nicht zuletzt von der Diskrepanz her, die zwischen ihrem eigenen soziomoralischen Bewußtsein und den Interaktionsprinzipien besteht, die den Texten zugrunde liegen. M. a. W.: Oft genug handelt es sich um „Verfrühung“ und damit Überforderung. Wenn dies wahr ist, dann käme es auch auf der höchsten Schulstufe (Sek. II) primär darauf an, die Schüler für die Beschäftigung mit Literatur zu motivieren und zu interessieren, damit das Lesen von komplexer poetischer Literatur und damit die literarische Entwicklung (und mit ihr die moralische und ästhetische überhaupt) nicht mit dem Ende der Schulzeit abbricht. „Verfrühung“ ist nämlich dann nicht schädlich, wenn die Jugendlichen bestimmte Aspekte und Schichten des Textes als für sie wichtig wahrnehmen und, salopp gesagt, den Text in guter Erinnerung behalten – mit der erwartbaren Folge, daß sie zu späterer Zeit darauf zurückkommen.

4.2 Entwicklung des Literaturverständnisses am Beispiel

Die bisher wiedergegebenen Darstellungen der literarischen Entwicklung bezogen sich auf Veränderungen der von Kindern und Jugendlichen bevorzugten bzw. der ihrem Entwicklungsstand angemessenen Literatur. Mit dieser Entwicklung hängt auch diejenige des literarischen Verstehens zusammen. Die Forschungen, die sich darauf beziehen, fragen also nicht: Welche unterschiedlichen Texte präferieren die Heranwachsenden in unterschiedlichem Alter?, sondern: Wie verstehen die Heranwachsenden in unterschiedlichem Alter denselben Text? Von der Antwort auf diese Frage läßt sich natürlich auch auf angemessene Lektüre schließen, und tatsächlich gibt es deutliche Übereinstimmungen zwischen bevorzugter Lektüre und Verstehensfähigkeiten.

Eine Untersuchung der Verstehensfähigkeit auf entwicklungspsychologischer Grundlage hat SPINNER (1987a) am Beispiel der Geschichte ***„Der Bär auf dem Försterball“*** vorgelegt, und zwar auf der Grundlage von Unterrichtsprotokollen aus der 5., 8., 9. und 12. Jahrgangsstufe:

Klasse 5: „Die Kinder richten ihr Interesse noch ausschließlich auf konkret vorstellbares Geschehen, nehmen dieses aber nicht einfach hin, sondern versuchen es logisch zu erfassen, stellen also kognitive Denkoperationen mit konkreten Vorstellungen an.“ Nach PIAGET wäre dies also die Stufe des „konkret-operationalen“ Denkens, nach anderen Entwicklungspsychologen (etwa SCHENK-DANZINGER oder REMPLEIN) die Stufe des „kritischen Realismus“. Die Kinder erklären sich die Phänomene kausal-logisch. Für alles in einer Geschichte Dargestellte suchen sie nach einer realen Ursache. Warum halten die Förster den Bären für den Oberförster? Weil er eine tiefe Stimme hat. Warum ist der echte Oberförster nicht auf dem Ball? Vielleicht war er krank oder hatte irgendwo eine Besprechung. Wo hat der Bär die Försterkleidung her? Vielleicht hat er sie aus dem Kaufhaus. Oder vom Kostümverleih. Oder der Bär hat den echten Oberförster eingesperrt und ihm die Kleidung abgenommen. Warum sind die Förster im Wald nicht auf die Bärin gestoßen? Weil sie wohl schon ihren Mann gesucht hat und deswegen „in einem andern Eck“ des Waldes war. Usw. SPINNER zählt 23 „weil“-Formulierungen in einer Unterrichtsstunde. „Kritisch“ ist der Realismus der Schüler insofern, als von der Möglichkeit einer realistischen Erklärung die qualitative Einschätzung der Geschichte abhängt: Wehe, wenn nicht alles realistisch erklärbar ist! Die für die Schüler zentrale Frage, warum die Förster den Bären nicht erkannt haben, wird durch äußere Merkmale geklärt; besonders die Trunkenheit spielt hier eine entscheidende Rolle. Nicht in den Blick kommen innerpsychische Motive der Figuren oder die Intention des Autors. Der literarische Text wird von den Schülern „wie ein Stück Realität behandelt. [...] Die Konsequenz, daß das Muster der Alltagsrealität als Leitfaden für die Erklärung der Geschichte nicht ausreichen könnte, wird von ihnen nicht einmal erwogen. – Die Gleichsetzung von Fiktion und Alltagswirklichkeit drückt sich nun auch darin aus, daß die Schüler den Text durchweg *wörtlich* verstehen. Was der Text in seiner wörtlichen Aussage offen läßt, wird von den Schülern nicht durch übertragene Bedeutungen und auch nicht durch erschließbare psychische Zusammenhänge, sondern ausschließlich durch zusätzliche Handlungselemente auf der Ebene des erzählten Geschehens aufgefüllt.“ Zum Beleg: Warum erkennen die Förster den Oberförster an seiner tiefen Stimme? Eine Erklärung mit Bedeutungsübertragung wäre: Eine tiefe Stimme steht für Autorität. Eine Erklärung ohne Übertragung finden die Schüler: „Vielleicht hat der Oberförster bei jedem mal angerufen, dann haben die gehört, daß er 'ne tiefe Stimme hat.“ Das Beispiel zeigt deutlich, daß die Schüler angesichts einer Ungereimtheit im Text nicht fragen: Was bedeutet das?, sondern: Wie läßt sich das erklären? „Der literarische Text dient, so könnte man zusammenfassend sagen, den Schülern der 5. Klasse dazu, ihre Fähigkeit zum genauen Nachvollziehen und kausalen Erklären von Geschehenszusammenhängen an den Tag zu legen. Das Lesen steht im Dienst der Weltaneignung, die aber nicht mehr, wie bei jüngeren Kindern, ein bloßes Hinnehmen und Vergegenwärtigen des Seienden ist, sondern nun im Erkennen der kausal-logischen Zusammenhänge besteht. Noch nicht dient der Text dazu, Welt und eigene Subjektivität zu *deuten*, eine Funktion, die Literatur erst in den folgenden Entwicklungsstufen gewinnt."

Klasse 8: Die Schüler interessieren sich jetzt nicht mehr ausschließlich für das äußere Geschehen, sondern stärker für die Intentionen und Motive der Figuren. „Immer wieder stellen die Schüler Vermutungen darüber an, was die Figuren gedacht haben könnten: ‚Dann denkt der Förster vielleicht ...', ‚Und das war also so stark, daß sie gedacht haben, ...' usw. Zweimal entwerfen die Schüler sogar einen kleinen inneren Monolog." „Man kann also bei den Schülern dieser Klasse von einem ausgeprägten *psychologischen Interesse* sprechen. In der Entwicklungspsychologie gilt die hier zum Ausdruck kommende ‚Entdeckung der seelischen Innenwelt' [...] und das ‚zunehmende Verständnis für psychische Gegebenheiten anderer Menschen' [...] als ein Hauptcharakteristikum des Jugendalters."

Die Schüler entwickeln nun auch einen Sinn für die wechselseitige Abhängigkeit des Verhaltens, sichtbar etwa an folgender Deutung der ersten Begegnung von Bär und Förster: „Der Bär muß jetzt so tun, als wenn er wirklich ein Förster ist, weil er kann ja nicht sagen: ‚Ich geh jetzt zum Maskenball, oder ...'. Der wird ja irgendwie aufmerksam, der Förster; also muß er so tun, als wenn er auch ein Förster ist. Und denn ... das machen, was der andere macht." Die moderne Entwicklungspsychologie behandelt die hier sichtbare Fähigkeit der Schüler unter dem Stichwort „soziale Kognition", und die Äußerung des Schülers zeigt, daß er zur „wechselseitigen Perspektivenübernahme" fähig ist.

Das größere psychologische Verständnis zeigt sich auch darin, daß die Schüler nun erkennen, daß eine Person in sich gespalten sein kann. „Ein Schüler versucht es mit der Unterscheidung von Leib und Seele (auf die Frage, ob man zugleich etwas sein und nicht sein könne): ‚Vielleicht, weil der Bär ... der ist körperlich noch ein Bär, aber psychisch ...' und eine Schülerin spricht von ‚Persönlichkeitszwiespaltung'."

Schließlich greifen die Schüler in diesem Alter zu hypothetischen Erklärungen: „denkt er vielleicht", „Einmal kann es sein, daß er Abenteuerlust hat. Und das andere Mal könnte sein [...]", „Ich würd' daraus folgern, daß sie den Bären greifen wollten", „Und wenn er jetzt sagen würde: ‚Nein, also ich komm' da jetzt nicht hin' und so, dann würde der andere ja mißtrauisch werden, ja und denn: ‚Wieso denn nicht?' Und dann würde der vielleicht sogar erkennen, daß er gar kein Mensch ist, sonder'n Bär." Spinner folgert: „In Klasse 8 ist also der *Möglichkeitssinn* und, damit verbunden, das *hypothetische Argumentieren* wesentlich weiter entwickelt. Der Verlauf der vorliegenden Geschichte wird in den ‚Wenn ... dann'-Konstruktionen der 8. Klasse sozusagen dadurch erklärt, daß er als die wahrscheinlichste Variante aus den vorstellbaren Möglichkeiten ausgegrenzt wird." Diese Art des

Denkens und Argumentierens bezeichnet man in der Piaget-Tradition als Stufe der „formalen Operationen“: Es wird etwas in Gedanken durchgespielt, und jede erwogene Möglichkeit kann auch wieder verworfen werden; das Denken ist „reversibel“, nicht an das Gegebene gebunden. Ein Charakteristikum dieses „formalen Denkens“ besteht darin, daß nicht über vorgestellte Sachverhalte nachgedacht wird, sondern über Gedanken über diese Sachverhalte, also eine Art Metareflexion: „Ja, weil grad, weil er ja der Bär ist, und die würden ja nicht denken, wenn er der Bär ist, will er ja auf sich ... also ... die wissen ja nicht, daß er so dumm ist, also denken nicht, daß er so dumm ist.“ Das Protokoll zeigt, welche Mühe die Schülerin an dieser Stelle noch beim Formulieren solcher Metareflexion hat. Spinner erläutert: „Der Bär, so führt die Schülerin hier aus, führt die Förster zur eigenen Höhle, weil er annimmt, daß die Förster annehmen, daß er, wenn er der Bär wäre, sie nicht ausgerechnet zur eigenen Höhle führen würde. Die Schülerin unterstellt also auch dem Bären reversibles, hypothetisches Denken und zeigt, wie Verhaltensweisen von den Annahmen abhängig sind, die der Handelnde bezüglich der Interpretation seiner Handlungen durch die anderen hat.“

Schließlich ein letztes Merkmal der Verständnisfähigkeit auf dieser Altersstufe: Es gibt erste *„Ansätze zum parabolischen Verstehen“:* „Vielleicht ist das so'n modernes Gleichnis“, wobei erstmals auch auf eine mögliche Autorintention eingegangen wird: „Der Peter Hacks will ja vielleicht damit erklären, daß [...] die große Menge praktisch vor den großen Leuten kuscht und also immer auf den kleinen rumpickt.“ Einige Schüler sind somit jetzt in der Lage, wenn auch noch mit Mühe (das zeigen die Formulierungen), einen Sinn hinter dem Dargestellten zu erkennen. Damit verbunden ist „die Fähigkeit, den Text als sprachliches Gebilde zu thematisieren.“ Die Schüler „behandeln also das Erzählte nicht mehr nur wie ein Stück Wirklichkeit, sondern denken über den sprachlichen Ausdruck nach. Darin kann man deutliche *Ansätze eines Textbewußtseins* sehen. Piaget/Inhelder betrachten die hier sich zeigende Fähigkeit, zwischen ‚der Form und dem Inhalt‘ zu differenzieren, als ein Charakteristikum des formalen Denkens, das in der Voradoleszenz erworben wird.“ Und es wird nicht nur zwischen Text und dargestellter Wirklichkeit unterschieden, sondern es gibt auch schon erste Ansätze von „metacomprehension“, nämlich der Fähigkeit, über das eigene Verstehen, über die eigenen Verstehensschwierigkeiten nachzudenken: „Ja, also ich weiß jetzt nicht so recht, was ich von dieser Geschichte halten soll. Da sind so'n paar, also ich sag mal, Redensarten drin wie zum Beispiel [...]. Also da weiß ich nicht so recht, was ich davon halten soll.“

Klasse 9 (der Abstand zur 8. Klasse beträgt fast zwei Jahre, da der Text bei jener zu Schuljahresbeginn, bei dieser zu Schuljahresende behandelt wurde): Jetzt sind die Fähigkeit zum *parabolischen Verstehen* und das *Textbewußtsein* deutlich *erweitert*. „Das Textbewußtsein zeigt sich gleich am Anfang in der Diskussion darüber, ob es sich um ein ‚Märchen‘ oder eine ‚Fabel‘ handle, dann aber auch in Äußerungen wie ‚[...] die Ausdrücke sind also schon ein bißchen alt, sagen wir mal: ‚Potzblitz‘ und so Sachen. Und überhaupt so die Art, wie sie geschrieben ist [...]. Das parabolische Verstehen zeigt sich in Deutungen wie ‚[...] die Förster, ja also, wie die die Gesellschaft darstellen‘, ‚Ja, vielleicht hat er [Peter Hacks] 'ne eigene Erfahrung so in etwa gemacht und das dann auf Tiere bezogen, also auf die Geschichte‘.“ Die Schüler nehmen zusammenfassende Bedeutungsübertragungen vor wie „Kleider machen Leute“. SPINNER weist dabei auf eine Untersuchung (ARTHUR N. APPLEBEE: The Child's Concept of Story. Ages Two to Seventeen. Chicago 1978) hin, in der zwei Stufen bei der Überschreitung des wörtlichen Verstehens unterschieden werden: „Am Anfang der formaloperatorischen Phase herrscht noch das Verstehen über Analogie (oder, wie Applebee auch sagt, über ‚exemplification‘) vor, während in einer zweiten Phase des formaloperatorischen Denkens (ab 16. Lebensjahr) die Verallgemeinerung (‚generalization‘) zum Verstehensmodell wird.“

Ein zweiter Aspekt ist noch wichtiger. In dieser Klasse wird der Text in auffälliger Weise unter Bezug auf die Identitätsproblematik diskutiert: „Vielleicht [...] daß Kleidungen einen Menschen machen“, „[...] sie schauen ihm nicht hinter die Maske“, „der Bär ist also in der Gruppe drin, und der sucht mit der Gruppe also praktisch sich selber“, „also daß man total eins werden kann mit der Gruppe, dann fragt keiner mehr [...]: Ja, stimmt das denn auch, oder so. Man macht einfach mit.“ „Sie suchen sich auch irgendwie so 'nen Führer oder so [...] Die brauchen irgend immer einen, der sagt, wat jetzt gemacht wird.“ SPINNER bezeichnet die Rezeption der Neuntkläßler als ein *„Lesen im Horizont der Selbstfindungsproblematik“*. Konsequenterweise steht jetzt der Bär im Vordergrund des Interesses; warum die Förster ihn nicht durchschauen, interessiert die Schüler weit weniger. Sie unterstellen auch eine Autorintention im Hinblick auf die Identitätsfrage: „Der Autor, der stößt die [...] Leser in ihr eigenes Leben hinein.“ Das Interesse für die eigene Identität läßt sich wiederum mit Hilfe der Entwicklungspsychologie erklären: „Spranger hat von der ‚Entdeckung des Ich‘ im Jugendalter gesprochen [...], Remplein vom ‚kritischen Subjektivismus‘ und der ‚hochgradigen Selbstbezogenheit des Pubertierenden‘ [...]. Erikson bezeichnet in seinem Stufenschema zur Persönlichkeitsentwicklung die Adoleszenz als die kritische Phase, in der sich ‚Identität‘ vor dem Hintergrund drohender ‚Identitätsverwirrung‘ herausbilden muß [...]. Ausgehend von Piaget/Inhelder [...] wird auch von der ‚Egozentrik‘ der Heranwachsenden (in Abgrenzung von der frühkindlichen Egozentrik) gesprochen [...].“

Jahrgangsstufe 12: Auf dieser Jahrgangsstufe ist das Textbewußtsein deutlich weiter entwickelt; es tritt jetzt als *„Erkennen von Textstrukturen“* in Erscheinung. „Die Schüler sprechen vom ‚Stil‘, von der ‚Spannung‘, die dem ‚Höhepunkt zu‘ geht, und von der ‚Art und Weise, wie die Frau hier eingeführt wird‘.“ Die Schüler sprechen also deutlich begrifflicher und abstrakter über den Text. Sie äußern sich auch zur Erzählperspektive: „Ja in der ganzen Geschichte werden die Ideale der Förster so lächerlich gemacht.“ SPIN-

NER erläutert: „Einer solchen Interpretation liegt ein doppelter abstrahierender Deutungsprozeß zugrunde: Dem Verhalten der Förster wird entnommen, daß sie bestimmte Ideale haben; zugleich wird erkannt, daß durch die Konstruktion der Geschichte diese Ideale als lächerlich entlarvt werden (z.B. Ideale der Förster/sinnloses Halali-Schreien).“ Erst auf dieser Stufe erkennen die Schüler die ironische Darstellungsweise.

Anders wird nun auch das Handeln der Figuren erklärt. Während jüngere Schüler es mit äußerer Einwirkung, später dann mit einzelnen Motiven erklären, führen die Zwölftkläßler es auf „Denkmuster und Bewußtseinsstrukturen“ zurück. „Dabei stellen sie auch Verhaltenssteuerungen in Rechnung, die den Figuren selbst nicht bewußt sind. Das zeigt sich an Formulierungen wie ‚[...] die können nicht mehr umdenken [...]‘, ‚[...] daß die Förster eben für eine Gruppe stehen, die an sehr engen Traditionen und Vorstellungen hängen‘, ‚die Förster sind einfach autoritätsgläubig‘, ‚[...] die Förster haben irgendwo so ein Ordnungsschema, nach dem sie alles einteilen‘.“ Die Schüler dieses Alters identifizieren sich nicht mehr mit dem Bären, sondern beurteilen das Handeln von einem Standpunkt außerhalb, d.h., sie sind zu einer *nicht-identifikatorischen* Fremdwahrnehmung fähig und können Positionen wechselseitig relativieren: „Ja also insgesamt / man muß ja nicht immer vom Förster und den Bären ausgehen / daß die Förster eben für eine Gruppe stehen / die an sehr engen Traditionen und Vorstellungen hängen / und daß so ’ne Gruppe von den Bären / die sie abwerten / jetzt auch nicht als das Wahre angesehen werden.“

4.3 Zusammenfassende Übersicht zur Entwicklung des Literaturverständnisses

	Interesse an:	*Verstehen:*	*Textbewußtsein:*	*Gesamtdeutung:*
Klasse 5:	äußerem Geschehen	wörtlich	Text = Realität	–
Klasse 8:	innerem Geschehen	übertragen analogisch	Text = Fiktion	–
Klasse 9:	Identitätsproblematik	übertragen (verallgemeinernd)	Text als literarische Gestalt	verallgemeinernd, bezogen auf Identitätsproblematik
Klasse 12:	Denk- und Verhaltensmuster	auf Gesamtsinn hin orientiert	Erkennen der Erzählperspektive	verallgemeinernd, ideologiekritisch

(Eine differenzierte Übersicht über die Entwicklung der Interpretationsfähigkeit hat SPINNER auch selbst vorgelegt: SPINNER 1987c:19)

Insgesamt zeigt sich, daß bestimmte Fähigkeiten, die zum Verstehen literarischer Texte nötig sind, auf Grund der kognitiven, interaktiv-sozialen und ästhetischen Entwicklung erst im Laufe der Sekundarstufe ausgebildet werden: Psychologisches Verständnis (Intentionen und Motive der Akteure), Verständnis der Interaktionsstrukturen (Wechselwirkung der Handlungen), nichtwörtliches Verstehen (analoges, parabolisches und symbolisches Verstehen), Textbewußtsein (Gattung, Autorintention, Erzählperspektive, Besonderheiten des Stils, inhaltliche Funktion formaler Merkmale). Dies muß bei der Textauswahl berücksichtigt werden, so daß diese Auswahl nicht nur nach den Kriterien „inhaltliche Bedeutsamkeit" und „sprachliche Verständlichkeit" geschehen darf. (Vgl. 3.6 „Textauswahl in der Praxis".) Offen bleibt, wie stark die Entwicklung des literarischen Verstehens vom Unterricht abhängt und durch ihn beeinflußt werden kann, d. h., ob die dargestellte Entwicklung so oder ähnlich auch ohne Unterricht ablaufen würde oder ob gerade die Behandlung von poetischer Literatur Entscheidendes zur Entwicklung der genannten Aspekte des Verstehens beiträgt.

4.4 Psychologisch inspirierte Entwicklungstheorie versus pädagogische Erfahrung?

Es ist schon oben gegen Entwicklungsmodelle eingewandt worden, sie berücksichtigten zu wenig die individuellen Unterschiede der Schüler und die Umwelteinflüsse, besonders die Einflußmöglichkeiten, die Erwachsene haben. Neuere Erfahrungsberichte aus dem Grundschulbereich (SPITTA 1992, vor allem aber BAMBACH 1989) geben eine Fülle von Belegen für Leseinteressen und literarische Fähigkeiten, die nach den bekannten Entwicklungsmodellen Kindern dieses Alters nicht zuzutrauen gewesen wären. Da es sich dabei keineswegs durchgängig um besonders begabte Schüler handelt, ist dieses Faktum nicht so leicht zu erklären. Zwar konzediert insbesondere die Theorie der PIAGET-Schule deutlich differierende Entwicklungstempi und damit das Erreichen bestimmter Stufen zu recht unterschiedlichen Zeitpunkten, aber die berichteten Erfahrungen sind damit allein nicht zu erklären. Vielmehr legt sich der Verdacht nahe, daß Kinder unter Versuchsbedingungen weniger weit entwickelt scheinen als in „natürlichen" Situationen, ein Einwand, der ja schon generell gegen PIAGET vorgebracht wurde (DONALDSON 1982). Vorliegende Entwicklungsmodelle werden aber durchaus auch in vielen schulischen Situationen bestätigt. Deshalb ist anzunehmen, daß bestimmte pädagogisch-didaktische Verfahren für die berichteten beeindruckenden Leistungen verantwortlich sind. Wenn die Schüler sich ernstgenommen und gerade nicht als Schüler behandelt fühlen, sind sie offenbar unter auch sonst günstigen schulischen Bedingungen (BAMBACH arbeitet an der Bielefelder Laborschule) in der Lage, sowohl in bezug auf Welt- und Menschenverständnis als auch in bezug auf komplexere Textkomposition Leistungen zu erbringen, die von ihnen nach psychologischen Stufentheorien erst zu einem deutlich späteren Zeitpunkt zu erwarten wären. Wenn dies zuträfe (es müßte durch gründliche Forschung untersucht werden), so wäre zu folgern, daß viele Kinder im üblichen schulischen Setting als „underachiever" zu gelten hätten, d.h., daß sie weit unter ihren Leistungsmöglichkeiten bleiben und „dümmer" aussehen, als sie sind. LU als Mittel der Verdummung? Diese Provokation ist nicht so abwegig, wie sie auf den ersten Blick erscheint. Weithin bieten sowohl Fibeln als auch Lesebücher den Kindern und Heranwachsenden schulisch aufbereitete und domestizierte Literatur, und die Methoden der Literatur„behandlung“ (zumal in großen Klassen) tun ein übriges, um das Interesse an Literatur zu untergraben. Ohne Interesse, ohne Neugier, ohne Betroffenheit leisten die Schüler aber sicher nicht das, wozu sie anderenfalls in der Lage wären.

Zweites Kamingespräch: Ästhetische Kommunikation

Mehrfach war schon die Rede von der Bedeutung des Ästhetischen für die Entwicklung des Heranwachsenden; zuletzt bei der Darstellung der literarischen Entwicklung, wo „ästhetische Kommunikation" beim Übertritt zur „universalen kommunikativen Ethik" entscheidend wird. Doch die Rede von „ästhetischer Kommunikation" ist ungewöhnlich und mißverständlich. Was ist mit diesem Fachbegriff gemeint?

– Erinnern Sie sich? Gestern haben wir uns Gedanken gemacht über die Art, wie Literatur ganz normal im Leben vorkommt.
– Ja, der entscheidende Punkt war ja wohl, daß kleine Kinder und „naive" Erwachsene sich bisweilen der Literatur bedienen oder poetische Mittel benutzen, um ihre Handlungen zu begleiten oder etwas auszudrücken. Und Sie glauben daran, daß das jedermann tut und man sogar mit der sog. Hochliteratur auf diese Weise umgehen sollte. Heute wollten Sie mir aber den Begriff „ästhetische Kommunikation" erläutern.
– Ich habe Sie nur an unser gestriges Gespräch erinnert, weil „ästhetische Kommunikation" eng damit zusammenhängt. Sie ist nämlich auch etwas ganz Normales, also nichts Schulisches und nichts, was einer Schar von Auserwählten vorbehalten wäre. „Ästhetische Kommunikation" kommt im Leben vor.
– Ich weiß nicht, wovon Sie reden. Unter „Kommunikation" kann ich mir etwas vorstellen, z. B. daß wir beide jetzt miteinander sprechen. Auch unter „ästhetisch" kann ich mir etwas vorstellen: gestaltet, schön, ansprechend. Aber was soll „ästhetische Kommunikation" sein? Ein „schönes Zwiegespräch"?
– Das ist natürlich abwegig! Aber ich merke jetzt, wo Ihre Schwierigkeiten liegen. Beginnen wir mit dem Begriff „Kommunikation". Können Sie sich etwas unter „literarischer Kommunikation" vorstellen?
– Ich denke, da schreibt ein Autor etwas, und dann liest ein Leser das.
– Das ist eine sehr ungleiche Rollenverteilung.
– Sie meinen, der Leser müßte antworten, müßte selbst Autor werden?
– Wenn man den Begriff streng faßte, liefe es darauf hinaus. Der Ausdruck „Kommunikation" wird aber gern in etwas ungenauer oder übertragener Bedeutung verwendet, und dann ist einfach damit gemeint, daß der Leser Phantasie aufwenden muß, um sich das Gelesene vorzustellen. Er muß also selbst aktiv werden. Aber lassen Sie sich nicht verwirren: Der Begriff „ästhetische Kommunikation" meint etwas anderes.
– Und das wäre?
– Angesprochen wird da gar nicht das Publikum, sondern die eigene „innere Natur" und die nicht vergegenständlichte „äußere Natur".
– Ich kenne die Formulierung: „Kommunikation mit innerer und äußerer Natur". Aber ich kann mir eben gerade darunter nichts Rechtes vorstellen.

- Das wundert mich nicht, denn schließlich ist es eine metaphorische Redeweise. Auf die äußere Natur – um mal mit ihr zu beginnen – wird etwas übertragen, was wir primär dem Menschen zuerkennen: Subjektivität.
- Was soll das heißen?
- Daß wir der Natur ein Selbstsein zugestehen. Die Natur ist nicht nur für uns da, sie ist nicht bloß Material, das wir bearbeiten und für unsere Zwekke zurichten, sondern sie hat ein Eigenleben.
- Das ist ja klar. Sie plädieren also für Naturschutz, für Schonung der Ressourcen?
- Wenn man so denkt, denkt man immer noch in der Kategorie der Nützlichkeit: Man schont die Natur um des Menschen willen. Ein kommunikatives Verhältnis ist erst dann möglich, wenn wir die Natur um ihrer selbst willen schonen.
- Und warum sollte man das?
- Mit Ihrer Frage wollen Sie mir, glaube ich, eine Falle stellen. Entweder antworte ich tautologisch und wiederhole, daß man es um der Natur selbst willen sollte, oder ich sage, daß wir als Menschen ein Bedürfnis haben nach der „geschwisterlichen“ Natur, und dann werfen Sie mir Anthropozentrismus und Nützlichkeitsdenken vor.
- Sie wissen, daß die Vorstellung von dem, was „Natur“ ist, durch die Geschichte hindurch starken Veränderungen unterworfen war? Daß der Begriff für ganz Unterschiedliches gebraucht wurde?
- Ja, aber immer gab es (und gibt es noch in anderen Kulturen) diese Anerkennung des ganz anderen, des Unverfügbaren, den Respekt vor dem, das wir nicht sind – und übrigens auch die Liebe dazu. Wir haben diese Einstellung weitgehend aufgegeben und bewahren sie allenfalls noch gegenüber anderen Menschen, und ADORNO warnte ja schon vor der Gefahr, daß am Ende der Mensch vor dem Menschen zum Anthropomorphismus werde.
- Ich teile Ihren Pessimismus nicht. Eher scheint mir, daß wir mehr Wesen als früher Menschenwürde zuerkennen; denken Sie daran, daß früher mit den Ausdrücken „Barbaren“ oder „Sklaven“ diesen Menschen Menschsein gerade abgesprochen wurde. Und die Ausweitung des Tierschutzes („bedrohte Arten“) zeigt das doch auch!
- Vielleicht haben Sie recht, und es gibt gegenläufige Bewegungen. Aber die Vorstellung, daß die Natur zu uns spricht, ist doch heute recht ungewöhnlich.
- Sie erscheint mir in der Tat als Anthropomorphismus. Wenn wir den Tieren, Pflanzen und Steinen Sprache zugestehen, so übertragen wir etwas Menschliches auf sie. Eine recht romantische Vorstellung!
- Es ist eine sehr alte Vorstellung, und ich meine, daß ihre Deutung als „Anthropomorphismus“ Ausdruck eines Anthropozentrismus ist. Animismus, also die Beseelung der Natur, können wir heute nur noch als Übertragung von etwas Menschlichem auf die Natur interpretieren; für die Leute damals war es aber wirklich so.
- Sie meinen also, daß „Kommunikation mit der (äußeren) Natur“ tatsächlich möglich ist?

– Ja, und zwar in dem Maß, in dem wir der Natur nicht bearbeitend gegenübertreten, sondern sie sein lassen.
– Und was hat das mit Ästhetik zu tun?
– Aisthesis ist Wahrnehmung, auch Empfindung, Gefühl, Mitgefühl, ja Sensibilität. Die ästhetische Haltung ist eine der Betrachtung statt des Eingriffs, also Sich-ansprechen-lassen, lauschen, schauen.
– Sie greifen auf die alte Bedeutung von Aisthesis zurück. Die meisten Leute verbinden den Begriff aber mit „schön“.
– Das ist nicht völlig falsch. Das Schöne ist das Erscheinende, und wir halten uns ja an den Schein, wenn wir lauschen und schauen.
– Sie weichen wieder aus. Für die meisten Leute verbindet sich „schön“ mit „angenehm“, „gut aussehend“, oft genug auch „kunstvoll gestaltet“. Mich wundert es überhaupt, wie Sie den Begriff „ästhetisch“ so völlig ohne Bezug zur Kunst definieren. Ich will nicht mit Ihnen darüber streiten, ob das sachlich haltbar ist und wo das historisch einzuordnen wäre, aber da es uns um Literatur als ein Mittel zur „ästhetischen Kommunikation“ geht, liegt es doch nahe, darunter eine Kommunikation zu verstehen, die sich gestalteter, künstlerisch geformter Sprache bedient.
– Wenn Sie mich so drängen, will ich es Ihnen auch zugestehen. Mir war aber wichtig, zunächst einmal die Funktion deutlich zu machen, ehe wir uns über das Mittel den Kopf zerbrechen. Sind wir uns denn einig, daß es Kommunikation mit äußerer Natur gibt?
– Im Alltag merke ich wenig davon. Natürlich reden die Leute mit ihren Haustieren, auch mal mit Pflanzen, das kommt schon vor, aber es ist eigentlich eher lächerlich.
– Vielleicht leben wir in einem Zeitalter, in dem so etwas *nicht mehr* ernsthaft möglich ist, aber auch *noch nicht* wieder möglich ist. Ich behaupte aber, daß das Bedürfnis danach immer vorhanden war und noch vorhanden ist und in der Kunst befriedigt wird.
– Sie denken an Naturlyrik?
– Da wird es besonders deutlich; aber es ist nicht beschränkt auf das spezielle Thema „Natur“. In RILKES 9. ***Duineser Elegie*** heißt es emphatisch „Erde, du liebe, ich will“, und diese Elegie ist alles andere als „Naturlyrik“. Aber wir treffen auf diese Haltung der Natur gegenüber auch in der Prosa; Landschaftsschilderungen zum Beispiel.
– Oft ist da aber die Natur nur das Pendant zum Menschen: die friedliche Natur wird geschildert wegen der idyllischen menschlichen Verhältnisse, und die zerklüftete repräsentiert den gespaltenen Menschen.
– Man kann die Korrespondenz auch andersherum lesen: Wir verstehen den Menschen nur, weil wir ihn mit der Natur vergleichen.
– Faktisch ist es doch sicher umgekehrt: Wir verstehen andere Menschen, weil wir uns selbst kennen, und unsere Befindlichkeit projizieren wir dann auf die Natur.
– Ich bin mir da nicht so sicher. Vielleicht kennen wir uns nur in dem Maß, in dem wir die Natur kennen? Übertragen wir Menschliches auf die Natur, wenn wir von „heiterer“ oder „trüber“ Stimmung sprechen, oder

übertragen wir nicht vielmehr Meteorologisches auf Menschen? „Sie hat ein sonniges Gemüt“, „seine Liebe war gar zu stürmisch“, „sie begegnete ihm recht kühl“, „er ist umnachtet“? „Launisch“ kommt übrigens von „lunarisch“.

– Redewendungen! Ich könnte genauso viele vorbringen, bei denen eindeutig Menschliches auf die Natur übertragen wird. „Die Sonne lacht“, „das Gewitter droht“. Das führt uns nicht weiter.

– In der Tat darf man Redewendungen und sprachlicher Metaphorik nicht zu viel zutrauen. Aber sie zeigen doch, daß die Menschen sich wenigstens teilweise aus der Natur heraus verstehen.

– Und das soll beweisen, daß es „Kommunikation mit der äußeren Natur“ gibt?

– Kein Beweis, nur Indizien. Bei kleinen Kindern ist es deutlich, in der Pubertät finden sich Anzeichen, die Landschaftsmalerei mancher Erwachsenen zeigt das Angesprochensein von der Natur. Wie wichtig das Rückgewinnen dieser passiven, kontemplativen, sensitiven und eben kommunikativen Haltung zur Natur für die Menschen gerade in den Industriestaaten einmal sein wird, läßt sich noch nicht voraussehen. Aber wenn ich das sage, unterstellen Sie mir sicher wieder Anthropozentrismus: Wir dürfen die Natur nicht weiter mißhandeln, weil sie sonst zurückschlägt.

– Sie haben recht: Ich bin nicht völlig überzeugt. „Kommunikation mit äußerer Natur“ bleibt mir ein etwas suspekter romantischer Gedanke. Aber Sie sprechen ja auch von „Kommunikation mit der inneren Natur“. Das ist für mich mindestens ebenso rätselhaft. Was meinen Sie mit „innerer Natur“?

– Unsere Triebe, unsere natürlichen Bedürfnisse. Wie gehen wir damit um? Es gibt gesellschaftlich akzeptierte Formen der Bedürfnisäußerung und -befriedigung. Aber es ist altbekannt, daß der „Prozeß der Zivilisation“ auch zur Unterdrückung und Verdrängung von Impulsen und Strebungen geführt hat. Es fragt sich, ob und inwieweit das heute noch nötig ist. Vielleicht ist unser Streit über die „Kommunikation mit der äußeren Natur“ sogar ein Beispiel für solche Unterdrückung. Nehmen wir an, jemand hat das Bedürfnis, Bäume zu umarmen und Blumen zu küssen. Was wird er tun?

– Ich würde ihm raten, es nicht in Wirklichkeit zu tun, sondern lieber ein Gedicht zu schreiben! Aber wenn er nicht ein großer Künstler ist, wird ihn sein Gedicht ebenso lächerlich machen wie die Handlung selbst.

– Das beweist, daß es Bedürfnisse gibt, die gesellschaftlich anrüchig sind, obwohl sie überhaupt nichts Unmoralisches an sich haben. Hunde darf man streicheln, Blumen nicht; kleine Kinder darf man herzen, größere nicht.

– „Kommunikation mit innerer Natur“ hieße also, unterdrückte Bedürfnisse äußern? Wo ist da das Kommunikative?

– Sie weisen auf denselben Punkt hin, der uns schon bei der äußeren Natur Kopfzerbrechen bereitete: Scheinbar handelt es sich um eine Einweg-Kommunikation. Aber wenn sich durch die Äußerung im Inneren etwas verändert, ist der Ausdruck „Kommunikation“ vielleicht doch zulässig, zumindest in übertragener Bedeutung.

- Mir ist schleierhaft, warum man überhaupt diesen Ausdruck gebraucht. Warum spricht man nicht einfach von „Äußerung“?
- Weil es um mehr geht. Die „Äußerung“ richtet sich an andere Menschen, die „Kommunikation“ ist ein innerseelischer Vorgang. Trotzdem wird da etwas in Sprache gefaßt und nach außen gebracht. Und dabei spielt etwas eine Rolle, was Sie vorhin einmal angesprochen haben.
- Nämlich?
- Das Ästhetische. FREUD hat ganz recht gehabt mit seiner Feststellung, in der Dichtung (er meinte natürlich eine bestimmte Dichtung) komme das Verdrängte und Unterdrückte in einer gesellschaftlich akzeptablen Weise zum Ausdruck. Er spricht davon, daß die Tagträume das Rohmaterial der poetischen Produktion seien, und die würden dann in gewissen Umformungen und Verkleidungen zum Ausdruck gebracht. Es handelt sich also um *indirekte* Äußerungen, Bilder, Klänge, Rhythmen. Schon ihre Äußerung allein entlastet die Seele; darüber hinaus werden Themen in den öffentlichen Diskurs eingeführt, die ansonsten tabu sind. Nun können sie diskutiert werden, und man kann die Möglichkeit der Befriedigung solcher Bedürfnisse auf dem jeweiligen Stand der gesellschaftlichen Entwicklung erörtern. Es gibt gewiß zweckmäßige und moralisch notwendige Unterdrückung von Trieben, aber das muß die Gesellschaft doch jeweils neu feststellen. Manche Bedürfnisse werden eben auch unnötigerweise unterdrückt.
- Welche Bedürfnisse meinen Sie?
- Eben solche, wie sie z. B. in Tagträumen vorkommen, Großsein, Starksein, Schönsein, Anerkanntwerden, Einflußhaben, Glücklichsein usw. Sicher ist es kein Wunder, daß Liebe, daß Erotisches und Sexuelles einen dermaßen großen Platz in der Literatur beanspruchen. Aber die Literatur erlaubt uns auch, uns mit unseren destruktiven Tendenzen auseinanderzusetzen. GOETHE soll von sich gesagt haben, er könne sich kein Verbrechen vorstellen, zu dem er nicht unter bestimmten Umständen in der Lage wäre. Ein weiteres großes Thema ist natürlich Befreiung von Herrschaft, von politischer Unterdrückung, und auch dieser Wunsch, dieses Grundbedürfnis der Menschen nach Selbstbestimmung kann zunächst gar nicht anders als indirekt geäußert werden. Die Indirektheit kann bis zur völligen Sprachlosigkeit gehen.
- Was soll das heißen?
- Nehmen wir zum Beispiel die Unterdrückung der Katalanen durch die Franco-Diktatur. Der Widerstand dagegen artikulierte sich ästhetisch, nämlich in Liedern. Der Sänger LLUIS LLACH schrieb ein Lied „L'estaca“, „Der Pfahl“, das davon handelt, daß alle Leute an einen Pfahl gebunden sind, und „wenn wir alle ziehen, wird er fallen, lange kann er nicht mehr halten, er wird fallen, fallen, fallen, ganz morsch wird er schon sein“. Natürlich durchschaute die Zensur das Bild und bezog es auf die politischen Verhältnisse. LLACH durfte das Lied nicht öffentlich vortragen. Aber

durch eine Platte war das Lied längst allgemein bekannt, es war binnen kurzem zu einer Art katalanischer Nationalhymne geworden und natürlich gerade deswegen so gefährlich. In einem Konzert im überfüllten Musikpalast von Barcelona sang LLACH das Lied nicht – er durfte es ja nicht singen! –, sondern er spielte die Melodie auf dem Klavier. Zu hören war nur die Musik, aber es ging ja nicht um die Musik, sondern um den Text. Indirektheit bis zur Sprachlosigkeit! Den Zuhörern konnte die Zensur natürlich nicht das Maul verbieten, und so sang das ganze Publikum das Lied mit.

– Man könnte viele ähnliche Fälle anführen, aus allen Ländern und von allen Zeiten. Mir fallen z. B. die Äsopschen Fabeln ein, die sich ja ursprünglich auf ganz bestimmte politische Situationen bezogen. Die Leute verstanden natürlich die bildliche Rede. Hinter dem Fiktiven erkannten sie mühelos das Faktische.

– Ein ganz alltägliches Beispiel ist übrigens Ironie: Weil wir etwas nicht direkt sagen wollen, sagen wir das Gegenteil und signalisieren unsere Distanz durch paraverbale oder körpersprachliche Mittel und geben zugleich zu erkennen, daß wir das Gemeinte nicht direkt sagen wollen oder können.

– Und das wäre „Kommunikation mit innerer Natur“?

– Es scheint mir eher der Grenzfall zu sein. Charakteristisch für „Kommunikation mit innerer Natur“ ist doch gerade, daß uns das, was da ausgedrückt wird, vorher noch nicht bekannt ist, Unterschwelliges, Vorbewußtes, Verdrängtes, Nichteingestandenes. Lesend entdecken wir unsere geheimen Wünsche und Bedürfnisse, schreibend natürlich auch.

– Sie scheinen mir jetzt einen sehr exklusiven Begriff von Literatur zu verwenden. Was Sie sagen, mag auf den ***„Werther“*** zutreffen, auf den ***„Taugenichts“***, auf den ***„Woyzeck“***, meinetwegen auf ***„Frühlingserwachen“***. Aber Kinder und Jugendliche und auch die meisten Erwachsenen haben offenbar kein Bedürfnis nach „Kommunikation mit innerer Natur“: Sie lesen so was gar nicht freiwillig.

– Vielleicht leistet andere Literatur für sie dasselbe? In den Comics kriegt ständig einer eins auf den Deckel, da können die Kinder ihre ganze Aggressivität ausleben.

– „Kommunikation mit innerer Natur“ als Kompensation?

– Ja, da werden Bedürfnisse in der Fiktion real befriedigt. Aber zugleich werden die Bedürfnisse auch offenbar, und dann kann man darüber sprechen, woher die Bedürfnisse kommen und ob sie auch in der Realität befriedigt werden könnten. Das wäre nämlich eine ganz andere Art der „realen“ Befriedigung! Und so ein Gespräch über das, was wir wollen und ob es gerechtfertigt ist – das ist die Chance des Literaturunterrichts!

– „Unterrichtsgespräch“ – das wäre ein neues Thema! Ich fürchte, Sie überschätzen die Möglichkeiten der Schule. Aber ich möchte doch noch weiter beim Thema „Kommunikation mit innerer Natur“ bleiben. Kann man tatsächlich alle Literatur als Medium für diese Kommunikation ansehen?

– Mehr noch: Alles Ästhetische. Tanz, Musik, Malerei – immer geht es darum, in Kontakt mit Tiefenschichten der Seele zu kommen. Natürlich leisten alle diese Medien noch mehr, und es gibt in allen Künsten privilegierte Gattungen, in der Literatur sicher die Lyrik.

- Lyrik gilt ja in besonderem Maß als Ausdruckskunst. Aber nehmen wir einmal einen Text wie ***„Der Bär auf dem Försterball"***. Wo geschieht da „Kommunikation mit innerer Natur"?
- Da werden durchaus menschliche Bedürfnisse dargestellt, wenn auch in karikierender Überzeichung und ironischer Brechung. Beim Bären das Bedürfnis nach Verkleidung, Verstellung, Rollentausch, ein anderer sein.
- Ein menschliches Grundbedürfnis?
- Jedenfalls scheinen die Kinder es zu haben, das zeigen ihre Spiele ganz deutlich, und ihre Lektüre zeigt es nicht minder. Ausprobieren anderer Rollen, sich mal versuchsweise in jemand anderen hineinversetzen! Und beim Erwachsenen ist es doch auch so: Unser Interesse an Theater und Film rührt zum Teil sicher von diesem Bedürfnis her, mal jemand anderes zu sein.
- Und die Förster?
- Die zeigen ein Bedürfnis nach Gemeinschaft und sorglosem Leben, sorglos, weil ein anderer, die unangefochtene Autorität des Oberförsters, für sie denkt. Dieses Bedürfnis wird in der Geschichte ins Lächerliche gezogen, aber haben wir nicht alle dieses Bedürfnis? Abschalten, aussteigen, andere für uns handeln lassen? Unser Gewissen sagt uns natürlich sofort: Das ist verantwortungslos, das darf man nicht zulassen; und die Geschichte von HACKS zeigt ja auch, wohin das führt: Um ein Haar hätten die Förster einen der Ihren umgelegt. Das ist das Moralische an der Geschichte, und es ist bezeichnend, daß das in der Schule immer im Vordergrund steht. Das Lustige und Entlastende an der Geschichte ist aber gerade der in der Fiktion erlaubte Verstoß gegen Moral und gute Sitten: Sich vollaufen lassen, Blödsinn machen (das Fressen der Hagebutten), sich tierisch benehmen. Es fällt doch auf, wie gern Kinder und Jugendliche Besoffene spielen. Ein Grund dafür dürfte sicher sein, daß man da – im Spiel! – endlich mal „die Sau rauslassen" darf.
- Ich gebe zu, daß ich mir unter „Kommunikation mit innerer Natur" etwas Großartigeres, irgendwas besonders Humanes vorgestellt habe und nicht gerade „die Sau rauslassen".
- „Auerbachs Keller": „Will keiner trinken? keiner lachen? Ich will euch lehren Gesichter machen! Ihr seid ja heut wie nasses Stroh Und brennt sonst immer lichterloh!" – „Das liegt an dir, du bringst ja nichts herbei, Nicht eine Dummheit, keine Sauerei." – „Da hast du beides!" (gießt ihm ein Glas Wein über den Kopf). – „Doppelt Schwein!" – „Ihr wollt es ja, man soll es sein!"
- Halten Sie das Sichbesaufen für ein menschliches Grundbedürfnis?
- So direkt natürlich nicht. Aber es ist eine Form, wie das Bedürfnis nach Bewußtlosigkeit, Verantwortungslosigkeit, meinetwegen auch Dezentrierung zum Ausdruck kommt. Rausch, Ekstase, Außer-sich-Sein, Transzendieren: Das dürfte wohl schon ein Grundbedürfnis sein. Und gerade

solche Bedürfnisse werden gesellschaftlich stark kontrolliert. Die Literatur ist ein Ventil.

– Ich dachte, sie sei ein Spiegel?
– Beides. Als Spiegel zeigt sie uns und die Gesellschaft, sie vergegenständlicht, objektiviert, und deshalb kann man dann darüber sprechen. Als Ventil sorgt sie direkt für Entlastung.
– Das kann ich mir schon ganz gut vorstellen. Mich wundert nur, daß man es „Kommunikation mit innerer Natur" nennt.
– Noch immer diese Frage? Aber es ist gut, daß Sie so hartnäckig sind; denn tatsächlich hängt ungeheuer viel von diesem Begriff ab. Ich will es deshalb ein letztes Mal versuchen. Sind wir uns einig, was „äußere Natur" bedeutet?
– Alles, was wir mit unseren fünf Sinnen wahrnehmen können.
– Richtig. Und inwiefern kann man behaupten, daß wir mit äußerer Natur kommunizieren?
– Insofern, als uns der Gesang der Vögel oder das Aussehen von Blumen anspricht.
– „Anspricht" ist ein gutes Wort, weil es genau zum Begriff „Kommunikation" paßt. Aber wir sind uns natürlich im klaren darüber, daß wir hier eine Bedeutungsübertragung vornehmen. Wenn uns jemand auf der Straße anspricht und um Auskunft bittet, ist das ja wohl etwas anderes, als wenn uns jemand begegnet, dessen Äußeres uns anspricht. Trotzdem dürfen wir der Sprache insoweit trauen, daß es Gemeinsamkeiten gibt – Hinwendung, Kontakt, positive Reaktion usw. „Kommunikation mit äußerer Natur" läge also vor, wenn uns die Sinne einen Eindruck vermitteln, der uns anspricht und wir ihm entsprechen – sei es rein innerpsychisch durch eine Veränderung unserer Befindlichkeit, sei es auch im Handeln.
– Ich finde, man strapaziert das Wort „Kommunikation", wenn man es so verwendet.
– Ich kann Ihnen diese Strapaze nicht ersparen, denn bei der „Kommunikation mit innerer Natur" handelt es sich um etwas Analoges. „Innere Natur", das sind wir selbst, wie wir uns erleben. Also nicht die fünf Sinne geben uns darüber Auskunft, wie es um uns steht, sondern innenbezogene Gefühle, z. B. das Gefühl des Hungers oder des Durstes, aber auch das Gefühl des Glücks oder der Traurigkeit, der Melancholie oder der Sehnsucht. Wir können diese Empfindungen wegschieben, unbeachtet lassen, sie wie auf außen bezogene Wahrnehmungen behandeln, wir können uns ihnen aber auch zuwenden und sie ausdrücken. Können Sie mir folgen?
– Wenn ich Hunger habe, sage ich „Ich habe Hunger". Das meinen Sie mit „ausdrücken"?
– Ja. Aber es gibt viele innere Erfahrungen, die sich nicht so direkt ausdrücken lassen, diffuse Gefühle, unbestimmte Intentionen, für die es vielleicht Wörter gibt, Begriffe wie „Sehnsucht" oder „Wehmut", aber die Wörter treffen nicht genau das, was man ausdrücken will, sie sind eigentlich zu eindeutig. Wie kann man widersprüchliche Gefühle ausdrücken? Man sucht nach Bildern, nach Umschreibungen, Vergleichen, kurz: Man

wendet sich der Sprache zu und versucht, sie so zu modellieren, daß das Gemeinte zum Ausdruck kommt. Das kann sehr weit wegführen von der Semantik, reine Klangpoesie etwa. Musik ist ja auch ein Medium solchen Ausdrucks von Unbegriffenem, vielleicht Unbegreifbarem.

– Und daß das „Kommunikation" sei, werden Sie wieder so rechtfertigen, daß Sie sagen: Man wendet sich diesen Gefühlen zu, hört auf sie und reagiert darauf.

– Genau so. Sie sind nicht überzeugt?

– Sie haben ja zuletzt häufiger das Wort „Ausdruck" benutzt als das Wort „Kommunikation". Mit scheint es besser geeignet. Aber meine Skepsis reicht noch viel tiefer.

– Nämlich?

– Ich halte Ihre ganze Auffassung für monistisch. Sie gestehen der Dichtung, ja allem Ästhetischen, eine einzige Funktion zu: Kommunikation mit innerer Natur. Wo bleiben andere Funktionen wie Erkenntnis, Kritik, Utopie, Aufklärung, Unterhaltung?

– Das sind Aspekte besagter Kommunikation mit innerer Natur. Erst in der Kommunikation erkenne ich meine Befindlichkeit, erst in der Kommunikation wird mir ein Widerspruch klar, der dann zur Kritik führt, in der Kommunikation verdichtet sich eine diffuse Hoffnung zur Utopie. Nur Literatur, die rein der Unterhaltung diente, wäre etwas prinzipiell anderes; denn sie entbehrte des Selbstbezugs, auf den es hier gerade ankommt.

– Selbstbezug? Heißt das, daß Literatur nur etwas für den Autor selbst leistet?

– Gar nicht. Dasselbe gilt ja für den Leser: Die Lektüre veranlaßt seine Kommunikation mit seiner inneren Natur.

– Wenn das mal gut geht!

– Sie haben recht: Oft genug geht es nicht gut. Aber ich glaube, um den Anspruch kommt man gar nicht herum. Warum sollte man sonst lesen?

– Ich wäre nicht in Verlegenheit, Ihnen eine ganze Latte von Lesemotiven aufzuzählen. Aber wahrscheinlich würden Sie mir wieder bloß nachweisen, daß die alle auf „Kommunikation mit innerer Natur" zurückzuführen sind. Meinen Sie nicht, wir sollten es für heute dabei bewenden lassen?

– Nur zu gern!

5 Methoden

Wie kann der Unterricht dafür sorgen, daß die Schüler die ausgewählten Texte mit Genuß und Gewinn lesen? Nach einem Überblick über die in der Tradition des LU eingeschlagenen Wege werden zwei dominante Vorgehensweisen ausführlich dargestellt und diskutiert: das Unterrichtsgespräch auf der einen Seite, schriftliche Sprachproduktionen der Schüler auf der anderen Seite. Beide Verfahren sind problematischer, als man auf den ersten Blick meint.

Der Ausdruck „Methode“ wird sowohl in der allgemeindidaktischen als in der deutschdidaktischen Literatur recht unterschiedlich verwendet. Ich möchte ihn mit einem weiten Begriffsumfang gebrauchen: Er stehe für alle diejenigen unterrichtlichen Verfahren, mit denen Lernprozesse an und durch Literatur ausgelöst und absichtlich beeinflußt werden. Abzugrenzen ist er gegen die Entscheidungen über Ziele und Inhalte einerseits, über die Auswertung/Bewertung des Unterrichts andererseits. Der Begriff soll hier also so verwendet werden, wie er gewöhnlich im nicht-akademischen Gespräch über Unterricht verwendet wird: Das Was und Wozu sind einigermaßen klar, nun geht es um die Frage des Wie. Allerdings täusche man sich nicht über die Beziehung, die zwischen Ziel-/Inhaltsentscheidungen und Methodenentscheidungen besteht; bestimmte Zielsetzungen (etwa: Auslösen emotionaler Reaktionen) sind bestimmten Methoden affin (hier etwa: Einstimmung, sinnlich ansprechende Textdarbietung), und bestimmte Methoden (z. B. „produktive Verfahren“) haben Einfluß auf die Textauswahl (hier etwa: Texte mit „Leerstellen“, vieldeutige Texte). Mit anderen Worten: Der Lehrer sollte sich darüber im klaren sein, daß seine Vorliebe für bestimmte Texte wahrscheinlich auch seine Methoden bestimmt – und umgekehrt.

Bei der unterrichtsvorbereitenden „Sachanalyse“, also der eigenen Textinterpretation, denkt man meistens schon nebenbei an die Art, wie man den Unterricht durchführen wird, z.B. notiert man sich entscheidende Gesichtspunkte, die den Text erschließen, und diese bilden die Grundlage für „Leitfragen“, oder man stutzt schon bei der Überschrift und beschließt, die Schüler darüber nachdenken zu lassen, ehe sie den Text im ganzen erhalten („Antizipation“), oder man trifft auf eine Textstelle, die die eigene Phantasie so anregt, daß man sich vornimmt, an dieser Stelle auch die Phantasie der Schüler herauszufordern durch eine „produktive“ Aufgabe. Die Unterrichtsentscheidungen werden nicht sequentiell getroffen, sondern parallel und rekursiv; Überlegungen zum methodischen Vorgehen bestimmen eben nicht selten auch die Entscheidung über die Textauswahl mit.

5.1 Helmers' Überblick

Unter der Überschrift „Methoden des Literaturunterrichts" hat HELMERS (1966) sechs Verfahren vorgestellt, die im LU vorkommen; er hat sie jeweils erläutert („Unterrichts-Ablauf"), ihre Vor- und Nachteile angegeben, Hinweise zu affinen Texten/Textarten gegeben (hierin zeigt sich die Verbindung von Inhalt/Text und Methode) und sie hinsichtlich ihrer Herkunft lokalisiert („historischer Ursprungsort"):

1. Erschließen durch Leitfragen,
2. Zergliedern,
3. freies Besprechen,
4. Erlesen/Ersprechen,
5. Vorgestalten (Antizipation),
6. selbständiges Erarbeiten.

Einige Erläuterungen: Unter „Zergliedern" ist ein Verfahren zu verstehen, bei dem der Text zeilen-, satz- oder abschnittsweise besprochen wird. „Dabei werden Verständnisschwierigkeiten geklärt, Aussagen veranschaulichend erläutert und Überlegungen zum möglichen Fortgang des Textes angestellt. Das Verweilen und das Vorausblicken dienen der Vorstellungsaktivierung: Statt daß der ganze Text in einem Zuge gelesen wird, hält man ein und vertieft die einzelnen Abschnitte so, daß sich eine lebendige Vorstellung bildet und durch die eigenen Erwartungen an den Fortgang ein stärkeres Miterleben entsteht. Zu rigide angewandt, wirkt das Verfahren allerdings ermüdend auf die Schüler, zumal eine starke Lehrerlenkung fast unvermeidlich ist" (SPINNER 1984:76). – „Erlesen/Ersprechen" meint das Vortragen des Textes (Erlesen = lautes Lesen, Ersprechen = Vortrag aus dem Gedächtnis). – Beim „selbständigen Erarbeiten" verfahren die Schüler nach einem an der Tafel oder auf einem Aufgabenblatt vorgegebenen Schema; die „Selbständigkeit" beschränkt sich also auf die Anwendung dieses Schemas, wobei der Lehrer dann nicht mehr unmittelbar eingreift.

Diesen sechs Verfahren fügt HELMERS noch ein weiteres hinzu: „Nachgestalten". Es passe „aber nicht genau in die Reihe der bisher aufgezählten sechs Methoden. Diese sechs Methoden richten sich primär auf die erstmalige Rezeption eines Textes. Das Nachgestalten hingegen wird vorwiegend zum vertiefenden Einüben bereits bekannter literarischer Strukturen benutzt" (1971:320). Hier könnte man auch noch das Umgestalten (etwa Umschreiben einer Erzählung in ein Stegreif- oder Hörspiel) und das Ausgestalten (etwa Schreiben eines inneren Monologs) hinzufügen.

Warum diese Sonderrolle des „Nachgestaltens", und warum das Fehlen von Um- und Ausgestalten? HELMERS' Übersicht orientiert sich an einem Unterricht, dessen Ziel es ist, Äußerungen über Literatur zu machen *(theoretische Interpretation),* nicht an einem Unterricht, dessen Ziel die gestaltende Aneignung ist *(praktische Interpretation).* Das ist sicherlich realistisch; denn LU wird seit dem 19. Jh. in Anlehnung an die philologisch-hermeneutische Literaturwissenschaft, nicht die Literaturpraxis (Rhetorik und

Poetik) betrieben. (Zur „Literaturpraxis“ im hier gemeinten Sinn gehört nicht nur das Verfassen von Literatur, sondern auch deren künstlerische Präsentation, und zwar nicht nur im Sinne der von HELMERS erwähnten Rezitation, sondern auch als Theateraufführung, Umsetzung in Tanz, Pantomime, Musik, Bilder.) Das Ziel allen Literaturunterrichts, die „Interpretation“, kennt er – und mit ihm die Mehrheit der Deutschlehrer – nur als „Metatext“, als „Sekundärliteratur“. Ein Musiker dagegen denkt bei „Interpretation“ zunächst und vor allem an die praktische Umsetzung des Notentextes; die theoretische, die auch der Musiker durchaus kennt (und auf die zumindest der professionelle Musiker nicht verzichtet), ist ihr nachgeordnet – sie dient der Vorbereitung, reflektierenden Selbstvergewisserung und Rechtfertigung einer Aus- bzw. Aufführung. (S. auch KRAUSS 1968:8.)

Es ist nicht nur diese einseitige Orientierung allein, die HELMERS' Übersicht ungeeignet macht zur Darstellung der methodischen Möglichkeiten des LU, KREFT (1977:362ff.) weist auf weitere Mängel hin:

1. Die „methodischen Lösungswege“ unterscheidet H. von den „didaktischen Lösungswegen“ (z.B. Interpretation vom Inhalt aus oder von der Form aus); die Trennung ist aber nicht plausibel durchgeführt. Überhaupt fehlen systematische Gesichtspunkte zur Gewinnung bzw. Ableitung der Methoden: Sie scheinen bloß aufgezählt. Deshalb besteht auch keinerlei Grund zu der Annahme, daß mit den sechs genannten Methoden das Repertoire schon erschöpft sei. Weitere Methoden sind in der didaktischen Literatur leicht nachzuweisen, etwa die Vorlage eines speziell durch Lücken präparierten Textes oder das „Herausfragen“ einer Geschichte. (Vgl. DAHMS 1979, WALDMANNS [1984] „produktionsorientierte“ Verfahren und die „Eingreiftexte“ von RUPP 1987. ULSHÖFER [1963:153] zählt zehn Arbeitsweisen für den LU auf, darunter neben den schon erwähnten auch das mündliche Nacherzählen. Auf ebenfalls „10 Methoden der Texterschließung“ kommt ALTENBURG 1991.)

2. In den Methoden stecken bestimmte Weisen der Lehreraktivität sowie Entscheidungen über Sozialformen und über mündliche oder schriftliche Aufgaben, ohne daß dies zwingend wäre oder auch nur gesagt würde. Müssen „Leitfragen“ immer mit dem Unterrichtsgespräch verbunden sein? Sie können doch auch das Schema bestimmen, das beim „selbständigen Erarbeiten“ benutzt wird. Auch das „Zergliedern“ als kleinschrittiges Verfahren läßt sich mit dem „selbständigen Erarbeiten“ verknüpfen, etwa in der Form von Lernprogrammen. H. denkt unter „Erschließen durch Leitfragen“ offenbar nur an die Sozialform „Gesamtklasse“, bei „selbständiges Erarbeiten“ dagegen an Einzelarbeit.

3. Vermischt mit der Methodenfrage wird auch die Zuordnung didaktischer Funktionen zu bestimmten Personen (die „Leitfragen“ können ja auch von Schülern kommen, wenn die Anfangsphase der Textbesprechung dafür Raum gibt). Allerdings hält sich auch hier H. wieder ans Faktische: Üblicherweise wird der Unterricht durch vorweg vom Lehrer überlegte Leitfragen strukturiert.

Die „Methode“ im LU war bestimmt worden als Verfahren, mit dem

Lernprozesse an und durch Literatur ausgelöst werden. Die von H. genannten Verfahren betreffen alle den Vorgang des Interpretierens. Systematische Gesichtspunkte zur Analyse dieses Vorgangs im Unterricht wären:

- *Gliederung des Unterrichts*: kleinschrittig versus großräumig
- *Schülerhandeln:* theoretisch (Urteile) versus praktisch (Handeln) und gelenkt/angeleitet versus frei/selbständig
- *Lehrerrolle:* „Informant" – „Regisseur" – „Mitspieler" – „Gesprächsleiter"
- *Sozialform:* einzeln – Partner – Gruppe – Klassenhälfte – Gesamtklasse
- *Aktionsform:* mündlich versus schriftlich

Grundsätzlich sind die einzelnen Aspekte unabhängig voneinander, so daß jede Kombination möglich ist. Tatsächlich aber bestehen Affinitäten. So gewährt eine großschrittige Unterrichtsgliederung den Schülern mehr Freiraum, Schriftlichkeit tendiert zur Einzelarbeit, eine Rolle als „Mitspieler" wird der Lehrer leichter in einer Gruppe als in der Gesamtklasse übernehmen können usw. (Angaben wie „gelenkt" oder „kleinschrittig" sind natürlich relativ.)

Ohne Anspruch auf Systematik und Vollständigkeit hat Spinner (1984) „eine Palette einzelner methodischer Verfahren" vorgelegt, die besonders für die Behandlung von Kurzprosa („Lesestücke") in der Sek. I geeignet sind, und dafür jeweils praktische Beispiele gegeben. Er gliedert sie in Methoden (1) zur *„Vorstellungsaktivierung"*, (2) zur *„Textanalyse"* und (3) zur *„kreativen Textveränderung"*. Zu (1) gehören: Vorlesen durch den Lehrer, Vorlesen durch Schüler, Assoziationen zur Überschrift, Assoziationen zum Text, Textstellen herausgreifen lassen, zergliederndes Erlesen, einzelne Textstellen entfalten, weggelassene Textstellen ergänzen, sich eine lebendige Vorstellung von Personen machen, das Verhalten von Personen zu erklären versuchen, einen Text anderen nahebringen. Zu (2) gehören: texterschließende Leitfragen zum Inhalt, Beziehungen zwischen Titel und Text herstellen, Figurencharakterisierung, Beschreibungen untersuchen, den Text gliedern, Zeitstruktur und Perspektive herausarbeiten, Analyse sprachlicher Merkmale, strukturale Analyse, Diskussion von Thesen zu einem Text, historisch-soziologische Interpretation, Textvergleich. Zu (3) gehören: den Schluß eines Textes schreiben, eine Nachgeschichte schreiben, Umerzählen durch Veränderung eines Handlungsmerkmals, in veränderter Perspektive erzählen, sich selbst in eine Geschichte hineindichten, Textsortenwechsel, Analogiebildungen, Texte als Ausgangspunkt für Spiele.

Diese Vorschläge lassen sich zusammenfassen zu zwei Methoden bzw. Methodenbündeln, auf die man heute in der Praxis vor allem stößt: das mehr oder weniger gelenkte **Unterrichtsgespräch** (auch „fragend-entwickelnde Methode" genannt) und schriftliche „Rezeptionshandlungen" bzw. **„produktive Verfahren"**. (Spinners Vorschläge zu (2) werden wohl am ehesten im Unterrichtsgespräch ausgeführt, obwohl dies nicht zwingend ist; Textanalyse kann ja auch schriftlich geschehen. (1) und (3) sind im wesentlichen produktive Verfahren; sie unterscheiden sich dadurch, daß bei (1) die Schüleraktivität sich auf einzelne Textstellen bezieht und der übrige Text entweder noch gar nicht bekannt ist oder unberücksichtigt bleibt, wogegen die Schüler bei (3) den ganzen Text kennen und sich bei ihren Produktionen auf ihn beziehen. Allerdings wird niemand behaupten wollen, „Vorstellungsaktivierung" und „kreative Textveränderung" ließen sich klar trennen.)

Zum „Methodenwechsel" und zur intensiveren Beschäftigung mit einem Text werden die beiden Hauptverfahren gern miteinander verknüpft; dabei wird meistens erst gehandelt (die Schüler notieren Assoziationen zur Überschrift, sie schreiben einen Textanfang weiter, sie rekonstruieren einen verpuzzleten Text, sie zeichnen dazu, sie spielen ihn), und dann wird über diese „praktische Interpretation" gesprochen. Beide Methoden, das Unterrichtsgespräch wie auch der handelnde Umgang, haben spezifische, aber auch gemeinsame Probleme.

5.2 Sprechen: Das gelenkte Unterrichtsgespräch (die „fragend-entwickelnde" Methode)

Man übertreibt wohl nicht, wenn man feststellt, daß der größte Teil des LU von der ersten bis zur letzten Klasse heute noch in der Form eines Unterrichtsgesprächs in der Gesamtklasse abläuft, das der Lehrer durch Themasetzung bzw. Leitfragen oder „Impulse" untergliedert und als Gesprächsleiter durch zusätzliche Fragen (und durch Tafelanschrieb) lenkt. Das Textverständnis, das die Schüler dabei gewinnen, zeichnet sich durch zwei miteinander verbundene Besonderheiten aus: Es bildet sich in der Gemeinschaft, und es muß versprachlicht und geäußert werden.

Gemeinschaft: Im Idealfall ergänzen sich die Beiträge der Schüler, auch durch Widerspruch, und führen dazu, daß sich das Anfangsverständnis jedes Schülers mit der Zeit verändert oder vertieft. Dabei spielt es keine Rolle, ob schließlich ein von allen geteiltes Textverständnis herauskommt oder ob unterschiedliche Auffassungen bestehen bleiben; entscheidend ist der Lernvorgang jedes einzelnen. Dieser Idealfall ist allerdings selten. Im Normalfall wird das Unterrichtsgespräch nur von einem Teil der Schüler bestritten. Dabei gibt es zwei problematische Möglichkeiten: Im einen Fall beziehen sich die einzelnen Äußerungen nicht aufeinander, es kommt zu einer „Aneinanderreihung von Monologen" (FRANK/STEPHAN 1979). Das hat zur Folge, daß weder eine gemeinsame Interpretation entsteht, noch daß die in den Köpfen der Schüler vorhandenen Einzelinterpretationen verändert werden. Besonders jüngere Schüler äußern das, was ihnen durch den Kopf geht, oft ohne Bezug zu vorangegangenen Äußerungen der Mitschüler (was sich auch aus der Zeitverzögerung zwischen „Sichmelden" und „Drankommen" erklären läßt), so daß ein „Gespräch" nicht recht zustandekommt. Unterrichtsmitschriften zeigen, daß auch ältere Schüler in ihren Beiträgen oft einem individuellen Faden folgen: Liest man die an unterschiedlichen Stellen des Gesprächs geäußerten Beiträge eines Schülers hintereinander, so ergeben sie häufig eine recht klare Linie. In der Unterrichtssituation kommt es aber nicht zur Entfaltung individueller Verstehensansätze, weil „ein Wort das andere“ gibt. Dies ist nicht zuletzt die Folge des häufigen Sprecherwechsels. Im Extremfall kommt es dazu, daß die Schüler auf eine Lehrerfrage Antworten regelrecht „apportieren“, ohne sich für die Verwendung (Evaluation) ihres Beitrags zu interessieren, d.h., sie überlassen die Erarbeitung der Interpretation dem Lehrer, und nur scheinbar hat „die Klasse“ am Ende den Text verstanden. (SPINNER 1992 zeigt an einem Beispiel, wie ein Schüler sich nicht daran stößt, wenn sein Beitrag in völlig falscher Weise vom Lehrer aufgegriffen und verwendet wird: Er hat sich geäußert, der Lehrer hat zugestimmt – basta. Dies ist sicherlich kein Einzelfall, sondern geradezu typisch.) – Im anderen, konträren Fall geraten den Schülern womöglich der Text und ihre eigene Textdeutung aus dem Blick, weil sie vor allem auf Mitschüler reagieren. Nüchtern konstatierend hat HÖLSKEN (1987:62) dies so ausgedrückt: „ Textverstehen [...] entwickelt sich im Unterricht interaktional, d.h. fortlaufend in bezug zu anderen Schüleräußerungen, so daß nicht nur der Vorgabetext, sondern auch andere Redebeiträge als zu interpretierende Texte in die Textverarbeitung des einzelnen mit eingehen.“ Interpretieren im Gespräch ist eben etwas anderes als Interpretieren für sich allein.

Abhelfen kann hier zum einen der schon erwähnte *„Methodenwechsel“*, also wenigstens phasenweise der Verzicht auf das Unterrichtsgespräch; zumindest müssen die Schüler relativ früh ihr eigenes Textverständnis schriftlich festhalten. Der zuerst genannten Gefahr der Beziehungslosigkeit von Äußerungen kann darüber hinaus auch durch eine Veränderung des Gesprächsverhaltens aller Beteiligten (einschließlich des Lehrers) begegnet werden, und zwar so, daß aus dem (vom Lehrer) „gelenkten Unterrichtsgespräch“ ein freies bzw. von den Schülern gelenktes wird: Statt inhaltsorientierte Fragen zu stellen, sollte der Lehrer, wenn er überhaupt eingreift, prozeßorientierte Impulse geben, also z. B. zur weiteren Explikation („Wie meinst du das?“) oder begrifflichen Zusammenfassung („Wie könnte man das, was du beschreibst, zusammenfassen?“) auffordern, vor allem aber die Schüler dazu anhalten, sich aufeinander zu beziehen („Stimmst du jetzt eigentlich Silke zu, oder widersprichst du ihr?“ „Worin unterscheidet sich das, was du gesagt hast, von dem, was Ralf gesagt hat?“), wobei klar ist, daß dies ein hoher Anspruch ist. (Wie auf diese Weise schon junge Schüler zu einem vertieften Textverständnis gelangen können, zeigt Beispiel 2 im Kap. 2.)

Manchmal ist es sinnvoll, für eine gewisse Zeit besondere *Gesprächsregeln* einzuführen, etwa: Jeder muß das, was der Vorredner gesagt hat, zunächst wiederholen („kontrollierter Dialog“). Solche Regelungen können allerdings die Verständigung auch behindern, weil sie die Schüler zu einem Zeitpunkt zur Kooperation zwingen, an dem sie noch mit dem Gewinnen ihres individuellen Ansatzes beschäftigt sind: Die Gesprächsregeln strangulieren die sich mühsam und allmählich entfaltenden Verstehensansätze der einzelnen Schüler. – Oft genügt es schon, wenn sich der Lehrer vor allem in der Anfangsphase einer Textbesprechung entschieden (und ausdrücklich) zurückhält und dafür sorgt, daß die Schüler sich mit ihren Äußerungen nicht an ihn, sondern an die Mitschüler wenden (Blickkontakt, Lautstärke). Von den Regeln der „themen-zentrierten Interaktion“ (TZI) ist hier diejenige zu übernehmen, die besagt, daß jeder „sein eigener Chairman“ sein solle, also Verantwortung übernehmen müsse für das Gelingen des Gesprächs. Erfahrungen zeigen, daß ein solches Gesprächsverhalten, das ja nicht nur für den LU wichtig ist, schon in der Grundschule gelernt werden kann: **„Gesprächserziehung“**! Der Stellenwert, den diese im DU einmal hatte, wird z. B. daran erkennbar, daß ESSEN ihre „Methodik“ mit der Erziehung zum Gespräch beginnt. (Die Gliederung des Faches in „Lernbereiche“ läßt allzu leicht vergessen, daß es der LU nicht nur mit Literatur, sondern auch mit Sprechen und Schreiben zu tun hat und daß es eigentlich keines besonderen Lernbereichs „Gespräch“ bedarf, wenn das Miteinandersprechen im Umgang mit Literatur geübt wird.)

Das Gesprächsverhalten kann auch verbessert und das Textverständnis gefördert werden, wenn der Text (zunächst) nicht in der ganzen Klasse, sondern in *Kleingruppen* besprochen wird: Es beteiligen sich dann mehr Schüler, sie fühlen sich nicht unter dem Druck des Lehrers und aller Mitschüler, sie können sich mehr Zeit lassen. Ungeübte Gruppen benötigen dazu eine Aufgabe („Macht einen Vorschlag, worüber wir in der gesamten Klasse sprechen sollen“) oder Frage („Paßt die Überschrift?“, „Findet ihr den Schluß gut?“); die Schüler sollten allerdings möglichst bald dahin kommen, sich Aufgaben und Fragen selbst zu stellen und sich einen eigenen Zugang zum Text zu bahnen. Das Gelingen solcher Gruppenarbeit hängt wesentlich davon ab, wie die Schüler die Unterrichtssituation überhaupt deuten, d.h., ob sie sie als Angebot verstehen, ihre subjektiven Interpretationsansätze, ihre Fragen und Assoziationen zu äußern, oder ob sie sie als Situation deuten, in der es auf „richtige“ Antworten und „richtiges“ Verhalten dem Text gegenüber ankommt. (Diese Unterscheidung wird im nächsten Punkt weiter ausgeführt.) – HILLMANN hat darauf hingewiesen, daß sogar auf Universitätsniveau Gespräche über Literatur durch die Lehrerdominanz eher Schaden leiden: Als er einmal das in einer Seminarsitzung zur Besprechung anstehende Buch (KÄSTNERS ***„Fabian“***) nicht gelesen hatte, kam das dem Gespräch der Studenten zugute. „Gerade weil ich den Roman nicht kannte und also auch nicht auf seine schulmäßige Interpretation bewußt hinwirken konnte, stellte ich ganz andere Fragen als sonst, neugierige, nicht wie meist korrigierende. [...] denn ich fand zwar, daß das die beste Seminarsitzung war, die ich je gemacht hatte; aber ich machte sie gar nicht, die Teilnehmer machten sie vielmehr von selbst. Ich störte sie nur nicht, wie sonst üblich, sondern trieb wie jeder einzelne im Kreis ihre Dynamik mit an“ (HILLMANN 1988:101). Es wäre sicherlich vorschnell, wollte man aus dieser Erfahrung den Schluß ziehen, der beste LU sei derjenige, bei dem der Lehrer nicht nur keine Interpretation des Textes habe, sondern möglichst den Text gar nicht kenne ...

Geäußertes Verständnis: Der übliche LU verlangt von den Schülern ein Doppeltes: Sie müssen erstens einen Text verstehen (lernen), und sie müssen zweitens ihr Verständnis auch äußern (lernen). Verändert das Versprachlichen nicht das Verständnis? Vorstellungen, vage Eindrücke müssen in Worte gefaßt werden. Wem die Worte fehlen, der bleibt stumm oder sagt nicht das, was er meint. D. h., der LU ist nicht zuletzt eine *„Sprachlernsituation"*. Im Unterricht gilt nur das, was geäußert wird. „In der Unterrichtssituation geht es ja gerade darum, gewonnene Einsichten und Erkenntnisse zu artikulieren; d.h. Verstehensleistungen des Schülers, die sich nicht in dessen kommunikativem Handeln dokumentieren, sind in der Perspektive der Institution ‚wertlos' [...]" (WIELER 1989:9; auch die folgende Darstellung bezieht sich vor allem auf diese Untersuchung.) Es geht also im schulischen Rahmen nicht eigentlich um individuelles Textverstehen, sondern primär um gemeinschaftliche Verständigung über einen Text.

Dies wäre nun weniger folgenreich, wenn sich nicht zeigen ließe, daß die übliche Kommunikation innerhalb des Unterrichtsgesprächs sich in einem wesentlichen Punkt deutlich negativ von außerschulischer Kommunikation unterscheiden würde. Während nämlich bei alltagssprachlicher Verständigung Gesprächssequenzen paarweise strukturiert sind (ein Gruß wird erwidert, eine Frage beantwortet), zeigt das Unterrichtsgespräch häufig einen dritten Schritt, nämlich eine Bewertung durch den Lehrer („ja", „gut", „wirklich?" usw.). In diesen Lehrerreaktionen kommt zum Ausdruck, daß das Unterrichtsgespräch üblicherweise der Vermittlung von Wissen und der Bewertung von Fähigkeiten der Schüler dient (STREECK 1983). „Bewertende Lehreräußerungen spielen bei der kommunikativen Strukturierung der Wissensvermittlung im Unterricht nach Streeck nun eine besondere Rolle. [...] [Es] läßt sich die pragmatische Funktion von Lehrerbewertungen dahingehend charakterisieren, Symmetrie zwischen der zu Beginn der Gesprächssequenz vom Lehrer geäußerten ‚Informationsfrage' und der darauf folgenden Schülerantwort zu signalisieren. Anhand von Unterrichtsprotokollen weist Streeck nach, daß im Falle einer ‚abweichenden' Schülerantwort die Instruktionssequenz expandiert wird, indem der Lehrer die ursprüngliche Elizitierung [= sequenzeröffnende Frage des Lehrers, J. F.] wiederholt, semantisch modifiziert, durch eine sekundäre Informationsfrage ersetzt oder das Rederecht an andere Schüler weitergibt" (WIELER 1989:29). Diese unterrichtstypische Gesprächsstruktur zeigt sich nun auch dort, wo es gar nicht im strengen Sinn um die Vermittlung von Wissen geht, nämlich beim Verstehen von Texten im LU. So fragt etwa ein Lehrer „Was macht denn einen Förster aus?" und erwartet die Nennung bestimmter Merkmale, die in HACKS' Geschichte eine Rolle spielen:

„Ralf: Ja, also erstmal 'nen großen Bart, also 'nen hübschen, großen, kräftigen Bart, dann noch Trinkfestigkeit, äh, also Schulterhieb, eben so'n schönen Schlag eben da drauf sonst eben auch noch so Kameradschaftlichkeit, also so, daß er sich eben trotzdem nicht besser fühlt als die anderen, obwohl er alle diese tollen Vorzüge hat.

L.: Gut. Also dann auch eine besondere Art von Gleichheit, die unter diesen Förstern existiert. Kumpelhaftigkeit vielleicht. Fällt dir sonst noch etwas ein, Ralf?

Ralf: Ja, die tiefe Stimme."

WIELER kommentiert:

„Die indirekte sprachliche Korrektur von Schüleräußerungen hat im Hinblick auf die schrittweise Erarbeitung einer ‚geteilten Deutung' des literarischen Textes eine wichtige Funktion. Dies zeigt auch die folgende Bewertungshandlung des Lehrers, mit der dieser auf die vom Schüler Ralf vorgenommene Aufzählung charakteristischer Merkmale und Eigenschaften der Förster reagiert. Die Angemessenheit der Schülerreaktion wird explizit bestätigt (‚Gut'); zusätzlich greift der bewertende Kommentar des Lehrers den Teil der Äußerung auf, in dem der Schüler sich zumindest ansatzweise um eine begrifflich abstrahierende Deutung der innerhalb der Förstergruppe bestehenden Beziehungen bemüht (‚sonst eben auch noch so Kameradschaftlichkeit'); hier bietet der Lehrer Formulierungshilfen (‚Also dann auch eine besondere Art von Gleichheit, die unter diesen Förstern existiert. Kumpelhaftigkeit vielleicht') und korrigiert indirekt einen vom Schüler gewählten, eher wertneutralen Begriff zur Charakterisierung der Försterwelt. Diese Evaluation klärt rückwirkend die intentionale Bedeutung der Elizitierung: Die möglichst vollständige Benennung typischer Merkmale, Eigenschaften und Verhaltensweisen der Förster dient im Rahmen dieser Gesprächssequenz offenbar als ‚argumentative Stütze' für die Deutung und Bewertung der in der Försterwelt geltenden Normen und Wertvorstellungen und des daraus resultierenden Gefühls der Gruppenidentität innerhalb der Förstergruppe. Mit seinem bewertenden Kommentar signalisiert der Lehrer den Schülern gleichzeitig die an sie gerichteten sprachlichen Anforderungen: Die abstrahierende Deutung von Textbelegen mit Hilfe selbständig gewählter Formulierungen" (47).

Halten wir fest: Eine so harmlose, selbstverständliche, alltägliche Äußerung wie die des Lehrers im Unterrichtsgespräch über ***„Der Bär auf dem Försterball"*** leistet mindestens dreierlei:

- Sie bewertet einen Schülerbeitrag,
- sie korrigiert (indirekt) einen Begriff,
- sie orientiert (indirekt) die Schüler über das im Unterricht von ihnen inhaltlich (in bezug auf die „gemeinsame" Textinterpretation) und sprachlich Erwartete.

Daß hier das Protokoll nicht „überinterpretiert" wird, macht der Fortgang des Unterrichtsgesprächs deutlich. Nach Ralfs Ergänzung „Ja, die tiefe Stimme" kommt die Schülerin Susanne zu Wort:

„Susanne: Ja, ich wollt' noch sagen, wahrscheinlich haben sie deshalb auch gerade diesen jungen Förster rausgesucht, weil der eben verhältnismäßig klein war und wenig Geweihe hatte, und auch der Schwächste und der Schüchternste war, und dann der Bär ... (unverst.), der gehört eben nicht in ihre Gruppe, weil er nicht ihre, ja, Qualifikationen hatte, die sie sich gesetzt hatten, deshalb haben sie ihn als Bären angesehen.
L.: Die entwickeln aufgrund von Merkmalen, die sie alle haben, ein Gruppengefühl. Habt ihr da Beispiele an der Hand, wo wir das vielleicht schon mal in ähnlicher Weise behandelt haben?
Philipp: In ‚Andorra', die Andorraner.
L.: Erklär doch mal, Philipp!"

Auch hierzu WIELERS Kommentar:

„Der sich anschließende Beitrag von Susanne veranschaulicht, wie sich diese Schülerin an der Bewertungshandlung des Lehrers orientiert: Sie nennt zunächst die abweichenden Eigenschaften und Merkmale des ‚jungen Försters' als Motiv für dessen plötzliche Stigmatisierung im fiktiven Handlungsgeschehen, versucht aber darüber hinaus, diese Eigenschaften *begrifflich abstrahierend* zu deuten (‚der gehört eben nicht in ihre Gruppe, weil er nicht ihre, ja, *Qualifikationen* hatte, die sie sich gesetzt hatten, deshalb haben sie ihn als Bären angesehen' (Hervorhebung P. W.). Über Ralfs Gesprächsbeitrag hinausgehend, bestimmt die Schülerin den Status der von ihm genannten Merkmale innerhalb der Försterwelt und deutet bestimmte Verhaltensweisen der Förster als Konsequenz dieser Merkmale.

Ohne auf Susannes spezifischen Deutungsansatz einzugehen, bestätigt der sich anschließende paraphrasierende Lehrerkommentar die Akzeptabilität ihrer Äußerung (‚Die entwickeln aufgrund von Merkmalen, die sie alle haben, ein Gruppengefühl'). Gleichzeitig dient die Bewertung dem Lehrer als Anknüpfungspunkt für einen neuen Elizitierungsschritt (‚Habt ihr da Beispiele an der Hand, wo wir das vielleicht schon mal in ähnlicher Weise behandelt haben?'). Auffälligstes Merkmal der neu eröffneten Gesprächssequenz ist, daß die Schüler hier explizit aufgefordert werden, literarische Querverbindungen herzustellen, während ein entsprechender Versuch des Schülers Sven im Rahmen der ‚Eröffnungsphase' (‚Das erinnert mich so'n bißchen an den ‚Hauptmann von Köpenick', der auch nur die Uniform anzieht, und dann hören alle [auf ihn, J. F.]') unberücksichtigt blieb. Mit dem Hinweis auf einen gemeinsam im Unterricht behandelten literarischen Text wird den Schülern angezeigt, daß es dem Lehrer um eine *bestimmte* literarische Parallele geht. Das von Philipp genannte Beispiel ‚Andorra' entspricht offenbar diesen Erwartungen, denn der Schüler wird aufgefordert, diesen Vergleich zu erläutern. Dies könnte als Indiz dafür angesehen werden, daß die Parallele zu Max Frischs Theaterstück ‚Andorra' (oder der gleichnamigen Parabel) einen wichtigen Beitrag liefert zum Konzept der Identität, dem der Lehrer auch bei der Interpretation der vorliegenden Geschichte von P. Hacks eine zentrale Rolle beimißt. Im Sinne einer identitätspsychologischen Deutung des fiktiven Handlungsgeschehens bauen nämlich die verschiedenen Entwicklungsstufen der Texterarbeitungsphase aufeinander auf:

- übereinstimmende Merkmale der Förster werden im Hinblick auf die in der Försterwelt geltenden Normen interpretiert und gleichzeitig als Ursache eines Gefühls der Gruppenidentität;
- spezifische Verhaltensweisen der Förster – insbesondere ihre ‚blinde' Anerkennung des Bären in seiner Rolle als Oberförster – werden als Konsequenz dieser Gruppenidentität gedeutet;
- die Analyse der Handlungsmotive des Bären mündet in der Favorisierung einer Interpretationsrichtung, die das selbstgefährdend-konsequente Verhalten des Bären als Folge einer Identitätskrise deutet" (47/49).

Man mag gegenüber dieser Erläuterung zweierlei einwenden: Erstens ist nicht gesagt, daß Susannes Äußerung eine direkte Folge der vorangegangenen Lehreräußerung ist; es kann ebensogut sein, daß sich eine Zehntkläßlerin sowieso um begriffliche Abstraktion bemüht. Aber auch dann würde das Lehrerverhalten mindestens verstärkend wirken, oder umgekehrt: Susannes implizit vom Lehrer akzeptierte Äußerung würde die Mitschüler nochmals orientieren, welche Art von Äußerungen von ihnen erwartet wird. – Zweitens ließe sich fragen, ob das Nichtaufgreifen von Svens Analogie nicht auch darin begründet sein könnte, daß die Äußerung zum falschen Zeitpunkt kam, nämlich in der Eröffnungsphase des Gesprächs. Philipp dagegen reagiert direkt auf eine Frage des Lehrers, äußert also seinen Einfall „zur rechten Zeit“. WIELERS Interpretation scheint mir trotz dieser Bedenken plausibel.

Die Analyse einer kurzen Gesprächssequenz macht deutlich, daß der Lehrer im Unterrichtsgespräch auf eine ihm vermutlich nicht bewußte Weise die Textinterpretation inhaltlich und sprachlich steuert. Dabei verzichtet er hier vollständig auf negative Bewertungen, kein Schülerbeitrag wird abgelehnt oder auch nur in Frage gestellt. Aber allein die Art, wie Schüleräußerungen aufgegriffen werden, wann nach Details und wann nach Belegen gefragt wird, auf welche Weise Fragen gestellt werden, läßt die Schüler ahnen, welche Textdeutung vom Lehrer favorisiert wird: Die Schüler lernen nicht nur, einen Text zu interpretieren, sondern sie lernen vor allem, die Äußerungen ihres Lehrers zu interpretieren! Es gibt nämlich in der Klasse durchaus die Meinung, daß die Geschichte vom Bären auf dem Försterball eine belanglose Unterhaltung für Kinder sei, nicht weiter der Rede wert, jedenfalls nicht einer Unterrichtsstunde in der 10. Klasse wert. Gleich zu Beginn hat eine Schülerin – die erste, die überhaupt zu Wort kommt – dies bündig formuliert, wobei sie sich an den an der Tafel stehenden Fragen „Was passiert? Worauf zielt die Geschichte? Was sagt sie Euch?“ orientierte:

„Brenda: Also einmal glaube ich, das ist eher eine Kindergeschichte. Da sollte man nicht versuchen, allzuviel Sinn hineinzuinterpretieren. Sie ist also sehr lustig geschrieben. [Es folgt eine Inhaltszusammenfassung.] Und ich glaub' eben, das soll die, wenn man da jetzt etwas reininterpretieren soll, dann würde das vielleicht so die Aussage sein, daß jeder das sein kann, was er will, daß er dann aber aufpassen sollte, sich nicht ganz zu verlieren. Das ist also: lieber etwas sein als nur etwas scheinen, daß etwas scheinen doch etwas gefährlicher ist als nur etwas sein.“

Man kann sich den Schrecken des Lehrers bei dieser Antwort gut vorstellen: Brenda hat nicht nur seine eigene Textdeutung, in deren Zentrum das Problem von Rolle und Identität steht, einigermaßen getroffen und das ausgesprochen, was eigentlich am Schluß der Besprechung herauskommen sollte, sondern sie hat sie zugleich als bloßes „Reininterpretieren“ entwertet. Schlimmer kann es kaum kommen, wenn man sich vorgenommen hat, eine ganze Unterrichtsstunde lang diesen Text zu behandeln! Die Verlegenheit des Lehrers wird in seiner Reaktion deutlich – eine Art routiniertes Luftschnappen, Atemholen, Zeit gewinnen:

„L.: So, das meint Brenda dazu. Andere Vorstellungen?... Brenda hat jetzt schon eine ziemlich geschlossene Vorstellung entwickelt. Es ist jetzt vielleicht etwas schwer, in ähnlicher Weise zu antworten ... Ja, bitte schön!“

Der Unterricht kann eigentlich nur noch glücken, wenn jetzt eine andere Auffassung vorgetragen wird, so daß ein produktiver Streit entsteht. Aber was sagt die nächste Schülerin?

„Barbara: Ja, ich finde, man kann nicht viel zu der Geschichte sagen, ich find', Brenda hat schon alles dazu gesagt. Also, was meiner Meinung nach dazu zu sagen ist, das hat sie schon gesagt. Mit der Identitätsfindung des Bären, der in der Gesellschaft ist und trinkt, daß der überhaupt nicht mehr er selber ist, daß der seine Meinung verliert.“

Nun scheint die Katastrophe besiegelt: Barbara hat nicht nur Brenda völlig bestätigt, sondern die Interpretation auf den Begriff gebracht: „Identitätsfindung des Bären“. Was weiter? Abbrechen? Das läßt der Unterricht nicht zu – denn da ist nicht nur ein Hospitant, der den Unterricht verfolgt, und ein Tonbandgerät, das ihn aufzeichnet, sondern da sind vor allem noch die vielen anderen Schüler, die möglicherweise den Text doch noch anders oder vielleicht gar nicht verstanden haben. Das ist ein entscheidender Punkt: Der Lehrer läßt den Unterricht weiterlaufen, obwohl für Brenda und Barbara durch eine „Texterarbeitung“ möglicherweise kein Erkenntnisgewinn mehr zu erwarten ist, da sie schon jetzt den Text so verstanden haben wie er selbst. Die „genaue Textarbeit“ ist nicht nur ein Bestandteil seiner Unterrichtsplanung, sondern sie gehört geradezu dogmatisch zum LU, also selbst dann, wenn ihr Ergebnis schon vorweggenommen ist. Legitimieren läßt sich das allenfalls im Sinne einer Überprüfung der Textdeutung, also in der Erwartung, daß aus einer bloßen *Meinung* durch die Detailarbeit eine *Einsicht* werde (aber welches Motiv sollte diese Überprüfung in den Augen der Schüler haben, wenn die Meinung von niemandem in Frage gestellt wird?) oder mit der Rücksicht auf die anderen Schüler, denen unterstellt wird, den Text nicht oder falsch verstanden zu haben. – Doch wie kommt man nun zur „genauen Textarbeit“, ohne direkt zu sagen: „Nun wollen wir erstmal den Text genau ansehen!“ Gibt es von keinem Schüler Hilfe? Zunächst reagiert der Lehrer auf Barbara:

„L.: Also für dich, Barbara, ist diese Interpretation schon so weitgehend, dir fiel da gar nichts mehr zu ein.
Barbara: Nee.
L.: Wie geht's den anderen? Ich kann das nicht so ganz glauben. Sven!“

Der Lehrer nennt hier indirekt den von uns unterstellten Grund, warum er den Unterricht nicht schon jetzt für beendet erklärt: Es wird doch wohl andere Schüler geben, die Brendas Interpretation nicht teilen oder nicht verstanden haben. Tatsächlich melden sich zwei Schüler.

„Sven: Also mich interessiert noch dieser Aspekt mit der Uniform, mit dieser Maskerade. Daß er also nur diesen Rock anzuziehen braucht, um Förster zu sein. Das erinnert mich so'n bißchen an den ‚Hauptmann von Köpenick‘, der auch nur die Uniform anzieht, und dann hören alle.
Michael: Also, ja, die Leute parieren mehr vor der Uniform als zu gucken, ja, was da überhaupt für'n Typ drinsteckt, ... ähm, und auch, daß das so'n toller Typ ist, mit der tiefen Stimme und dem irren Schulterhieb da, äh, der ist besser als sie sozusagen, das muß einfach 'n Oberförster sein.“

Diese Äußerung erlaubt es dem Lehrer endlich, in die „genaue Textarbeit“ einzusteigen:

„L.: Vielleicht kennzeichnen wir bei der Gelegenheit mal die Försterwelt. Was macht denn einen Förster aus? Michael sagte ‚die Leute‘. Was macht denn einen Förster aus?“

Es folgt nun eine lange Phase der Textarbeit (zwei Drittel des Unterrichts), und zwar in einem enger geführten „fragend-entwickelnden“ Unterrichtsgespräch. Am Ende der Stunde bekräftigen nochmals einige Schüler ihre Auffassung, es handele sich bei der Geschichte um eine Unterhaltung für Kinder, konzedieren aber auch, man könne durchaus über die Geschichte nachdenken und erkenne dann „das mit dem, äh, Identitätsverlust".

Sieht man sich das ganze Verbalprotokoll der Stunde an (es handelt sich um Material aus der Arbeit von ANTONACOPOULOS-MÜLLER, BIRGIT/GABRIELE LEIDHOLDT [1982]), so hat man keineswegs den Eindruck einer starren und engen Steuerung des Unterrichtsgesprächs. Zwar stehen einige „Leitfragen" von vornherein an der Tafel, und damit ist auch eine etwas pedantische Strukturierung des Unterrichtsverlaufs vorgegeben, aber man kann nicht auf Anhieb erkennen, daß dies ein Korsett ist oder die Schüler gegängelt wären. Der Unterricht verläuft relativ glatt, und wahrscheinlich wären die Schüler, würde man sie danach fragen, ziemlich zufrieden damit. Lehrer und Schüler sind so aufeinander eingespielt, daß Konflikte so gut wie ausgeschlossen sind: Jeder weiß vom anderen, was er zu erwarten hat. Erst die genaue Analyse, die WIELER vorgenommen hat, zeigt, auf welche subtile Weise das Unterrichtsgespräch gelenkt wird und dazu dient, die vom Lehrer favorisierte Interpretation durchzusetzen.

Daß solch eine Umlenkung konfliktlos funktioniert, führt WIELER darauf zurück, daß beide Seiten, Lehrer wie Schüler, die Unterrichtssituation in gleicher Weise deuten, nämlich als *Lehr*situation (Vermittlung des richtigen Wissens) wie aller anderer Unterricht auch – und nicht, wie in der Didaktik immer wieder verlangt, als *Verständigungs*situation. Die Lehrsituation beruht auf einer asymmetrischen Beziehung: Der Lehrer hat einen Wissensvorsprung, er stellt Fragen (und zwar nicht, weil er etwas zur Sache wissen will, sondern weil er wissen will, ob die Schüler wissen), er bewertet direkt oder indirekt ihre Äußerungen, und er strukturiert das Gespräch. (Zur Asymmetrie als einem Problem im LU vgl. FROMMER 1988:91f., der rät, der Lehrer solle die Rolle des notorischen Besserwissers mit der Rolle eines „Stifters von Unordnung" vertauschen, also das in Frage stellen, was den Schülern selbstverständlich ist.) Dabei verfolgt er drei Ziele: Inhaltlich sollen die Schüler sich mit einer bestimmten Textdeutung, die er sich erarbeitet hat, auseinandersetzen (Identitätsproblematik), methodisch sollen sie lernen, wie man interpretiert (Schritte der Texterarbeitung, Genauigkeit der Belege usw.), und sprachlich sollen sie eine bestimmte Ebene erreichen (elaboriert, begrifflich-abstrahierend). Das Protokoll läßt sich nun so lesen, daß die Schüler sich im Unterrichtsgespräch nicht primär um ein Verständnis des Textes bemühen (das haben z. B. Brenda und Barbara schon), sondern vor allem darum, ihre Fähigkeit zum sprachlich adäquaten und formal korrekten „Umgang mit Texten" *zu demonstrieren*. Dieses Vorzeigemotiv dürfte ein Ergebnis schulischer Sozialisation sein und deshalb nicht ohne weiteres zu eliminieren. Schüler haben die triviale Tatsache gelernt, daß nicht ihr Wissen und Können an sich etwas gilt, nicht ihre Kompetenz, sondern nur das gezeigte Wissen und Können, ihre Performanz; und dies bezieht sich nicht nur auf die Einschätzung durch die Lehrer, deren Urteil ja auch für die „mündliche Mitarbeit" wichtig ist, sondern ebenso auf diejenige durch die Mitschüler.

Ein niederschmetterndes Ergebnis im Hinblick auf die Effektivität von LU! Leider wird es gestützt durch eine naheliegende Beobachtung: Man vergleiche ein „Unterrichtsgespräch" mit außerunterrichtlicher Kommunikation, etwa mit Gesprächen, die Schüler in der Pause oder außerhalb des Unterrichts zum gleichen Thema führen. (Zum „Unterricht" durch peers vgl. STREECK 1983.) DAHMS (1979:36) stellt kritisch „lehrergeleitete" und „lehrerungeleitete" Gespräche über Texte einander gegenüber und bemerkt z.B. einen Unterschied hinsichtlich des „Belegens" von Behauptungen: „Das gewissenhafte Vorweisenlassen der Textbelege ist auf jeden Fall in der gymnasialen Unterweisung voll in der Übung. Die protokollierten Schüler [beim ‚lehrer-ungeleiteten' Gespräch, J.F.] belegen nicht, was ihnen als verstanden gilt, sondern sie verwenden den Beleg argumentativ als Pro und Contra für gewisse Auslegungen des Textes. Lehrer dagegen, über argumentative Verwendung von Textbelegen gewiß froh, begnügen sich damit nicht, sondern wünschen darüber hinaus noch Vergewisserungsbelege für sich." (Das von mir in Kapitel 2 dargestellte erste Unterrichtsbeispiel bestätigt DAHMS' Feststellung nachdrücklich.)

Auch außerunterrichtlich findet natürlich keineswegs immer reine „Verständigung" statt – es gibt Angeberei, Heuchelei, strategisches Verhalten. Während dies aber persönliche Motive hat, ist das strategische Verhalten im Unterrichtsgespräch gewissermaßen durch die Deutung des Unterrichts als „Lehrsituation" erzwungen: Der Lehrer muß ständig kontrollieren, ob das, was er vermitteln wollte, angekommen ist, und der Schüler muß ständig zeigen, ob er mitkommt. Die Pointe dieser Diagnose liegt also darin, daß nicht erst der Benotungszwang zu einer Verzerrung der Kommunikation führt, sondern daß Lehrsituationen schon an sich eine spezifische Weise des Miteinandersprechens nötig machen, die durch Instruktion und Evaluation (Prüfung) charakterisiert ist. (Mit der Charakterisierung als „Instruktion" ist selbstverständlich noch nichts über deren Mittel gesagt; Instruktion kann durch Lehrervortrag, durch Fragen, durch Demonstrieren, durch Unterrichtsgespräch usw. geschehen.) WIELER stellt nun solcher *Lehr*situation die *Lern*situation gegenüber, deren Ziel nicht die Vermittlung von Wissen oder Fähigkeiten ist, sondern Verständigung. (M.E. ist die Gegenüberstellung der beiden Situationen mit Hilfe der Begriffe „Lehr-" und „Lern-" wenig glücklich, da es ja durchaus Lernen auch als Folge von Lehre gibt!) Für die Lernsituation sei eine symmetrische Beziehung der Kommunikationspartner ebenso nötig wie ein anderes Gesprächsverhalten: „Ein Handlungszusammenhang, der als *Lehr*situation auf die Vermittlung bzw. den Erwerb von ‚Wissen' hin angelegt ist, erfordert eine *zweckrationale* Einstellung der Beteiligten und begünstigt die Ausbildung entsprechender Strategien zur Bewältigung der Gesprächssituation. Eine auf intersubjektive Einigung zielende *Lern*situation hingegen setzt eine *verständigungsorientierte* Einstellung der Gesprächsteilnehmer voraus und verbietet deshalb den strategischen Umgang mit den Kommunikationspartnern" (116f.). Da beides nicht miteinander vereinbar sei, entstehe ein Dilemma: „Offenbar läßt sich die Forderung an den Literaturunterricht, Schüler in der Praxis adäquater Textanalyse auszubilden, nicht mit dem Anspruch vermitteln, daß eine solche textorientierte Auseinandersetzung auf die ‚Verständigung über literarisches Verstehen' zielen müsse. Anders formuliert: Die handlungstheoretische Analyse der Kommunikation im Literaturunterricht liefert Indizien dafür, daß der didaktisch durchaus plausible Doppelanspruch (‚Ausbildung in Textanalyse' *und* ‚Verständigung über Verstehen') in der Unterrichtspraxis aus prinzipiellen Gründen nicht einlösbar ist und daß seine Auflösung schon gar nicht dem selbstverständlichen handwerklichen Geschick von Lehrern und Schülern überlassen bleiben kann" (116).

Daß dieses Ergebnis weitreichende Konsequenzen haben müßte, ist klar; es handelt sich ja hier um nichts Geringeres als um den Zusammenhang von primären und sekundären Lernzielen: WIELER hält sie für unvereinbar. Im augenblicklichen Zusammenhang geht es um die Folgerungen für das Unterrichtsgespräch und dabei insbesondere um die Aufgaben des Lehrers. Wenn Lehre, Instruktion, „Ausbildung in Textanalyse" angestrebt wird („Erziehung zur Literatur"), ist das übliche gelenkte Unterrichtsgespräch wohl auch nach WIELER unproblematisch, denn hier will der Lehrer ja etwas vermitteln. Wenn aber das Ziel ist, interaktive und ästhetische Kompetenz zu entwickeln und Identität zu fördern („Erziehung durch Literatur"), so müßte der Unterricht verändert werden, und zwar so, *daß die Schüler die Situation anders deuten*. Sie müßten davon überzeugt werden, daß es jetzt nicht um Demonstration von Können geht, sondern um den (gemeinsamen) Versuch, die sprachliche Äußerung eines abwesenden Dritten, den Text, zu verstehen, wobei „verstehen" heißt: ihn mit den eigenen Erfahrungen, dem eigenen Wissen und Wollen in Beziehung zu bringen, also einen Bezug herstellen zwischen der (fiktiven?) Welt des Textes und der eigenen Lebenswelt und -geschichte, freilich ohne deshalb diese eigene Lebenswelt und -geschichte in den Text hineinzuprojizieren. Überspitzt gesagt: Wenn LU gelingen soll, dürfen ihn die Beteiligten nicht als Unterricht verstehen.

Mittel, um solch eine *veränderte Einstellung gegenüber dem Unterrichtsgeschehen* zu erzeugen, könnten sein:

- Andere Sitzordnung (Kreis) und entspannte Körperhaltung,
- Gesprächsleitung durch einen Schüler, dadurch
- keine „Strukturierung" des Gesprächs allein durch den Lehrer und
- keine „Leitfragen" und überhaupt möglichst wenige Fragen von seiten des Lehrers,
- kein Gesprächsbeginn unmittelbar nach der Textrezeption, sondern eine vorab in ihrer Dauer (etwa eine Minute) festgelegte „Schweigephase" (oder schriftliche Einzelarbeit),
- „brain storming": jede Äußerung ist zugelassen, über ihren Wert wird von den anderen im Laufe des Gesprächs entschieden (Trennung von Äußerung und Bewertung),
- jeder verbindet seine Äußerung mit den anderen Äußerungen, mindestens mit der vorhergehenden (als Minimum: „ich will was anderes sagen" oder gar „Ja, ..."),

- der Lehrer hält sich aus dem Gespräch heraus oder beteiligt sich ausdrücklich in gleicher Weise wie die Schüler („Ich glaube nicht, daß das stimmt, was du gesagt hast“, „Mir ist was anderes aufgefallen ...“, auch metakommunikativ: „Ich finde das ziemlich langweilig, worüber ihr die ganze Zeit redet. Warum interessiert euch das so?“),
- Verzicht auf Ergebnisorientierung und -sicherung, es sei denn, die Schüler verlangen und leisten das selbst.

Mit diesen Regeln begibt man sich auf eine Gratwanderung. Nach der einen Seite kann man abstürzen in „Subjektivismus“: Der Text dient nur noch als Projektionsfläche für Assoziationen, das Gespräch wird zur „Laberei“ ohne allen Erkenntniswert. Nach der anderen Seite kann man abstürzen in „Objektivismus“: Die Regeln verselbständigen sich und werden zu Ritualen, deren Befolgung in gleicher Weise wie sonst im Unterricht kontrolliert, sanktioniert und belohnt wird. Das weist darauf hin, daß die Umdeutung der Unterrichtssituation und das andere Gesprächsverhalten selbst erst gelernt werden müßten, und zwar gerade im Gegenzug gegen fast den gesamten anderen Unterricht, auch Deutschunterricht, und gegen die bisherige schulische Sozialisation. Das heißt auch, daß die Veränderung um so schwieriger würde, je später damit begonnen wird; aus der Grundschule liegen sehr ermutigende Erfahrungen vor (Bambach 1987 und 1989).

Eine gewisse Erleichterung ist es, wenn diese Art der Textbesprechung zunächst nicht an fremden Texten eingeübt wird, sondern an solchen von den Schülern selbst, wenn also auf den Umgang mit literarischen Texten die Verfahren übertragen werden, die im Bereich **Kreatives Schreiben** üblich sind; denn beim Gespräch über eigene Texte besteht weniger die Gefahr, daß die Schüler den Lehrer als Experten ansehen, der über die richtige Interpretation verfügt. (Und faktisch hat er auch keine „Präparation“, auf die er sich bei seinem eigenen Textverständnis stützen kann; dadurch verhält er sich automatisch im Gespräch anders.) Dennoch bleibt die Frage, ob die vorgeschlagenen Änderungen der Unterrichtskommunikation ausreichten, um literarisches Lernen zu ermöglichen, oder ob nicht das Unterrichtsgespräch zunächst einmal oder gar prinzipiell zurückgestellt werden müßte gegenüber anderen Verfahren. Diese Auffassung dominiert bei Verfechtern von **„produktiven Verfahren“** und „handelndem“ Umgang mit Literatur (s. u.).

So sinnvoll die Einschränkung oder sogar zeitweise Eliminierung des Unterrichtsgesprächs und die Einführung von Regeln und Ritualen zur Herstellung symmetrischer Beziehungen auch sein mag, so dürfte dies doch nicht ausreichen, den von Wieler aufgezeigten Widerspruch zu lösen, sofern er dermaßen grundsätzlich wäre, wie von ihr behauptet. Ehe man das Unterrichtsgespräch und die mit ihm gegebenen Lenkungs- und Strukturierungstätigkeiten des Lehrers völlig verwirft, sollte man versuchen, es zu verbessern. Daß dies möglich ist, sei durch eine andere Lesart der Eröffnungsphase desselben Unterrichtsprotokolls gezeigt.

Brenda hat gleich zu Beginn des Unterrichts eine Globalinterpretation auf hohem Abstraktionsniveau gegeben. Ihre These: Der Bär hat in der Gesellschaft der Förster „seine eigene Identität als Bär" aufgegeben. Und Brenda hat darauf aufbauend auch gleich eine Lehre aus der Geschichte gezogen: Jeder kann das sein, was er will, nur sollte er dann aufpassen, „sich nicht ganz zu verlieren. Das ist also: lieber etwas sein als nur etwas scheinen". Die von Brenda vorgenommene Deutung ist nichts Subjektives, schon gar nichts Emotionales, sondern sie hat den Charakter einer schlichten Arbeitshypothese. Ein Unterricht, in dem es um kognitives, einsichtiges Lernen geht (Joerger 1975, Dahms 1979, Frommer 1988), würde entweder diese These überprüfen oder sie durch eine andere These in Frage stellen lassen. (Eine Fixierung dieser These an der Tafel wäre sinnvoll.) Im ersteren Fall lautete also die von den Schülern zu beantwortende Frage, ob der Bär seine Identität aufgegeben habe. Diese Antwort wird nicht ohne eine Klärung des Begriffs „Identität" möglich sein – für Zehntkläßler weder eine überfordernde noch unterfordernde, sondern wohl recht angemessene Aufgabe. (Gibt es das überhaupt, daß jemand seine Identität aufgibt? Woran hängt denn die Identität? Wie gewinnt man eigentlich Identität? Usw.) Vermutlich würden spätestens bei der Prüfung von Brendas These andere Deutungsmöglichkeiten der Geschichte vorgebracht, z. B. auch die, daß es sich um nichts mehr als eine drollige Kindergeschichte handelt. Was spricht dafür? Was dagegen? Falls die Schüler die vorgebrachten Deutungshypothesen nicht selbst als solche erkennen, wäre es die Aufgabe des Lehrers, die Behauptungen, die einzelne Schüler über den Text aufstellen, zu exponieren und der Klasse zur Diskussion vorzulegen. „Textarbeit" ist dann kein funktionsloses Muß der Interpretation, sondern sie dient der Bestätigung oder Zurückweisung einer Hypothese.

Bei der vorliegenden Stunde möchte der Lehrer offenbar den zweiten Weg beschreiten, nämlich eine Diskussion dadurch in Gang bringen, daß jemand Brenda direkt widerspricht und eine andere Deutung vorträgt. „Wie geht's den anderen? Ich kann das [gemeint ist: daß es keine anderen Interpretationen gibt] nicht so ganz glauben." Und nun äußern sich Sven und Michael. Sie tragen keine Globalinterpretation wie Brenda vor, sondern stellen ein Detail in Frage, nämlich daß der Bär von den Förstern als ihresgleichen bloß deshalb schon anerkannt wird, weil er die entsprechende Kleidung trägt, eine Kritik am Wirklichkeitsgehalt der Geschichte, wie sie erfahrungsgemäß häufig von 9–13jährigen geäußert wird, auf der Stufe des „Realismus" also, wo man die Fiktion an der Realität mißt. Während für Brenda die Geschichte klar und gewissermaßen schon „abgehakt" ist, äußern die beiden Jungen eine vorsichtige Vermutung, die erst einmal in eine handfeste These zu verwandeln wäre, etwa: „In der Geschichte geht es darum, wie leicht sich die Leute vom Äußeren täuschen lassen." (Auch diese These wäre festzuhalten; nicht zufällig ergibt sich ein Tafelanschrieb ähnlich demjenigen in unserem vierten Beispiel, vgl. Kap. 2.4.) Im Fortgang des Unterrichts wäre nun nicht „bei der Gelegenheit mal die Försterwelt" zu kennzeichnen (hier folgt der Lehrer offenbar seinem vorgefertigten Konzept), sondern es wären Argumente zu sammeln, die für die eine oder andere These sprechen.

Dabei würden die Schüler durchaus etwas über Textanalyse bzw. -interpretation lernen, nämlich daß eine Deutung um so plausibler ist, je mehr Einzelheiten sie berücksichtigt. Wie läßt sich die Affäre mit dem jüngsten Förster in der „Köpenick"-Deutung unterbringen? Und der Schluß der Geschichte? Und wie verhalten sich diese beiden Elemente zu dem doch auch schon angedeuteten dritten Textverständnis, nämlich daß es sich um eine drollige Kindergeschichte handele? (Es fällt auf, daß WIELER sich mit der Geltung der Textdeutungen nicht direkt auseinandersetzt, sondern implizit ihre Vorbehalte gegenüber der Identitätsinterpretation zu verstehen gibt.)

Das Unterrichtsgespräch ist immer dann ergiebig, wenn eine (nicht triviale) Frage zur Entscheidung ansteht, die die Schüler auf Grund ihrer Kenntnisse bzw. des vorliegenden Materials entscheiden können, wenn also, m. a. W., eine *Problemlöse*situation vorliegt. Dann bedarf es im allgemeinen keiner Lenkung durch den Lehrer. Daraus folgt freilich, daß ein Text, der den Schülern keinerlei Rätsel aufgibt, unbrauchbar ist – oder vom Lehrer eigens „verrätselt" werden muß. (DAHMS schlägt derartiges für unseren Text vor: Man lege den Text den Schülern vor, lasse aber immer eine Lücke, wo vom Bären die Rede ist. So bleibe „für den still lesenden Schüler der Bär ebenso verborgen wie für die feiernden Förster, der Spaß entfaltet sich und ist nicht schon in den ersten Zeilen da. Den hektographierten Text muß man allerdings in zwei Abschnitten verteilen. Der erste reicht bis zum Vorschlag des Bären, auszuziehen, um den Bären zu schießen. In diesem Teil ist kaum für jeden Schüler klar, daß sich ein Bär hinter der Maske verbirgt. Im zweiten Teil [bis zum Schluß] ist das gar nicht mehr zu übersehen. Nun liegt es nahe, sich zu fragen, wie es komme, daß die Förster den Bären mit dem Oberförster verwechseln konnten, und damit sind wir mitten in der ‚Besprechung' der Geschichte" [DAHMS 1979:105]. Natürlich erkennt man auch in dieser Aufgabenstellung eine Textdeutung des Lehrers: Für DAHMS steht nicht der Identitätsverlust des Bären im Zentrum, der Text behandelt nicht eine existentielle Problematik, sondern er ist „drollig".)

Der Grund für die Rätselhaftigkeit läßt sich mit Hilfe der kognitivistischen Psychologie (PIAGET) so beschreiben: Die Schüler haben ein „Basisschema", das sich nicht mit den Textinformationen vereinbaren läßt (bei DAHMS' Vorschlag wäre das „Basisschema": Auf einen Ball gehen Menschen). Sie versuchen zunächst, den Text zu „assimilieren", d.h., ihn so zurechtzulesen, daß er paßt. Aufgabe des Lehrers ist es (wenn es nicht durch Mitschüler schon geschieht), auf Textstellen hinzuweisen, die nicht beachtet oder falsch verstanden wurden. Jetzt hilft nur noch „Akkommodation", d.h., das Basisschema muß verändert werden. – „Falsch verstanden" ruft leicht den Protest der Hermeneuten hervor: Maßt sich hier nicht der Lehrer ein „Besserwissen" an, das ihm gar nicht zukommt? Geht es nicht gerade darum, die Schüler in ihrer Deutungsarbeit zu unterstützen? Was gibt uns das Recht, in eine für den Schüler schlüssige Interpretation einzugreifen? Diese Bedenken bestehen zurecht. Es kann durchaus sein, daß sich der Lehrer irrt. Warum aber sollte er mit seinen Einwänden hinterm Berg halten? Wenn die Deutung des Schülers tatsächlich mit dem Text verträglich ist und der Lehrer mit seinem Urteil („falsch") irrt, wird sich das im Gespräch erweisen; in diesem Fall muß der Lehrer sein Verständnis „akkommodieren", anderenfalls ist der Schüler zur „Akkommodation" aufgefordert. Im Unterrichtsalltag wird man allerdings auch eine dritte Möglichkeit beobachten: Schüler halten an ihrer Deutung fest, obwohl sie „offensichtlich" mit dem Text nicht verträglich ist. Dies kann verschiedene Gründe haben; ein dominierender Grund dürfte sein, daß die Veränderung von Basisschemata nicht ohne erhebliche Verunsicherung möglich ist, also psychische Kosten verursacht, die keiner so schnell übernehmen will. (Wir kennen alle Gesprächssituationen, wo wir an unseren Irrtümern festhalten, um das Gesicht nicht zu verlieren.) Dies wird durch die Unterrichtssituation (Blamage vor den konkurrierenden Mitschülern, negatives Urteil des Lehrers) noch verschärft.

Sinnvoll sind Unterrichtsgespräche immer dann, wenn in ihnen Kontroversen ausgetragen werden, die weitreichende Konsequenzen haben. Dabei sind „Irrtümer" nicht zu vermeiden, sondern produktiv zu nutzen. Dahms (1979:126) führt einen Fall an, der drastisch zeigt, wie vernünftig Irrtümer sein können:

> „Zu den folgenden drei Zeilen, einem Ausschnitt aus einem Gedicht von Peter Huchel,
> ‚O Nüstern des Staubes
> Feuerschlund am Mittag
> Teiche schlürfend'
> erhielten 34 Schüler die Aufgabe: ‚Welche Jahreszeit wird hier beschrieben? Begründe, weshalb es nur diese sein kann!'"

Die Aufgabenstellung macht klar, daß es für den Lehrer nur *eine* Lösung gab, d. h., es ging ihm nicht um die Entscheidung, sondern deren Begründung: Die Schüler sollten Metaphern entschlüsseln. Dahms berichtet:

> „33 Schüler hielten richtig den Sommer für die fragliche Jahreszeit, einer aber glaubte, der Winter werde beschrieben. Was dachte er sich? ‚Ich bin der Meinung, daß hier der Winter oder eine andere kalte Jahreszeit beschrieben wird. Denn wenn die Pferde beim Ausatmen einen kleinen Nebel erzeugen, der im Gedicht als Staub bezeichnet wird, und man ein Feuer macht, kann man ‚das' nur annehmen. Wenn man am Mittag ein Feuer macht, ist es sehr wahrscheinlich, daß es kalt ist. Die Gewässer frieren, und an der Stelle, wo das Wasser durch ein dünnes Loch abläuft, entsteht ein Strudel, der schlürft.' Ohne den weiteren Kontext des Gedichts ist das eine nachvollziehbare Deutung. Wäre die Aufgabe nicht schriftlich gestellt worden, wäre diese Deutung wohl gar nicht geäußert worden: Gegen 33 Mitschüler pflegt man nicht anzuargumentieren."

Der Fehler der protokollierten Stunde über den ***„Bären auf dem Försterball"*** liegt m. E. primär nicht in einer falschen Deutung der Unterrichtssituation, sondern darin, daß es für die Schüler bei der Besprechung um nichts ging. Es war keine Nuß zu knacken. Ein Unterricht, in dem gefragt wird: „Wie ist denn das Verhältnis zwischen Förstern und Oberförster?" oder „Wie kommt denn nun der junge Förster mit dem Leben davon?" ist einfach zu anspruchslos – nicht nur für Zehntkläßler. Es ist „typisch Schule". Deshalb greifen die Schüler, ebenso wie der Lehrer, auf Routinen zurück, die das Gespräch am Laufen halten. (Ohne die Fragen und Impulse des Lehrers käme es rasch zum Erliegen.) Weder wird etwas gelernt, noch wird im Ernst etwas gelehrt, noch geht es um Verständigung, sondern vorgeführt wird eine Textanalyse ohne praktische Funktion.

„Denn immer wieder werden literarische Texte im Unterricht detailliert untersucht, systematisch zergliedert, auf ‚verborgenen' Sinn oder mögliche Wirkungsabsichten des Autors hin ‚abgeklopft', ohne daß für die Schüler vor dem Hintergrund ihrer eigenen Leseerfahrungen ein Anlaß für solch eine Auseinandersetzung bestände. In dem Maße, wie sich jedoch das Verfahren der Textauslegung verselbständigt, konzentriert sich die Aufmerksamkeit der Schüler auf die Realisierung dieses ‚Handlungsmusters'. Der literarische Text verliert sein ‚Problempotential', er wird zum beliebig austauschbaren Objekt der Analyse. Entsprechend verändert sich auch der ‚Stellenwert' der von den Schülern unmittelbar im Anschluß an die Lektüre entwikkelten Deutungsansätze. Wie die ‚Einstiegsphase' des dokumentierten Unterrichtsgesprächs deutlich macht, geht es hier weniger darum, vermittelt über den Austausch literarischer Sinnerfahrungen einen Prozeß problemorientierter Verständigung in Gang zu bringen; eher agieren die Schüler als ‚Stichwortlieferanten' für die vom Lehrer geplante detaillierte ‚Auslegung' der vorliegenden Erzählung" (WIELER 1989:110f.).

WIELER hat insofern recht, als derartige Analyserituale nur allzu oft vollzogen werden: Mit ihren Beiträgen erledigen die Schüler *Aufgaben*, aber sie lösen kein *Problem*. Beim Problemlösen sind alle Beiträge funktional auf das den Schülern bekannte Endziel hin bezogen; deshalb können die Schüler die Äußerungen selbst evaluieren („Hilft uns diese Beobachtung bei der Entscheidung der Frage, ob ..."). Beim Erledigen von Aufgaben hingegen sind die Schüler auf die Reaktion des Lehrers, der die Aufgabe gestellt hat, angewiesen, er entscheidet über Richtig und Falsch, über Wert und Unwert der Antworten. (Zum Unterschied der beiden Handlungstypen „Problemlösen" und „Aufgabelösen": EHLICH/REHBEIN 1986.) DAHMS zieht nicht ohne Sarkasmus die Konsequenz aus einem Unterricht, in dem der Schüler keinen Überblick über den Lerngegenstand und das Lernziel hat, sondern sich schrittweise am Gängelband des Lehrers fortbewegt: Dies „kommt einer Zerstörung gemeinsamer Vernunft von Lernenden und Lehrenden gleich. Das Richtige steht in der Gefahr, deshalb richtig zu sein, weil es der Lehrer benickt hat, das Falsche ist falsch, weil der Lehrer verneint. So mag man Tauben das Ping-Pong-Spielen beibringen, einsichtiges Lernen fördert man anders" (1979:28).

Wegen der Häufigkeit solcher leerlaufenden Gesprächssequenzen seien hier noch zwei Beispiele mit anderen Themen gegeben, ein negatives und ein positives. Das erste übernehme ich von DAHMS (1979:62ff.), der es anführt, um auf die Wichtigkeit des Zusammenhangs von „Beobachtung" einerseits und „Deutung" bzw. „Erklärung" andererseits aufmerksam zu machen:

„Wenn naturwissenschaftliche Fächer das Sammeln von Beobachtungen vor das Deuten legen, dann wird sich zwar eine wenig befriedigende Interaktionsstruktur ergeben, aber der Lernertrag an fachlichem Wissen muß nicht ins Wanken geraten. Die

Beobachtungen verlangen nach ‚Erklärung', und die Erklärungen werden geliefert durch die einschlägigen wissenschaftlichen Regelzusammenhänge. Wenn Fächer, in denen ‚Textarbeit' das Hauptgeschäft ist, in entsprechender Weise vorgehen, und das tun sie oft genug, steht auch der Ertrag an fachlichem Wissen in Frage.

Deutsch, 10. Klasse, alle Schüler haben ein Exemplar derselben Nummer eines Jerry-Cotton-Heftes vor sich:

L.: Wenn ihr das Heft so in die Hand nehmt, was fällt auf?
S.: Das Bild ist ohne Bezug zum Inhalt. Es zieht an, dient der Werbung und weckt Interesse.
L.: Das können wir gleich mal näher überlegen. Stellt euch einen Kiosk vor – und nun siehst du das Heft?
S.: action fällt auf – Handlung mit Schießerei.
S.: Titel ist groß herausgestellt.
S.: Das ‚Neu' fällt auf.
L.: Was ist noch zu sehen?
S.: Der Held der ganzen Sache – Jerry Cotton.
L.: Aus wieviel Einzelheiten besteht das Titelblatt?
S.: Aus Bild und Titel.
L.: Ja – aus Bild – aus Serientitel und Titel. Welches Element hat das größte Gewicht?
S.: Bild und Serientitel.
L.: Was am wenigsten?
S.: Der Titel.
L.: Ja – schön – also in dieser Reihenfolge – jetzt seid ihr am Kiosk.
S.: Jetzt sieht man das Bild, Brutalität ausstrahlend.

Was der Lehrer insgesamt will, ist eine ‚Beschreibung des Titelblattes', und er glaubt, mit ihrer Hilfe ergäbe sich eine griffige Möglichkeit, Eigentümlichkeiten des Genres zu bestimmen und klassifikatorisch zu bündeln. [...] Die ‚Was-fällt-auf-Frage' ist beliebt, sie ist die offenste, die sich denken läßt, gängelt niemanden, läßt individuellen Aufmerksamkeiten Spielraum, und die Frage ‚bringt' in der Regel auch etwas, nämlich wenigstens irgendwelche Antworten. Die Frage ist am wirksamsten dann, wenn der Schüler außerdem mit einem Lerngegenstand konfrontiert ist, der seinen einigermaßen konturierten Erwartungen entgegengesetzt ist (Erschütterung des Basisschemas, Joerger). Diesen Fall haben wir im Beispiel nicht. Die Schüler kennen solche Hefte, die Aufmachung ist ihnen ‚vertraut'. Es hat im Unterricht immer seine Schwierigkeiten, das schon Bekannte oder das als bekannt Angenommene als verstehenswürdig zu exponieren. Sehr viele Bemühungen hermeneutischer Art muß der Schüler als die Bemühung, das Verstandene zu verstehen, auffassen. [...]

Die Ergiebigkeit der Frage ist also abhängig vom glücklich gewählten Lernmaterial (das gelingt durchaus, wenn auch nicht immer) oder vom gut eingeschätzten Schülerbewußtsein (vermutlich die schwierigste Lehreraufgabe). Wenn beides nicht vorliegt, kann die Frage auch noch Wirkung haben, dann aber eher ritualhaft und ‚schulmäßig' in einem beschämenden Sinn. Die Schüler haben sich darauf eingestellt, ‚halt etwas zu sagen' und sich etwas auffallen zu lassen, – etwa eine Antwort wie ‚dient der Werbung', die selten falsch ist. Haben die Schüler in bezug auf einen Text die Frage als ‚was alles fällt auf?' verstanden, dann konstituiert sich die ‚Verlaufsgestalt des Gesprächs' [...] in der Regel folgendermaßen:

Wenn mehreren oder vielen etwas aufgefallen ist, dann ist fast immer damit zu rechnen, daß die Details kategorial inhomogen sind. Die Auffälligkeiten (Details) können zwar generellen Gesichtspunkten zugeordnet werden, aber nicht einem einzigen. So ergibt sich nun eine Sammlung (schriftlich an der Tafel oder lediglich durch Nennen) mehrerer Details zu mehreren Gesichtspunkten.

Der Lehrer steht vor der Entscheidung, dreierlei tun zu können:

a) Die Details den Gesichtspunkten zuordnen = erkennen und benennen der Gesichtspunkte (übergeordneter Begriff) und unterordnen der Details,

b) Die Ergiebigkeit der Gesichtspunkte erschließen zu lassen. Damit wird aus der ‚Was-alles-Frage' die ‚Was-an-Relevantem-fällt-auf-Frage', denn allein schon um nur ein ‚thematisch geordnetes Tafelbild' herzustellen, werden nun meist Gedanken gebraucht, die über die ‚Beobachtung' am Text hinausgehen,

c) mit Begründung oder ohne eine solche Gesichtspunkte auszuwählen und weiterzuarbeiten.

Generell ist nicht zu sagen, welcher dieser drei Wege richtig oder falsch ist. Immerhin wird ein Lehrer, der zur Variante c) neigt (ihr habt da sehr viel Richtiges gefunden, würdet ihr jetzt mal auf den Punkt ... eingehen?), auf den Vorwurf gefaßt sein müssen, daß er geschickt dirigiere. Variante a) findet nicht immer das Vergnügen der Schüler, besonders dann nicht, wenn sie häufig ist und die ordnende Sammelphase zu penibel genommen wird, zu lange dauert und vorwiegend als ‚klassifikatorische Ordnungsübung' aufgefaßt wird. Sehen wir, wie die Stunde weiterging:

S.: Da ist ein Stück Text, so 'ne Inhaltsangabe, die ist auch werbend und Interesse weckend.
S.: Das ist keine richtige Inhaltsangabe, eher so wie ein Vorwort, das mit dem Spannendsten aufhört.
L.: Ja – das waren schon richtige Einzelheiten. Wie ist nun die Seite aufgebaut?
S.: Die macht den Roman spannender. Das Bild von New York da. Das ist die große Welt, in der sich das alles abspielt.
S.: Hier fällt der Titel auf.
S.: Man soll sich identifizieren. Es soll auch die Atmosphäre verdeutlicht werden.
L.: Genau. Was soll das vermitteln, der G-man, das hat eine ganz entscheidende Funktion.
S.: Das Internationale.
L.: Einmal das.
S.: Das moderne Verbrechen.
L.: Das erscheint mir etwas gezwungen.
S.: Die hohe Auflage wird herausgestellt.
L.: Ja – das Bild zeigt eigentlich nicht viel. Aber – hohe Auflage – was haltet ihr davon?
S.: Das soll weite Bevölkerungsschichten ansprechen – man merkt, das ist ‚in' im Moment.
L.: Schlagt mal Seite 3 auf – was fällt da auf – welche Funktion könnte das haben?
S.: Der Absatz weckt Interesse und Spannung – man will wissen, wie es weitergeht. Das regt an zum Lesen.
L.: Ja – dieser Fettdruck hat ja besonderen Anreiz. Was liest man eigentlich?
S.: Details.
L.: Was für Details?
S.: Rätselhafte, geheimnisvolle, spannende.
S.: An die Vorgeschichte wird nicht angeknüpft. Das sind separate Texte. Hier fängt es neu an.
S.: Wer das zum ersten Mal liest, weiß nicht, daß ‚ich' Jerry Cotton ist.

An beiden Passagen ist m. E. zu merken, daß der Lehrer mit minimalen Impulsen arbeiten möchte. Wer die Verlautbarungen auszählt, wird finden, daß 14 Lehreräußerungen 23 Schüleräußerungen gegenüberstehen, wozu anzumerken ist, daß die Lehreräußerungen wörtlich protokolliert sind, die der Schüler nicht immer, daß also der reine Wörteranteil weiter zugunsten der Schüler insgesamt ausfällt. An der Grundanlage der Stunde steht die Anordnung der Schritte ‚Beobachtungen sammeln' – ‚diese Beobachtungen deuten' in Frage. Auf gemachte Beobachtungen zum Text sollen Anregungen zum Deuten das Deuten in Gang bringen (Was soll das vermitteln?, Was für einen Hinweis gibt das?, Was bedeutet das für den Käufer, den Leser?, Welche Funktion könnte das haben?, Was bewirkt das Unklare?, Was liest man eigentlich?, Was für Details sind das? usw.).

Man sagt wohl kaum Falsches, wenn man konstatiert, daß die Deutungen hier stereotyp und fest besetzt sind, über ‚Spannung', ‚Werbung', ‚Interesse erregen' kommt man nicht hinaus. Beobachtet wird, was unter diesen Kategorien von vornherein (cf. Anfang der Stunde) aufgefaßt wurde, und das heißt doch, daß bestimmte Deutung, daß Auffassung, daß Kategorisierung das Beobachten vorlaufend bestimmt hat. Man beobachtet, was man anstrengungslos schon konzipiert hatte. Es ergibt sich keine einzige Deutung von hörenswertem Ertrag und Gewicht, in deren Licht die Betrachtung von Details, das Auffassen von Einzelbeobachtungen argumentativen Gewinn versprechen könnte. Es ergibt sich keine oder kaum Nötigung für den Lehrer, ein in Gang gekommenes auf den Gegenstand bezogenes Nachdenken zu strukturieren. Weder muß er strukturieren, noch kommt es zu einem aufbauend-reihenden Gespräch. Für das erste fehlt es an kognitiver Tätigkeit der Schüler, für das zweite fehlt es an denjenigen Ergebnissen, die man hätte zusammenstellen können."

Man kann DAHMS' Kritik zu zwei Punkten zusammenfassen: Erstens ist der Zusammenhang von *Analyse* des Textes auf Details hin und *Deutung* des Textes zu lose: Die Schüler sammeln Details, ohne daß diese als Argumente für eine Textdeutung gemeint sind. Sie „erledigen Aufgaben", aber sie „lösen kein Problem", weil ein solches gar nicht exponiert wurde. Zweitens ist der Unterricht insgesamt kognitiv zu anspruchslos: Die Zehntkläßler werden nicht geistig herausgefordert. (Dazu trägt wohl auch die Wahl des Themas bei.)

Ein Beispiel, das die Schüler (11. Jahrgangsstufe) demgegenüber vor ein Problem stellte und deshalb zu echter Argumentation anregte, gibt FROMMER (1988:98f.). Behandelt wurde das Gedicht ***„Die Nachtlager"*** von BRECHT. Ohne Nennung des Autors wurde es den Schülern in zwei Fassungen vorgelegt, und damit war das Problem exponiert: Welche Fassung ist das Original? Die Fassungen hatten folgenden Wortlaut:

„*(x) Die Nachtlager*
Ich höre, daß in New York
An der Ecke der 26. Straße und des Broadway
Während der Wintermonate jeden Abend ein Mann steht
Und den Obdachlosen, die sich ansammeln
Durch Bitten an Vorübergehende ein Nachtlager verschafft.

Die Welt wird dadurch nicht anders
Die Beziehungen zwischen den Menschen bessern sich nicht
Das Zeitalter der Ausbeutung wird dadurch nicht verkürzt
Aber einige Männer haben ein Nachtlager
Der Wind wird von ihnen eine Nacht lang abgehalten

Der ihnen zugedachte Schnee fällt auf die Straße.

Leg das Buch nicht nieder, der du das liesest, Mensch.

Einige Menschen haben ein Nachtlager
Der Wind wird von ihnen eine Nacht lang abgehalten
Der ihnen zugedachte Schnee fällt auf die Straße
Aber die Welt wird dadurch nicht anders
Die Beziehungen zwischen den Menschen bessern sich dadurch nicht
Das Zeitalter der Ausbeutung wird dadurch nicht verkürzt.

(y) Die Nachtlager
Ich höre, daß in New York
An der Ecke der 26. Straße und des Broadway
Während der Wintermonate jeden Abend ein Mann steht
Und den Obdachlosen, die sich ansammeln
Durch Bitten an Vorübergehende ein Nachtlager verschafft.

Einige Menschen haben ein Nachtlager
Der Wind wird von ihnen eine Nacht lang abgehalten
Der ihnen zugedachte Schnee fällt auf die Straße
Aber die Welt wird dadurch nicht anders
Die Beziehungen zwischen den Menschen bessern sich dadurch nicht
Das Zeitalter der Ausbeutung wird dadurch nicht verkürzt.

Leg das Buch nicht nieder, der du das liesest, Mensch.

Die Welt wird dadurch nicht anders
Die Beziehungen zwischen den Menschen bessern sich nicht
Das Zeitalter der Ausbeutung wird dadurch nicht verkürzt
Aber einige Männer haben ein Nachtlager
Der Wind wird von ihnen eine Nacht lang abgehalten
Der ihnen zugedachte Schnee fällt auf die Straße."

Das Gedicht Brechts gibt schon an sich zu allerhand Bemerkungen Anlaß: Der Beginn mit „ich höre", der drastische Appell an den Leser „Leg das Buch nicht nieder ... Mensch", die prosaische, offenbar so ganz unpoetische Gestaltung usw. Der Lehrer hat sich aber aus gutem Grund nicht mit diesen Auffälligkeiten begnügt, deren Äußerung und „Besprechung" vermutlich ein Unterrichtsgespräch zur Folge gehabt hätten mit all den Unzulänglichkeiten, die Wieler konstatiert. Statt dessen hat der Lehrer die Schüler mit zwei Fassungen konfrontiert, die sich in einem für das Verständnis zentralen Punkt unterscheiden. Frommer erläutert:

„Wahrscheinlich ist der erste Eindruck verwirrend, und er soll es auch sein. Immerhin wird sich bald feststellen lassen, daß beide Fassungen von der Ungerechtigkeit der Welt und dem Wert individueller Barmherzigkeit handeln. Beide Fassungen enthalten zudem eine spiegelbildlich angeordnete Zwar-Aber-Argumentation, die unmittelbar nach der Einleitungsstrophe ansetzt. In der Fassung X, der Originalfassung übrigens, lautet sie zunächst: Zwar wird die Welt dadurch nicht anders, aber einige Männer haben ein Nachtlager. Nach einer Denkpause, angezeigt durch die Achsenzeile, kommt die Umkehrung: Zwar haben einige Menschen ein Nachtlager, aber die Welt wird dadurch nicht anders. Was am Ende bleibt, ist die Skepsis des

Marxisten Brecht gegenüber Akten individueller Barmherzigkeit. Sie erwächst aus der Befürchtung, daß die bestehende Ordnung mit ihrer Ungerechtigkeit dadurch sogar gefestigt wird.

Die alternative Fassung macht diese Befürchtung zum Ausgangspunkt: Zwar haben einige Menschen ein Nachtlager, aber die Welt wird dadurch nicht anders. Nach der Denkpause dann die Umkehrung: Die Welt wird dadurch zwar nicht anders, aber einige Männer haben ein Nachtlager. Was bei dieser Fassung am Ende zurückbleibt, ist der Zweifel an der Möglichkeit, eine gerechte Weltordnung zu schaffen. Das Bild der Welt erscheint insgesamt düsterer als bei Brecht, um so heller leuchtet die gute Tat des Mannes am Broadway.

Die Klasse hatte zunächst in einer Stillarbeitsphase Gelegenheit, den Unterschied beider Fassungen zu analysieren. Im nachfolgenden Gespräch war zu entscheiden, welche Fassung wohl das Original sei. Die Frage, welche Fassung den Schülern mehr zusage, wurde davon abgetrennt. Beide Fassungen fanden engagierte Verfechter, und mancher Schüler hatte am Ende nicht nur wichtige Einsichten über Brecht gewonnen – auch über sich selbst."

Leider gibt uns FROMMER kein Wortprotokoll des Unterrichtsgesprächs, so daß dieses Beispiel nicht gut mit der von WIELER untersuchten Stunde vergleichbar ist und man nicht überprüfen kann, ob die negative Charakteristik der schulischen Kommunikation über Literatur hier auch zutrifft. FROMMERS Bericht läßt aber vermuten, daß die Schüler hier ernsthaft und verständigungsorientiert diskutiert haben. Als Grund erkennt man die klare und einfache Gliederung der Stunde (Analyse der Unterschiede in Stillarbeit, Diskussion der Alternative mit der Frage: Welche Fassung ist das Original?, Diskussion der Alternative mit der Frage: Welche Fassung gefällt euch besser?), vor allem aber den Einfall, die Schüler durch das Vorlegen von zwei Fassungen von Anfang an in ein Problemgespräch zu verwickeln. Zur Diskussion steht dabei nicht nur das „Weltbild" des Autors BRECHT, sondern zur Diskussion stehen vor allem die „Weltbilder" der Schüler (und eben nicht bloß wie bei DAHMS' Verrätselung von ***„Der Bär auf dem Försterball"*** die recht belanglose Frage, wer denn da auf den Försterball gegangen ist): Wird durch individuelle Barmherzigkeit der ungerechte Zustand der Gesellschaft gefestigt? Kann man, umgekehrt, überhaupt mehr tun als in einigen Fällen konkret helfen? Die Literatur dient als Medium, mit dessen Hilfe die eigenen Vorstellungen von Ich und Gesellschaft, von Normen und Handlungsmöglichkeiten artikuliert, aber auch im Argumentationsgespräch in Frage gestellt, vielleicht gar verändert werden. In dieser Weise trägt der LU zur Selbstverständigung (biographischer Aspekt) und zur Entwicklung sozialen Verstehens (Kompetenz-Aspekt) bei.

Es ist kein Zufall, daß in diesem Beispiel die Rezeption der Schüler durch das Textarrangement von Anfang an auf einen Punkt hin konzentriert wurde. Dadurch wurde die Distanz überwunden, die Schüler häufig von literarischen Texten trennt. Angesichts der Schwierigkeiten, die ein fruchtbares Unterrichtsgespräch bereitet, ist es verständlich, daß Lehrer und Fachdidaktiker dieses Gespräch möglichst aufschieben, seine Bedeutung im Unterricht lieber reduzieren und immer häufiger anderen Methoden des Umgangs mit Texten den Vorzug geben, nämlich solchen, bei denen die Phantasie der Schüler angeregt wird und sie zu expliziten Sinnkonstruktionen herausgefordert werden. Dies ist vor allem bei schriftlichen Gestaltungen der Fall.

5.3 Schreiben: „Handelnder Umgang mit Literatur"/„produktive Verfahren"

„Handelnder Umgang mit Literatur" und „produktive Verfahren", diese beiden Ausdrücke beziehen sich auf ähnliche Praktiken, sie sind jedoch nicht synonym. Der „handelnde Umgang" (MÜLLER-MICHAELS 1978, RUPP 1987) hat einen weiteren Begriffsumfang als „produktive Verfahren" (SPINNER 1987) oder auch „produktionsorientierter Literaturunterricht" (WALDMANN 1984), weil er auch solche Tätigkeiten wie Kommentieren und Rezensieren umfaßt. In der Praxis gibt es aber viele Übereinstimmungen, so daß es möglich ist, beides zusammen zu behandeln. Auch werden die Begriffe unterschiedlich verwendet. So bezeichnet HAAS (1984) seine Vorschläge als „handlungs- und produktionsorientiert", wobei er einen engeren Handlungsbegriff zugrunde legt als MÜLLER-MICHAELS.

Die Vielfalt des unter diesen Begriffen Zusammengefaßten möge dann vorläufig durch folgende zwei Charakteristika definiert werden:

1. Alle Schüler sind aktiv beteiligt, denn sie äußern sich schriftlich (oder sind auf andere Weise produktiv engagiert, z. B. als Theaterspieler; ich gehe darauf nicht näher ein, weil m. E. in den entscheidenden Punkten kein großer Unterschied zwischen schriftlichen und anderen Gestaltungen besteht).
2. Im allgemeinen verfassen sie keinen Text *über* einen Text, keinen Metatext, sondern sie gehen auf derselben Ebene mit dem Text um, indem sie ihn kürzen, erweitern, verändern oder poetisch darauf reagieren (imitierend, parodierend, respondierend).

(Schon diese knappe Kennzeichnung läßt erwarten, daß die Textdeutungsprobleme, die das Unterrichtsgespräch zeigte, nicht aufgehoben, sondern nur aufgeschoben, möglicherweise auch kaschiert sind.)

Für ein solches Vorgehen werden verschiedene einander ergänzende Begründungen angegeben:

a) *Literaturwissenschaftlich:* Es wird jetzt ausdrücklich und sichtbar das vollzogen, was jeder Leser sowieso tut, nämlich mit seiner Phantasie die „Textpartitur" (das „Textformular") zum Leben erwecken. Dies ist eine Grundannahme der Rezeptionsästhetik. Die aktive **Rezeption** wird nun hier gewissermaßen nach außen gekehrt als **Produktion**.
b) *Psychologisch/pädagogisch:* Die Schüler sind engagierter bei der Sache, weil sie in die Texte involviert werden. Die Tätigkeit veranlaßt eigene, persönliche Deutungen, in denen sie selbst als Subjekte wahrnehmbar sind. Überdies werden sie nicht nur einseitig kognitiv gefordert, sondern

auch affektiv-emotional und praktisch. Es wird auch nicht nur etwas künftig Nützliches gelernt, sondern es werden gegenwärtige Ausdrucks- und Erfahrungsbedürfnisse befriedigt.

c) *Didaktisch:* Man versteht eine Sache besser, wenn man sie selbst gemacht hat. Sind die Schüler selber „Autoren“, können sie den Schaffensprozeß besser nachvollziehen, die Produkte (die Texte) eher von innen heraus verstehen und deren Wirkung (z. B. im Sinne des Verstehens fremder Perspektiven) intensiver erfahren.

d) *Methodisch:* Wie schon die Definition deutlich macht, sind hier alle Schüler aktiv beteiligt. Dies scheint ein wesentlicher Vorteil gegenüber dem Unterrichtsgespräch zu sein.

Abzugrenzen sind die **„produktiven Verfahren“** vom **„kreativen Schreiben“**, das ja auch z. T. mit Textvorlagen arbeitet. Während beim „kreativen Schreiben“ die Texte Material und Mittel sind, um eigenes Schreiben der Schüler, um poetischen Selbstausdruck anzuregen, ist bei den „produktiven Verfahren“ das Selberschreiben ein Mittel, um die Texte besser zu verstehen. Das Zweck-Mittel-Verhältnis ist also genau umgekehrt. Beim Kreativen Schreiben wird erkannt, um zu dichten, beim produktionsorientierten LU wird gedichtet, um zu erkennen. (In der Praxis gibt es Überschneidungen, und der Unterricht erreicht oft etwas anderes als das, was geplant war. Die Unterscheidung ist aber didaktisch wichtig, weil sie den Lehrer zwingt, sich auf das zu besinnen, was er vorhat.)

WALDMANN (1984) hat einen umfangreichen und systematischen „Katalog von Formen produktionsorientierten Umgangs mit literarischen Texten“ vorgelegt, der vom bloßen „aktiven Hören von Texten“ als dem einen Pol bis zum „freien Schreiben“ als dem anderen reicht und nicht weniger als 83 Möglichkeiten umfaßt. Im Mittelpunkt stehen Verfahren, bei denen entweder ein didaktisch präparierter Text von den Schülern in seiner ursprünglichen Gestalt wiederhergestellt wird („Rekonstruktion“) oder bestimmte Textstellen ausphantasiert („Konkretisation“) oder verändert („Transformation“) werden sollen. Immer wieder betont WALDMANN, daß diese Verfahren nicht Selbstzweck werden dürfen, sondern dazu dienen sollen, den Textsinn „deutlicher zu erfahren und differenzierter zu erfassen“ (121), „Inhalte und Strukturen, ihre Wirkungen und Leistungen [. . .] kritisch auf(zu)-fassen“ (122), und er weist auch auf den Unterschied zu freiem, kreativem Schreiben hin: „Die Eigenproduktion ist mithin im vorliegenden Kontext – anders als beim freien Schreiben – nicht vorrangig Selbstzweck, sondern zunächst ein Mittel des Unterrichts über Literatur“ (125). Diese Warnungen und Hinweise zeigen einerseits, wie groß die Gefahr einer Verselbständigung der Mittel ist: Wenn nur überhaupt etwas im Unterricht geschieht, wenn die Schüler aktiviert werden, gilt das bisweilen schon als Erfolg; die Methode dominiert über Ziele und Inhalte. Andererseits wird deutlich, daß der „produktionsorientierte Unterricht“ auf analytisch-kritisches Unterrichtsgespräch nicht verzichten kann: Wann immer Produkte beurteilt werden, geschieht dies in Gesprächsform in der Schülergruppe oder der Gesamtklasse; durch das stärkere Verstricktsein werden die Schwierigkeiten des Unterrichtsgesprächs allerdings vermindert. Durch das eigene Produzieren sollen die Schüler zunächst einmal in intensiveren Kontakt mit den Texten kommen; jedes Produkt ist eine *praktisch* vollzogene Textdeutung, die allerdings wann immer möglich ergänzt werden muß durch die *theoretische*, nämlich die Explikation und Legitimation der impliziten Deutung. Auf die primäre Interpretation, in der Textvorlagen ausgestaltet, erweitert, ergänzt usw. werden, folgt die sekundäre Interpretation, der Diskurs. D. h., das Gespräch über die Angemessenheit, ja „Richtigkeit" der praktisch geleisteten Deutungen (WALDMANN spricht von „unausdrückliche(r) Analyse", 119, HAAS von „indirekter Interpretation", 21) wird nicht entbehrlich, es gewinnt vielmehr an Entschiedenheit und Deutlichkeit. Die Schüler verteidigen jetzt nicht mehr nur eine Hypothese über den Text, sondern sie verteidigen ihr Produkt (bzw. ihre Vortragsweise, ihre szenische Darstellung). Ein wichtiger und schwieriger Schritt besteht für die Schüler darin, ihre praktischen Deutungen und intuitiven Einsichten auf den Begriff zu bringen, also ihre Produkte auszulegen und als Argumente zu verstehen. Dies ist um so schwieriger, je offener die Aufgabe war, je entfernter also auch die Produkte vom Ausgangstext sind, auf den sie sich beziehen. Liegt die methodische Schwierigkeit beim **Unterrichtsgespräch** in der Gesprächsführung, so liegt sie bei den schriftlichen Verfahren dem vorweg in der Aufgabenstellung. (Eine nicht besonders anspruchsvolle, aber erfolgreiche Aufgabe besteht oftmals darin, einen Text mit Sprechblasen zu versehen, in denen die Hauptfiguren ihre Gedanken äußern. Dies dient dem Verstehen von Handlungsmotiven und -intentionen.)

Erleichtert wird der Bezug zum Ausgangstext, wenn dieser schon vor dem Selberschreiben gründlich analysiert wurde, so daß sich ein Dreischritt ergibt: Analyse – Produktion – Analyse. Diesen Weg schlägt FINGERHUT (1982) vor:

> „Dem Gespräch als verbindendem Moment zwischen analytischen und produktiven Arbeitsschritten kommt dabei besondere Bedeutung zu. Es wird in einem solchen Unterricht nicht mehr primär lehrerzentriert, fragend-entwickelnd ablaufen, sondern eher freie Formen der Diskussion annehmen. Gesprächsgegenstände sind dabei – in einer idealisierten Reihenfolge aufgezählt – der ursprüngliche literarische Text; die einzelne *analytische Operation*, mit deren Hilfe man ‚werkgerecht' zu verstehen versucht, wie Autor, Zeit und Werk zusammenpassen; die *produktive Aufgabenstellung*, zu der man von außen angeregt wird oder die man sich selbst stellt; die von verschiedenen Gruppenmitgliedern hergestellten *Produkte* [...]; das *weitere gemeinsame Vorgehen* gegenüber dem Text und seinen Folge-Texten: Formen der Veröffentlichung, der Ergebnissicherung für die Gruppe usw. In diesem Arbeitsablauf sind Produktion und Analyse im Gespräch ständig aufeinander bezogen. Es wird unmöglich und unsinnig, die einzelnen Formen des Textumgangs gegeneinander auszuspielen" (S. 6f.).

FINGERHUT schreibt dies in der Einleitung eines Lesebuchs „mit Anregungen für eigene Schreibversuche in der Sekundarstufe II". Der Stufenbezug ist nicht ganz unwichtig angesichts der Rolle, die er dem interpretierendanalytischen Unterrichtsgespräch zuweist. Man vergleiche dagegen die Charakterisierung des Unterrichtsgesprächs bei Haas (1984), der Vorschläge für einen „handlungs- und produktionsorientierten Literaturunterricht in der Sekundarstufe I" macht. Er spricht von dem „die Langsamen und Schwächeren grundsätzlich zurücklassenden Interpretationsgespräch" (7), vom „einseitige(n) ‚Über-den-Text-Sprechen'" (9), vom „so mühsame(n) wie faktisch elitäre(n) Unterrichtsgespräch" (10), vom „Zwang zur sofortigen Verbalisierung" (22), von der Nötigung zum Sprechen (26) und von „langatmigen, mühsamen Dialogen" (51). Nun ist der Unterschied der Betrachtungsweise sicher nicht allein auf den unterschiedlichen Stufen- und Schulbezug zurückzuführen (im übrigen anerkennt auch HAAS den Wert von „analytisch-kognitive(n) Lernprozesse(n)", 9). Die Frage, die hier unterschiedlich beantwortet wird, bezieht sich nicht nur auf den Umfang und das Gewicht des Interpretationsgesprächs, sondern zunächst einmal auf den Zeitpunkt, zu dem der Ausgangstext in der Klasse besprochen werden soll: vor oder nach dem Selberschreiben? FINGERHUT plädiert für die Vorbesprechung: „Umerzählen ohne Analyse und Zielvorstellung bleibt planlos" (5). Also erst Reflexion, dann Handlung. Warum eigentlich noch Produktion, wenn der Textsinn schon klar ist? Die Frage weist auf die Funktion des „Umerzählens" hin: Es ist als Antwort, als Stellungnahme gemeint, und antworten kann man erst, wenn man die Frage verstanden hat, Stellungnehmen erst, wenn man die Sache kennt. Oder doch nicht? Das Produzieren eröffnet auch die Möglichkeit, *intuitiv* zu reagieren. Der Motive versucht man sich dann im nachhinein bewußt zu werden. (Im Unterrichtsbeispiel 5 wurde von den Schülern eine Fortsetzung der Geschichte verlangt und *danach* – allerdings innerhalb derselben Hausaufgabe – die Angabe der „Intention", die man mit der Fortsetzung verfolgte. Der Lehrer gab übrigens zu, die Frage nach der „Autorintention" vor allem im Hinblick auf das Abitur gestellt zu haben: Die Schüler sollten sich darin üben, Texte auf „Autorintentionen" hin zu befragen.) Die intuitive Reaktion zögert das explizite, metasprachliche Textverstehen hinaus und erlaubt dem Schüler überdies eine individuelle, nicht durch Mitschüler oder Lehrer beeinflußte (literarische) Stellungnahme. Dabei kann es allerdings durchaus passieren, daß die Verzögerung zur Vermeidung wird, d.h., daß es nicht zu einer nachträglichen Reflexion kommt, weil entweder die Zeit dazu fehlt oder, und das ist gravierender, weil die Schüler dazu nicht in der Lage sind. Das ist der Punkt, an dem die „produktive Rezeption" (WALDMANN 1984:119) als eine *Methode* des LU umschlägt in „freies Schreiben", bei dem die Textvorlage nur Anstoß ist für die Phantasie der Schüler.

WALDMANN gibt ein Beispiel für den prekären Zusammenhang von Produktion und Reflexion. Aufgabe ist, eine Stelle aus PETER WEISS' Erzählung *„Abschied von den Eltern"* in ein Hörspiel umzuformen. An dieser Stelle berichtet der Ich-Erzähler, wie er voll Angst mit dem Zeugnis, das ihm die Nichtversetzung bescheinigte, nach Hause kam, wo glücklicherweise „Fritz W., dieser tüchtige und erfolgreiche Mann" anwesend war, der die Situation rettet, indem er sich über die Nichtversetzung ausschüttet vor Lachen:

„Nicht versetzt, genau wie ich, rief er, ich bin viermal sitzengeblieben, alle begabten Männer sind auf der Schule sitzengeblieben." Die Umformung stellt die Schüler vor ein Problem: Zwar ist das, was die beteiligten Personen schon in WEISS' Erzählung wörtlich äußern, leicht in direkte Rede umzuwandeln, aber die Gefühle des Ich-Erzählers kommen nicht zum Ausdruck, weil der Erzähler sie rückblickend benennt: „Damit war die Todesangst zerstäubt, alle Gefahr war vergangen." Wie läßt sich dies im Hörspiel ausdrükken? WALDMANN kommentiert: „Eine Dialogfassung steht nun in dem Dilemma, den Jungen entweder rollengemäß sprechen zu lassen (etwa: ‚Na also. Was wollt ihr denn? Dann ist doch alles in Ordnung, oder?'), dann aber das eigentliche Gewicht und die Bedeutung des Vorgangs nicht so recht herausstellen zu können, oder dies mit den Formulierungen des Ich-Erzählers zu tun, dann aber den Schuljungen aus seiner Rolle fallen zu lassen" (131); denn er müßte dann etwa sagen: „Seht ihr, nun könnt ihr mir gar nichts mehr vorwerfen; denn Fritz hat ja alle Schuld von mir genommen." So redet natürlich kein Kind. – Die Textumwandlung stellt die Schüler also vor ein praktisches Problem, das sie wohl auch praktisch lösen werden; aber mindestens im nachhinein kann nun reflektiert werden, worin das Problem eigentlich lag und welche Lösungsmöglichkeiten es gab. WALDMANN schlägt vor, ein episches Element einzuführen, nämlich einen Erzähler, und nun stellt sich als nächstes die Frage, ob es ein Ich- oder Er-Erzähler sein soll. In dieser Weise wird der Schreibprozeß zu einem Problemlöseprozeß. Dabei sind die Probleme allerdings nur solche der Schreibtechnik, sie beziehen sich nicht auf den erzählten Inhalt (etwa: Wie löst man das Problem des Sitzenbleibens, wenn kein „Fritz W." als deus ex machina zur Stelle ist?). Das zeigt, daß „Produktionsorientierung" allein noch keine Gewähr dafür bietet, daß der LU den Schülern in dem Sinn „nahegeht", wie das oben beim Beispiel des BRECHTschen Gedichts ***„Die Nachtlager"*** der Fall war.

Die „Produktionsorientierung" hat bei WALDMANN häufig, allerdings nicht ausschließlich, die Funktion, den Schülern literarische Kenntnisse (Gattungsgesetzmäßigkeiten, stilistische Mittel, Funktion der Perspektive) zu vermitteln. Wo er darüber hinausgeht, scheinen die Aufgaben beliebig, und die Lösungen verlieren leicht ihre texterschließende Funktion. So schlägt er als eine Möglichkeit der „Konkretisation der Umwelt eines Textes" vor: „Beschreiben von Gegenständen, die in der Handlung Bedeutung haben, und Erfinden ihrer Geschichte als einer ‚Biographie des Dings' (Tretjakov)". Dieser Vorschlag könnte dazu verleiten, die Schüler BORCHERTS ***„Küchenuhr"*** oder BÖLLS ***„Waage der Baleks"*** mit einer Biographie ausstatten zu lassen, was zum Verständnis der Texte nichts beitrüge. – Problematisch sind auch die mittlerweile recht beliebten Aufgaben, bei denen dem Ausgangstext etwas hinzugefügt wird. „Fortführen von Handlungen, deren Beschreibung im Text abgebrochen wird oder nur summarisch erfolgt; Einfügen von Handlungen, die im Text ausgespart oder übersprungen werden; Ausfüllen von Handlungssprüngen im Text oder von Lücken (Leerstellen) im Handlungsverlauf" (121): Man darf doch annehmen, daß zumindest hin und wieder die „Lücken" vom Autor nicht ohne Grund gelassen wurden, daß ihr Ausfüllen also u. U. den Text korrumpiert: „Es gibt dann besondere Gründe dafür, daß der Versuch, *möglichst viele* Einzelheiten der dargestellten Gegenständlichkeiten explicite anzugeben, nicht ratsam ist. Nur *manche* Eigenschaften oder Zustände der dargestellten Personen sind aus Rücksicht auf die künstlerische Komposition wichtig und vorteilhaft, während die anderen lieber unbestimmt gelassen oder bloß in Umrissen angedeutet werden. Sie lassen sich annäherungsweise erraten, werden aber absichtlich im dunkeln gelassen, damit sie nicht störend wirken und damit die besonders bedeutsamen Züge mehr in den Vordergrund treten" (INGARDEN, 1975:46). Und noch deutlicher: „Der weniger kultivierte Leser, der künstlerische Dilettant [...] achtet das Verbot zur Beseitigung solcher Unbestimmtheitsstellen nicht und macht durch geschwätziges Ergänzen dessen, was nicht ergänzt zu werden braucht, aus gut gestalteten Kunstwerken billige, ästhetisch irritierende Klatschliteratur" (ebd., 61). Das Ausfüllen der „Unbestimmtheitsstellen" ist also nur dort statthaft, wo es zum Verständnis des Textes etwas beiträgt. Die Frage, ob die Erweiterungen, Füllungen, Veränderungen sinnvoll sind, muß im Hinblick auf die Textvorlage diskutiert werden; deshalb ist gerade der produktionsorientierte LU auf Reflexionsphasen angewiesen.

WALDMANNS Vorschläge verfolgen den Zweck, die Texte in den Köpfen der Schüler zum Leben zu erwecken. Die Texte sollen genauer wahrgenommen, deutlicher erfahren und differenzierter erfaßt werden. Ziel der Aufgaben ist also eine Verbesserung der „Erziehung zur Literatur". Entschieden darüber hinaus gehen die Anregungen SPINNERS (1987). Er weist zunächst auf die Fragwürdigkeit des Ausfüllens von „Leerstellen" hin: „Mit Produktionsaufgaben kann die dem Leser abgeforderte Vorstellungstätigkeit sichtbar und diskutierbar gemacht werden, etwa wenn bei einem Handlungssprung in einem Text die zu ergänzenden Zwischenschritte ausformuliert werden. Allerdings – und das wird oft übersehen – kann eine schriftliche Ausformulierung nie das einholen, was durch die Leerstellen beabsichtigt ist: Sie öffnen den Text für unsere Vorstellung so, daß wir in den unterschiedlichen Perspektiven, die ein Text zur Verfügung stellt, das Textgeschehen sehen. Obschon mit sprachlichen Mitteln hergestellt, hebt die Leerstelle die Gebundenheit an die Sprache auf und erlaubt uns, das Mitgeteilte wie eine Welt zu erfahren. [...] Die schriftliche Ausformulierung von Leerstellenfüllungen droht uns aus dieser Vorstellungswelt herauszureißen und – da Sprache nicht die Komplexität der Vorstellungsbilder zu erreichen vermag – an die Stelle einer aspektreichen Vorstellungs- und Sinnbildung schematische, banalisierende und vergröbernde Aussagen zu setzen" (604).

Das beliebte „Leerstellenfüllen" macht also den Text womöglich gerade dort eindeutig, wo er vieldeutig sein sollte. Vermeidbar sei diese Gefahr, wenn der Schüler sich selbst auch „literarischer Rede" bediene, weil diese wiederum Leerstellen schaffe. Wenn ein Schüler die vom Autor vorgegebene Perspektive einer Figur übernimmt und in ihr weiterschreibt, so leistet dies mehr als bloßes Literaturerfassen: Der Schüler erweitert seine Weltsicht. „Fremde Perspektiven nachvollziehbar zu machen, die Leser aus der

Gebundenheit an die eigene Weltsicht und -erfahrung heraustreten zu lassen, gehört zum wesentlichen Sinn und zur Aufgabe von Literatur" (605). Auf diese Weise trägt der LU zur Förderung sozialer Kompetenz bei. In der Übernahme von Fremdperspektiven weist die Produktion über das bloße Texterfassen hinaus und zielt auf eine „Erziehung durch Literatur".

Wie schwierig das ist, macht SPINNERS Beispiel deutlich. Er hat Schülern einer 12. Jahrgangsstufe bei der Behandlung von CHRISTA WOLFS ***„Kein Ort. Nirgends"*** eine „produktive" Aufgabe gestellt. Es geht um die „Textstelle, bei der Bettine die Günderrode und Kleist fragt, was sie sich wünschten, wenn sie drei Wünsche frei hätten. Kleist nennt ‚Freiheit. Ein Gedicht. Ein Haus', Günderrode aber lacht und wehrt ab: ‚Ich sag's dir später. Sie wüßte keinen, ihre Wünsche sind unbegrenzt.'" SPINNER kommentiert: „Diese Reaktion Günderrodes läßt vieles offen; wenn der Textstelle nur entnommen wird, daß sie keinen Wunsch weiß, dann bleibt die Aussage nichtssagend. Wichtig ist, daß der Leser Günderrodes Verhältnis zum Wünschen vorstellungsmäßig nachzuvollziehen sucht – nur so wird er der Stelle die Bedeutung zumessen können, die ihr schon deshalb zukommt, weil sie in direktem, wenn auch verstecktem Bezug zum Titel der Erzählung steht: Die unbegrenzten Wünsche haben keinen Ort, sind nirgends zu lokalisieren, sind unerfüllbare U-Topie." Die Schreibaufgabe lautete nun, das auszuphantasieren, „was der Günderrode im Anschluß an die Szene, wenn sie allein ist und noch einmal über das Wünschen nachdenkt, durch den Kopf gehen könnte." Was ist das Ergebnis dieser für „produktive Verfahren" oder auch „produktionsorientierten LU" typischen (geradezu paradigmatischen) Aufgabe? „Viele Schüler, gewohnt, abrufbare Ergebnisse festzuhalten, schrieben einfach drei Wünsche auf, ließen sich also auf die fiktionale Rede nicht ein." Leider gibt er kein Beispiel für die erwünschte Perspektivenübernahme, sondern erläutert sie nur als Möglichkeit: „Aber der Arbeitsauftrag gab auch die Möglichkeit, im Nachvollzug der fiktionalen Perspektive die Gedanken Günderrodes zu phantasieren und dabei z. B. auch die Unmöglichkeit des Wünschens weiter zu vertiefen. Mit der fiktionalen Rede tritt man nicht aus der Geschichte heraus, sondern in sie und ihre Perspektivierung hinein. Die Leerstellen haben nach ISER wesentlich die Funktion, den Leserblickpunkt so zu organisieren, daß er die verschiedenen im Text angelegten Perspektiven vorstellungsmäßig aktiviert. Deshalb verwahrt sich Iser ausdrücklich dagegen, wenn man unterstellt, seine Leerstellen dienten dazu, daß der Leser seine eigenen Lebenserfahrungen in den Text einfließen lasse. Es geht nicht um subjektive Projektionen, sondern um den Nachvollzug von Perspektiven, nach denen der Text organisiert ist." Dies ist für SPINNER der entscheidende Punkt, an dem sich seine Vorstellung von der des „produktionsorientierten LU" unterscheidet. Wenn die Schüler sich auf die im Text vorgegebene Perspektive einlassen, aktivieren sie nicht nur ihre Phantasie und malen sich das im Text Vorgegebene konkret aus, sondern sie sehen etwas Neues, und genau darin besteht der Erkenntniswert literarischer Lektüre. „So ist ein zentraler Bildungswert von Literatur zweifellos in dieser Anleitung zur Perspektivenübernahme zu sehen" (605). (SPINNER geht im folgenden auf zwei weitere Erkenntnispotentiale von Literatur ein, nämlich daß sie Distanz schafft und daß sie den Leser zu Urteilen über die Handlungen der Figuren auffordert. Ersteres läßt sich durch Stilimitation und -parodie verstärken, letzteres z.B. durch das Verfassen eines fiktiven Briefes an eine literarische Figur.)

In welchem Maß sollen „eigene Lebenserfahrungen in den Text einfließen" (ISER)? An dieser Frage, die erhebliche methodische Konsequenzen hat, scheiden sich die Geister. Das eine Extrem ist, daß im Fremden, dem Text, nichts Eigenes erkannt wird – dann bleibt der Text bedeutungslos. Das andere Extrem ist, daß im Text nichts Fremdes erkannt wird – dann wird gar nichts erkannt. Das Problem jeder Unterrichtsmethode ist, daß sie einen Weg zwischen diesen Extremen eröffnen muß, so daß es zur Vermittlung von Subjekt und Objekt kommt. In PIAGETscher Terminologie: Erkenntnis bedeutet weder bloße Akkommodation (= Aufgehen des Subjekts im Text) noch bloße Assimilation (= gänzliche Vereinnahmung des Textes durch das Subjekt); in beiden Fällen gäbe es keinen Anstoß für Entwicklung. (Vgl. Kap. 6.)

Das von RUPP (1987) vertretene Konzept des „Kulturellen Handelns mit Texten" steht eher in der Gefahr der Assimilation, hält aber doch weitgehend die Spannung zwischen Text und Leser offen, ja versucht sie sogar durch spezielle „Eingreiftexte" zu vergrößern. Unter „Eingreiftexten" versteht RUPP didaktisch präparierte Texte, also z. B. die lückenhafte oder verrätselte Darbietung eines Originaltextes: Um die Schüler zum Fragen zu bringen, um sie vor ein Problem zu stellen, legt der Lehrer nicht einen vollständigen Text vor, sondern er bearbeitet ihn. Die naheliegendste und eingängigste Präparation besteht darin, daß der Text den Schülern nicht auf einmal, sondern schrittweise vorgelegt wird.

Beispiel 1:
Von einer Erzählung wird im ersten Schritt nur die Überschrift (hier: „Der erste Schultag") gegeben, um einen „Erwartungshorizont" aufzubauen. Die Schüler notieren ihre Erwartungen in Form von Fragen, etwa: „Kommt ein Junge in der Geschichte vor?" Im zweiten Schritt werden die Schüler (hier: 5. Klasse) mit dem ersten Satz bzw. Absatz konfrontiert, und zwar wird er ihnen zur Verzögerung und Intensivierung der Rezeption diktiert (in den Diktierpausen kommt es zu durchaus erwünschten mündlichen Kommentaren, die die Assoziationen beflügeln). Mit Hilfe dieses Textes versuchen die Schüler, sich die von ihnen selbst vorher gestellten Fragen zu beantworten, und merken, daß noch vieles offen bleibt. Im dritten Schritt schreiben sie die Geschichte selbst weiter (zu Ende). Im vierten Schritt nehmen die Schüler in Vierergruppen zu ihren Texten Stellung, d.h., sie schreiben auf, was ihnen an den Lösungen der Mitschüler auffällt, und suchen nach Begründungen für ihre Beobachtungen besonders im Hinblick auf die diktierte Textvorlage. Als nächstes bekommen die Schüler die Fortsetzung des Originals, und zwar ein Stück weit unverändert, dann aber mit Lücken: Alle wörtliche Rede ist erhalten, aber der Erzähltext fehlt und muß nun ergänzt werden. Das ist natürlich nicht einfach, weil man aus der wörtlichen Rede

erst einmal erschließen muß, wer denn da jeweils redet; das Figurenarsenal enthält bis dahin drei Möglichkeiten, nämlich den Ich-Erzähler sowie zwei Namen, die in der wörtlichen Rede auftauchen. (Diese Aufgabe macht deutlich, daß auch WALDMANNS Übersicht natürlich nicht erschöpfend ist. Sie würde in seinem Schema als „Ergänzung ausgelassener Teile" rubriziert werden; die Reduktion eines Erzähltextes auf die wörtliche Rede ist dort aber nicht aufgeführt. Weitere bei WALDMANN nicht aufgeführte Aufgaben z. B. bei HAAS 1984.) Als letzten Schritt bekommen die Schüler den Originaltext (in diesem Fall allerdings eine vom Lehrer gekürzte Fassung; im übrigen ist die „ganze Geschichte" auch insofern nicht komplett, als es sich bei ihr um einen Auszug aus einem Roman handelt, so allerdings auch schon in einem Lesebuch isoliert wiedergegeben). Beim Vergleich mit ihren eigenen Fassungen fällt den Schülern z. B. auf, daß die Sätze des Originals lang sind und ihre eigenen kurz, daß das Original einen altertümlichen Stil und „Erwachsenensprache" gebraucht, sie selbst aber ihre normale Sprache benutzen, daß das Original aus der Distanz des Nachher geschrieben ist, sie aber gegenwartsorientiert geschrieben haben usw. – lauter Beobachtungen, die den Wert des „Antizipierens" noch durchaus offen lassen. Beim Vergleich fallen aber auch inhaltliche Unterschiede auf, bei deren Ermittlung das Original nun insgesamt „in einem freien Unterrichtsgespräch" gedeutet wird. „Damit ist die Beschäftigung mit diesem Text abgeschlossen. Dieser Text ist damit weder in allen seinen Teilen gleichmäßig durchgesprochen, literaturwissenschaftlich, -geschichtlich oder gattungsmäßig eingeordnet, noch einer tieferen Deutung im Kontext des Romans unterzogen worden, aus dem er stammt. Die Schüler haben auch nicht Vorformen des Interpretationsaufsatzes oder die schriftliche Darstellung ihrer eigenen Analysen und Charakteristiken geübt. Statt dessen hat sich der Schwerpunkt der Arbeit sehr stark auf einige wenige Elemente und Strukturen des literarischen Textes verlagert, die mit Funktionen literarischer Kommunikation und entsprechenden Schüleraktivitäten verknüpft wurden" (147).

Die Beschränkung auf wenige Stellen und einzelne Aspekte ist typisch für diese Methode des „handelnden Umgangs" mit Texten. In RUPPS Konzeption *erweitern* die Originaltexte nicht die Erfahrungen der Schüler (wie bei SPINNER), sondern sie schränken sie ein: „Je mehr die literarische Progression voranschreitet, desto stärker werden diese Erfahrungsgehalte bearbeitet und ‚ausgedünnt', wobei sich auch die thematische Breite verengt, die in den stärker von einzelnen ‚rohen' Erfahrungsmomenten geprägten Schüleraufsätzen gegeben ist" (137). M. a. W.: Je mehr man sich dem Originaltext (RUPP spricht vom „kanonischen" Text) nähert, desto mehr wird der Assoziationsspielraum eingeengt. Der Lehrer muß sich offenbar entscheiden, ob es ihm mehr darum zu tun ist, die Phantasie anzuregen oder die Schüler Einsichten gewinnen zu lassen. Dem entspricht ein Textverständnis als Rätsel: Je näher man der Lösung kommt, desto mehr Möglichkeiten scheiden aus; am Ende der Lektüre hat man die Lösung. (Tatsächlich läßt RUPP der Textbehandlung ein Ratespiel vorausgehen, dessen Analogie zum folgenden LU den Schülern allerdings nur schwer zu vermitteln ist.)

Die Alternative „Phantasie anregen" versus „Einsicht gewinnen" hat erhebliche methodische Konsequenzen. Das zeigt sich, wenn man RUPPS Vorgehen vergleicht mit einem ganz ähnlichen, das FROMMER (1988) anführt. Das Verfahren ist zunächst gleich: Ein Text wird den Schülern sukzessive gegeben. FROMMER nennt das Verfahren *„verzögertes Lesen"* (vgl. FROMMER 1981), durchaus nichts Neues, wenn man etwa ESSENS Vorschläge zum zeilenweisen Anschreiben von Gedichten kennt (ESSEN 1956:48f.).

In einer 7. Klasse will der Lehrer RAINER BRAMBACHS Gedicht „Paul" behandeln. Er kündigt der Klasse also ein „modernes Gedicht" an, nennt den Autor und das Verfahren: Er wird es

Zeile für Zeile an die Tafel schreiben, die Schüler sind aufgefordert, den Text in ihr Heft zu übertragen und sich nach Lust und Laune dazu zu äußern. Es entwickelt sich ein Wechselspiel von Tafelanschrieb und Schülerkommentaren, das sich – in stark verkürzter Wiedergabe – ungefähr so anläßt:

Paul
– „Paul? Ein Vorname als Gedichtüberschrift?"
– „Und was für ein komischer Name!"
– „Warum eigentlich nicht ‚Arthur'?"

Neunzehnhundertsiebzehn
– „Das soll ein Vers sein!"
– „Ha ja, sonst wär's ja als Zahl geschrieben."
– „Das ist halt ein modernes Gedicht!"
– „1917, das war im ersten Weltkrieg."
– „Ich weiß, von 1914–1918."

an einem Tag unter Null geboren
– „Brr! Das ist ja ungemütlich!"
– „Wahrscheinlich im Februar, da ist es am kältesten."
– „Ich bin auch im Februar geboren" – „Ich auch!" – „Ich auch!"

. . .
rannte er wild über den Kinderspielplatz,
– „Was, jetzt fängt schon die zweite Strophe an?"
– „Wieviel Strophen hat denn das Gedicht?"
– „Der macht sich's einfach!"
– „Ich werd' jetzt auch Dichter!"
– „Ist der Paul eigentlich ein Kinderschüler?"

fiel, und rannte weiter,
– „Sehr interessant!"
– „Wahrscheinlich hat er sich die Hosen zerrissen!"
– „Stimmt eigentlich das Komma?"
– „Du weißt doch: Wenn ein Dichter einen Fehler macht, ist das was anderes!"

. . .
den Ball werfend über den Schulhof,
– „Schon wieder eine neue Strophe!"
– „Ja, gibt es das?"
– „So'n Gedicht mach' ich auf dem Klo!"
– „Wie kommt der auf einmal auf den Schulhof?"

fiel, und rannte weiter,
– „Natürlich!“
– „Jetzt rennt er dann sicher gleich über die Straße!“
– „Schon wieder ‚Ende der Strophe‘!“

. . .
das Gewehr im Arm über das Übungsgelände,
– „Hoppla!“
– „Der muß ja jetzt schon groß sein!“
– „Der rennt und rennt und wird dabei immer größer!“
– „Und das alles in einem Satz!“
– „Und jetzt kommt natürlich wieder: ‚fiel, und rannte weiter‘!“

fiel, und rannte weiter
– „Wieso diesmal kein Komma am Schluß?“
– „Das ist ja das reinste Stehaufmännchen!“
– „So kann der ja ewig weitermachen!“
– „Neue Strophe!“

. . .
an einem Tag unter Null
– „Das war doch schon mal da!“
– „Au weia! Jetzt gibt's vielleicht wieder Krieg!“
– „Das könnte jetzt schon der zweite Weltkrieg sein.“

in ein russisches Sperrfeuer
– „Also doch Krieg!“
– „Das wird nicht gutgehen!“
– „Ist die Strophe jetzt schon zu Ende?“
– „Die ist ganz anders.“
– „Jetzt erfährt man zum ersten Mal, wohin er rennt!“
– „Vielleicht heißt es jetzt: ‚fiel, und rannte nicht weiter.‘“

. . .
und …
– „Jetzt paßt bloß noch ‚fiel‘!“

. . . *fiel.*
– „. . .“
– „. . .“
– „Ein sagenhaftes Gedicht!“ (S. 114–116)

Die (hier von Frommer nicht ganz wörtlich wiedergegebenen) Kommentare, die die Schüler während des Abschreibens äußern, zeigen recht gut ihre sich verändernde Einstellung gegenüber dem Gedicht – Verwunderung, Spott, Neugier, Betroffenheit. „Verzögertes Lesen macht den Text auffällig, indem es die Wahrnehmung des Lesers auf das einzelne Wort ausrichtet“ (116), und es wird deutlich, wie hier normative Schemata ins Wanken geraten (Gedichte sollten keinen Namen als Überschrift haben, eine Zahl ist kein Vers, Strophen sollten mehr als zwei Zeilen umfassen usw.). Auch in Rupps Beispiel wurde von diesem Verfahren Gebrauch gemacht. Der Anfang stimmt genau überein: Die Schüler erhalten zunächst nur die Überschrift, dann den ersten Satz. Zwar handelt es sich im einen Fall um ein Gedicht, im anderen um eine Erzählung, aber das ist nicht das Entscheidende. Bei RUPP wird vielmehr die Verzögerung dadurch verstärkt, daß die Schüler an jeder Stelle schriftlich reagieren müssen. Der natürliche Lesefluß wird nicht nur verlangsamt, sondern er wird laufend unterbrochen. Der Vorteil: Alle Schüler sind zur Tätigkeit aufgefordert, und es äußern sich nicht nur einige wenige „Vorlaute" wie bei FROMMER. Der Nachteil: Weil der Spannungsbogen, den der Text selbst enthält, überspannt wird, muß der Lehrer immer wieder durch neue Impulse und Aufgaben künstlich Spannung aufbauen. Deshalb die Vielfalt von Aufgaben an dem einen kleinen Text: Erst das verzögerte Lesen mit Aufgaben zum Ausphantasieren, dann das Einfügen des Erzähltextes in die wörtliche Rede, dann das Weiterschreiben. Im Klein-Klein des Unterrichts geht der Zusammenhang verloren und damit auch das Worum-Willen der ganzen Unternehmung. Während in FROMMERS Beispiel der „Aha"-Effekt deutlich vor Augen steht, weiß man bei RUPPS Beispiel am Ende nicht, warum eigentlich die ganzen Aktionen vorgeführt wurden – außer, daß die Schüler zunächst ihre Phantasie in Gang gesetzt, dann genau gelesen und Unterschiede zwischen ihren Texten und der Vorlage bemerkt haben. Aber diese Unterschiede betreffen Marginales; denn im „freien Unterrichtsgespräch" (auf das jetzt doch zurückgegriffen werden muß) wird eine „Gesamtdeutung" der Erzählung erarbeitet, die kaum geeignet sein dürfte, ein „Basisschema" (JOERGER 1975) der Schüler in Frage zu stellen:

„1. Beim Eintritt in die Schule werden in der Gruppe Außenseiter herausgestellt und entweder ausgeschlossen oder in einem langwierigen schmerzhaften Prozeß aufgenommen.
2. In eine solche Außenseiterrolle (Position des Ich) kann jeder geraten.
3. Stigmatisierungen machen sich an Äußerlichkeiten fest (Platzsuche, Unbekanntsein, Namen).
4. Die Aufnahme in die Gruppe äußert sich gleichfalls an solchen Äußerlichkeiten wie Platzfinden und Namenerklären (Namengeben oder -erkennen).
5. Das Individuum ist im Kollektiv ‚in einem lebendigen Gespräch' ‚aufgehoben'."

Angesichts der Dürftigkeit dieses inhaltlichen Ergebnisses des Unterrichts in der 5. Klasse fragt es sich, ob der methodische Aufwand sich gelohnt hat oder ob hier nicht die Methode des handelnden Umgangs mit Literatur zum Alibi für mangelnden Problemgehalt geworden ist. Die Gefahr der Verselbständigung der Methode besteht bei „produktiven" Verfahren und „handelndem Umgang mit Literatur" ganz offensichtlich.

Beispiel 2:
Erarbeitet wird der Beginn von BRECHTS ***„Furcht und Elend des Dritten Reiches"*** in einem Leistungskurs der 11. Jahrgangsstufe. Zunächst erhalten die Schüler den Prolog „Die Deutsche Heerschau" ohne weitere Angaben – kein Autor, keine Zeit, keine literarische Gattung:

Als wir im fünften Jahre hörten, jener
Der von sich sagt, Gott habe ihn gesandt

Sei jetzt fertig zu seinem Krieg, geschmiedet
Sei Tank, Geschütz und Schlachtschiff, und es stünden
In seinen Hangars Flugzeuge von solcher Anzahl
Daß sie, erhebend sich auf seinen Wink
Den Himmel verdunkeln würden, da beschlossen wir
Uns umzusehn, was für ein Volk, bestehend aus was für Menschen
In welchem Zustand, mit was für Gedanken
Er unter seine Fahne rufen wird. Wir hielten Heerschau.

Dort kommen sie herunter:
Ein bleicher, kunterbunter
Haufe. Und hoch voran
Ein Kreuz auf blutroten Flaggen
Das hat einen großen Haken
Für den armen Mann.

Und die, die nicht marschieren
Kriechen auf allen Vieren
In seinen großen Krieg.
Man hört nicht Stöhnen noch Klagen
Man hört nicht Murren noch Fragen
Vor lauter Militärmusik.

Sie kommen mit Weibern und Kindern
Entronnen aus fünf Wintern
Sie sehen nicht fünfe mehr.
Sie schleppen die Kranken und Alten
Und lassen uns Heerschau halten
Über sein ganzes Heer.

Die Schüler lesen diese Zeilen erst still für sich, dann laut, und danach notieren sie sich Auffälligkeiten. Es zeigen sich erhebliche Verständnisschwierigkeiten, nicht nur bei dem Wort „Heerschau“, das gemeinsam geklärt wird. Rätselhaft ist den Schülern vor allem, wer „er“ und wer „wir“ sind, worauf sich das „herunter“ bezieht und wieso am Ende „lassen uns Heerschau halten“ steht, wo es doch am Anfang schon „Wir hielten Heerschau“ heißt. Es ergibt sich (offenbar im Klassengespräch) eine Interpretation, nach der der Text von irgendeiner Kriegsvorbereitung, einem Kriegsbeginn oder dem Anfang und Ende eines Krieges handelt. Beteiligt sind zwei Nationen, Sieger und Besiegte. Strophe 1 wird als Kriegsdrohung (Heerschau vor Kriegsbeginn) verstanden, die Strophen 2 – 4 als Niederlage (Heerschau nach dem Krieg). Die Schüler machen auch Vorschläge zur Strophenumstellung (die 2. Strophe sei die „Rückkunft“ und müsse deshalb ans Ende gestellt werden) und versuchen (erfolglos), das „fünfte Jahr“ historisch zu lokalisieren (1938? 1944?). – Im nächsten Schritt fragt der Lehrer, ob der Text allein stehen könne oder ob noch etwas davor, danach oder dazwischen gehöre. Die meisten Schüler entscheiden sich dafür, daß etwas dazwischen gehöre, nämlich die Darstellung des Krieges zwischen die 1. und 2. Strophe. In Gruppen erarbeiten sie Handlungsskizzen für das ihrer Meinung nach Fehlende. Dabei unterstellen sie, daß die „Deutsche Heerschau“ ein abgerundeter Text sei. Um so überraschter und enttäuschter sind sie, als ihnen dann das Original („Deutsche Heerschau" + 1. Szene) vorgelegt wird und sie erkennen müssen, daß es sich um einen Prolog handelt. An dieser Stelle nennt der Lehrer auch den Werktitel und Autor. (Die Schüler hatten übrigens zuvor bei einem anderen Lehrer, also auch ohne „Eingreiftexte", den ***„Baal"*** gelesen.) – Als nächstes wird die 1. Szene gelesen, erst still, dann laut mit verteilten Rollen. Wiederum danach die Aufgabe: Notiert Auffälligkeiten, und vergleicht den Text mit euren Erwartungen auf Grund des Prologs. Die Enttäuschung ihrer Erwartungen äußert sich nun als Kritik an der 1. Szene: Hier sei die falsche Perspektive gewählt, nämlich die von „oben", von den Machthabern, nicht aber die von „unten", vom geschundenen Volk, die den Prolog bestimmte. – Im nächsten Schritt sollten die Schüler wiederum in Gruppen die Frage beantworten, wie die 1. Szene auf der Bühne aussehen soll. Dazu gehörten genaue Angaben zum Bühnenbild ebenso wie eine „Einrichtung", ja sogar Veränderung ihres Wortlauts. Die Schüler erhielten dazu auch das Original der 2. Szene. Es gab nun vier Möglichkeiten: 1. Man orientiert sich am Original der 1. Szene, 2. man verändert die 1. Szene im Blick auf die 2. Szene (man gestaltet sie aus der Sicht der Leute hinter den Rolläden), 3. man bezieht den Prolog mit ein, 4. man schreibt eine völlig neue Szene mit der Angst-Leid-Thematik („Furcht und Elend"). Die Aufgabe sollte zu Hause erledigt werden; dazu erhielten die 27 Schüler auch 13 Exemplare des gesamten Textes. RUPP erläutert: „Das entsprach der Intention, die gesamte Textmasse zurücktreten zu lassen zugunsten eines exemplarischen Zusammenhangs, in den die Schüler produktiv – eben durch eigene erprobende Realisierung – eintreten sollten. Durch die häusliche Lektüre sollten sie zwar das ganze Stück kennenlernen und u. U. stillschweigend daraus Anregungen für die eigene Arbeit gewinnen, aber dadurch sollte die intensive Arbeit der Umsetzung der 1. Szene nur unterstützt werden. Gerade bei ‚Furcht und Elend des Dritten Reiches' kommt der extensiven Lektüre ohnehin nur eine wiederholende, vertiefende Funktion zu, wenn die einmalige Horizontverschmelzung auf der breiten Basis der körpersprachlichen Erfahrung des Textes in seiner Inszenierung voraufgegangen ist" (185).

Das Ergebnis, das RUPP wiedergibt, zeigt, wie die Schüler durch Einfügen einer „Neutralen Person" (NP) die 1. Szene verändert haben: Wenn bei BRECHT der 2. Offizier zum 1. sagt: „Vabrecherviertel", so lassen die Schüler die NP das ausdrücken, was der Zuschauer sich denken sollte, d. h., die NP äußert den „Untertext" (FROMMER 1988:117): „Vabrecherviertel? Fragt sich nur, wer die Verbrecher sind. Zwei stehn schon da." Dabei scheuen sie nicht vor Kalauern zurück. Der 2. Offizier sagt bei BRECHT: „Und nu kommt die Volksjemeinschaft. Ick erwarte mir een seelischen Uffschwung des deutschen Volkes in allerjrößtem Maßstab." Darauf NP: „seelischer Uffschwung. Der Führer, unser Trimmspezialist, übt ja schon Klimmzüge." Darauf sagt der 1. Offizier: „Er schafft alle!" Die Schüler geben wiederum der Assoziation, die der Zuschauer haben soll, durch die NP Ausdruck: „Jawoll! Sieg Heil! (Arm hoch) Bis 1945 40 Millionen!" – Nachdem die Szene in dieser Weise umgeschrieben ist, wird sie nun auch mit Requisiten gespielt. „Das ist das Entscheidende: über die unmittelbare Körpererfahrung, die ekstatische Bewegung und die ‚Entfesselung' der Requisiten eignen sich die Schüler den literarischen Text an und verschaffen sich Zutritt zu der zeitgeschichtlich entrückten Situation und Thematik des Faschismus, die er gestaltet. Nur indem sie sich selbst (ent-)äußern (ihr Wasser lassen, rotzen, sich ekstatisch [tänzerisch, übersteigert wie die ‚Neutrale Person'] bewegen), können sie mit der literarischen Vorlage ‚auf gleicher Ebene' kommunizieren, die sie ihrerseits mit einer ästhetischen Entäußerung und spezifischen historischen Kontexten konfrontiert. Wenn die Rede von der Horizontverschmelzung dabei keine Metapher bleibt, wird im Prozeß der ästhetischen Vermittlung beides verändert: die schülerische Tätigkeit, die sich am vorgegebenen Material abarbeitet, und der literarische Text, der unter dem akuten Blickwinkel in der Aneignung verändert und neu formuliert wird" (188). Gegenüber dieser Begeisterung für das darstellende Spiel ist zu fragen, was eigentlich der Maßstab für „Abarbeitung" und „Aneignung" ist: die „Ekstase" der Spielenden? ihre eigene Begeisterung? Oder geht es nicht doch zuletzt um einen Text, der verstanden werden soll? Zumindest müßte ja das Spiel seinerseits wiederum besprochen, gedeutet, im Hinblick auf seine Textadäquanz beurteilt, also im Medium der Sprache verarbeitet werden.

Es war nötig, Rupps Vorschläge und Erfahrungen so ausführlich wiederzugeben, um deutlich zu machen, wie wenig beliebig die Schüler„produktionen" hier sind, wie sie vielmehr gezielt bestimmte Wahrnehmungen und Erfahrungen provozieren sollen. Der Grundansatz ist klar: In sprachlichen oder körperlichen Handlungen sollen die Schüler das ausdrücken, was sich bei der Rezeption von Literatur gewöhnlich im Kopf des Lesers abspielt. Allerdings ist fraglich, ob dieses Zumvorscheinbringen der Phantasietätigkeit diese nicht doch wesentlich verändert (ein erzählter Traum ist bekanntlich nicht dasselbe wie der Traum selbst), zum mindesten erweitert. Jemand, der eine Überschrift liest wie „Der erste Schultag", antizipiert wohl kaum, wer hier seinen ersten Schultag schildern wird (Schüler? Lehrer?) und welcher Art seine Erlebnisse sein werden, sondern er liest schon weiter und baut erst allmählich auf Grund der Textinformationen seinen Vorstellungsraum aus. Erst wenn Informationen auftauchen, die mit der gebildeten Vorstellung unverträglich sind, hält der Leser ein und muß nachdenken. In Rupps Konzeption werden den Schülern laufend auf künstliche Weise Probleme gestellt, z. B. indem man ihnen den Autor und die Textgattung vorenthält. So wird der Text zunächst durch Eliminierung des innerliterarischen und außerliterarischen Kontexts vieldeutig, und diese Vieldeutigkeit wird dann Schritt für Schritt wieder abgebaut. Daß die „Deutsche Heerschau" ein Prolog ist, merkt jeder, der Brechts Text zur Hand nimmt oder im Theater sitzt. Die Vorstellung, die Rupps Schüler auf Grund vorenthaltener Informationen entwickeln, führt sie auf einen Irrweg, von dem sie nur widerstrebend abzubringen sind.

Während man normalerweise einen Text versteht, indem man vom einzelnen aufs ganze, aber auch vom ganzen zum einzelnen geht, fehlt bei Rupp diese Umkehr: Der ganze Text spielt keine Rolle. Wenn RUPP meint, auf diese Weise die Leser von der Autorität des Autors befreien zu können, so zeigt sein Unterrichtskonzept, wie stark die Schüler nunmehr der Autorität des Lehrers unterstehen. Durch ausgeklügelte Planung, manipulierte Texte und enge, schriftlich zu erledigende Aufgaben sind die Schüler dem Lehrer ausgeliefert, der als einziger den Überblick hat. Lernen erscheint hier als direkte Folge des Lehrens, seine „Progression“ ist Schritt für Schritt genau planbar, und der LU wird als Lehrgang durchgeführt, bei dem Texte nur noch unter dem Gesichtspunkt ausgewählt werden, an welchem Punkt der literarischen Sozialisation (die der Lehrer in der Hand hat) sich die Schüler befinden (124). An einer Stelle gesteht RUPP ein, daß sich die Schüler dieser Bevormundung in Form behutsamer Textdosierung entziehen, indem sie nun unter der Bank den ganzen Text lesen, den der Lehrer ihnen vorenthält: „Als die Bücher ausgeteilt waren und wir mühsam den Text Stelle für Stelle zu erklären versuchten, schauten diejenigen gelangweilt unter den Bänken hervor, die dort soeben den Text ‚beendet‘ hatten und durch die fortschreitende Lektüre genau jenem, in den Text hineinziehenden Wirkungsmoment gefolgt waren, das die verlangsamende Lektüre aufbrechen sollte“ (218). Freilich weist dieser Widerspruch auf ein prinzipielles Problem des LU hin: Der Erziehung zum genauen und damit auch „verlangsamten“ Lesen im Unterricht steht das außerschulische „Schmökern“ gegenüber, bei dem der Text eher kursorisch überflogen wird. RUPPS Methode vergrößert den Abstand, der zwischen schulischem und außerschulischem Leseverhalten sowieso besteht.

Die Arbeit mit „Eingreiftexten“ und Schülerprodukten in der von RUPP durchgeführten Weise kostet immens viel Zeit. Will man (im Unterschied zu ihm) nicht grundsätzlich auf die Behandlung ganzer Texte verzichten, wird man diese Art des Umgangs mit Texten schon allein deshalb nur vereinzelt durchführen können. Dafür spricht außerdem die leichte Abnutzbarkeit auch dieses Verfahrens; nur allzu leicht wird es zum Ritual, das Überdruß erzeugt. Der dokumentierte Unterricht zeigt überdies, daß das **Unterrichtsgespräch** zwar zugunsten des schriftlichen Arbeitens zurückgetreten ist, daß es aber dennoch eine wichtige Rolle spielt, und zwar vor allem bei der Analyse und Evaluation der Produkte. Gleichwohl wird durch die mit Hilfe von Eingreiftexten erzielten Verfremdungen und durch die Aktivierung der Phantasie und die emotionale Verwicklung der Unterricht nicht nur tendenziell lebendiger und persönlicher, sondern er fordert die Schüler auch stärker kognitiv heraus, sofern die Aufgaben keine peripheren, sondern zentrale Probleme betreffen und damit eine Veränderung „kognitiver Schemata“ oder Vorurteilsstrukturen erreicht wird.

Und die Alternative, wenn die „produktiven Verfahren“ ebenso zur Gängelung des Verstehens führen wie das gelenkte Unterrichtsgespräch? Vielleicht sollte man hin und wieder Texte den Schülern einfach *vorlesen*, ohne eine Interpretation zu inszenieren. Wenn sie dann ihre Vorstellungen äußern und darüber ins (nicht gelenkte) Gespräch kommen, kann genausoviel oder gar mehr bewußt und erkannt werden wie durch manches kunstvoll-künstliche Unterrichtsarrangement.

6 Phasen des Literaturunterrichts

Unterricht wird verstanden als Vermittlung von Subjekt und Objekt. Durch diese Vermittlung sollen die Subjekte des Bildungsgeschehens sich selbst und ihre Welt besser verstehen, um handlungsfähiger zu werden. Unabhängig von der gewählten Methode treten dabei bestimmte Momente vor Augen: Das dem Objekt begegnende Subjekt (1) konzentriert sich auf dieses Objekt und eignet es sich geistig an (2), verändert sich dadurch (3) und wendet sich als verändertes der Welt zu (4). In einem unterrichtlichen „Standard-Typ" treten die Momente in unterschiedlicher Akzentuierung im LU auf und ermöglichen dadurch eine Gliederung des Unterrichtsprozesses in vier verschiedene Phasen.

Von Krefts „Grundprobleme der Literaturdidaktik" (1977) ist vor allem sein „Vier-Phasen-Schema" bekannt geworden; in Referendararbeiten und Unterrichtsplanungen wird immer wieder darauf Bezug genommen:

„Übersichts-Schema zum vierphasigen Standard-Typ einer LU-Sequenz

1. Phase der bornierten Subjektivität – ‚textimmanent'
   Phase der Darbietung des Textes, der (ersten) Begegnung mit ihm, der Verstrikkung in ihn;
   Phase der Motivation, der Assoziation, der Inkubation;
   Phase der Entwicklung eines (ersten) Interpretationsentwurfs.
2. Phase der ‚Objektivierung' – wahrheitsbezogen, textbezogen, texttranszendierend
   Phase der korrigierenden Abarbeitung am Text;
   Phase der gegenseitigen Korrektur durch andere Interpreten und Interpretationen;
   Phase der Diskussion; – Hinblick auf das vom Text intendierte Problem, die ‚Wahrheit'.
3. Phase der Aneignung
   Phase der Rückwendung des Subjekts (des Rezipienten, Interpreten) auf sich selbst;
   Phase der Selbstkorrektur und neuen Selbstinterpretation;
   Phase der bewußten, aber ‚kontemplativen' Anwendung auf die eigene Situation und Existenz.
4. Phase der Applikation
   Phase der allgemeintheoretischen Applikation (Gesellschaftsanalyse, Geschichtsverständnis, literaturwissenschaftliche Bedeutung);
   Phase der praktischen Applikation (auf reale Interaktionskonflikte usw. [Rollenspiel]);
   Phase der Ausarbeitung neuer Fragestellungen (für neue Sequenzen) als Konsequenz."

(S. 379)

6.1 Zum Zusammenhang der vier Phasen

„In allen Phasen sind alle Momente enthalten: Interpretation und Applikation, Subjektivität und Kreativität usw., aber unterschiedlich akzentuiert." Dennoch beansprucht das Schema nicht nur, vier unterschiedliche Momente oder Aspekte zu bezeichnen, sondern auch eine zeitliche Gliederung des Lernprozesses zu ermöglichen. Deshalb auch KREFTS Hinweis auf die „Artikulationsschemata", mit denen in der Allgemeinen Didaktik Unterrichtsphasen unterschieden werden. So gliedert ROTH in „Stufe der Motivation – Stufe der Schwierigkeiten – Stufe der Lösung – Stufe des Tuns und Ausführens – Stufe des Behaltens und Einübens – Stufe des Bereitstellens, der Übertragung, der Integration." (Zit. nach SCHULZ 1965.) Noch allgemeiner erkennt man in KREFTS Schema die dialektische Trias von These – Antithese – Synthese; KREFT weist selbst darauf hin, daß „die Makro-Struktur von Bildungsprozessen" „seit Hegel in der Weise aufgefaßt worden" sei, „daß sich das Subjekt einem ‚Objektiven' zuwendet, sich ihm hingibt, seine bornierte Subjektivität an ihm abarbeitet und sich dabei das ‚Objekt' (seiner Struktur nach) ‚aneignet', es sich ‚anverwandelt' und als selbst verwandeltes zu sich zurückkehrt". Eine weitere Analogie weist auf das Prinzipielle und Generelle des hier dargestellten Schemas hin: „Die Forschungen Piagets haben diese Makrostruktur grundsätzlich bestätigt" (376). Damit ist PIAGETS „genetisches" Strukturlernen gemeint:

- In einer ersten Phase *assimiliert* der Lernende den Lerngegenstand soweit als möglich, d. h. er paßt ihn seiner Art und Weise des Verstehens an,
- in einer zweiten Phase *akkommodiert* er seine geistige Struktur, d. h., er paßt seine eigene Art und Weise, Texte bzw. das in ihnen Dargestelle zu verstehen, an, um das Nicht-Assimilierbare aufzunehmen, und
- in einer dritten Phase *integriert* er die veränderte Verstehensweise in seine geistige Gesamtstruktur, die dadurch weiterentwickelt wird.

So groß die Ähnlichkeit der Schemata insgesamt ist, so zeigt doch die Gegenüberstellung schon auf den ersten Blick, daß sich die Phasen und Stufen offenbar nicht genau entsprechen. KREFT spricht von vier Phasen; HEGEL und PIAGET lassen uns eine Trias erwarten, und ROTH zählt sechs Stufen auf. Hält man sich nur an die gröbsten Übereinstimmungen, so zeigen sich in jedem LU zunächst zwei Phasen: die Phase der ersten Begegnung, der Fühlungnahme mit dem Text, und die Phase der näheren Bekanntschaft, der vertieften Lektüre. Berücksichtigt man, daß diese vertiefte Lektüre für den Leser in irgendeiner Weise Folgen haben sollte, ergibt sich eine dritte Phase. KREFT hat diese nochmals aufgeteilt in „Aneignung" und „Anwendung" (Applikation) und kommt so nicht auf drei, sondern vier Phasen. Abgesehen von dieser Unterscheidung ist das „Vier-Phasen-Schema" als solches recht einfach, um nicht zu sagen trivial. Es läßt sich durch vier Fragen erläutern:

1. Phase: Was löst der Text in mir aus?
2. Phase: Was steht da?
3. Phase: Was folgt aus dem verstandenen Text für mich?
4. Phase: Was folgt aus dem verstandenen Text für uns?

Die Allgemeinheit und Selbstverständlichkeit dürfte der Grund für die weite Verbreitung und beinahe allgemeine Akzeptanz dieses Schemas sein. Übersehen wird in vielen Praxisumsetzungen aber der enge Zusammenhang dieses Verlaufs- oder besser: Artikulationsschemas mit der literaturdidaktischen Konzeption, auf die es sich bezieht und die diesem Skelett gewissermaßen erst das Fleisch gibt. KREFT sah sich deshalb genötigt, in einem Nachwort zur 2. Auflage festzustellen: „Das wichtigste an dem 4-Phasen-Schema ist, daß man es auf dem Hintergrund dessen auffaßt, was im ganzen Buch zuvor, auch im ersten Teil, ausgeführt wurde" (2. Aufl. 1982:402). Ohne die entwicklungstheoretische Konzeption, die dahintersteht, ist das 4-Phasen-Schema ein Passepartout – offen für jedwede Vereinnahmung.

6.2 Die erste Phase: Verhakung im Text

Während man sich ehedem damit begnügte, die erste Textbegegnung durch **Einstimmung** vorzubereiten, ist in den letzten Jahren sehr viel methodischer Scharfsinn und Einfallsreichtum darauf verwendet worden, den zu behandelnden Text den Schülern nahezubringen. Dieses „Nahebringen" liegt noch vor dem, was HELMERS als Ausgangspunkte der Texterschließung dingfest machte („vom Inhalt aus", „von der Form aus", „vom Vergleich aus", „vom Leben des Verfassers aus") und betrifft zunächst einmal die Motivierung der Schüler, sich überhaupt auf den Text einzulassen. Zwar zwingt sie natürlich der Unterricht, sich mit dem Text zu beschäftigen, aber wenn dies ohne Bereitschaft und innere Anteilnahme geschieht, bleibt es bei einem äußerlichen Lernen, dessen Wirkungen flüchtig sind. Erzwungen werden kann allenfalls ein Lernen *über* die Texte, nicht aber ein Lernen *durch* sie. Und die erste Phase des Unterrichts stellt meistens die Weichen, die über ein Gelingen oder Mißlingen des Unterrichts insgesamt entscheiden. Insofern ist es richtig, daß dieser Phase ganz besondere Aufmerksamkeit geschenkt wird.

Wie kann der Unterricht die „Verhakung" von Schüler und Text fördern?

Im allgemeinen ist ein Text heute durch den Unterrichtszusammenhang „situiert", sei es ein stofflicher, ein gattungsmäßiger, ein historischer Zusammenhang (früher stellte zumindest in der Sek. II der **„Kanon"** den Zusammenhang der Texte her). Ganz abgesehen von dem persönlichen Erfahrungshintergrund, den jeder Leser hat, trifft der Text den Schüler nicht unvorbereitet, sondern der Schüler nimmt den neuen Text schon aus einem bestimmten, durch die Unterrichtsreihe hergestellten Blickwinkel wahr.

Dennoch ist jeder Text nicht nur Element eines unterrichtlichen „Supertexts“, sondern er steht auch für sich allein und will in seiner Individualität erfaßt sein. (Es sei denn, der Lehrer instrumentalisiere den Text und verwende ihn nur als Mittel zum Zweck.) Durch Verfahren der *Antizipation* („Vorgestalten“) versucht man, die Situierung zu verstärken und die Aufnahmebereitschaft zu erhöhen. Dem dienen auch die *unterbrochene Darbietung* des Textes, *didaktisch präparierte* Texte (z. B. mit Lücken oder Alternativen) und die *didaktisch organisierte Textdarbietung* (z. B. in zwei unterschiedlichen Fassungen: Welche ist das Original?).

Die Textaufnahme selbst kann entweder übers Auge oder übers Ohr oder beides zugleich geschehen. Die Art und Weise dieser ersten Textbegegnung ist nicht beliebig. Das Ohr vermittelt einen sinnlicheren Eindruck als das eher geistige Auge. Hören geschieht in der Gemeinschaft; Urbild ist die Erzählsituation. Lesen vereinzelt; Urbild ist der in der Studierstube eingeschlossene Leser. Beim Hören geschieht die Textaufnahme aller Zuhörenden synchron, und die Reaktionen sind direkt auf den Text zu beziehen; beim Lesen kann jeder sein Tempo wählen, kann flüchtig oder gründlich lesen, zurückgehen und überspringen. **Vorlesen** erlaubt eine dramatisierende, in jedem Fall aber interpretierende Gestaltung durch den Vorleser. Insgesamt tendiert die akustische **Textdarbietung** zu einem erlebnishaften Umgang mit dem Text, die optische dagegen zu einem erkennenden. (Abgesehen wird hier von der optisch-akustischen Darbietung des Textes im Theater und Film; sie spricht natürlich die Sinne noch mehr an als der bloße Textvortrag.)

Es gibt zahlreiche Modifikationen dieser beiden Grundformen. So kann der Text „verzögert“ (Frommer 1981 und 1988), also mit Unterbrechungen vorgelesen oder angeschrieben werden. Auch kann der Inhalt bei epischen und dramatischen Texten in Form eines Fragespiels ermittelt werden, ehe er im ganzen dargeboten wird. Damit nähert man sich der traditionellen **„Einstimmung“** bzw. Vorbereitung: Der Lehrer bereitet die Schüler durch Nennung des Themas und ein Gespräch darüber oder durch ein Bild oder durch eine „Parallelgestaltung“ auf Grund der Themennennung oder einer Inhaltsangabe usw. auf den Text vor. Vor allem **„produktive“ Verfahren** nehmen sich dieser allerersten Textbegegnung an und versuchen, die Schüler durch eigenes Handeln zu einer aktiven Rezeption zu bringen; bloßes Zuhören oder Lesen sieht so sehr nach „passiver“ Rezeption (bis hin zum gar nicht Rezipieren) aus, daß Waldmann (1984) eigens Vorschläge zum „aktiven Hören“ und „aktiven Lesen“ macht.

Je nachdem, wie man diese erste Textbegegnung gestaltet hat, verläuft der weitere Unterricht, und natürlich hat man diese erste Textbegegnung mit Blick auf den weiteren Unterricht gerade in dieser und keiner anderen Weise vorgenommen. Gehen wir aber nun einmal davon aus, der Text (z. B. ein Stück „moderne Kurzprosa“, Spinner 1984) sei vorgelesen worden. Was weiter? Entweder wird nun durch Fragen, die z. B. an der Tafel stehen, die Textwahrnehmung gelenkt, oder die Schüler äußern sich frei. Je höher die Klassenstufe, desto wahrscheinlicher ist es, daß nach der Textdarbietung zunächst eine Pause eintritt. Jeder Schüler ist zunächst mit dem Text allein. Diese Phase kann der Sammlung dienen und der Beginn einer „Inkubation“ sein, also einer inneren Beschäftigung mit dem Text; sie kann aber auch schlicht die Folge von Ratlosigkeit sein. HAAS (1984:19) weist auf das keineswegs Unproblematische dieser „Schweigephase“ hin:

> „Anne Banaschewski schildert eindringlich eine unterrichtliche Situation, in der der Lehrende – hier Professor Hans Schorer – lange und gelassen die Reaktion der Schüler auf den Gedichtvortrag abwartete, und sie preist das als hohe pädagogische Kunst. Nun ist es gar keine Frage, daß der Hörende, Lesende, Aufnehmende auch Zeit braucht, um seine Eindrücke und Gedanken zu sammeln und zu ordnen. – A. Banaschewski spricht von der ‚Inkubationsperiode zwischen Eindruck und Ausdruck‘, die ‚individuell sehr verschieden‘ sei –; wohl aber ist es einiger Überlegungen wert, ob Schorers Antwort auf die Frage, wie lange er noch gewartet hätte, wenn die Klasse auch nach fünf oder acht Minuten nicht zum Gespräch bereit gewesen wäre, einer genaueren Nachprüfung standhält. Schorer hatte nämlich, laut Banaschewski, geantwortet: ‚... eine ganze Stunde braucht man nicht zu warten. Das hält keine Klasse aus.‘ – Genauer kann man diese weithin als didaktisch fruchtbar eingeschätzte und deshalb vom Lehrer immer wieder gesuchte unterrichtliche Situation gar nicht charakterisieren. Die Offenheit – was hier heißt: Unstrukturiertheit und Perspektivelosigkeit – der Sprechsituation führt gerade die sensiblen Schüler in eine auf die Dauer unerträgliche psychische Spannung hinein, aus der sie, wie der Lehrer weiß und in Rechnung stellt, ausbrechen müssen: bereit zum Sprechen um jeden Preis. Die Schüler sprechen nicht primär, weil sie einen Anlaß aus der Sache heraus erkennen könnten, weil die Sache sie, in welcher Form auch immer, in das Gespräch drängte, sondern weil sie die Qual der Stille noch weniger als das Trommelfeuer der Fragen auszuhalten vermögen. – Die Formel von der ‚Kunst, warten zu können‘, kann so betrachtet auch zu einer Formel für psychische Erpressung werden [...].“

HAAS zieht daraus den Schluß, die Schüler zunächst *handelnd* mit Texten umgehen zu lassen. Will man dies nicht tun, so kann man den „Erpressungs“charakter dieser Situation dadurch vermeiden, daß die Dauer des Schweigens nach der Textpräsentation von vornherein festgelegt wird. (Im allgemeinen reicht eine Minute.) Erst dann dürfen sich Schüler melden. Man kann die stille Sammlung auch dadurch verstärken, daß die Schüler aufgefordert werden, in dieser Zeit einen Gedanken oder eine Frage zu dem Text aufzuschreiben. Entweder fährt man dann in üblicher Weise fort (einige Schüler melden sich, man nimmt einen dran, dann den nächsten), wodurch oft eine zusammenhanglose Sammlung entsteht; man kann sie (vor allem in höheren Klassen) dadurch vermeiden, daß man nach der ersten Äußerung fragt: „Wer hat etwas zu sagen oder zu fragen, was hierzu paßt?“ Oder aber man läßt nach dem schriftlichen Notieren alle Schüler (evtl. einer Klassenhälfte) zu Wort kommen, d. h., es liest jeder Schüler vor, was er notiert hat. Nachdem alle vorgelesen haben, beginnt das offene Gespräch (hier könnte die andere Klassenhälfte gefordert sein, indem sie feststellt, worin sich die Äußerungen unterschieden und was mehrfach wiederholt wurde). Der Lehrer kann sich als Gleicher an diesem Verfahren beteiligen: Auch er hat einen Satz aufgeschrieben und liest ihn vor, wenn er (auf Grund der Sitzordnung) drankommt. Noch deutlicher wird das Gespräch in die Klasse verlagert, wenn ein Schüler die Gesprächsleitung übernimmt, also vor allem eine Rednerliste führt. Auch der Lehrer muß sich melden und kommt der Reihe nach dran.

Das große Manko dieses Verfahrens ist, daß trotz entsprechender Regeln (etwa: Man muß sich aufeinander beziehen) und zusätzlicher Mahnungen das Gespräch nur in sehr guten Klassen geordnet und zielorientiert in Gang kommt; die Rednerliste sorgt zusätzlich für sprunghaftes Vorgehen, selbst wenn man ein „Direkt dazu“ zuläßt. Zwar können sich alle Schüler äußern, aber das Gespräch kommt oftmals nicht voran, so daß auch die Schüler unzufrieden sind. Deshalb muß sich der Lehrer sehr genau überlegen, ob er das Heft ganz aus der Hand geben will oder nicht doch an entscheidenden Punkten eingreift, die Schüler auf Widersprüche hinweist, ihnen die Relevanz ihrer Fragen oder Beobachtungen verdeutlicht und das Gespräch auf bestimmte Aspekte hin konzentriert. Unvermeidlich wirkt sich dabei sein eigenes Textverständnis aus, und in dem Maß, in dem er lenkend eingreift, übernimmt er die Verantwortung für den Gang des Gesprächs und seine Ergebnisse. Er muß wahrnehmen, welche Probleme die Schüler erkennen oder wenigstens ahnen, um zu vermeiden, daß der Fall eintritt, den KREFT so schildert: „Einerseits kommen die Schüler recht ungehemmt zu Wort; der Lehrer akzeptiert freundlich nickend jeden Beitrag – und am Ende der Stunde steht – andererseits – genau das an der Tafel, was der Lehrer bereits vor dem Unterricht konzipiert hatte. – In solchem Unterricht werden die Schüler mit ihren Beiträgen nur scheinbar ernstgenommen. Ernstnehmen hieße, wirklich aufgreifen, was ein Schüler sagt, den Implikationen nachgehen (Was meinst du eigentlich damit? usw.), so auf den Beitrag eingehen, daß er als Interpretationsansatz entfaltet wird, statt daß von einem Beitrag (wahllos fast) zum nächsten gegangen wird, wodurch unvermeidbar die doch unterschiedlichen Interpretationsansätze untergehen. Würde dagegen erst ein Interpretationsansatz, dann ein anderer *entfaltet*, dann würde das natürlich nicht zum vom Lehrer zuvor monologisch festgelegten Tafelanschrieb führen. Dieser kommt ja nur deshalb als ‚Ergebnis‘ der Stunde heraus, weil der Lehrer, mehr oder weniger bewußt, aus dem Korpus der Schülerbeiträge die herausseligiert und weiterverfolgt, die auf seiner Linie liegen, während die abweichenden Beiträge zwar freundlich entgegengenommen wurden, aber dann doch folgenlos verschwinden“ (1982: 400f.). Die von WIELER untersuchte Stunde (vgl. Kap. „Methoden“) belegt die Triftigkeit dieser Darstellung.

Man täusche sich nicht über die hier geforderte Leistung: Das fast zufällig von einem Schüler Geäußerte („das fiel mir gerade dazu ein“) soll als „Interpretationsansatz“ verstanden werden. Es ist eben doch nur *fast* zufällig geäußert worden! Mündliche Äußerungen so zu verstehen und aufzugreifen, verlangt von den Schülern eine beachtliche Gesprächsdisziplin und vom Lehrer eine große Souveränität. Beides dürfte selten genug sein. Deshalb schlägt auch KREFT vor, die Schüler sich zunächst schriftlich äußern zu lassen: „Auch wenn nur ein Teil dieser schriftlichen Formulierungen vor der ganzen Klasse besprochen werden kann, so können sie doch alle ausgelegt, andere den Banknachbarn oder Mitgliedern von Arbeitsgruppen und vor allem auch dem Lehrer zugänglich sein und von ihm gelesen werden, und es kann darauf geantwortet werden. Es genügt, wenn in *einer* Stunde einige Ansätze diskutiert werden, wenn jeder Schüler weiß, daß auch er in absehbarer Zeit mit seiner Interpretation ‚drankommt' und die Aufmerksamkeit der ganzen Klasse finden wird. Das ist viel mehr wert, als in jeder Stunde ein paar Statements abgeben zu dürfen, auf die der Unterricht nicht wirklich eingeht. (Übrigens ist sogenannte lebhafte Beteiligung – jeder kommt ein- bis zweimal dran pro Stunde – zu großen Teilen Konkurrenz-Verhalten einerseits, Ritus – man gibt sein Statement ab und hat erst mal wieder Ruhe – andererseits, aber kein Aufeinander-Hören. Und wie beides anerzogen ist, so kann auch zum Aufeinander-Hören erzogen werden" [1982:401].)

Die Schwierigkeit dieser „Phase des bornierten Subjekts" (wobei „borniert" ein durchaus relativer Begriff ist!) besteht nicht nur darin, daß die Schüler unterschiedlicher Meinung sind und sich zu unterschiedlichen Punkten äußern, sondern auch darin, daß ihre Äußerungen auf unterschiedlichen Ebenen liegen. Es gibt Fragen und Bemerkungen zu einzelnen Details („komisch, daß der Bär sprechen kann"), es gibt Vergleiche („wie bei ‚Kleider machen Leute'"), es gibt Aussagen zur Textgattung („'ne Fabel") und Globaldeutungen („man soll nicht so gutgläubig sein") und Globalbewertungen („die Geschichte find ich irgendwie lustig"). Solcher Vielfalt begegnet man gern durch vorab festgelegte Fragen; in der von WIELER (vgl. Kap. 5) analysierten Stunde standen die Fragen schon an der Tafel. Bisweilen wird den Schülern auch ein schematisiertes Besprechungsverfahren eingeprägt, so daß das Unterrichtsgespräch scheinbar ohne Lehrereingriffe „in geordneten Bahnen" verläuft (HELMERS: „selbständiges Erarbeiten"). Jede solche Regelung hemmt das, worauf es eigentlich in dieser Phase ankommt: eine möglichst unvoreingenommene Textbegegnung. „Einer der wichtigsten Gründe für das Mißlingen des LU heute dürfte darin liegen, daß man diese erste Hauptphase nicht zur Entfaltung kommen läßt oder daß man sie gar unterdrückt oder überspringt, indem man sofort nach der Darbietung durch ‚Leitfragen' (mit dem Text abgedruckt oder an die Tafel geschrieben) Interpretationsansätze vorschreibt oder aufdrängt usw." (KREFT 1977:381). Die Ordnung, die man mit Hilfe von **Leitfragen** erhält, erspart den Schülern das meistens zeitraubende Finden einer eigenen Ordnung im Sinne der Unterscheidung von Wichtigem und weniger Wichtigem. Durch die Fragen und Eingriffe des Lehrers wird den Schülern der rechte Weg gewiesen und ihnen abgenommen, worauf es gerade ankäme: sich selbst einen Zugang zum Text zu suchen.

Natürlich sind die Schüler nicht „naiv" und völlig unbefangen, wenn sie den Text zum erstenmal lesen oder hören; sie nehmen ihn auf der Folie ihrer Vorkenntnisse auf, und vor allem nehmen sie ihn im Horizont des Literaturunterrichts auf. Die schulische Sozialisation ist nicht aufzuheben; die Textrezeption der Schüler ist keine unmittelbare, nichts Unhintergehbares, sondern sie ist vermittelt durch frühere Erfahrungen im schulischen Umgang mit Literatur. (Dies wird in Konzeptionen, die bei der Schülerrezeption ansetzen, oft übersehen, so daß diese Rezeptionen quasi zum Fetisch werden, statt daß man ihr Gewordensein, ja geradezu ihre Künstlichkeit erkennt.) Dennoch macht es einen erheblichen Unterschied, ob die Schüler einen Text von vornherein durch *„Leitfragen“* oder didaktische Arrangements gesteuert aus einem vorab festgelegten Blickwinkel ansehen sollen oder nicht. Die Angst, daß die Schüler ohne „Leitfragen“ nicht in der Lage wären, ein Interpretationsgespräch zu führen, ist im Prinzip unbegründet; allerdings kann die Gewöhnung an derartige Fragen und starke Lehrerdominanz dazu führen, daß die Schüler sich das eigene Fragen abgewöhnen und sich für das Gespräch nicht verantwortlich fühlen. Ein anderer Grund für derartige Schwierigkeiten liegt bisweilen im Text selbst: Ist er zu anspruchsvoll, verlieren sich die Schüler in Detailfragen und kommen nicht zu globaleren Aussagen. Dasselbe kann bei Unterforderung geschehen: Den Schülern ist der Gesamtsinn des Textes sehr schnell klar, und so konzentriert sich die Diskussion (die ja nun mal sein muß) auf irgendein belangloses Detail.

Eine höchst problematische Möglichkeit, der Vielfalt von in der ersten Phase geäußerten Einfällen, Fragen und Assoziationen Herr zu werden, stellt die ***„Inhaltssicherung“*** dar. Man würde sie eher in der zweiten Phase erwarten (wo sie ebenfalls nicht unproblematisch ist), man begegnet ihr aber häufig schon in der ersten, also unmittelbar nach der Textdarbietung, was bedeutet, daß die Kontaktnahme mit dem Text als Vergewisserung über den „Inhalt“ geschieht. FROMMER (1988:59f.) erläutert die Problematik: „Praktisch sieht das so aus, daß die Frage ‚Was passiert da?‘ zu einer nicht endenwollenden Fragereihe entfaltet wird. ‚Was tut X?‘ wird da gefragt, und dann: ‚Wo tut er es? Wann tut er es? Warum tut er es? Und wie reagiert Y?‘ Ich erlebe es erstaunlich oft, daß ganze Stunden oder beträchtliche Teile von ihnen mit Fragen dieser Art bestritten werden, bis hin zu der Frage: ‚Was steht auf Seite 13 oben?‘ [...] In aller Regel sind die Schüler mit Fragen dieser Art unterfordert. Oder sie sind überfordert – dann nämlich, wenn sie den Text nicht gelesen haben. Dazu kommt der aufzählende Charakter dieses ‚Unterrichtsgesprächs‘. Auf die Frage ‚Was noch?‘ folgt die Frage ‚Was dann?‘ und dann wieder ‚Was noch?‘ Auf jede Frage gibt es die eine richtige, am Text überprüfbare Antwort – da gibt es keine echten Alternativen, keine Entscheidungen sind zu treffen, kein Funke springt über. [...] Erst soll sich das Textverständnis der Schüler mit dem literarischen Werk ‚decken‘, dann erst haben sie das Recht erlangt, sich zum Text zu äußern.“ Wenn das stimmt, „so ist es unvermeidlich, daß wir den Schülern in einem Augenblick, der für ihre Motivation höchst empfindlich ist, eine Phase der Langeweile zumuten müssen“. Wendet sich FROMMER an dieser Stelle aus Gründen der Motivation gegen die „Inhaltssicherung“ als ersten Schritt, so greift er sie wenig später grundsätzlicher an: „Die gemeinsame Festlegung eines Textinhalts in der Klasse führt, ob der Lehrer das will oder nicht, der Tendenz nach zur Einebnung der individuellen Unterschiede in der Textwahrnehmung“ (61). D.h., man kann nicht die Inhaltssicherung von der Interpretation säuberlich trennen, also zunächst den Inhalt rekonstruieren, danach dann den Text interpretieren. Unweigerlich wirkt sich die Inhaltsfestlegung auf die Interpretation aus (vgl. die Ausführungen zur **„Inhaltsangabe"** in Bd. 2). Ist der Inhalt einheitlich festgelegt, so ist die Chance vertan, daß unterschiedliche Deutungsansätze in der Klasse aufeinanderstoßen und die Rückfrage an den Text nötig machen. Die Verführung, bei offensichtlichen Mißverständnissen (vermeintlich „ungenauem Lesen") einzugreifen und „erstmal" den Inhalt zu klären, ist natürlich groß. Nicht selten verbergen sich aber hinter den Mißverständnissen und Unverständnissen bestimmte Vorstellungen, die das Gesamtbild des Textes betreffen. Durch eine vorschnelle Richtigstellung wird dieses Bild vom Schüler verworfen, und damit verliert er seinen Zugang zum Text. So wurde z.B. von Schülern, nachdem ihnen BORCHERTS Kurzgeschichte ***„Nachts schlafen die Ratten doch"*** vorgelesen worden war, diskutiert, ob die Geschichte noch im Krieg spielt, ob der kleine Bruder tot sei, ob Jürgen von den Eltern geschickt worden sei, um auf den möglicherweise noch lebendigen Bruder aufzupassen – lauter Fragen, die der Text nicht offen läßt, die aber vielleicht wegen der Rezeption übers Ohr für den einen oder anderen Schüler nicht klar waren. Wenn nun der Lehrer sofort zum Text greift und die entsprechenden Stellen nochmal vorliest, „erschlägt" er gewissermaßen den unsicheren Verstehensversuch mit dem Text und demonstriert überdies seine Lehrerautorität. Solche Fragen können die Schüler untereinander klären; wenn sie nicht weiterkommen, wenden sie sich von selbst an den Lehrer und bitten um nochmaliges Vorlesen.

Die Angst, daß die Schüler ohne vorweggenommene „Inhaltssicherung" den Text aus den Augen verlören, ist in den meisten Fällen nicht begründet. Wenn ein Interpretationsgespräch überhaupt in Gang kommt, verwenden sie im allgemeinen von selbst Textstellen als Beleg für ihre Meinung. Dasselbe gilt für die Gewohnheit, nach der Textdarbietung erst einmal „Sachfragen" oder „unverstandene Wörter" zu klären: Man greift damit in den empfindlichen Prozeß der ersten Textbegegnung ein, stört die Fühlungnahme und erweckt den Eindruck, als könne man den Text gewissermaßen mit dem Brecheisen Stück für Stück öffnen. Sogar die gutgemeinte Frage „Habt ihr irgendwas nicht verstanden?" richtet in dieser Phase mehr Schaden an, als sie Nutzen bringt. Sie verleitet die Schüler zur Zerstückelung des Textes. Wichtiger ist, daß sie sich eine Gesamtvorstellung bilden und das für sie Zentrale äußern; Mißverstandenes und Unverstandenes wird im Laufe des Gesprächs geklärt, falls es relevant ist. Im übrigen erzieht man die Schüler zu einer falschen Lesehaltung, wenn man sie daran gewöhnt, jedes Wort einzeln verstehen zu wollen und sich nicht die Bedeutungen aus dem Zusammenhang zu erschließen.

6.3 Die zweite Phase: Rückfrage an den Text

Vom Gelingen der ersten Phase hängt die Funktion der zweiten Phase ab. Nur wenn die Schüler in der ersten Phase in Kontakt mit dem Text gekommen sind und ein Problem exponiert oder widersprüchliche Deutungen begonnen haben, ergibt sich unmittelbar die Notwendigkeit eines Rückgangs auf den Text. Mittelbar kann dieser Anstoß auch vom Lehrer kommen, indem er den möglicherweise vorhandenen Konsens der Schüler in Frage stellt, z. B. durch Konfrontation mit einer anderen Deutung – bisweilen reicht auch die schlichte Frage „Ist das sicher?“. Dient die erste Phase der Problemstellung, so dient die zweite der Problemlösung. Vermieden werden muß ein „Analyseritual“, also die Textuntersuchung als Selbstzweck, und gerade dieses Ritual prägt den LU weithin. (So beansprucht z. B. die vom Lehrer massiv gesteuerte „Texterarbeitung“ in der von WIELER untersuchten Stunde zwei Drittel der Zeit; vgl. auch Beispiel 1 in Kap. 2.) Aus Sorge, die Schüler würden nicht genug lernen und in Prüfungen versagen, werden Texte breitgetreten und Fragen beantwortet, die die Schüler nicht gestellt haben und deren Relevanz sie nicht einsehen. Bisweilen sind die Texte nur noch Material, an dem Textanalysefähigkeiten geschult werden, Fähigkeiten, zu deren Anwendung man vor lauter Schulung nicht mehr kommt. In den Augen der Schüler ist dann LU ein Unterricht, in dem man lernt, wie man ordentlich Texte erschließt, ohne daß dies für sie irgendeine Bedeutung hätte. Das „ordentliche“ (schulmäßige) Vorgehen unterscheidet sich deutlich vom interessegeleiteten. Während sich das Interesse z. B. bei Erzählungen unmittelbar auf das Motiv einer Hauptfigur richtet (bei dem erwähnten BORCHERT-Text etwa „Warum bleibt Jürgen in der Ruine?“) und das Handeln spontan beurteilt wird, wobei die eigene Lebenserfahrung den Maßstab bildet, geht die schulmäßige Analyse schematisch schrittweise vor: Erst werden die Figuren charakterisiert, dann wird ihr Handeln rekonstruiert, dann wird nach den Motiven gefragt, und schließlich wird das Handeln beurteilt. Schematisch-systematisches Vorgehen soll die Schüler in die Lage versetzen, auch dann nicht vor einem Text zu kapitulieren, wenn sie keinen individuellen Zugang finden – ein im Hinblick auf Prüfungssituationen nicht unbilliges Ziel, nur läßt es sich augenscheinlich nicht mit dem Ziel der Verständigung über einen Text vereinbaren.

Im Idealfall haben die Schüler in der ersten Phase Fragen gestellt und unterschiedliche Deutungsansätze entwickelt, die einen Rückgang auf den Text erforderlich machen, so daß der Unterricht von ihnen gesteuert wird und es keiner „Leitfragen“ von seiten des Lehrers bedarf. Ein besseres Textverständnis bildet sich, indem der „hermeneutische Zirkel“ mehrfach durchlaufen wird: „Vorverständnis – Rückkehr zum Text, Erfahrung der Diskrepanz – Ausbildung eines (korrigierten) Verständnisses – erneute Hinwendung zum Text usw.“ (KREFT 1977:385). Das bedeutet, daß erste und zweite Phase nicht klar zu trennen sind, vor allem nicht im Klassengespräch; denn während einige Schüler sich noch um einen ersten Zugang zum Text bemühen, sind andere schon mit der Auseinandersetzung über ihre Deutungen beschäftigt und greifen auf den Text als Beleg zurück. – Selbstverständlich kommen in dieser Phase alle möglichen Beobachtungen zur Textform und zur sprachlich-poetischen Gestaltung zum Zuge, freilich immer unter der Frage nach ihrer Relevanz: Was bedeutet das? Was folgt daraus? Ist das wirklich wichtig?

KREFT weist darauf hin, daß sich in dieser Phase der Unterricht nicht nur dem Text zuwendet, sondern auch über ihn hinausgeht: „Z. B. um ideologische Mißverständnisse zu korrigieren oder um den ideologischen Charakter des Textes und damit den Text selbst verstehen zu können, müssen u. U. schon in dieser Phase textüberschreitende Methoden angewandt und auf andere Texte (sekundäre Texte) zurückgegriffen werden“ (385). Die durch die erste Phase motivierte intensive Beschäftigung mit dem Text ist also nicht zu verwechseln mit einer „werkimmanenten“ Interpretation oder „strukturalen“ Analyse; vielmehr können sämtliche literaturwissenschaftlichen Verfahren angewandt werden, um den Textsinn zu klären, und es dient eben auch dieser Klärung, wenn die „Moral“ des Textes durch Ideologiekritik in Frage gestellt wird.

1. Beispiel: Die Geschichte ***„Gerechtigkeit“*** von Werner Bergengruen endet mit der Resignation des Herzogs: Da Menschen nie Gerechtigkeit üben können, müssen sie das Gott überlassen: „Der Herzog legte sich die Hand über die Augen. Nach einer Weile ließ er sie wieder sinken, winkte dem Bauern und dem Weibe, sie möchten ihrer Wege gehen, und sagte: ‚Ich habe gerecht sein wollen, und es ist nichts daraus geschehen als Ungerechtigkeit. Von nun an will ich der Ungerechtigkeit ihren Lauf lassen, vielleicht macht Gott Gerechtigkeit daraus.‘“ [Die Geschichte ist z. B. in „Lesen, Darstellen, Begreifen“ A 7, S. 8f. enthalten.] Hier würde schon die Konfrontation mit dem Originalbericht in „Korn’s ungedruckter Chronik von Zelle“, der diesen Ausgang nicht kennt und deswegen auch diese Moral nicht enthält, genügen, um „Ideologiekritik“ in Gang zu setzen. Bezeichnenderweise macht das Schulbuch keinen Versuch in dieser Richtung, sondern fordert die Schüler (Siebtkläßler!) einerseits zur eigenen Stellungnahme zu dieser resignativen Moral auf: „Was würdest du jemandem entgegnen, der diese Moral vertritt?“, andererseits begnügt es sich mit „immanenter“ Analyse: „Wir untersuchen, wie Bergengruen seine Erzählung aufgebaut hat.“ Kritik dient in dieser Phase noch nicht der Überwindung des Textes und der Lösung von ihm, sondern sie hat ein besseres Textverständnis zum Ziel.

2. Beispiel: Bei der Behandlung von Jakob Wassermanns Erzählung ***„Das Gold von Caxamalca“*** wird das in der ersten Phase geäußerte und in genauer Textarbeit in der zweiten Phase gewonnene Verständnis in Frage gestellt, indem den Schülern die historische Vorlage des Textes vorgelegt wird (vgl. Stückrath 1992) – ein Verfahren, das in vielen vergleichbaren Fällen möglich und ergiebig ist.

Nicht immer ist es möglich und sinnvoll, in der zweiten Phase mit Stellungnahmen aus der Klasse selbst zu arbeiten. Betroffenheit kann die nüchterne „Rückfrage an den Text“ erschweren, und allzu leicht wird aus einer sachlichen Auseinandersetzung eine persönliche. Frommer (1988:67) schlägt für diesen Fall vor, mit fremden Schüleräußerungen zu arbeiten (m. E. können es auch auf Grund der authentischen Schüleräußerungen entworfene fiktive sein), „gleichsam stellvertretend. Jeder Schüler kann seine Schlüsse ziehen und wird zur Selbstreflexion angeregt, aber seine Privatsphäre bleibt unangetastet“. Allerdings muß man achtgeben, daß dabei die Textbesprechung nicht zur Spiegelfechterei wird, bei der nichts mehr auf dem Spiel steht: Man kann trefflich über die Angemessenheit von Textdeutungen Dritter streiten, wenn sie einen nichts angehen.

6.4 Die dritte Phase: Aneignung

Die dritte Phase ist die eigentliche „Lernphase". Hier werden nämlich die in der Auseinandersetzung mit dem Text und mit anderen Deutungen gewonnenen Erkenntnisse und Erfahrungen verallgemeinert und in die geistige Struktur des Subjekts integriert, und das bedeutet, daß diese Struktur mehr oder weniger verändert wird. Dies ist schon dann der Fall, wenn relativ bescheidene Einsichten gewonnen, aber dadurch Denkschemata verändert wurden („ein Gedicht muß nicht immer festes Versmaß und Reime haben", „die Vieldeutigkeit mancher literarischer Texte läßt sich durch Kenntnis anderer Texte des Autors reduzieren", „in poetischen Texten muß man damit rechnen, daß die Elemente sich nicht nur auf Äußeres beziehen, sondern auch aufeinander verweisen").

KREFT nennt wesentlich tiefergreifende Lernergebnisse: „Die Infragestellung der eigenen Existenz, in welche die Fragestellung an den Text im gelingenden Fall umschlägt, soll zu neuen Einsichten, Einstellungen, Wahrnehmungs- und Denkweisen, Selbstinterpretationen führen" (385). Dies ist natürlich weder zu erzwingen, noch ist es kontrollierbar. Aber der Unterricht kann Anregungen geben, um diese heikle, aber unabdingbare Rückwendung auf sich selbst vorzunehmen. Neben freien Formen (Essay, eigene literarische Texte, z. B.: „Erzählt, wie Jürgen ein paar Tage später seinen Lehrer wiedertrifft" oder: „Setzt die Geschichte fort, indem ihr wiedergebt, was der Mann am Abend seiner Frau erzählt", FROMMER 1988:89) ist auch an reflexive Stellungnahmen zu denken: Die Schüler nehmen individuell zu ihrer eigenen, schriftlich formulierten Erstrezeption Stellung. (Obwohl es danach aussieht, ist dies keine „Lernkontrolle" im üblichen schulischen Sinne; würde es dafür verwendet, würde die Reflexion korrumpiert, da die Schüler der Zensur wegen verleitet würden, eindrucksvolle Lernfortschritte vorzutäuschen. Wohl aber ist es eine Selbstkontrolle des eigenen Lernfortschritts.) Wie weit und tief die neuen Einsichten reichen, hängt zum einen vom Text ab, zum anderen von der Intensität, mit der die Schüler sich ihm in der ersten und zweiten Phase ausgesetzt haben. Moralische „Schemata", die z. B. der erwähnte BORCHERT-Text in Frage stellen könnte, wären: „Du sollst nicht lügen" (der Mann gebraucht hier eine „therapeutische" Lüge); „du sollst dich um deinen Bruder kümmern" (der Junge setzt damit sein eigenes Leben aufs Spiel), „man muß mit seinen Schwierigkeiten allein fertig werden" (der Mann lockt den Jungen aus der Reserve) u. ä.

6.5 Die vierte Phase: Applikation

In dieser Phase wird das, was bisher nur im Kopf passiert ist, praktisch: Die Lernergebnisse haben Konsequenzen im Handeln. Erst damit kommt der LU ans Ziel. Hier entscheidet sich, ob es sich bei der Interpretation um ein intellektuelles Sandkastenspiel (oder im Fall der gestalterischen Interpretation um bloßen Aktionismus) gehandelt oder ob sich die Beschäftigung mit dem Text gelohnt hat. Die Konsequenzen können zum einen den weiteren Unterricht betreffen, indem etwa über die nächste Lektüre entschieden wird oder die Unterrichtsergebnisse der Öffentlichkeit vorgestellt werden (z. B. in Form einer Ausstellung, bei Dramen in Form einer Aufführung). Weitere Formen der unterrichtlichen „Applikation" sind eigene Schülerproduktionen, die sich formal oder inhaltlich an den Text anlehnen (hier gibt es Verbindungen zwischen der dritten und vierten Phase). – „Zur vierten Hauptphase gehört aber auch, daß der Text nun betont auf die geschichtlich-gesellschaftlichen Zusammenhänge seiner Produktion und seiner Rezeption – der Rezeption durch die Klasse, aber auch der Rezeptionsgeschichte – hin überschritten, mit anderen Texten konfrontiert wird usw." (Kreft 1977:386).

Es gibt aber auch eine andere, den Unterricht und die Schule überschreitende „Applikation": Die Texte werden angewendet auf historische Situationen oder aktuelle Erfahrungen, um diese zu verstehen. Darin gewinnt Literatur ihre lebenspraktische Bedeutung. Diese „Anwendung" ist im allgemeinen unserer Beobachtung entzogen, weil sie sich außerhalb der Schule ereignet, bisweilen auch erst viel später. Daß dieses Praktischwerden nicht etwas ist, das zum Verstehen noch dazukommt, sondern daß es selbst ein Moment des Verstehens ist, daß ein Text also erst verstanden ist, wenn seine praktische Bedeutung erkannt ist, hat Gadamer (1965:290ff.) mit dem Hinweis auf den Verstehensbegriff der Theologen und Juristen in Erinnerung gerufen:

> „Die innere Verschmelzung von Verstehen und Auslegen führte aber dazu, daß das dritte Moment am hermeneutischen Problem, die *Applikation*, ganz aus dem Zusammenhang der Hermeneutik herausgedrängt wurde. Die erbauliche Anwendung, die etwa der Heiligen Schrift in der christlichen Verkündigung und Predigt zuteil wird, schien etwas ganz anderes als das historische und theologische Verständnis derselben. [...] Denn wir meinen [...], daß Anwendung ein ebenso integrierender Bestandteil des hermeneutischen Vorgangs ist wie Verstehen und Auslegen. [...] Die enge Zusammengehörigkeit, die ursprünglich die *philologische* Hermeneutik mit der *juristischen* und *theologischen* verband, beruhte aber auf der Anerkennung der Applikation als eines integrierenden Momentes allen Verstehens. Sowohl für die juristische Hermeneutik wie für die theologische Hermeneutik ist ja die Spannung konstitutiv, die zwischen dem gesetzten Text – des Gesetzes oder der Verkündigung – auf der einen Seite und auf der anderen Seite dem Sinn besteht, den seine Anwendung im konkreten Augenblick der Auslegung erlangt, sei es im Urteil, sei es in der Predigt. Ein Gesetz will nicht historisch verstanden werden, sondern soll sich in seiner Rechtsgeltung durch die Auslegung konkretisieren. Ebenso will ein religiöser Verkündigungstext nicht als bloß historisches Dokument aufgefaßt werden, sondern er soll so verstanden werden, daß er seine Heilswirkung ausübt. Das schließt in beiden Fällen ein, daß der Text, ob Gesetz oder Heilsbotschaft, wenn er angemessen verstanden werden soll, d. h. dem Anspruch, den der Text erhebt, entsprechend, in jedem Augenblick, d. h. in jeder konkreten Situation, neu und anders verstanden werden muß. Verstehen ist hier immer schon Anwenden."

Gadamer wendet sich hier gegen den Historismus, und im Hinblick auf philologisches Verstehen wendet er sich gegen Szientismus: Man könne nicht erst wissenschaftlich verstehen und danach „normativ", d.h. praktisch, anwenden. Verstehen heißt Zur-Wirkung-kommen-Lassen. Um die Art des Verstehens und Wissens, um die es in den Geisteswissenschaften geht, näher zu erläutern, greift G. auf den Aristotelischen Phronesis-Begriff zurück: Phronesis als das sittliche Wissen steht Episteme als theoretischem Wissen (d. i. vor allem mathematischem Wissen) gegenüber. „Solcher ‚theoretischen' Wissenschaft gegenüber gehören die Geisteswissenschaften vielmehr mit dem sittlichen Wissen eng zusammen. Sie sind ‚moralische Wissenschaften'. Ihr Gegenstand ist der Mensch und was er von sich weiß. Er weiß sich aber als ein Handelnder, und das Wissen, das er dergestalt von sich hat, will nicht feststellen, was ist. Der Handelnde hat es vielmehr mit solchem zu tun, das nicht immer so ist, wie es ist, sondern das auch anders sein kann. In ihm entdeckt er, wo er handelnd einzugreifen hat. Sein Wissen soll sein Tun leiten." Geisteswissenschaften haben es mit „praktischen" Fragen zu tun, also mit Fragen, die menschliches Handeln, zumal in Gesellschaft und Politik, betreffen: Dies gilt es angesichts der verbreiteten Forderung nach „wissenschaftlich orientiertem" oder „wissenschaftspropädeutischem" Unterricht in Erinnerung zu rufen. Für den LU bedeutet das: Nicht nur von seinem Gegenstand Literatur her, sondern auch von seiner Bezugsdisziplin Literaturwissenschaft her ist er bezogen auf menschliche Lebenspraxis. Erst wenn die Literatur auf praktische Fragen antwortet, ist sie verstanden.

Hiergegen melden sich zwei Einwände. Erstens ist an die Trennung von Kunst und Leben zu erinnern, die sich durch die Emanzipation der Kunst aus religiösen und politischen Bindungen seit dem 18. Jh. ergeben hat. Seitdem steht nicht nur ihre gesellschaftliche, sondern überhaupt ihre lebenspraktische Relevanz in Frage. Bezeichnend dafür sind die Versuche, Kunst als „selbstreferentielles System" zu verstehen, bezeichnend ist aber auch die Ratlosigkeit, die Pädagogen äußern: „Wozu Literatur in der Schule?" Wozu Literatur verstehen, wenn sie nichts zum Verstehen des Menschen beiträgt? Sind Menschen, die sich auf der Bühne wiedererkennen, tatsächlich naiv? – Der zweite Einwand betrifft die Kritiklosigkeit, mit der der Literatur offenbar begegnet wird, wenn man sie „appliziert": Die Dichtung deutet das Leben, aber umgekehrt kann das Leben offenbar nicht gegen die Dichtung ins Feld geführt werden. Für G. enthalten die Texte einen „überlegenen Anspruch". In Frage steht damit die Möglichkeit von Ideologiekritik. Die Diskussion über „Hermeneutik und Ideologiekritik" (Apel u.a. 1971) hat hinreichend deutlich gemacht, daß der Interpret nicht nur ins Überlieferungsgeschehen einrückt, sondern mit Hilfe empirisch-analytischer Methoden auch der Überlieferung gegenüber einen kritischen Standpunkt einnehmen kann:

> „Aus diesen Überlegungen ergibt sich, wie mir scheint, die methodologische Forderung einer dialektischen Vermittlung der sozialwissenschaftlichen ‚Erklärung' und des historisch-hermeneutischen ‚Verstehens' der Sinntraditionen unter dem regulativen Prinzip einer ‚Aufhebung' der vernunftlosen Momente unseres geschichtlichen Daseins. Die sozialwissenschaftlichen ‚Erklärungen' wären hier so zu begründen

(und zu veröffentlichen!), daß sie nicht den Wissenden Macht über die Unwissenden geben, sondern eine Herausforderung an alle darstellen, durch Selbstbesinnung kausal erklärbare Verhaltensweisen in verstehbares Handeln zu transformieren. Der ‚terminus technicus' dieser dialektischen Vermittlung von ‚Verstehen' und ‚Erklären' lautet ‚Ideologiekritik'" (Apel 1971:44).

Damit ist das Korrektiv benannt, das einen blinden Glauben an die poetische Wahrheit und eine naive „Anwendung" der in ihr geleisteten Deutungen verhindert. Zugleich wird damit sichtbar, wie unauflöslich der Zusammenhang der vier Phasen ist: Ohne die zweite Phase würde weder erkannt, was ein Text tatsächlich sagt, noch würde er reflektiert und kritisiert. Unkritisch oder gar nicht verstandene Texte sollten nun freilich nicht zur Deutung von Lebenssituationen herangezogen werden.

6.6 Zur Verwendung des Vier-Phasen-Schemas

Gewöhnlich wird das Schema der vier Phasen auf die *Behandlung eines einzigen Textes* angewandt: In der ersten Phase wird er präsentiert und mehr oder weniger naiv vom einzelnen Schüler rezipiert, in der zweiten Phase wird er gemeinsam gründlich erarbeitet, in der dritten Phase wird das neue Verständnis mit dem alten vermittelt, und in der vierten Phase werden Konsequenzen aus dem neuen Verständnis gezogen. Das Schema ist aber auch anwendbar auf größere Unterrichtszusammenhänge. Will man etwa in der Sek. II *eine Epoche* wie die Romantik behandeln, so ergibt die Anwendung des Schemas folgende Phasen: In der ersten Phase äußern die Schüler ihr Vorverständnis: Was verbinden wir mit den Begriffen „romantisch", „Romantik"? (Sinnvollerweise konfrontiert man dies mit anderen Epochenbegriffen wie „Aufklärung/aufklärend", „Klassik/klassisch"). In der zweiten Phase erarbeiten sich die Schüler ein Verständnis der Epoche, indem sie poetische und philosophische Texte aus der Epoche lesen, sich (etwa in literarischen Rollenspielen) in die Epoche hineinversetzen, sich Kenntnisse über die politischen, wirtschaftlichen und wissenschaftlich-technischen Zusammenhänge verschaffen usw. In der dritten Phase konfrontieren die Schüler ihre neuen Kenntnisse und Einsichten mit ihrem Vorverständnis: Was wissen wir zusätzlich? Welche Kenntnisse und Urteile haben sich verändert? In der vierten Phase wird überlegt, welche Interessen und Bedürfnisse die Beschäftigung mit dieser Epoche geweckt hat: Was wollen wir als nächstes behandeln, oder was wollen wir praktisch ausführen? Die Antwort auf diese Fragen kann also entweder die Entscheidung über das nächste Unterrichtsthema sein (z. B. Beschäftigung mit einer anderen Epoche oder Vertiefung einer Fragestellung, etwa nach der Rolle von Autorinnen in der Geschichte der Literatur) oder die Entscheidung über ein praktisches Projekt, beispielsweise eine Ausstellung oder eine Aufführung.

Für die *Gestaltung von Lesebüchern* ergibt sich aus dem Vier-Phasen-Schema, daß die erste Phase nicht durch Fragen, die unmittelbar im Anschluß an die Lektüre gestellt werden, „abgewürgt" werden darf. Im Idealfall stellen die Schüler alle wesentlichen Fragen; im weniger idealen Fall kann das Buch durch Fragen, Aufgaben und Material zu einer intensiveren Lektüre anregen (zweite Phase), doch sollten diese Fragen und Aufgaben eher im Lehrerhandbuch oder in einem Anhang des Schülerbandes stehen als unmittelbar unter den Texten.

Unsinnig wäre es, den einzelnen Phasen bestimmte **Methoden** oder Arbeitsweisen zuzuordnen. Das sinnbetonende Vorlesen oder die szenische Darstellung etwa kann ebensogut in einer ersten Phase geschehen, wo Leser intuitiv verschiedene Intonationen, Akzente, Gesten ausprobieren, wie in einer zweiten Phase, wo um die richtige Ausdrucks- und Darstellungsweise gestritten wird, wie auch in der dritten oder vierten Phase, wenn es etwa um einen öffentlichen Vortrag oder eine Aufführung geht. Ebenso kann eine Inhaltszusammenfassung, eine Textparaphrase oder -gliederung jederzeit sinnvoll und jederzeit sinnlos sein. Und selbst das Verfassen eines Antworttextes kann in verschiedenen Phasen geschehen und jeweils unterschiedliche Funktion haben: Als spontane Reaktion, als genaue Replik, als persönliches Ergebnis der Auseinandersetzung mit dem Text oder als Beitrag für die Schülerzeitung. Auch eine Zuordnung analytischer vs. produktiver Verfahren zu den einzelnen Phasen ist unangemessen; denn es geht immer darum, sich etwas (konstruktiv) vorzustellen und es (analytisch) einerseits auf seine Bedeutung, andererseits auf seine Textangemessenheit zu befragen. Soweit die einzelnen Momente des Lese- und Lernprozesses überhaupt Phasen darstellen, handelt es sich um solche *innerhalb* des Produzierens bzw. Analysierens: jeweils von einem naiveren Standpunkt zu einem verständigeren und kritischeren. Denn weder das Analysieren/Besprechen noch das Produzieren/Hantieren schützt eo ipso vor Borniertheit.

7 Die schriftliche Interpretation

Das Problem des Verstehens von Literatur betrifft das Zentrum des LU: Interpretiert wird nicht nur bei der Unterrichtsvorbereitung und im Unterrichtsgespräch, sondern vor allem auch in schriftlichen Arbeiten. Darüber hinaus ist mindestens in der Sek. II das Interpretieren auch Thema im Unterricht. Wie legitim und sinnvoll ist das Interpretieren? Wie kann man Schülern beim schriftlichen Interpretieren helfen? Welche Probleme ergeben sich, wenn die I. als Klausuraufgabe gestellt wird?

7.1 Begriff

Die **Interpretation** ist die schriftliche Ausarbeitung des Verständnisses eines poetischen Textes. Im schulischen Bereich wird dafür häufig auch der Ausdruck **„Analyse"** gebraucht (z. B. in den „Einheitlichen Prüfungsanforderungen in der Abiturprüfung" von 1979), der aber bisweilen auch auf die Behandlung von Sachtexten beschränkt wird. Während „Analyse" das Vorgehen in die Nähe der erklärenden empirischen Wissenschaften rückt, weist der Ausdruck „I." auf die verstehenden hermeneutischen Wissenschaften hin: Der Analysator ist der Wissenschaftler, der das Zusammenwirken einzelner Teile, Schichten und Aspekte des Textes aufzeigt und ihr Funktionieren erklärt, der Interpret ist der Dolmetscher, der die unverständliche Sprache des Textes in die verständliche des Lesers übersetzt. Gewöhnlich werden in der Schule beide Leistungen erwartet, egal welcher Begriff gebraucht wird. – Ein weiterer konkurrierender Begriff ist **„Deutung"**. Er akzentuiert die Sinnkomponente und verlangt vom Schüler, aus dem Text Schlüsse zu ziehen auf das „Gemeinte", das hinter dem Text steht. Weber (1984) nennt dies *„Allegorese"* und zeigt an Beispielen der Rezeption Kafkascher Texte, daß schulisches Interpretieren offenbar generell dazu tendiert, solche Texte vorrangig allegorisch auszulegen, wobei die Leser häufig ohne Erkennntnisgewinn auf schon vorhandene Sinn-Schemata zurückgreifen. Die in Kap. 2 vorgestellten Unterrichtsstunden zu ***„Der Bär auf dem Försterball"*** bestätigen Webers Beobachtung; wahrscheinlich neigt der LU insgesamt zu einem allegorischen, mindestens aber symbolischen Verständnis poetischer Literatur.

7.2 Sachliche Problematik

In mündlicher Alltagskommunikation rechnen wir immer mit Mißverständnissen, sei es semantischer Art (weil die Partner die Wörter nicht mit gleicher Bedeutung gebrauchen), sei es pragmatischer Art (weil die Partner den Äußerungen nicht denselben Handlungssinn unterlegen). Es ist uns selbstverständlich, daß das Mißverstehen die Kehrseite des Verstehens ist. Wegen des Unterschieds von Semantik und Pragmatik können wir sogar von „Halbverstehen“ sprechen, wenn wir zwar die Wörter und Sätze verstanden haben, aber nicht das, was der Sprecher mit seiner Äußerung erreichen wollte.

Beim Verstehen von Geschriebenem akzeptieren wir all dies offenbar nur im Bereich der rhetorischen Texte, bei denen ja ein Autor einen bestimmten Zweck, eine bestimmte Wirkung erreichen will: Ein Computerhandbuch kann man verstehen oder auch nicht, und einen Vertragstext kann man leicht mißverstehen, weil man die Konsequenzen bestimmter Formulierungen nicht überblickt.

Grundsätzlich in Frage gestellt wird die Rede vom Verstehen und Mißverstehen dagegen, wenn es um poetische Texte geht: Schon worauf diese sich beziehen (= semantischer Aspekt), bleibt häufig offen, und welche pragmatische Bedeutung eine Dichtung hat, scheint sich jeder Leser ausdenken zu können. Aber stimmt das? Gilt das für alle poetische Literatur oder nur für bestimmte? Ist jedes Verständnis legitim, oder gibt es auch bei poetischen Texten Mißverständnisse, die aufgeklärt werden können? Die im folgenden vorgetragene Argumentation geht davon aus, daß auch poetische Texte Bestandteil von Kommunikation sind: Ein Autor äußert sich, und ein Leser versteht diese (mehr oder weniger indirekte) Äußerung – oder er versteht sie nicht, er versteht sie halb, er versteht sie falsch. Woran bemißt sich das?

Während uns in der Alltagskommunikation als letzte Möglichkeit die Rückfrage bleibt, also Metakommunikation, ist uns diese Möglichkeit beim Verstehen von schriftlichen poetischen Texten verwehrt. An die Stelle der Rückfrage tritt die Kommunikation der Leser, vor allem wenn sie dem Text unterschiedliche Bedeutungen verleihen. Dabei ist eine fundamentale Unterscheidung zu machen: die zwischen *richtigem* und (persönlich) *bedeutsamem* Verständnis. Wir können einen Text so verstehen, wie er auf Grund unserer Kenntnis anderer Texte des Autors, seiner Schreibweise, seiner Einstellung zur politischen Wirklichkeit, seiner Selbstaussagen, der Zeitumstände usw. gemeint ist, also durchaus „richtig“ – aber der Text läßt uns womöglich kalt, betrifft uns nicht, „sagt“ uns nichts; strenggenommen verstehen wir ihn nicht. Wir können ihn andererseits „produktiv mißverstehen“, d. h., ihn zwar nicht im Sinne des Autors verstehen, aber ihm eine Bedeutung verleihen, die ihn für uns wichtig macht. Natürlich kann auch beides zusammentreffen: Wir verstehen den Text richtig, und er ist zugleich für uns bedeutsam.

Ein instruktives Beispiel für das Verhältnis von Autorintention und Leserinterpretation gibt HUCHELS ***„Winterpsalm“***, ein Gedicht, das durch seine Widmung („Für Hans Mayer“) deutlich eine kommunikative Beziehung aufnimmt:

Da ich ging bei träger Kälte des Himmels
Und ging hinab die Straße zum Fluß,
Sah ich die Mulde im Schnee,
Wo nachts der Wind
Mit flacher Schulter gelegen.

Seine gebrechliche Stimme,
In den erstarrten Ästen oben,
stieß sich am Trugbild weißer Luft:
„Alles Verscharrte blickt mich an,
Soll ich es heben aus dem Staub

Und zeigen dem Richter? Ich schweige.
Ich will nicht Zeuge sein."
Sein Flüstern erlosch,
Von keiner Flamme genährt.

Wohin du stürzt, o Seele,
Nicht weiß es die Nacht. Denn da ist nichts
Als vieler Wesen stumme Angst.
Der Zeuge tritt hervor. Es ist das Licht.

Ich stand auf der Brücke,
Allein vor der trägen Kälte des Himmels.
Atmet noch schwach,
Durch die Kehle des Schilfrohrs,
Der vereiste Fluß?

Ein schwieriger Text? Ein unklarer Text? Ein vieldeutiger Text? Ein Text, bei dem jeder eine andere Interpretation hat und haben darf?

Hilde Domin hat für ihren Band „Doppelinterpretationen" (1969) den Autor um eine Interpretation gebeten. Seine Antwort:

„Auch dieser Text will für sich selber stehen und sich nach Möglichkeit behaupten gegen seine Interpreten, gegen etwaige Spekulationen, Erhellungen und Biographismen, womit dem Interpreten keineswegs das Recht abgesprochen sei, mit legitimen Mitteln den Text zu deuten und dessen einzelne Schichten aufzudecken. Dem Autor indes ist es nahezu verwehrt, den gewonnenen Sprachraum auf jene Distanz zu verlassen, die für eine Selbstinterpretation Voraussetzung wäre. Bei diesem Versuch liefe er Gefahr, die vorliegenden Metaphern gegen neue auszutauschen. Auch gäbe es kein sicheres Zurück in den Beginn, Wortklänge, Bildvisionen, auf kein Thema hin geordnet (träge Kälte des Himmels, Mulde im Schnee, Wind mit flacher Schulter gelegen, Kehle des Schilfrohrs), das war alles – ein paar Eisenspäne gewissermaßen, noch außerhalb des magnetischen Feldes. Im späteren Prozeß das Bild als Gleichnis. Und wenn sich dort am äußersten Rand Erfahrung mitteilt, so ist das durch die Situation bedingt und kein Verschlüsseln aus Manier. Hier ist dem Autor wiederum die Analyse verwehrt. Überdies glaubt er, daß es keine Schwierigkeiten bietet, in den Sinn des Textes einzudringen. Die Sprache ist einfach, nichts wird verdunkelt. Trägt das Bild einen Gedanken oder schlägt der Gedanke in ein Bild um, die Metapher bleibt klar. Der Text ist ein Monolog, der in die Stimme des Windes eingeht:

Alles Verscharrte blickt mich an.
Soll ich es heben aus dem Staub
Und zeigen dem Richter? Ich schweige.
Ich will nicht Zeuge sein.

Die Stimme des Windes evoziert die Gegenstrophe, vier Zeilen eines Psalms. Anruf in einer erstarrten, beklemmenden Landschaft:

Wohin du stürzt, o Seele,
Nicht weiß es die Nacht. Denn da ist nichts
Als vieler Wesen stumme Angst.
Der Zeuge tritt hervor. Es ist das Licht.

Der Leser wird seine eigenen Erfahrungen in den Text legen und alles messen an seiner eigenen Haltung. Es ist seiner inneren Einstellung überlassen, inwieweit er die Stimme des Windes als mea res agitur empfindet oder ob er die kreatürliche Angst vor der Gewalt (ich will nicht Zeuge sein) als Schwäche verurteilt. Sind nicht, wie ein verborgener Dialog, die beiden Stimmen so gegeneinandergesetzt, daß im Zentrum des Textes die Isolation gebrochen wird? Aber der Monolog – als letzte, uneinnehmbare Position – bleibt von der Stimme des Windes und vom Anruf unberührt. Der

Monolog kehrt am Schluß zu seinem Ausgangspunkt (allein vor der trägen Kälte des Himmels) zurück, er bietet keine Prophetie. Der Monolog stellt die Frage, die nicht beantwortet wird:

Atmet noch schwach,
Durch die Kehle des Schilfrohrs,
der vereiste Fluß?"

Bemerkenswert, wie HUCHEL im selben Atemzug sich gegen „Spekulationen" der Interpreten verwahrt und ihnen zugleich zugesteht, das Gedicht „mit legitimen Mitteln" zu deuten, wie er die (Selbst-)Interpretation ablehnt und doch zugibt, daß das Bild als Gleichnis zu verstehen sei. Offenbar ist dies für ihn so selbstverständlich, daß es noch vor aller Interpretation liegt. Ebenso selbstverständlich ist für ihn, daß der Leser „in den Sinn des Textes einzudringen" versucht, und er stellt ausdrücklich fest, dies biete keine Schwierigkeit. Dem Eindringen in den Sinn widerspricht es nicht, wenn der Leser „seine eigenen Erfahrungen in den Text" legt.
Hans MAYER hat im selben Band das Gedicht ebenso einfühlsam wie „schulmäßig" interpretiert, indem er

- den Publikationsort und damit die politische Situation zur Zeit der Entstehung des Gedichts berücksichtigt: Es stand im letzten von HUCHEL herausgegebenen Heft der Zeitschrift „Sinn und Form",
- die unterschiedlichen Sprachhandlungen herausstellt: Bericht, Meditation, Rückkehr zum Bericht, Schlußfrage,
- der literarischen Tradition sowohl des Themas „Winter" als auch der Gattung „Psalm" nachgeht: Eine ungewöhnliche Verbindung, und bei HUCHEL entgegen der Tradition kein Ausdruck von Hoffnung oder gar Gewißheit,
- dem Gedicht ein verwandtes Gedicht von HUCHEL gegenüberstellt („Der Garten des Theophrast"),
- und eine (m. E. verblüffende) Gesamtdeutung vornimmt: „Ein Gedicht über beschädigte Vernunft. Über beschädigte, aber noch nicht zerstörte Ratio. Ein Gedicht der Verwundung, und ein verwundetes Gedicht. Der Ausgang bleibt ungewiß."

Die Sicherheit, mit der sich MAYER zu dem Gedicht äußert, scheint HUCHELS Feststellung zu bestätigen, es sei nicht schwer, in den Sinn des Textes einzudringen. Die Eindeutigkeit ergibt sich aus der Kenntnis der Umstände, in denen es geäußert wurde. Tatsächlich hatten die Zeitgenossen offenbar keine Mühe, das Gedicht zu verstehen: „Ich kenne nur wenige Gedichte, die das Lebensgefühl kritischer DDR-Bürger unmittelbar nach dem Mauerbau 1961, von dem sie sich existentiell getroffen fühlten, so bildhaft eindringlich darstellen wie dieses", stellt Friedrich TAEGE 1992 fest. Bei aller Offenheit, die das Gedicht ausdrücklich enthält (es endet ja mit einer Frage), war doch sowohl für den Autor als auch für die zeitgenössischen Leser klar, wovon das Gedicht handelte. Keine künstliche Verschlüsselung von etwas, das man doch auch hätte direkt sagen können, sondern das Naturbild wird von selbst zum Gleichnis, das jeder versteht.

Ein heutiger Leser, dem das Gedicht in der Sammlung „Chausseen, Chausseen" begegnet und der von den Entstehungsumständen nichts weiß, kann es sich dennoch aneignen, indem er ihm andere, eigene Erfahrungen unterlegt. Die einseitig subjektive Textaneignung, die Unkenntnis des vom Autor gemeinten Sinns bringt ihn allerdings um die Erkenntnis der Beziehung, die diese eigenen Erfahrungen mit jenen verbindet, die dem Gedicht zugrunde lagen, und dadurch entgeht ihm die Erkenntnis der Ähnlichkeit oder gar Übereinstimmung unterschiedlicher Erfahrungen und der sie jeweils auslösenden Wirklichkeit. Wenn der Leser nur das im Text wiederfindet, was er schon kennt, erweitert er seinen Horizont nicht.

Traditionell sah der LU es als eine seiner vordringlichsten Aufgaben an, den Schülern beim Verstehen der Texte zu helfen. Durch Hinweise, Fragen, Erläuterungen sollte sich bei den Schülern ein Textverständnis bilden. Der Unterricht *vermittelte* den Schülern die Texte, deren Wichtigkeit nicht in Frage stand; es waren nicht nur die *wesentlichen Texte*, sondern eben auch solche, die nicht ohne weiteres, die *nicht unmittelbar* oder nicht ausreichend beim Lesen *verstanden* wurden – sei es, weil sie historisch oder kulturell fern waren, sei es, weil sie ein Spezialwissen und -verstehen erforderten wie weite Teile der modernen, speziell der avantgardistischen Literatur, sei es, weil sie zu kunstvoll gebaut waren. Unterhaltungsliteratur war natürlich kein Gegenstand der Interpretation, denn sie versteht sich von selbst. Interpretation war also eine Folge der Textauswahl: Der fremdartige Text bedarf des Interpreten. Mit seiner Hilfe entschlüsselt der Schüler den Text, und dabei lernt er zugleich das Entschlüsseln bzw. Interpretieren. Und indem der Schüler das Interpretieren lernt, erwirbt er die Fähigkeit, sich fremde Texte selbständig zugänglich zu machen. Doch die Rede vom „Entschlüsseln" verdeckt, daß das Ziel der Interpretation die – wie auch immer kritische – Aneignung der Texte war, wodurch sie ihre bildende Wirkung bekamen. Das Ausbleiben eines unmittelbaren „richtigen" Verständnisses war also die Voraussetzung der Interpretationsarbeit. (Nebenbei gesagt verdeckt der Begriff „Entschlüsseln" natürlich auch die Vieldeutigkeit mancher Texte.)

Obwohl die Schüler die Fähigkeit des Interpretierens erwerben und dadurch *selbständig* zu interpretieren lernen sollten, kam doch dem Unterricht immer eine entscheidende Rolle bei der Vermittlung der Texte zu. Dieselben Gesichtspunkte, um derentwillen die Texte ausgewählt und womöglich auch angeordnet worden waren (etwa weil sie ein bestimmtes Ideal verkörperten, typisch für eine bestimmte Gattung schienen oder offenbar ein und dasselbe wichtige Thema behandelten), leiteten auch die Interpretation. Oder umgekehrt: Ein bestimmtes Textverständnis sorgte für die Auswahl der Texte, und dasselbe Textverständnis (meist vermittelt über einschlägige, leicht zugängliche Unterrichtshilfen) lag auch der Interpretation zugrunde. Daß sie methodisch vor allem im lehrergelenkten **Unterrichtsgespräch** stattfand, war kein Zufall; denn dabei können in aller Regel die Schüler ihr eigensinniges Textverständnis nicht entfalten, und so entsteht ein eher einheitliches Bild.

Nicht nur gegen das Interpretieren überhaupt, sondern vor allem gegen dieses schulische Interpretieren sind in den letzten Jahren massive Einwände erhoben worden, und zwar von unterschiedlicher Seite – von Schriftstellern ebenso wie von Literaturwissenschaftlern und von Pädagogen. Einhellig lehnen sie die „Interpretation“ als Kerngeschehen des LU ab. Schriftsteller sehen die Autonomie ihrer Werke gefährdet, wenn sie von Interpreten vereinnahmt werden; Literaturwissenschaftler weisen auf die rezeptionsästhetische „Inthronisierung“ des Lesers hin, dessen individuelle Sinnbildung nicht an Dritte delegiert werden könne, und Pädagogen sehen die Schüler der Willkür ausgesetzt und warnen vor der Überwältigung des Heranwachsenden durch die Älteren, die ihnen mit der Textdeutung indirekt auch ihre Weltdeutung aufdrängen. Es besteht ein breiter Konsens, daß Interpretation ein höchst suspektes Unterfangen, ein „Ärgernis“ (Weber 1984) ist, und das Ziel einer richtigen Interpretation nicht nur illusorisch, sondern auch verwerflich, weil zwangsläufig autoritär. Zudem scheinen alle Ansprüche auf normative Sinngebungen von vornherein suspekt; mehr als das unverbindliche Spiel von Möglichkeiten, als der Genuß einzelner Bilder, Klänge, Vorstellungen ist in der „Postmoderne“ nicht zeitgemäß.

Das bringt den Literaturlehrer in Verlegenheit: Seinem Bewußtsein nach teilt er, als aufgeklärter Zeitgenosse, diesen Konsens und vertritt einen „leserorientierten Ansatz des Literaturunterrichts“ (Frommer 1988:10); als Lehrer handelt er oft genug dagegen, und zwar gerade, wenn er die Aufgabe stellt „Interpretieren Sie ...“ und diese Interpretation dann womöglich nach Maßgabe des eigenen Textverständnisses bewertet. Die Folge, nämlich schlechtes Gewissen, ist keine gute Voraussetzung für gelingenden Unterricht. (Daß es unterschiedliche Einstellungen gegenüber dem Interpretieren gibt, ist im übrigen so neu nicht; ein Blick in die Geschichte des DU zeigt, daß auch schon im 19. Jh. die Meinungen durchaus geteilt waren. Während etwa Wackernagel und v. Raumer forderten, der Dichtung mit Liebe, Verehrung und andächtiger Hingabe zu begegnen, traten Hiecke und Laas für den Interpretationsaufsatz und die Schulung im analytischen Denken ein. Vgl. Sedding 1987.)

7.3 Didaktische Problematik

I. meint sowohl einen Vorgang als auch ein Ergebnis. Als Vorgang entspricht ihr das Verb „Interpretieren“; so sprechen wir davon, eine „Interpretation“ sei „noch nicht ans Ziel gekommen“, sie sei „schwierig“ oder falle „leicht“. Als Ergebnis bezieht sich die Interpretation auf das Produkt, den fertigen Interpretationstext; wir sprechen von einer „umständlichen“ oder „gelungenen“ Interpretation. Dabei bleibt auch bei der Verwendung des Begriffs „Interpretation“ noch völlig offen, welche Form dieser Text haben soll; denn nicht die Form, sondern die Funktion macht die Interpretation zur Interpretation. Wenn es für den Lerngegenstand überhaupt Regeln und Normen gibt, so gelten sie ebenso für das „Interpretieren“ wie für die „Interpretation“.

Die Doppeldeutigkeit des Begriffs ist didaktisch bedeutsam. Als Vorgang ist die I. nämlich **Lernmedium**, als Resultat dient sie der **Lernkontrolle**. Wenn sich der Unterricht darauf richtet, wie eine I. durchzuführen ist, wenn das Interpretieren gelernt werden soll, wird sie zum **Lerngegenstand** (im allgemeinen ist mit dem Durchführen das monologische Schreiben gemeint). Während als Medium das Interpretieren seinen Zweck im besseren Verstehen des Textes hat, wobei also der Text der Lerngegenstand ist, tritt dieser Zweck zurück, wenn das Interpretieren zum Lerngegenstand gemacht wird. Der Unterricht arbeitet dann mit der Annahme, daß ein bestimmtes Vorgehen das Textverständnis fördern werde, und auf dieses Vorgehen konzentrieren sich die Lehrbemühungen. Während die I. als Lernmedium unter der Frage steht: Was besagt der Text?, steht die I. als Lerngegenstand unter der Frage: Wie interpretiert man den Text? – Als Lernkontrolle kann sich die I. auf beides richten: Es kann geprüft werden, ob der Schüler ein Verständnis des vorgelegten Textes gewonnen hat, und es kann geprüft werden, ob er das Instrumentarium des Interpretierens beherrscht. Gewöhnlich wird beides verlangt, da man ja von der Annahme ausgeht, das richtige Interpretieren werde auch zur „richtigen", also angemessenen Interpretation führen.

Die I. als Lernmedium

Allerhand Lehr- und Lernschwierigkeiten haben ihre Ursache in der mangelnden Unterscheidung der genannten Funktionen. Häufig wird übersehen, daß Schreiben ein Mittel zum Gewinnen einer I. sein kann – ganz ähnlich wie das Gespräch. Beim schreibenden Interpretieren ist Schreiben Schreib-Denken. Ein hingeschriebener Satz wird überdacht. Man merkt, daß er nicht genau das besagt, was man meint. Durch einfache sprachliche Mittel kann er nun modifiziert werden, eingeschränkt, abgemildert, auch verstärkt. Eine Behauptung verlangt nach Begründungen und Belegen, sie muß erklärt, veranschaulicht, erläutert werden. Der hingeschriebene Satz zwingt den Blick zurück zu dem Text, auf den er sich bezieht. Ein Satz verlangt nach einem zweiten. Der nächste Satz kann den ersten auch in Frage stellen, kann Gegengründe vorbringen. Der Schreibende führt einen Dialog mit sich selbst. Er denkt nicht erst und bringt das Resultat aufs Papier, sondern formuliert einen Satz und erwägt, wie dieser Satz weitergeführt werden kann, ja muß. Wenn das Schreiben in dieser Weise als Vehikel des Denkens gebraucht wird, ist das Resultat nicht vorhersehbar: Der Schreibende weiß nicht im voraus, wohin ihn das Schreiben führen wird. Allenfalls hat er eine vage Idee, eine Ahnung, und es ist eben hilfreich, solche Ideen, Ahnungen, vorläufige Sinnentwürfe so zu Papier zu bringen, wie man sie anderenfalls im Gespräch mit allem Vorbehalt äußern würde.

Gebraucht der Schreiber in dieser Weise das Schreiben als Medium des Interpretierens, so ist er am Ende klüger als vorher. Die tastenden Versuche sind schließlich zu einem für diesen Leser-Schreiber gültigen Ergebnis gekommen. Er hat nicht einfach eine schon gewonnene I. aufgeschrieben, sondern er hat sie sich regelrecht „erschrieben" („erarbeitet").

Die I. als Lerngegenstand

Will der Interpret sein Textverständnis einem Leser vermitteln, muß er nun allerdings seinen eigenen niedergeschriebenen Text überarbeiten (oder gar einen neuen Text schreiben); denn Gewinnen eines Verständnisses und Vermitteln dieses Verständnisses ist nicht dasselbe. Obwohl sich beim Vermitteln gewöhnlich das Verständnis weiterentwickelt, richtet sich doch die Aufmerksamkeit nicht mehr primär auf den zu interpretierenden Text, sondern auf den Leser der Interpretation. Die Frage lautet nicht mehr: Was bedeutet (mir) der Text?, sondern: Wie vermittle ich den Text dem Leser? bzw.: Wie vermittle ich dem Leser mein Verständnis des Textes? Häufig wird diese Blickwendung dazu führen, daß das Pferd nun von hinten aufgezäumt wird, will sagen: Die Schritte, die zur Gewinnung des Textverständnisses getan wurden, werden unkenntlich gemacht, und statt dessen wird das schließlich gewonnene Ergebnis möglichst eingängig und nachvollziehbar dargeboten. Schreiben ist jetzt kein heuristischer Akt mehr, sondern ein rhetorisch-didaktischer. Dabei ist es natürlich auch möglich, daß der Weg, den der Interpret zurückgelegt hat, dem Leser gezeigt wird, daß also die Irrungen und Widersprüche, die Fehltritte und Verstrickungen nicht beseitigt werden; aber das geschieht nicht mehr unvermeidlich beim eigenen Verstehensversuch, sondern absichtlich zur Erleichterung des Verstehensprozesses beim Leser. M. a. W.: Die Funktion, die die I. hat – Gewinnen eines Verständnisses versus Vermitteln dieses Verständnisses –, entscheidet noch nicht über die Form bzw. Anlage der I. Beidemal kann man *linear dem Text entlang* gehen und *vom einzelnen aufs ganze schließen* oder *systematisch verschiedene Aspekte* abhandeln und von *Globalaussagen her einzelne Textstellen als Belege nehmen*. Wie man vorgehen wird, kann man sich vorab durch einen Arbeitsplan und/oder eine ausformulierte Aufsatzgliederung klarmachen.

Eine für Leser geschriebene (bzw. bearbeitete) I. kennen wir aus der **Literaturwissenschaft**: Der Wissenschaftler legt sein Textverständnis dar, um es in den Forschungsprozeß einzuführen. Wir kennen es auch aus der **Literaturkritik**: Der Kritiker legt sein Textverständnis dar, um sein Urteil nachvollziehbar zu machen; die I. ist hier Bestandteil des Literaturvermittlungsprozesses. Selten treffen wir dagegen auf die für Leser geschriebene I. in der Schule, obwohl sie auch hier eine wichtige Rolle spielen kann: Der Schüler, der sich sein Verständnis zunächst „erschrieben“ hat, bietet es seinen Mitschülern dar und stellt es zur Diskussion. Damit wird die schriftliche I. zu einem Zwischenschritt im Verstehensprozeß. Wenn der Schüler an dessen Ende seine persönliche Bilanz aus dem Klassengespräch zieht, kann man sogar drei schriftliche I.n unterscheiden: 1. die zur Selbstverständigung geschriebene I., 2. die für die Mitschüler überarbeitete I., 3. die wiederum für sich selbst geschriebene I., die das persönliche Ergebnis der Verstehensbemühung der ganzen Klasse festhält. (Zwischen 2 und 3 liegt die diskursive Behandlung des Textes in der Klasse.)

Die I. als Lernkontrolle
Gewöhnlich hat die I. in der Schule aber vor allem eine andere Funktion. Sie dient nicht einerseits dem Gewinnen von Verständnis oder andererseits der Vermittlung dieses Verständnisses, sondern als Lernkontrolle dient sie zur Dokumentation von Verständnis und Können. Der Lehrer will nicht wissen, wie der interpretierte Text zu verstehen ist, sondern wie ihn der Schüler verstanden hat. Überspitzt gesagt: Es interessiert ihn nicht der Text, sondern der Schüler. Bezweckt wird die Einordnung einer Leistung auf der Zensurenskala. (Zur Problematik der monologischen Beurteilung und zu Alternativvorschlägen vgl. Band 2, Kapitel IV.)

Damit fehlt der „Klausur-I.“, wie wir die I. in der Funktion der Lernkontrolle abkürzend nennen können, der kommunikative Bezug auf die Interpretationsgemeinschaft, der für die veröffentlichte I. sonst kennzeichnend ist. Der Schüler bringt nicht sein Verständnis in einen Lern- oder Forschungsprozeß ein, sondern er dokumentiert es und dokumentiert damit zugleich sein Interpretationskönnen. In der Klausur-I. simuliert der Schüler das Verhalten des Wissenschaftlers oder Kritikers, aber es dient einem anderen Zweck: Es geht nicht darum, das Textverständnis der Lerngemeinschaft zu fördern, sondern das individuelle Verständnis beurteilt zu bekommen.

Dadurch entsteht die Gefahr, daß das Interpretieren zu einem leeren Handlungsmuster und die I. zu einer Hohlform wird. Die schulischen Durchführungsbedingungen verstärken diese Gefahr: Zu einer bestimmten und beschränkten Zeit muß der vorgelegte Text verstanden (Notizen, Entwurf) und das Verständnis lesergerecht formuliert (Aus- und Überarbeitung) werden. Gespräche sind nicht möglich, Hilfsmittel stehen nur sehr eingeschränkt oder gar nicht zur Verfügung. Klausur-Interpretationen wirken deshalb oft wie Primärrezeptionen oder erste Entwürfe.

7.4 Entwicklung

Die schriftliche I. verlangt die Verbindung unterschiedlicher Aspekte und Perspektiven, die Fähigkeit zur Distanzierung des Objekts (Einnahme der Beobachterposition), zum symbolischen Verstehen und zur Reflexion des eigenen Verständnisses („Metareflexion“) – alles Fähigkeiten, die, wie kritisches, wissenschaftliches Arbeiten überhaupt, auf postkonventionellem Niveau liegen. Außerdem wird das Interpretieren vorzugsweise an mehrdeutigen Texten mit vielen „Leerstellen“ geübt, und solche Texte entsprechen nicht einem auf Klarheit und Sicherheit, auf einen verbindlichen Sinn erpichten Denken und Urteilen, wie er für die 2. Entwicklungsstufe charakteristisch ist. Deshalb kann die schriftliche I. im allgemeinen erst in der Sek. II verlangt werden und stellt auch dort oftmals eine Überforderung dar; im übrigen kann es zu einem Konflikt zwischen der auf einheitlichen Sinn erpichten Interpretation und den sinnabweisenden postkonventionellen Texten kommen (s. u.). – Aber natürlich gibt es Vorformen und Vorbereitungen; denn wann immer die Schüler Texte verstehen, interpretieren sie; schon beim Sichhineinversetzen in eine Erzählsituation deutet sie der Grundschüler in bestimmter Weise, und dies wirkt sich bei seiner Erklärung von Figurenhandlungen ebenso aus wie bei seiner Bewertung des Textes.

Eine wesentliche Vorbereitung für die schriftliche I. sind Textbesprechungen/Interpretationsgespräche einerseits, handelnder Umgang mit Texten andererseits; das Handeln muß allerdings wenigstens nachträglich reflektiert und diskursiv verbalisiert werden. Wichtige schriftliche Vorformen sind **Nacherzählung**, **Inhaltsangabe**, **Précis** und **Stellungnahme**. Diese Aufgaben behalten auch auf der Sek. II ihren Sinn; die I. erfordert ihre Zusammenfassung und Anwendung auf anspruchsvollere Texte. Aufgaben zu einzelnen Aspekten, wie sie als Vorübungen im folgenden vorgeschlagen werden, können die Schüler auch schon auf unteren Klassenstufen lösen.

Für die Textauswahl und im Hinblick auf die zu erwartenden Verstehensleistungen sind die Unterschiede der Entwicklungsstufen bedeutsam (vgl. auch Kapitel 4). Auf der ersten Stufe interessieren sich die Schüler für einzelnes der Textinhalte – das Verhalten bestimmter Figuren, überraschende Ereignisse, spaßige Vorfälle, ungewöhnliche sprachliche Wendungen. Sie messen das, was im Text steht, an der außertextlichen Wirklichkeit und konstatieren die Abweichungen von ihren Erfahrungen. – Auf der zweiten Stufe stellen die Schüler die Frage nach dem Sinn des gesamten Textes: Der Text muß konsistent sein, „stimmig". Inhaltliche Auffälligkeiten werden jetzt auch durch Formnotwendigkeiten erklärt, und überhaupt spielt nun die Gestaltung beim Textverständnis eine Rolle. „Stimmig" bedeutet nicht „harmonisch"; der Text kann durchaus widersprüchlich oder absurd sein, aber die I. kommt nicht eher zur Ruhe, als bis sie die Logik des Textes, die Passung jeder Einzelheit nachgewiesen hat. Diese Entwicklungsstufe ist der eigentliche Ort der I., und ihr entspricht ein Großteil vor allem der erzählenden Literatur des 18. und 19. sowie der ersten Hälfte des 20. Jh. – Auf der dritten Stufe wird die Frage nach dem Gesamtsinn obsolet. Interpretieren bedeutet hier: Erhellen und Nachzeichnen von Einzelbedeutungen und Spiel mit Bedeutungsmöglichkeiten. Einem solchen „hedonistischen" Lesen, wie es z.B. ROLAND BARTHES (1974) vertritt, entsprechen zumindest Teile der zeitgenössischen „postmodernen" Literatur, aber ihre Vorläufer reichen, wenigstens in der Lyrik, bis weit ins 19. Jh. zurück: „Solche Texte verlangen weniger eine ‚Hermeneutik' als eine ‚Erotik': da es unmöglich wird, sie auf eine bestimmte Bedeutung festzulegen, schwelgt der Leser einfach im quälend-verlockenden Treiben der Zeichen, im provozierenden Aufblitzen der Bedeutungen, die nur an die Oberfläche kommen, um gleich wieder hinabzutauchen. In diesem überschwenglichen Tanz der Sprache gefangen, sich an der Materialität der Wörter selbst ergötzend, kennt der Leser weniger die absichtsvolle Lust, die darin liegt, ein kohärentes System aufzubauen und die einzelnen Textelemente geschickt zusammenzubinden, um ein einheitliches Selbst aufzubauen, als vielmehr den masochistischen Reiz des Gefühls, daß dieses Selbst zusammenbricht, durch das verschlungene Gewebe des Textes selbst zerstreut wird. Lesen gehört weniger ins Labor als ins Boudoir“ (EAGLETON 1992). Wenn dies zutrifft, wären wohl nicht nur Analyse und I. solchen Texten unangemessen, sondern es stellte sich dann grundsätzlich die Frage, ob ein Leseverhalten, das sich auf das Begreifen eines einheitlichen Textsinns richtet, notwendigerweise einem solchen überlegen sein muß, das sich vom ästhetischen Reiz faszinieren läßt. Daß der LU ein Labor ist, kann man sich allenfalls noch vorstellen, aber ein Boudoir?

7.5 Aufgabenstellungen und Hinweise zur Methode

Wie lehrt man das schriftliche Interpretieren? Mit welchen Aufgaben und Unterrichtsmethoden kann man den Lerngegenstand „I.“ vermitteln?

Zunächst einmal gilt es anzuknüpfen an Bekanntes und dieses zu rekapitulieren: Da die I. an die deutende **Inhaltsangabe** und an das schriftliche Argumentieren (**„Erörterung“**) anknüpft und beide Aufgaben verbindet, kann man bei ihrer Erarbeitung auf die Kenntnisse und Fähigkeiten zurückgreifen, die die Schüler hierbei schon erworben haben. Darüber hinaus müssen gestalterische Gesichtspunkte und deren Relevanz für das Verständnis des Textes berücksichtigt werden; hier können sich die Schüler derjenigen Kenntnisse und Fähigkeiten bedienen, die sie bei **Précis** und (Text-)Beschreibung gewonnen haben, sofern diese Aufgaben in der Sek. I gestellt wurden.

7.5.1 Übungen zu einzelnen Aspekten und Teilen der Interpretation

Ehe das leserbezogene Verfassen vollständiger I. verschiedener Texte (Gedichte, Kurzprosa, Auszüge aus längeren Texten) geübt wird, sollten die Schüler Routine im schriftlichen Formulieren von Elementen gewinnen. Dabei kann man zwei Wege einschlagen. Entweder man orientiert sich am zu *interpretierenden* Text und übt das Erfassen und Darstellen einzelner Gesichtspunkte (A), oder man orientiert sich am zu *schreibenden* Text und übt einzelne Teile der Interpretation (B). Während man sich im Fall (A) mit solchen Problemen wie dem Zusammenhang von Überschrift, Thema und Motiv des poetischen Textes herumschlägt, hat man es im Fall (B) mit der Frage zu tun, was in den einzelnen Abschnitten der I. stehen soll und wie einzelne Aussagen verknüpft werden. Bei (A) geht es ums *Verstehen* („Interpretieren“), bei (B) ums *Schreiben* („Interpretation“), und beides verdient getrennt Beachtung.

Die im folgenden vorgeschlagenen Vorübungen sollten von früheren Aufgaben her vertraut sein, aber es empfiehlt sich, beide Wege zur Vorbereitung der schriftlichen I. nochmals zu gehen, um Sicherheit zu gewinnen und damit der I. ihren Schrecken zu nehmen.

A) Übungen zu einzelnen Aspekten des zu interpretierenden Textes

a) *„Worum geht es?“* Das (augenscheinliche) Thema wird genannt, und der Inhalt wird wiedergegeben. Ohne Zweifel handelt es sich hierbei um interpretierende Akte: Der Inhalt wird ja so wiedergegeben, wie ihn ein Subjekt verstanden hat; selbst wenn er „bloß umschrieben“ wird, wird er umgeschrieben. Durch das Nennen des Themas wird der Text abstrahierend und deutend auf einen Begriff gebracht. (Nähere Ausführungen hierzu vgl. Band 2: „Inhaltsangabe“.)

b) *„Was ist wichtig? Was steht im Vordergrund? Was bedeutet dies oder jenes?“* Generelle oder spezielle Behauptungen über den Text werden aufgestellt, sie werden begründet oder mit Zitaten belegt. Gewöhnlich muß die Überschrift besonders berücksichtigt und mit dem Text in Zusammenhang gebracht werden. Auch aus den häufig sprechenden Namen der Akteure in Erzählungen und Dramen können Schlüsse gezogen werden.

c) *„Wie ist der Text aufgebaut, und worum geht es in den einzelnen Abschnitten?“* Aufbau und Gliederung des Textes werden erfaßt (inkl. solcher Dinge wie „Spannungsbogen“ und „Zirkelstruktur“); der Text wird in Sinnabschnitte gegliedert, und zwar nicht nur in solche, die der Text schon enthält; diese Abschnitte werden mit einem Wort oder Satz zusammengefaßt.

d) *„Was fällt an der Sprache auf?“* Wortwahl, Satzbau und grammatische Auffälligkeiten werden beschrieben, und ihre Leistung wird angegeben („Wie wirken die kurzen Sätze, die Anakoluthe, die Ellipsen? Woran denkt man bei diesen Wörtern; warum so viele Fremdwörter? Was bewirkt der Tempuswechsel, der Gebrauch des Konjunktivs? Welche Funktion hat die wörtliche Rede?“ usw.).

e) *„Welcher Gattung ist der Text zuzurechnen? Erfüllt er sie, weicht er von ihr ab, verfremdet oder parodiert er sie?“* Die Textgattung wird bestimmt, und es werden die Folgen aufgezeigt, die sich aus dem Erkennen der Gattung (etwa Fabel oder Parabel) für das Verständnis des Textes ergeben.

f) *„Enthält der Text nicht-wörtliche Bedeutungen?“* Einzelne Metaphern und Symbole werden gedeutet, und es wird überlegt, ob der Text im ganzen eine übertragene Bedeutung hat – und natürlich welche.

g) *„Welche inhaltlichen Elemente sind wichtig, wie stehen sie zueinander in Beziehung, und was folgt aus ihnen?“* Figuren, Motive, Stoff- und Handlungselemente werden herausgearbeitet, ihr Verhältnis zueinander wird bestimmt und die Bedeutung der Elemente erklärt.

h) *„Aus welcher Sicht ist der Text geschrieben? Wer spricht oder erzählt?“* Erläutert wird die Perspektive, aus der der Text geschrieben ist, und möglicherweise der Perspektivwechsel.

i) *„Wendet sich der Text an einen Leser, oder nimmt er indirekt auf einen Leser Bezug?“* Aussagen über den „impliziten Leser“ werden getroffen, z.B. über Erwartungsenttäuschungen, Überraschungen, Paradoxa, Einverständnissignale.

j) *„Fördern Kenntnisse über Autor und Zeit das Verständnis des Textes?“* Vorhandene Kenntnisse über den Autor, die Entstehungszeit des Textes und möglicherweise die Handlungszeit (wann spielt das Dargestellte?) werden zu dem Text in Beziehung gesetzt.

Es versteht sich von selbst, daß nicht alle diese Übungen an allen Texten ergiebig sind, wenngleich doch an vielen. Wichtig ist, daß solche Aufgaben wirklich als Übungen über Jahre hinweg durchgeführt und dadurch zur Routine werden. Dabei sollte man auf die Verbindung von Beobachtungen /Beschreibungen und Erklärungen/Deutungen besonders achten. Gerade bei Beobachtungen zur Form geschieht es immer wieder, daß sie ohne Bezug auf das Deutungskonzept getroffen werden, und zu Unrecht wird den Schülern bisweilen geraten, eine isolierte „Textbeschreibung“ der Deutung vorangehen zu lassen. Im Grunde genommen ist bei jeder Feststellung zu fragen: Was folgt daraus für das Verständnis des Textes?

B) Übungen zu einzelnen Teilen der schriftlichen Interpretation

BEGINN

a) Man kann eine I. damit beginnen, daß man den Leser mit einem ersten Eindruck konfrontiert, den er vermutlich von dem Text hat. „Auf den ersten Blick ist dieses Gedicht recht verwirrend.“ (Das ist allerdings mittlerweile fast schon ein Topos!); „Ich kann mir kaum vorstellen, daß jemand nicht schmunzelt, wenn er diesen Text liest“; „Die Überschrift läßt erwarten ...“ Natürlich verlangt so eine Aussage nach Erläuterungen, so daß man bereits einige Details des Textes ansprechen muß. Als Ergebnis erster Beobachtungen bleiben offene Fragen, vielleicht ergibt sich auch ein erster Sinnentwurf. (Tatsächlich nimmt man keine Einzelheit wahr, ohne sie in irgendeiner Weise zu deuten.) Ein solcher Beginn orientiert sich am Verstehensprozeß des Lesers, signalisiert Verständnis für ihn. – Da der Schreiber dabei seine eigenen Erlebnisse beim Verstehen wiedergeben kann, ist dieser Einstieg relativ leicht; er empfiehlt sich besonders bei schwerer zugänglichen Texten.
b) Ein anderer Einstieg provoziert den Leser durch eine Behauptung über den Text: „Diese Geschichte hat einen Bruderzwist zum Thema.“ „In diesem Text wird ständig zwischen zwei Orten und zwei Zeiten hin- und hergesprungen.“ Oder mit Bezug auf die Form: „Man kann diesen Text als poetische Montage von alltäglichen Äußerungen verstehen.“ Ein solcher Beginn geht vom Ganzen und Komplexen aus und orientiert sich am – mehr oder weniger – schon verstandenen Text. Weniger anstößig ist eine solche Behauptung am Beginn, wenn sie als „Arbeitshypothese“ bezeichnet wird und der Interpret sich beeilt anzugeben, wie er sie im folgenden Hauptteil zu prüfen gedenkt. – Da vom „Komplexen“ ausgegangen wird, empfiehlt sich dieser Beginn für relativ unkomplizierte Texte, bei denen man beim Leser der I. ein unmittelbares Vorverständnis annehmen kann.
c) Ebenfalls am Text orientiert sich ein weiterer Beginn: „Das Ich dieses Gedichts erzählt, wie es im Winter von Frankreich nach Deutschland gereist

ist ...“ „Die Erzählung beginnt mit dem Gesang der alten Frau.“ Es wird also zunächst dem Text entlang der Inhalt wiedergegeben. Obwohl dieser dabei auch schon in bestimmter Weise beleuchtet wird, ist der Leser nicht so herausgefordert, wie wenn man ihn mit einer Interpretationshypothese konfrontiert; das Verständnis bleibt noch offen. – Dieser Beginn empfiehlt sich natürlich besonders dann, wenn ein Inhalt zwar erkennbar ist, aber eben nicht auf den ersten Blick.
d) Man kann – sofern man es kann! – die I. aber auch ganz anders beginnen, nämlich indem man den Text situiert, sei es im Leben des Autors, sei es in der Entstehungszeit (Epoche), sei es im Horizont anderer Texte (Textvergleich): „Als BRECHT nach dem Ende der Naziherrschaft aus dem Exil zurückkehrte, ließ er sich im Osten Deutschlands nieder. Das Gedicht ***‚Der Radwechsel‘*** schrieb er wenige Wochen nach dem Aufstand des 17. Juni 1953.“ Zweifellos wird damit die I. entscheidend festgelegt. Anders als bei b) fordert sie hier aber nicht zur Stellungnahme heraus, weil sie mit der Autorität der Fakten operiert. Erst eine methodologische Reflexion über die Funktion solcher Fakten für das Textverständnis kann im allgemeinen den Bann einer derartigen I. brechen. Für Schüler besteht bei dieser Art der Argumentation außerdem die Gefahr, daß sie Autor und Erzähler (Sprecher) durcheinanderbringen. – Grundsätzlich ist ein solcher Beginn aber sowohl bei schwierigen Texten möglich, denen man sich auf diese Weise von außen nähert, als auch bei leicht zugänglichen, deren Verständnis man vom Leser erwarten kann.

DURCHFÜHRUNG

a) Die I. unterscheidet sich vom bloßen Lesen und vom intuitiven Sinnentwurf durch ihren argumentativen Charakter. Da sie auf Erkenntnis aus ist, muß jeder Sinnentwurf kritisch geprüft werden. Zu üben ist also textbezogenes Argumentieren: das Aufstellen von Behauptungen, das Begründen, Belegen, Zitieren. Dabei muß auch die Reichweite der Behauptungen geprüft werden: Treffen sie auf den ganzen Text zu oder nur auf einzelne Teile? Sind sie unbeschränkt gültig oder nur unter bestimmten Bedingungen? Zitate sind Absicherungen; es ist deshalb darauf zu achten, daß sie wirklich die Aussagen belegen: bisweilen werden Textstellen zu lang zitiert, so daß nur ein Teil Belegcharakter hat, aus dem Übrigen aber keine Konsequenzen gezogen werden.

b) Geübt wird das für jede Argumentation wichtige Verknüpfen von Ausführungen. Damit die Argumentation folgerichtig ist, muß die logische Beziehung, in der die Äußerungen stehen, erkannt werden: Spezifiziert die zweite Bemerkung die erste, oder erweitert sie diese? Wird ein Gedanke fortgeführt oder eingeschränkt? Steht der zweite Gedanke im Widerspruch zum ersten? Usw. Dabei wird der Gebrauch schriftsprachlicher, den Schülern z. T. nicht geläufiger Konnektoren geübt: „außerdem, im übrigen, auch, des weiteren, weiterhin, schließlich, genauso, daneben“ (Ergänzung, Reihung), „so, so daß, dann, infolgedessen, dadurch“ (Folgerung), „im ganzen, insgesamt" (Zusammenfassung), „nämlich, und zwar, d. h., ja" (Erläuterung), „weil, da, denn, deshalb, dadurch" (Begründung), „obwohl, obgleich, obschon" (Einschränkung), „dennoch, doch, trotzdem, aber, allerdings, freilich, vielmehr, statt dessen, während, wogegen" (Gegensatz, Widerspruch), „einerseits – andererseits, zum einen – zum anderen, nicht nur – sondern auch", „sowohl – als auch", „zuerst – schließlich" (Gegenüberstellung), „sogar, besonders" (Hervorhebung). Des weiteren wird das innertextliche Referieren geübt, also das Anknüpfen und Weiterführen von Gedanken, z. B. durch Pro-Formen, deiktische Ausdrücke („das, dies, hier, dabei, solche" u. ä.) und direkte Wiederaufnahmen.

Als Übungsmaterial dienen einzelne ungeordnete Sätze oder Abschnitte von Interpretationen, die die Schüler sortieren und verknüpfen müssen, wobei ihnen auch die genannten „Bindemittel" an die Hand gegeben werden können. Zur Abwechslung kann der Lehrer auch einmal eine Interpretation vorlegen, in der zwar die Äußerungen in der richtigen Reihenfolge stehen, aber durch lauter falsche Konnektoren verbunden sind.

c) In Erweiterung von Übung b) werden Überleitungen formuliert, d. h. Anfänge für Textabschnitte. Dabei muß sowohl das Vorangegangene zusammenfassend wieder aufgenommen als auch das Neue eingeführt werden. („Die Form hat sich als sehr regelmäßig erwiesen. Dazu steht der Inhalt allerdings im deutlichen Gegensatz:") Hier können wiederum Textabschnitte ungeordnet vorgelegt werden, die zu sortieren und zu verknüpfen sind. – Zu beachten ist, daß bei der Verbindung von Abschnitten der Verbindungsbegriff wieder aufgenommen werden muß und nicht durch ein Pronomen ersetzt werden kann; denn der Absatz trennt und markiert eine Pause. Also: „... basiert das Gedicht wohl auf einem Erlebnis des Autors. [Absatz] Äußerlich betrachtet besteht das Gedicht aus drei Strophen."

d) Eine weitere Übung betrifft die Lesersteuerung bzw. Lesehilfe. Sie geschieht durch Metakommunikation. Der Schreiber gibt Auskunft über sein Vorgehen, er verweist vor und zurück: „Was fällt einem als erstes auf?", „Im folgenden werde ich ...", „Nun gehe ich einen Schritt weiter, indem ich", „Als nächstes möchte ich das Gedicht unter klanglichem Aspekt analysieren", „Nach dieser Untersuchung des Textausschnitts kehren wir zu der Frage zurück", „Zu klären ist schließlich", „Was folgt daraus?", „Ich fasse zusammen". Mit diesem Charakteristikum schriftlicher Argumentation tun sich Schüler besonders schwer. Es empfiehlt sich, ihnen Texte ohne Lesehilfen vorzulegen, und die Aufgabe ist, solche Hilfen einzufügen.

SCHLUSS

Am schwierigsten ist das isolierte Üben von Schlüssen zu Interpretationen; denn der Sinn und die Qualität eines Schlusses hängt natürlich vom Vorhergehenden ab. Abgesehen von der Übung, aus einzelnen ungeordnet vorgelegten Teilen einer Interpretation den Schluß herauszufinden, ist hier nur die Aufgabe möglich, zu einer I. den Schluß schreiben zu lassen. Dabei können allerdings unterschiedliche Typen geübt werden:

a) *Zusammenfassung:* Am Schluß zieht man ein Fazit oder bringt alles Vorhergehende abstrahierend auf einen Begriff: „Wie sich gezeigt hat, bringt das Gedicht mit unterschiedlichen Mitteln das Gefühl von Trostlosigkeit zum Ausdruck.“ Ein wichtiges Signal, daß es sich hier um einen Schluß handelt, ist die Perfektform („hat sich gezeigt“). Inhaltlich führt dieser Schluß aber recht leicht zur Wiederholung von schon Gesagtem.

b) *Rückblick:* Ähnlich wie bei der Zusammenfassung wird hier auch das Ergebnis fixiert, aber verbunden mit einer kurzen Rekapitulation des Wegs, auf dem es gewonnen wurde. Der Akzent liegt also auf dem Verfahren, auf der Methode des Vorgehens. „Die Frage, von der wir ausgegangen sind, hat uns zu einer Untersuchung der sprachlichen Gestalt des Textes geführt, und dabei hat sich gezeigt, daß der anfängliche Eindruck korrigiert werden mußte ...“ – Beim Rückblick können auch offene Fragen genannt werden; dadurch gewinnt er den Charakter eines Ausblicks.

c) *Wertung:* Hier geht es nicht um einen persönlichen Eindruck oder ein Geschmacksurteil, das der I. hinzugefügt wird, sondern um eine Folgerung aus ihr: „Es ist eindrucksvoll, wie in diesem kurzen Textausschnitt alle wesentlichen Elemente der ganzen Erzählung erkennbar sind.“ „Der Vergleich der beiden Gedichte zeigt, daß Gedicht A dem heutigen Leser viel näher ist als Gedicht B.“ Wenn sich ein Urteil auf die vorangegangene I. stützt, braucht es nicht vorsichtig in der ersten Person vorgebracht zu werden („ich finde ...“), sondern kann unpersönlich („man“ u.ä.) geäußert werden, wobei jedermann klar ist, daß es sich um ein persönliches Urteil handelt. Das Entscheidende ist aber, daß dieses Urteil Geltung beansprucht, sich also der Auseinandersetzung stellt. – Der enge Zusammenhang von I. und Wertung zeigt sich darin, daß das Urteil im allgemeinen positiv ist. Der Schüler nimmt nämlich an, daß es nicht am Text liegt, sondern an seinem Verständnis, wenn er auf Ungereimtheiten, Widersprüche, Mängel stößt und diese nicht auflösen kann. Zu einer Kritik am Text hat er nur den Mut, wenn die Aufgabenstellung ausdrücklich dazu auffordert (und damit ist das Urteil wiederum festgelegt) oder wenn er sich den Text selbst ausgesucht hat (s. u.). Am ehesten sind Schüler bereit, kritisch zur Aussage, Intention, Tendenz eines Textes Stellung zu nehmen.

d) *Zirkel:* Man kommt am Ende auf den Beginn zurück: „Was zunächst wie eine bloße Darstellung einer Winterlandschaft aussah, hat sich schließlich als Bild für den Zustand der Welt herausgestellt.“ „Es ist jetzt klargeworden, warum der Text so abrupt einsetzen mußte.“ „Das Bild des Spinnennetzes, das sich mir schon bei der ersten Lektüre eingeprägt hat, scheint mir jetzt typisch für das ganze Gedicht zu sein: Das Gedicht hat selber die Gestalt eines Netzes!“

7.5.2 Übungen zur ganzen Interpretation

Natürlich kann sich der Unterricht nicht auf Vorübungen beschränken. Die Schüler müssen auch üben, Texte vollständig zu interpretieren, und zwar nicht nur als Hausaufgabe, sondern auch in der Schule unter Klausurbedingungen – aber eben noch nicht als Lernkontrolle, sondern zur Übung. Neben dem Formulieren bzw. Ausarbeiten, das in den Vorübungen trainiert wurde, kommen jetzt einige Momente zusätzlich zum Zuge:

- *Vorarbeiten:* Notizen bei der Lektüre, Unterstreichungen, Stichwortsammlung, Exzerpte, Fragen usw.,
- *Auswahlentscheidungen:* Da es kein jederzeit verwendbares Interpretationsschema gibt, müssen je nach Text unterschiedliche Aspekte berücksichtigt und unterschiedliche Erschließungsverfahren gewählt werden,
- *Überarbeitung:* Zwar wird auch bei den Vorübungen an einzelnen Textstellen gefeilt, aber bei dem Gesamttext muß zusätzlich geprüft werden, ob die Argumentation im ganzen schlüssig ist, ob die Teile zueinander passen, ob es unnötige Wiederholungen gibt usw.

7.5.3 Das Problem der Auswahl von Textvorlagen

Mehr noch als bei den Vorübungen wird jetzt die Auswahl des zu interpretierenden Textes wichtig. Wenn man beim Interpretieren den subjektiven Ansatz der Schüler für wichtig hält, ihre individuelle Lesart fördern und das jeweilige Vorverständnis als Basis der I. zur Geltung kommen lassen will, so muß man den Schülern Texte vorlegen, die Derartiges überhaupt möglich machen. Zwar ist es richtig, daß wir bei jedem Text irgendein Vorverständnis haben, aber wenn Schüler erkennen sollen, daß ihr Vorverständnis eine gute Grundlage zur I. ist, so eignen sich besonders solche Texte, die zwar einen unmittelbaren Zugang möglich machen, bei denen aber der zweite oder dritte Blick das Verständnis verändert. Anders gesagt: Auch wenn das Schreiben von Interpretationen eine bloße schulische Übung ist, muß doch versucht werden, die Schüler durch die Auswahl ansprechender Texte zu dieser Anstrengung zu motivieren.

Viele Texte, die in Lehrbüchern als Material zur Demonstration von I.-verfahren genommen werden, sind zu schwer oder von ihrem Inhalt her für Schüler uninteressant. Nicht selten enthalten sie für Jugendliche unzugängliche Einsichten, nicht nachvollziehbare Erfahrungen, unbekannte Stimmungslagen. Zwar ist es ein Ziel des LU, durch Literatur Fremdes kennenzulernen, aber bei Übungen zur I. sollten nicht durch die Textvorlagen zusätzliche Hindernisse aufgebaut werden. Zur Lösung des Textauswahlproblems drei Vorschläge:

1. Die Wahl wird den Schülern überlassen. Man kann die Textart festlegen (Gedicht, Prosa), womöglich auch die Zeit (etwa: 1900–1920), im übrigen aber die Schüler auffordern, sich selbst einen Text zum Verfassen einer I. zu suchen. (Vorausgesetzt wird, daß entsprechende Vorübungen gemacht und Schülerinterpretationen schon analysiert worden sind.) Die Besprechung der I.en im Unterricht ist dann natürlich schwieriger, weil es keinen Vergleich untereinander gibt, es sei denn, einige Schüler haben sich für denselben Text entschieden. Aber die Besprechung wird auch interessanter, weil der Schüler, dessen I. besprochen wird, automatisch in die Lehrerrolle ge-

rät: Er muß den Mitschülern den ausgewählten Text verständlich machen. Wie gut die I. ist, bemißt sich u. a. daran, wie sehr sie das Verständnis der Mitschüler fördert. – Eindrucksvolle Aha-Erlebnisse können sich auch ergeben, wenn der von einem Schüler ausgewählte Text zunächst im Unterrichtsgespräch interpretiert wird, wobei sich der betreffende Schüler zurückhält, der Lehrer aber unvorbereitet mitdiskutiert. Danach wird die schriftliche I. gelesen. Der Vergleich kann sehr aufschlußreich sein und fordert zu einer Reflexion der Unterschiede heraus, an die sich eine gemeinsame Beurteilung der Schülerarbeit anschließt.

Auf ein Problem sei hingewiesen: Wenn man die Textauswahl den Schülern überläßt, wählen sie nicht unbedingt solche Texte aus, die ihnen bedeutsam sind, sondern solche, die sich am besten für Interpretationen „aus dem Stand" eignen. Texte, zu deren Verständnis man offensichtlich Vorkenntnisse braucht, werden weniger gewählt als solche, die vermeintlich unmittelbar zugänglich sind (Weber 1984).

2. Man legt den Schülern einen Text vor, den andere gleichaltrige Schüler schon einmal gewählt bzw. vorgeschlagen haben, gleichgültig bei welcher Aufgabe. Die Nachteile gegenüber dem ersten Vorschlag liegen natürlich auf der Hand; aber immerhin hat man hier doch noch eine gewisse Gewähr, daß man nicht naiv aus der Erwachsenenperspektive entscheidet oder einen Text wählt, zu dem man schöne I.en (z. B. in Lehrerhandbüchern) vorliegen hat.

Ein Siebzehnjähriger wählte z. B. 1989 bei einer kreativen Schreibaufgabe (also nicht zum Zweck der I.) folgendes Gedicht von Karl Krolow und gab damit zu erkennen, daß es ihm etwas bedeutet, obwohl es sicherlich nicht direkt seinen Erfahrungen entsprach:

Genug haben

Daß es uns überhaupt noch gibt:
mit heiseren Stimmen, hingerotzt,
so Wort um Wort und ausgekotzt.
Wir haben lang genug geliebt.

Mal mit Gefühl, mal abgerissen
das eine und das andre Mal
lange genug und schön beschissen,
was davon übrig blieb. Die Zahl

stimmt nie und wie wirs trieben,
vorn oder hinten: was heißt lieben?
Das wiederholt sich doch, heißt Frust.

Kein Riß durchs Herz. Komm her, erpresse
mich ruhig, zeigt die feine Fresse!
Null Bock. Was heißt hier geil, was Lust?

(In: Hausin, M., Hrsg., Wir haben lang genug geliebt und wollen endlich hassen. Fischer Taschenbuch, Frankfurt a. M.: 1984, S. 43.)

Kann dieser Text bei den Schülern einen Nerv treffen? Man wird die Frage nur aus der Kenntnis einer bestimmten Klasse, eines bestimmten Kurses heraus beantworten können. Gut möglich, daß ein Gedicht von HEINE oder BENN geeigneter ist; die Zeiten ändern sich rasch, und was vor fünf Jahren heftige Emotionen hervorrief, läßt die Schüler heute vielleicht völlig kalt. Aber die genaue Lektüre, die Untersuchung der Sprache, die Bestimmung der Form, die Entschlüsselung von Zitaten (bei KROLOW natürlich die Zeile „Wir haben lange genug geliebt“, die, wie der Titel der Anthologie deutlich macht, einem anderen Gedicht entnommen ist, nämlich GEORG HERWEGHS Gedicht ***„Das Lied vom Hasse“***), das Deuten von Bildern hat doch überhaupt nur subjektiven Sinn, wenn durch den Text ein Nerv getroffen ist.

3. Man legt einen poetischen Text zum Interpretieren vor, den ein Schüler geschrieben hat, möglichst sogar ein Schüler dieses Kurses. Das setzt natürlich allerhand voraus. Erstmal muß es derartige Texte geben, d.h., poetisches Schreiben muß praktiziert worden sein. Zweitens muß ein objektivierendes, fachliches Umgehen mit solchen Texten geübt sein, d.h., die Schüler müssen gelernt haben, mit Mitschülertexten so umzugehen, als wären es Texte von (anerkannten) Autoren. Unter diesen Voraussetzungen ist es möglich und höchst ergiebig, von Schülertexten schriftliche I. anfertigen zu lassen, um das schriftliche Interpretieren zu üben. Die I.en wird dabei zur diskursiv-argumentativen Reaktion auf den Text, sie gerät zwangsläufig zur stellungnehmenden Antwort an den Autor. Aber die formalen Bindungen der I., die den Schülern bekannt sind, verhindern eine zu persönliche Reaktion.

Die siebzehnjährige EVA CORINO schrieb:

Zug um Zug

Auf dem Bahnsteig
fröstelnd
Standbein Spielbein
das alte Silberstreifengeflecht
aus Nimmer- und Wiedersehn
Zigarettenstummel, ein ganzes Bouquet
das dein Fuß zerreibt
Gleis drei fährt der zweite Zug
(Zum ersten waren wir noch gerannt)
Nun sag schon sag es nicht
auch wenn jetzt
über der ‚Test the West‘-Reklame
der volle Mond so tut
als gäbs nur runde Sachen
Gleis drei der letzte
Spielbein Standbein
Ich stand
‚I was here‘. das bleibt
die Schrift an der Wand
die Ratlosigkeit
deiner kalten Hand

(In: Bücher, R. u.a., Hg., Ein Käfig ging einen Vogel suchen. Texte, Bilder und Lieder von Jugendlichen. HIBS, Wiesbaden: 1991.)

Ob dieses Gedicht Jugendliche zum schriftlichen Interpretieren reizt? So wäre entsprechend dem zweiten Vorschlag zu fragen. Jetzt aber gehen wir davon aus, daß dieser Text von einem Schüler aus dem Kurs verfaßt worden ist, der Autor ist selbst anwesend. Schon allein diese Kommunikationssituation kann als Anreiz ausreichen und die Vorlage des Textes rechtfertigen. Und daß er ausreichend Gelegenheit bietet, das schriftliche Interpretieren zu üben, ist kaum zu bezweifeln.

7.6 Lernkontrolle: Die Interpretation als Klausuraufgabe

Als Lernkontrolle bezieht sich die schriftliche I. auf den vorangegangenen Unterricht. Geprüft wird,

- inwieweit der Schüler einen bestimmten im Unterricht behandelten Text verstanden hat,
- ob er Gattungs-, Epochen-, Stil-, Autorkenntnisse auf einen neuen Text anwenden
- oder ob er selbständig unbekannte Texte interpretieren kann.

Durch die Aufgabenstellung werden oft bestimmte Gesichtspunkte (wie bei den Vorübungen unter 7.5.1) verlangt, etwa „Untersuchen Sie die Bildlichkeit, und setzen Sie sie mit der Aussage des Gedichts in Verbindung", „Untersuchen Sie die Beziehung des Verhaltens der Personen und ihrer Äußerungen", „Zeigen Sie, welches Licht die Schlußszene auf das gesamte Drama wirft", „Vergleichen Sie Form und Aussage dieses Gedichts mit anderen aus der Epoche der Romantik". Entweder dienen solche speziellen Aufgabenstellungen als Hilfe, damit die Schüler wichtige im Unterricht behandelte Punkte in der Klausur nicht übersehen, oder sie sorgen für eine Begrenzung und Bescheidung der Aufgabe.

Warum überhaupt die Klausur-I.? Ob Schüler ein Verständnis des im Unterricht behandelten Textes gewonnen haben, kann durch gezielte Fragen oder spezielle Aufgaben oft besser ermittelt werden als durch eine ganze I. Ähnliches gilt für die Fähigkeit, Epochen-, Form- und Autorkenntnisse anzuwenden. Unvermeidlich wird die Klausur-I. nur dann, wenn sie als Lerngegenstand eigens behandelt worden ist, wenn also nicht nur die Fähigkeit zum Interpretieren, sondern die Fähigkeit geprüft werden soll, eine I. zu schreiben, die der I. durch einen Wissenschaftler ähnelt. Aber hier stellt sich die Frage, ob nicht ein unseliger Zirkel entsteht: Die I. wird nur geübt, weil sie in der Klausur gekonnt werden soll, und geprüft wird sie, weil sie als Lerngegenstand behandelt worden ist. So sinnvoll und unvermeidlich die Fähigkeit zum Interpretieren ist und so gut die schriftliche I. als Lernmedium zum Gewinnen von Textverständnis geeignet ist, so fragwürdig erscheint sie als Klausur-Aufgabe; denn wenn bei dieser Aufgabe den Schülern ein neuer, ihnen unbekannter Text vorgelegt wird, vermischen sich unter Zeitdruck eigene Verstehensbemühungen mit Problemen der lesergerechten Wiedergabe eines Interpretationsergebnisses. Weder kann der Schüler Schreiben wirklich als Mittel des Erkenntnisgewinns einsetzen, noch kann er sich ernsthaft auf einen hypothetischen Leser einstellen, dem er den Text vermittelt – geschweige denn, daß er erwarten kann, seine I. werde Anlaß für Auseinandersetzungen mit anderen Interpreten (den Mitschülern) werden. Im schlimmsten Fall demonstriert der Schüler nur noch die Kenntnis eines Interpretationsschemas und das Beherrschen leerlaufender Analysetechnik. Besonders paradox ist es, wenn die Klausur den Schüler dazu zwingt, selbst dann noch einen „subjektiven Sinn" als Ansatz für die I. zu entwerfen, wenn er mit einem Text partout nichts anfangen kann. Es nimmt nicht wunder, daß unter diesen Umständen das schriftliche Interpretieren wenig Anklang findet.

Solange durch Abiturbestimmungen die umfassende, Literaturwissenschaft simulierende I. gefordert wird, muß der Unterricht die Schüler darauf vorbereiten; wie das geschehen kann, haben die Aufgabenvorschläge (7.5) gezeigt. Hingewiesen werden soll aber auch auf *Alternativen*, durch die Kenntnisse und Verständnis von Unterrichtsgegenständen schriftlich dokumentiert werden können:

Nehmen wir an, im Unterricht sei die Epoche des Expressionismus behandelt worden; außer Lyrik und Prosa ist vielleicht auch ein Drama gelesen worden, z.B. GEORG KAISERS lohnendes, aber so gut wie nie im Unterricht gelesenes ***„Die Bürger von Calais"***; darüber hinaus hat man sich mit theoretischen Texten zum Expressionismus beschäftigt, z.B. Teile der Einleitung zur „Menschheitsdämmerung" gelesen.

Erster Vorschlag:
Für eine Lernkontrolle wäre nun eine mögliche Aufgabenstellung, den Schülern ALFRED LICHTENSTEINS Gedicht ***„Nebel"*** vorzulegen:

Nebel

Ein Nebel hat die Welt so weich zerstört.
Blutlose Bäume lösen sich in Rauch.
Und Schatten schweben, wo man Schreie hört.
Brennende Biester schwinden hin wie Hauch.

Gefangene Fliegen sind die Gaslaternen.
Und jede flackert, daß sie noch entrinne.
Doch seitlich lauert glimmend hoch in Fernen
Der giftge Mond, die fette Nebelspinne.

Wir aber, die, verrucht, zum Tode taugen,
Zerschreiten knirschend diese wüste Pracht.
Und stechen stumm die weißen Elendsaugen
Wie Spieße in die aufgeschwollne Nacht.

Die Frage lautete einfach, ob es möglich sei, dieses Gedicht als „expressionistisch" zu bezeichnen. (Diese wie auch die im folgenden vorgeschlagenen Aufgaben sind in einer Doppelstunde gut zu bewältigen; im allgemeinen reicht sogar weniger Zeit. Die Lösungen fallen deutlich kürzer aus als die Interpretationsaufsätze und können entsprechend mit weniger Aufwand korrigiert werden.) Ein schwacher Schüler wird nun bloß einige Kriterien angeben, die er als „typisch expressionistisch“ im Kopf hat, und sie aus dem Text belegen; er zeigt damit immerhin, daß er künftig mit dem Begriff „expressionistisch“ zumindest im Bereich der Dichtung etwas wird anfangen können und also der Unterricht nicht ganz an ihm vorbeigegangen ist. Ein leistungsstärkerer Schüler wird darüber hinaus den Text mit anderen im Unterricht gelesenen Texten in Beziehung bringen, auf Ähnlichkeiten und Unterschiede hinweisen, auf die Problematik des Begriffs „Expressionismus“ und der Epocheneinteilung eingehen sowie auf die methodologische Frage der Relevanz von Epochenbegriffen für das Textverständnis zu sprechen kommen: Wie versteht man den Text ohne Rücksicht auf seine Entstehungszeit? Welche Folgen hat die Einordnung als expressionistisches Gedicht?

Zweiter Vorschlag:
Das im Unterricht erworbene Wissen kann auch auf folgende etwas ungewöhnliche Aufgabe angewandt werden:

„Alfred Lichtenstein (1889–1914) hat ein Gedicht geschrieben, von dem Ihnen zwei Fassungen vorliegen, eine authentische und eine gefälschte. Welches ist die authentische, und warum?“

Die gefälschte könnte so aussehen:

Nebel

Der Nebel hat die ganze Welt verhüllt.
Schon lösen sich die Bäume auf in Rauch.
Die Schwaden schweben, und man hört ein Tier, das brüllt.
Man sieht es nicht. Verborgen jeder Strauch.

Als Punkte nur siehst du die Gaslaternen,
sie spenden kaum noch Licht in diesem Grauen.
Doch über dir weißt du in lichten Fernen
den hellen Mond. Du kannst ihn nur nicht schauen.

Wie Blinde sind wir, Menschen ohne Augen,
und irren durch den Nebel wie durch Nacht.
O Herr, mach, daß wir endlich wieder taugen
zu sehen dich in deiner vollen Pracht.

Die Lösung dieser Aufgabe kann in Form einer Erörterung geschehen, aber auch in Form eines fiktiven Gesprächs (zwei Leute unterhalten sich darüber, welches Gedicht wohl das echte sei). Auch hier gibt es bei den Lösungen die ganze Spannbreite von schlichter Merkmalszusammenstellung bis zu breiten und differenzierten Ausführungen über die Problematik solcher Einordnungen.

Dritter Vorschlag:
Eine reizvolle Aufgabe ist auch, auf LICHTENSTEINS Nebel-Gedicht eine Parodie zu schreiben (Überschrift: „Waschküche") – oder, wem das lieber ist, eine Imitation („Nacht", „Mauern", „Trümmer" o. ä.). Eine schriftliche „Nachbesinnung", die über Intentionen und Schreibprobleme Auskunft gibt, würde die Beurteilung erleichtern. Allerdings besteht bei diesem Vorgehen – wie bei vielen „produktiven" Aufgaben – die Gefahr, daß die Klausur nur noch in einem losen Bezug zum Unterricht steht (ein talentierter Schüler kann die Aufgabe wahrscheinlich auch ohne den Unterricht lösen).

Vierter Vorschlag:
Schließlich kann man den Schülern auch mehrere expressionistische Gedichte vorlegen mit der Bitte, eines auszuwählen für ein Schulbuchkapitel über Expressionismus. (Noch besser wäre, die Schüler eines aus einer ganzen Expressionismus-Anthologie auswählen zu lassen, sofern eine solche in ausreichender Zahl zur Verfügung steht.) Dasselbe wäre, noch enger, möglich mit Gedichten von LICHTENSTEIN etwa für eine Vorstellung dieses Autors in einer Literaturgeschichte. Natürlich wäre die Wahl detailliert zu begründen.

Solche Aufgaben sind attraktiver und fordern die Schüler mehr heraus als die übliche schriftliche I.; dennoch gestatten sie, Kenntnisse und Verstehensfähigkeit zu dokumentieren. Je weniger das schriftliche Interpretieren zur Lernkontrolle benutzt wird, desto eher können sich die Schüler des Schreibens als eines Mediums zum Gewinnen von Erkenntnissen und Urteilen bedienen.

Literatur:
Altenburg 1991, Frommer 1988, Gelfert (1990, 1992), Schutte 1985, Spinner 1987c, Stephan 1985, Weber 1984; Zeitschriften: Der Deutschunterricht 6/1982 und 2/1984, Praxis Deutsch 81/1987, Sprache und Literatur 57/1986.

Drittes Kamingespräch: Moral im Literaturunterricht

Die hier vorgelegte Konzeption von LU versteht ihn nicht als Vorbereitung auf einen wissenschaftlichen Umgang mit Literatur, sondern sie akzentuiert deren lebenspraktische Bedeutung und ihren Beitrag zur Entwicklung moralisch-praktischer Kompetenz. Damit setzt sie sich dem Vorwurf der Instrumentalisierung von Literatur für außerliterarische Zwecke aus und wird leicht verdächtigt, auf das ältere „Lebenshilfe"-Konzept zurückzufallen und im LU zu „moralisieren", statt sich auf den eigentlichen Gegenstand, die Sprache und/oder die ästhetische Literatur (je nachdem!) zu beschränken. Die Publikation von LADENTHIN *gibt Gelegenheit, diesem Vorwurf noch einmal nachzugehen, wobei natürlich an das 1. Kamingespräch angeknüpft wird.*

– Haben Sie das Buch „Erziehung durch Literatur?" von VOLKER LADENTHIN (1989) gelesen?
– Ja.
– Und?
– Und was?
– Sind Ihnen keine Bedenken gekommen?
– Gegenüber dem Buch?
– Nein – gegenüber Ihrer eigenen Auffassung!
– Daß Literaturunterricht etwas mit Moralerziehung zu tun hat?
– Allerdings!
– Aber LADENTHIN stellt das doch nicht in Abrede!
– Na ja, er schränkt es jedenfalls viel mehr ein und scheint es sehr viel vorsichtiger zu behaupten. Vor allem weist er doch zunächst einmal auf die Schwierigkeiten und Fehlformen solch einer Verbindung von Literatur und Moral hin.
– Sie meinen die mehr oder minder plumpe Indoktrination? Literaturunterricht als „Lebenshilfe" und Wertevermittlung? „Moralisierender" Deutschunterricht?
– Das auch. Aber das kennt man ja seit dem Moralunterricht der Aufklärungszeit, und ich weiß, daß sie so etwas nicht im Sinn haben. Geben Ihnen aber LADENTHINS Beispiele aus dem Unterricht nicht zu denken?
– Was meinen Sie?
– Ich will Ihrem Gedächtnis aufhelfen. Die erste Unterrichtssituation, die da wiedergegeben wird, liest sich folgendermaßen:

„Es ist Mittwoch, 5./6. Stunde: Deutsch-Grundkurs, Klassenstufe 13, Thema der Unterrichtsreihe: Naturlyrik. Besprochen wurden in den Stunden zuvor die topenhafte Literatur des Mittelalters, dann GOETHES Erlebnislyrik, natürlich Wanderers Nachtlied, anschließend romantisches Naturempfinden, dann EICHENDORFF, in der vorletzten Stunde Ironisierungen von HEINE und nun in der 5. und 6. Stunde als Kontrapunkt BRECHTS Gedicht An die Nachgeborenen. Ich lese vor

Wirklich, ich lebe in finsteren Zeiten!
Das arglose Wort ist töricht. [. . .]

Was sind das für Zeiten, wo
ein Gespräch über Bäume fast ein Verbrechen ist
weil es ein Schweigen über so viele Untaten einschließt.

Ich will den Text weiter vorlesen, aber ein Schüler meldet sich: Moment, er möchte zu dem von mir vorgelesenen Text etwas sagen. Ob BRECHT es denn wirklich so meine, wie es da stände: daß das Reden über Bäume ein Verbrechen wäre? Der Schüler ist der Meinung, daß gerade das Nichtreden über Bäume ein Verbrechen sein könnte. Er verweist auf das Waldsterben. Mehrere Schülerinnen und Schüler stimmen ihm halblaut zu, nicken, Rufe werden laut wie: Genau, richtig!

Ein anderer Schüler meldet sich und sagt, er könne dieses Gerede über das Waldsterben nicht mehr hören. Er sei in den Alpen gewesen und habe dort eher Natur erlebt, wie wir sie zuvor in den romantischen Gedichten geschildert bekommen hätten. Es entwickelt sich in der Klasse eine heftige Diskussion darüber, ob das Waldsterben eine Sensationsmeldung, eine Sensationsmache der Zeitungen oder naturwissenschaftlich feststellbare Wirklichkeit sei. Es entwickelt sich weiter eine Diskussion über die Manipulationsmöglichkeiten der Presse, des Fernsehens, überhaupt der Medien. Ich frage, ob dieses Gespräch über Bäume, das wir geführt hätten, denn jetzt ein Verbrechen sei, wie BRECHT es gemeint habe. Die Schüler verneinen mit wenigen Ausnahmen. Ich frage, warum BRECHT diese Zeile denn geschrieben habe. Ein Schüler sagt, daß BRECHT halt dieses Problem nicht gesehen habe. Schriftsteller seien doch keine Hellseher, wenn es damals so etwas wie das Waldsterben noch nicht gegeben habe, habe man auch nicht darüber schreiben können.
[...]

Zu Beginn der zweiten Hälfte der Doppelstunde meldet sich ein Schüler und fragt, warum wir derartig unzeitgemäße Literatur wie das BRECHT-Gedicht denn lesen würden. Er hätte zu Hause ein Buch gelesen, das er gerne einmal mitbringen würde, es wäre von einem gewissen STIFTER, ADALBERT STIFTER glaube er, so heiße dieser Autor. Am nächsten Tag bringt der Schüler das Buch mit, es handelt sich um ADALBERT STIFTERS Nachsommer. Er empfiehlt seinen Mitschülern dieses Buch. Als ihn die Schüler auf den Umfang des Buches hinweisen, sagt er, das wäre nicht schlimm – dieses Buch sei gewissermaßen so etwas wie eine Bibel, wie ein Nachschlagwerk für ökologische Probleme“ (1989:13f.).

– Schön erfunden, falls es nicht wahr ist.
– Jedenfalls ist es möglich und sogar wahrscheinlich. Derartiges passiert doch immer wieder. Hier wollte der Lehrer Naturlyrik besprechen und ein Gedicht von BRECHT, statt dessen ist man nun bei STIFTERS Roman ***„Nachsommer“***. Und das Bindeglied ist das Thema „Waldsterben“. Das kommt davon, wenn man die Schüler ermuntert, „sich einzubringen“. Da denkt einer beim „Gespräch über Bäume“ ans Waldsterben, und schwupps verwandelt sich der Deutschunterricht in Sozialkunde, Biologie, Chemie oder was auch immer. Vielleicht auch in Ethikunterricht. Die Literatur bleibt auf der Strecke.
– Immerhin bringt ja nun ein Schüler wieder Literatur in den Unterricht ein!
– Aber in welcher Weise! Man kann voraussehen, daß auch der ***„Nachsommer“*** so selektiv gelesen werden wird. Man reduziert Literatur aufs Stoffliche und verwandelt dadurch den Literaturunterricht in ein Sachfach.

– Die Gefahr sehe ich auch, und es gab ja in der Geschichte unseres Faches immer wieder Tendenzen in dieser Richtung. Aber wollten Sie mich nicht nach Moral fragen?
– Das hängt hier eng zusammen. Die Schüler sind doch aus einem moralischen Impetus heraus auf STIFTER gekommen. Der zeige ein anderes Umgehen mit Natur, und das sei das heute gebotene und sei auch überhaupt das aktuelle Thema. Und deshalb lehnen sie BRECHT als veraltet ab.
– Das zeigt doch, daß es Literatur mit moralischen Fragen zu tun hat, daß sie uns Fragen nach dem richtigen Handeln und Leben stellt.
– Aber die geschilderte Szene zeigt auch, wohin es führt, wenn wir uns darauf einlassen. Wir kommen vom Hölzchen aufs Stöckchen, und es ist ja allenfalls ein glücklicher Zufall, daß ein Schüler hier einen literarischen Text gegen einen anderen ausspielt. Genausogut hätten die Schüler nun Presseberichte über das Waldsterben und die Umweltzerstörung und die Verkehrspolitik und das Wirtschaftswachstum und und und mitbringen können, und dann wären wir wirklich im Sozialkundeunterricht oder ich weiß nicht wo.
– Das führt uns zum einen die Fragwürdigkeit unserer Fächereinteilung vor Augen. Zum anderen meine ich, daß es schon möglich sein müßte, zu dem BRECHT-Gedicht zurückzukehren und die Konsequenzen, die der eine Schüler gezogen hat, erst einmal zurückzustellen.
– Wie soll das aussehen?
– Nun, ganz schlicht so, daß man zumindest erst einmal das ganze Gedicht anschaut und sich Gedanken über den Stellenwert der monierten Zeile macht. Es könnte ja ein ähnliches moralisches Motiv sein, das BRECHT zu seiner Äußerung und den Schüler zu seiner Ablehnung gebracht hat. Also etwa „Was sind das für Zeiten, wo man nicht mehr über Bäume reden kann, ohne gleich an die ökologische Katastrophe denken zu müssen". Und davon ausgehend die Frage, ob es nicht zu jeder Zeit Wichtigeres als gemütliche Gespräche über Bäume gab. Wie verhielten sich denn die Romantiker zur ganz und gar nicht idyllischen politischen Situation ihrer Zeit?
– Sie scheinen BRECHT zuzustimmen.
– Ohne Bedenken. Denn er schreibt ja ein Gedicht in dieser Situation, er äußert seinen Schmerz und seine Wut über die Zeitläufe in poetischer Form. Nur deshalb ist der Satz so berühmt geworden, geradezu zum Geflügelten Wort.
– Wodurch der Satz auch entwertet wurde. Man braucht ja nicht mehr darüber nachzudenken.
– Also der Schüler hat sich ganz schön daran gerieben! Aber leider hat der Unterricht es nicht geschafft, ihn wirklich zum Nachdenken zu bringen. Kaum daß er das mit den Bäumen gehört hat, hat sich der Schüler seinen subjektiven Assoziationen überlassen.
– Das wollen Sie doch, oder nicht?
– Ja, aber dann muß man auch den Text zur Geltung kommen lassen und sehen, was dasteht. Sonst vergibt man sich jede Chance, etwas dazuzulernen.

– Wieso? In diesem Unterricht haben doch wahrscheinlich eine Menge Schüler allerhand gelernt, argumentieren z. B., ihren Standpunkt vertreten, vielleicht sind auch Kenntnisse ausgetauscht worden über die biochemischen Zusammenhänge usw.
– Eben das unterscheidet den Unterricht von Literaturunterricht. In ihm geht es nicht darum, wie sich die Natur verhält, sondern wie wir uns ihr gegenüber verhalten. Sobald wir von uns absehen, von unserer Empfänglichkeit für Natur oder unserer Ratlosigkeit ihr gegenüber, verlassen wir den Literaturunterricht.
– Aber das kann man doch nicht trennen!
– Muß man auch nicht. Nur sollten die spezifischen Lernmöglichkeiten, die Literatur bereithält, nicht aus dem Blick geraten, und das war ja in dieser Szene der Fall. Der Text klagt doch darüber, daß in den „finsteren Zeiten" die harmlosesten Dinge „fast schon ein Verbrechen" sind. Darüber wäre zu sprechen gewesen und nicht über das Waldsterben!
– Für die Schüler oder zumindest für den einen, der den Lehrer unterbrach, stand aber etwas anderes im Vordergrund.
– Woran der Lehrer vielleicht nicht ganz unschuldig war, indem er das Gedicht ***„An die Nachgeborenen"*** ans Ende einer Unterrichtsreihe über Naturlyrik gesetzt hat. Das Thema „Natur" lag also in der Luft.
– Und Sie meinen, das sei gar nicht das Thema des Gedichts?
– Allerdings meine ich das. Statt „Bäume" könnte genausogut „Wetter" dastehen.
– Das ist Ihre Interpretation! Ich wäre mir da nicht so sicher. Außerdem hat „Wetter" immer noch was mit Natur zu tun!
– Aber der Schüler hätte nicht Einspruch erhoben und eine Diskussion übers Waldsterben angezettelt.
– Was folgt daraus? Durch richtige Textauswahl und kluges Verhalten im Unterricht kann der Lehrer verhindern, daß die Schüler poetische Texte nur stofflich aufnehmen?
– Verhindern läßt sich das nie.
– Aber fördert nicht Ihre Vorstellung von Literaturunterricht diese Reduktion? Sie wollen doch die Entwicklung moralischer Kompetenz mit Hilfe von Literatur fördern. In meinen Augen ist das eben doch eine Instrumentalisierung der Kunst! Warum machen Sie, wenn es schon sein muß, Moralerziehung nicht mit Hilfe konstruierter „Dilemmata" wie KOHLBERG (1974) und seine Schule? Oder führen Filmszenen vor wie SELMAN (1984) und lassen die Schüler über die darin gezeigten Wertekonflikte diskutieren?
– Ich verstehe Ihre Sorge vor der Indienstnahme der Literatur für andere Zwecke. Das haben wir ja oft erlebt. Aber eine Instrumentalisierung, wie Sie sagen, wäre das doch nur, wenn nicht in der Literatur selbst die Frage nach dem richtigen Handeln und dem guten Leben gestellt würde.
– Sie erinnern sich, daß LADENTHIN zwei Arten von Literatur unterscheidet, die engagierte bzw. Gesinnungsliteratur, er nennt sie auch „Gebrauchsliteratur" (bei HELMERS heißt sie übrigens mit einem in der Reformpädago-

gik verwendeten Begriff „Tendenzliteratur"), innerhalb deren es „Verständigungstexte" gibt, die Klarheit über soziale Themen wie „Homosexualität, Gewalt, Kultur, Geschichte" (60) schaffen wollen, dann „ideologische Texte", die der Propaganda und direkten Belehrung dienen, und schließlich die „engagierte Literatur" im engeren Sinn, nämlich „jene Texte, die nicht Inhalte vermitteln, sondern Haltungen evozieren wollen" (62). Diesem Komplex der „Gebrauchstexte" steht die „autonome" Literatur gegenüber, die nicht durch ihren Inhalt, sondern ihre poetische Gestaltung wirkt. Schon in der Aufklärung habe sich „moralische" und „eigentliche", d.h. ästhetische Literatur getrennt. Diese ästhetische Literatur nennt er auch „amoralisch".

– Ob amoralisch oder nicht: Die Unterscheidung will ich gar nicht bezweifeln. Es ist natürlich ein Mißverständnis, wenn man Literatur unter der Frage betrachtet, was denn die „Moral von der Geschicht'" sei. So machen's die Siebtkläßler, wenn sie versuchen, eine „Lehre" aus der Geschichte über den Bären auf dem Försterball zu ziehen, etwa: Begib dich nicht in schlechte Gesellschaft! oder: Sauf nicht so viel! Didaktisch ist natürlich nur der geringste Teil der Dichtung. Aber der größte Teil der Dichtung hat es mit menschlichem Handeln, mit Absichten, Wünschen, Erwartungen, Hoffnungen, mit Lebensentwürfen und Sinnfragen zu tun. Und wer nicht nur zur Unterhaltung liest, hat ja meistens das Motiv, daß er sich mit solchen Fragen beschäftigt. Er sucht in der Literatur nicht nach *der* Antwort, aber er möchte in Gedanken Möglichkeiten durchspielen. Das ist ja auch ein starkes Motiv bei den Autoren: Lebensmöglichkeiten auf dem Papier durchzuspielen. Je mehr sich ein Autor auf seinen Stoff einläßt, desto mehr bekommt der ein Eigenleben, und das ist dann für den Autor das Spannende: Wie geht das weiter? Wohin führt das? Wie geht das aus?

– Auch in der „eigentlichen" Literatur, der ästhetischen, autonomen?

– Nur da. Das andere wäre ja gerade das, was LADENTHIN zurecht beiseite schiebt: Literatur, die nur als Verpackung für Ideen, Absichten, Meinungen dient. Da lernt der Autor beim Schreiben nichts dazu, sondern weiß immer schon, was herauskommt. Das hat einen ganz anderen Sinn. KREFT nennt solche Literatur übrigens „rhetorische" und unterscheidet sie von der „poetischen".

– Wir wollten jetzt aber nicht über Autoren, sondern über Leser, also über die Schüler sprechen.

– Im Hinblick auf die Frage des Ausprobierens von Möglichkeiten und der Spannung, welche Folgen bestimmte Konstellationen haben, gibt es da keinen gar so großen Unterschied. Es war für FRANZ FÜHMANN spannend herauszubekommen, was passiert, wenn man die alte Idee vom Voraussehen der Zukunft einmal konkret ausfabuliert. Diesen Gedanken wollte er erzählerisch in Worte fassen, um, wie er selber schrieb, „eine existentielle Lähmung zu überwinden". Deshalb schrieb er die Erzählung ***„Die Ohnmacht"***, in der sich zeigt, daß man noch so klug das Verhängnis, das man voraussieht, abzuwehren versuchen kann – es gelingt am Ende eben nicht.

Also für den Leser ist diese irrsinnige Geschichte genauso spannend und beklemmend, wie sie für den Autor war. Und der Leser dankt es dem Autor, wenn der ihn kraft seiner Phantasie in ungewöhnliche Situationen verwickelt, wo er gespannt sein kann, wie das ausgeht. Aber der Leser gibt doch dabei nicht seinen Alltagsverstand auf. Er konkretisiert und beurteilt die literarischen Figuren und das Geschehen mit seinen Maßstäben. So autonom ist keine Literatur, daß wir keine Beziehung zwischen ihr und unserem Leben herstellen würden – das ist der Punkt, an dem LADENTHINS Unterscheidung in die Irre führt. Bei FÜHMANNS Geschichte liegt die Beziehung ja auf der Hand, da braucht man kein Wort mehr darüber zu verlieren. Und zur Autonomie der Kunst gehört doch gerade, daß sie auch Partei ergreifen kann!

– HANDKE hat behauptet, alle Literatur, auch noch die engagierteste, sei wegen ihrer Form, wegen ihres Stils künstlich, fiktiv, unrealistisch. Der Dichter ist ein „Bewohner des Elfenbeinturms".
– HANDKE irrt.
– ?
– Das Preisgedicht etwa ist beides, es ist ein Gedicht, und es preist wirklich, nicht nur fiktiv. HANDKE vertritt hier einen Ästhetizismus, dem man sich nicht anzuschließen braucht. Dieser Ästhetizismus ist ja derzeit mal wieder in Mode. Man macht es sich aber zu einfach, wenn man den komplizierten oder meinetwegen auch dialektischen Bezug, den Dichtung zur Wirklichkeit hat, im ganzen leugnet. FÜHMANN nannte seine Erzählung übrigens „Saiänsfiktschen", eine besondere Art der Fiktion. Was die Behauptung von HANDKE angeht, scheint mir im übrigen, daß man sich in einen Widerspruch verwickelt, wenn man einerseits ihm zustimmt, andererseits von „Gebrauchsliteratur" spricht. Durch ihren ästhetischen Charakter wäre sie ja nach HANDKE allemal nicht operativ, also jenseits der Sphäre des realen Handelns.
– Aber Sie können doch nicht leugnen, daß es Literatur gibt, die keinen moralischen Gehalt hat, schon allein deshalb, weil sich die Sprache nicht auf etwas außer ihr Liegendes bezieht, sondern nur auf sich selbst: „selbstreferentiell"!
– Ich sehe darin nur einen Protest gegen die Zumutung von Sinn. Aber dieser Protest verbraucht sich sehr schnell. Und daß es einen Sprachgebrauch gibt, der nichts mit Moral zu tun hat, wäre auch erst einmal nachzuweisen.
– Hängen Sie dann nicht doch der Verpackungstheorie an? Die Form als schöne Verpackung des zu transportierenden Inhalts?
– Nein, das wäre nun das andere Extrem. Für mich hat die Literatur einen Bezug zum Leben, zu Erfahrungen, zu menschlichem Handeln und Leiden, aber sie ist nicht Versprachlichung von etwas, was auch anders, nämlich prosaisch, im Alltagsdiskurs hätte gesagt werden können. Kunst ist Ausdruck von anders nicht Artikulierbarem.
– Dann sieht es aber schlecht aus mit der „Interpretation", denn die versucht ja gerade zu übersetzen.

– Ich sehe da zwei Möglichkeiten. Entweder ist der literarische Text tatsächlich eindeutig in Alltagsdiskurs übersetzbar. Dann hat die Geschichte die Kunst überholt, d. h., das, was einmal nur indirekt ausgedrückt werden konnte, ist unterdessen direkt, wortwörtlich sagbar. Die andere Möglichkeit ist, daß die Interpretation das Werk nicht ausschöpft. Sie gibt ihm einen eindeutigen, direkten Sinn, aber der gilt nur zu diesem Zeitpunkt oder gar nur für diesen Interpreten. Der Anstrengung, hinter das Gesagte auf das Gemeinte zurückzugehen, unterziehen wir uns, weil wir wissen, daß die direkte Sprache nicht ausreicht, um komplexe, paradoxe, diffuse Erfahrungen und Vorstellungen zu artikulieren. Wenn wir nicht nur bewundernd und ergriffen oder genervt und ratlos vor den Kunstwerken verharren wollen, müssen wir das, was wir empfinden, in Begriffen auszudrücken versuchen, aber wir merken, daß wir dabei immer wieder hinter dem Text zurückbleiben. Trotzdem ist diese Interpretationsanstrengung nicht überflüssig, weil wir uns ja dabei über die eigene Position klarwerden, und zwar zum einen in Auseinandersetzung mit dem Text, zum anderen in Auseinandersetzung mit den anderen Interpreten. Das unterscheidet übrigens das Gespräch über Literatur von den Dilemma-Diskussionen, zu denen Sie mir rieten. Bei denen sind die Leser direkt um ihre Meinung gefragt. Beim Gespräch über einen poetischen Text hat der Leser einen viel größeren Spielraum und spricht nur indirekt über sich
– ... falls der Text ihn überhaupt etwas angeht!
– Ja, natürlich, das ist die Voraussetzung. Sonst wird das Gespräch zur philologischen Wortklauberei.
– Da fällt mir eine Formulierung von Ladenthin ein: „Das Ästhetische behauptet seine Autonomie, indem es sich als Nichtbegriffliches dem (zum Beispiel ethisch) wertenden Zugriff grundsätzlich verweigert“ (1989:66).
– Also das „Nichtbegriffliche“ als Charakteristikum des Poetischen? Das klingt so, als ob man beim Gespräch über einen poetischen Text überhaupt keine moralischen Urteile fällen dürfte. Daß die Förster drauf und dran sind, einen der Ihren umzubringen, dürfte weder verurteilt, noch überhaupt mit Vorurteilen gegenüber Außenseitern in Verbindung gebracht werden. Wenn man das fordert, ermöglicht man nicht etwa das Textverständnis, sondern man verhindert es.
– Aber ein ästhetischer Text ist doch etwas anderes als die Wirklichkeit!
– Natürlich! Wir fragen ja auch nicht nach den juristischen Folgen, wie wir das wohl täten, wenn uns diese Szene als Zeitungsbericht über einen realen Vorfall präsentiert würde. Der Erzähler signalisiert ja Distanz durch satirische Übertreibung. Statt daß wir empört sind, sind wir amüsiert. Nicht nur das „Nichtbegriffliche“, also das Bildliche, sondern auch das Fiktive und Ironische ist das Ästhetische am Text; ohne das Ästhetische wahrzunehmen, würden wir den Text mißverstehen. Aber daß wir amüsiert sind, hindert uns nicht daran, das Verhalten der Förster zu verurteilen. Die sind benebelt, und der Alkohol ist nur Vorwand, genau wie auch die Förster nur Vor-Wand sind, hinter der die gemeinte dumpf-brutale Männergesellschaft deutlich genug zu erkennen ist. Aber der Text zwingt

uns nicht, hinter diese Vor-Wand zu blicken, wir dürfen auch davor stehenbleiben und uns amüsieren.

- Gott sei Dank räumen Sie diese Möglichkeit ein! Ich wollte Sie nämlich schon darauf hinweisen, daß Sie hier Ihre persönliche Interpretation ins Spiel bringen. Im übrigen sehe ich immer noch nicht, worin sich Ihre Auffassung von der Auffassung unterscheidet, daß die Dichtung nur schöne Verpackung von moralischer Wahrheit ist. So wie ich Sie verstehe, sagen Sie: Man braucht das Paket nicht aufzumachen, in dem die Wahrheit liegt, man kann, wenn man will, sich auch an der schönen Verpackung freuen.
- Ganz richtig haben Sie darauf hingewiesen, daß das *meine* Interpretation ist. So habe *ich* mir den Text angeeignet. Und natürlich bin ich überzeugt, daß das auch die Wahrheit des Textes ist. Aber andere Leser erschließen sich vielleicht eine andere Wahrheit. Mit denen müßte ich dann streiten. Das ist eben das Besondere an poetischen Texten: Sie sind keine Einkleidung eines moralischen Dilemmas, sondern sie sind zunächst nichts weiter als Bilder und Szenen. Wir können sie betrachten, wie man einem Fußballspiel oder einer Zirkusnummer zuschaut, mit Spannung und Vergnügen. Aber beim poetischen Text können wir auch fragen: Wofür steht das? Was bedeutet das? Meistens gibt uns die poetische Gestaltung einen Fingerzeig, weil der Autor das, was er darstellt, ja zwangsläufig durch seine Brille betrachtet. *Er* hat es interpretiert, schon allein durch die Auswahl des Dargestellten. Etwas weglassen, etwas nicht sagen, kann da „schon fast ein Verbrechen" sein. Als Interpreten vollziehen wir das nach. Wir fragen eben auch: Warum hat er gerade *das* dargestellt und nicht jenes? Warum zeigt uns HACKS den Oberförster beim Hagebuttenfressen und seine Försterschar immer hinterdrein? Warum zeigt er nicht, woher der Bär seine Försterkleidung hat? Warum vergleicht er den Baß des Oberförsters mit der „Schlucht, in die die Omnibusse fallen"? Natürlich *spielt* der Autor mit seinem Stoff und hält vieles in der Schwebe. Aber der Interpret darf sich doch für die Regeln des Spiels interessieren!
- Und schon sprechen Sie selber figürlich!
- Auch nicht zufällig. Der Vergleich mit den Spielregeln weist nämlich darauf hin, daß man solche Regeln am besten herausbekommt, wenn man sich auf das Spiel einläßt und mitspielt. Das haben ja auch die Ethnologen bemerkt: Die Regeln einer fremden Gesellschaft kann man nur erkennen, wenn man mitspielt. Trotzdem kann man dann wieder nach außen treten und das Erkannte in anderer Sprache, etwa in begrifflicher, äußern.
- Das scheint mir der Punkt, wo sich Ihre Auffassung von der LADENTHINS unterscheidet. Er betont so sehr das Besondere des Ästhetischen, daß man bei ihm eigentlich nichts von dem, was man im ästhetischen Bereich erfährt, nach draußen, ins praktische Leben mitnehmen kann.
- Sie halten sich vermutlich an so eine Formulierung wie „Sie" – damit meint er die ästhetischen Texte – „Sie bilden ein abgeschlossenes Ganzes, verweigern jeglichen Anspruch einer außerliterarischen Wirklichkeit". Er zitiert dann EDGAR ALLEN POE als Kronzeugen. Aber diese Äußerung findet sich nicht im systematischen Teil seines Buches, und ich glaube nicht,

daß Sie LADENTHIN ganz gerecht werden, wenn Sie ihn so auslegen, als hätte die ästhetische Erfahrung überhaupt keine Konsequenzen im Leben. Am Ende seines Buches mißt er ja der Kunst eine wichtige soziale Rolle bei: Sie schult im Mitleid.

– Ehrlich gesagt habe ich das nicht ganz verstanden.
– Mir ging es zunächst ähnlich. Es ist ja auch so eine Sache, wenn man das Thema „Literatur und Moral und Erziehung“ angeht und dabei statt eines Theoriezusammenhangs nur eine Zitatcollage zugrunde legt. Es gibt ja doch längst Theorien, die Zusammenhänge herstellen zwischen Erkenntnis, Wahrheit, Sprache, Moral, Ästhetik, Literatur und Erziehung, und man sieht eigentlich nicht ein, warum Literaturlehrer so tun, als müßten sie am Punkt Null anfangen. Aber ich will mal versuchen nachzuvollziehen, wie er über den Begriff „Mitleid“ am Ende doch noch zu einer Verbindung von Lebenspraxis und autonomer, „amoralischer“ Literatur kommt. Was er im Sinn hat, ist eine „nichtdiskursive Ethik“, also eine, die nicht begrifflich expliziert wird.
– Kann die denn noch einen Geltungsanspruch erheben?
– Lassen Sie uns erst einmal die Argumentation verfolgen. Ausgangspunkt ist also die Feststellung, daß Kunst ein autonomer Bereich ist, der nicht moralischen Zwecken unterstellt werden darf.
– Auch nicht, wenn die Autoren selbst moralische oder politische Absichten haben?
– Dann schrieben sie ja nach LADENTHINS Einteilung „Gebrauchsliteratur“.
– Dazu gehört also die Hälfte der modernen Literatur!
– Aber die andere Hälfte eben nicht, und um die geht es ihm offenbar. Seine Argumentation ist nun: Wenn die autonome Kunst moralisch sein soll, dann kann sie das nur aus sich selbst heraus, d.h., es muß etwas Moralisches im Ästhetischen liegen. Eine solche Möglichkeit sieht LADENTHIN in einer Briefstelle von LESSING: „Wie unendlich besser und sicherer sind die Wirkungen meines Mitleidens! Das Trauerspiel soll das Mitleiden nur überhaupt üben, nicht uns in diesem oder jenem Falle zum Mitleiden *bestimmen*. Gesetzt auch, daß mich der Dichter gegen einen unwürdigen Gegenstand mitleidig macht, nehmlich vermittelst falscher Vollkommenheiten, durch die er meine *Einsicht* verführt, um mein Herz zu gewinnen. Daran ist nichts gelegen, wenn nur mein Mitleiden rege wird, und sich gleichsam gewöhnt, immer leichter und leichter rege zu werden. Ich lasse mich zum Mitleiden bewegen, um eine *Fertigkeit im Mitleiden* zu bekommen. [...] wie ohne Zweifel derjenige der beste Mensch ist, der die größte Fertigkeit im Mitleiden hat“ (Brief an Mendelssohn v. 18. 12. 1756). LADENTHIN kommentiert diese Stelle so, daß es der Literatur nicht um die Darstellung bestimmter moralischer oder unmoralischer Handlungen geht, sondern um die Erregung von Gefühlen „wie Gruseln, wie Furcht oder Mitleid“. Damit werde die „Bedingung für moralisches Handeln“ geschaffen: „Das grundlegende Prinzip moderner Literatur ist affektbezogene Wirkungsweise. Um sich zu realisieren, benötigt sie die Fähigkeit der Rezipienten zum Nachvollziehen, zum Einfühlen, zum Mitleiden,

kurz: zur Empathie“ (116). Und kurz darauf: „Genau hier liegt die eigene Leistung der Kunst, der Literatur: Sie befähigt zum Mitleiden“ (117).

– Wenn ich Sie da einmal unterbrechen darf: Macht sich LADENTHIN hier nicht die Doppeldeutigkeit des Wortes „Mitleiden“ zunutze? Empathie bedeutet ja zunächst einmal Einfühlung, also die Gefühle eines anderen nachvollziehen. Das hat doch noch gar keine moralische Bedeutung! In der aktuellen kognitiven Psychologie spricht man hier schlicht von „sozialem Verstehen“. „Mitleid“, wie wir das Wort im allgemeinen gebrauchen, geht aber darüber hinaus und betont das Leiden, die Teilnahme am Schmerz des anderen. Die Griechen nannten das „sympatheia“, und unser Wort ist ja wohl eine Lehnübersetzung davon.

– Genauso sehe ich es auch. Wo er den Begriff einführt, geht es darum, daß Kunst überhaupt Gefühle erregt, und ohne Fühlen gebe es keine Moral. LADENTHIN nennt POES Konzeption ausdrücklich „Effekt“-Ästhetik; und dieser Konzeption schließt er sich zunächst an. Sie fordert vom Kunstwerk nichts mehr, als daß es eine Gefühlserregung bewirkt. Mit Moral hat das nichts zu tun. Gerade „amoralische“ Horrorliteratur wirkt ja aufs Gefühl. LADENTHIN verbindet diese Konzeption nun aber mit einer anderen, die auch den Begriff „Mitleid“ gebraucht. Er führt nämlich dann Zitate von STIFTER oder WEISCHEDEL an, die das Wort im Sinne von „Mitgefühl“ gebrauchen, also klar als moralischen Wert. Bei WEISCHEDEL steht Mitleid deshalb in einer Reihe mit anderen Werten wie Wahrhaftigkeit, Sachlichkeit und Toleranz. Und WEISCHEDEL gibt genau die Worterläuterung, die Sie auch eben im Munde führten: „Teilnahme am fremden Leiden“. Es ist schon verblüffend, wie LADENTHIN daraus folgert: „Die Beschäftigung mit Literatur ist also, da sie zur unabdingbaren Voraussetzung das ethische Prinzip der Empathie hat, per se ethisch relevant.“ Und er fährt fort: „Das literarische Kunstwerk ist insofern moralisch, als es vom Rezipienten die Fähigkeit zur Moral verlangt, um überhaupt als Kunstwerk verstanden zu werden. [...] Das Moralische liegt also einerseits im Wesen der Paradoxie einer auf Affekte bezogenen autonomen Kunst und zum anderen in ihrem Spezifikum der Anschaulichkeit. Der Literaturunterricht ist demnach ein Beitrag zur Moralerziehung schon dann, wenn er ‚nur‘ Literatur unterrichtet“ (117f.). M. a. W.: Da Literatur (gedacht ist offenbar vor allem an erzählende und dramatische) das Sich-hinein-Versetzen des Lesers in die dargestellten Figuren verlangt, also Einfühlung und Perspektivenübernahme, trägt LU zur Moralerziehung bei; denn die Übernahme fremder Perspektiven ist eine wesentliche Voraussetzung für moralisches Handeln.

– Das klingt eigentlich ganz überzeugend, und mir scheint, daß LADENTHIN mit dieser Auffassung nicht allein steht.

– Ich glaube auch, daß das ein wesentliches Element bei der Förderung von Interaktionsfähigkeit ist. Aber es ist natürlich nur formal. Die Maßstäbe, an denen sich die Figuren orientieren, und die Haltung, die der Erzähler ihnen gegenüber einnimmt, stehen nicht zur Diskussion. Die bilden aber auch ein wesentliches Element, und man geht nicht über den Text hinaus, sondern dringt tiefer in ihn ein, wenn man sich auch darauf einläßt. Die Förster in der Geschichte vom Bären auf dem Försterball z.B. handeln vollständig nach überkommenen Konventionen; ihr Handeln würde KOHLBERG auf Stufe 3 seiner sechsstufigen Skala einordnen: Orientierung am Ideal des guten Försters. Ein ordentlicher Förster macht, was alle Förster machen. So eine Orientierung muß Jugendlichen eines bestimmten Alters, einer bestimmten Entwicklungsstufe sehr plausibel erscheinen. Der Erzähler macht sich aber von einem postkonventionellen Standpunkt aus darüber lustig, und das muß diese Jugendlichen eigentlich irritieren. Die ästhetische Gestaltung sorgt für diese Distanzierung. Derartiges finden Sie bei keiner moralischen Dilemma-Geschichte! Die ästhetische Gestaltung bewertet gewissermaßen den erzählten Inhalt. Sie macht ja auch klar, daß es sich nicht um einen wahrheitsgetreuen Bericht über wirkliche Förster handelt. Die Förster repräsentieren in der Geschichte eine bestimmte Art menschlichen Verhaltens; diese Repräsentation funktioniert nur, weil es in der Wirklichkeit zwar Spott über Förster gibt – z.B. „Jägerlatein" (die Geschichte unterscheidet nicht zwischen Förstern und Jägern) –, aber keine echten Vorurteile oder Diffamierungen. „Mitleid" kommt beim Leser allenfalls gegenüber dem jungen Förster auf; aber das Mitleid hält sich in Grenzen, wenn man bedenkt, daß ja auch er zu dieser feinen Gesellschaft gehört. Aber Einfühlung brauchen wir in alle Figuren, in den Bären nicht weniger als in die Förster; denn sonst würden wir ihr Handeln nicht verstehen können. Und die Einfühlung in den Bären ist ja nicht ganz einfach; jüngere Schüler scheitern an der Paradoxie seines Verhaltens.

– Wenn Sie diesen poetischen Text so direkt auf die Lebenspraxis beziehen, machen Sie genau das, wogegen sich LADENTHIN verwahrt. Ihm zufolge läge die moralische Bedeutung des Textes einzig darin, daß der Leser trainiert, sich in Figuren hineinzuversetzen. Nur wer das kann, der ist nämlich auch in der Lage, dem KANTSCHEN kategorischen Imperativ zu folgen. Wenn wir geübt haben, in der Phantasie probezuhandeln, können wir das dann auch in Wirklichkeit.

– Das ist sicher nicht falsch, aber mir scheint es noch etwas zu wenig. LADENTHIN legt so großen Nachdruck auf die Autonomie der Kunst, daß er bei einem mehr als nur formalen Bezug auf Praxis immer gleich das Gespenst des Moralisierens an die Wand malt. Es gibt da noch eine recht aufschlußreiche Stelle in seinem Buch. Ein Kapitel, das den Titel „Mitleid und Empathie" trägt, beginnt er mit einer Kritik an HABERMAS, nämlich an einem Gedanken, den dieser in seiner Rede „Die Moderne – ein unvollendetes Projekt" geäußert hat. M. E. lohnt es sich, das einmal etwas genauer zu betrachten. Interessiert es Sie?

– HABERMAS? Wird das wieder so abstrakt und unverständlich? Philosophen-Kauderwelsch?

– Sie werden lachen: Es geht um das Verhältnis von Experten und Laien!

– Das läßt hoffen. Schießen Sie los!

– Ich will Ihnen mal zunächst vorlesen, was LADENTHIN schreibt.

„In der Dankrede, die JÜRGEN HABERMAS zur Verleihung des ADORNO-Preises 1980 hielt, hat er, an den ADORNOSCHEN Begriff der Moderne anknüpfend, in einem besonderen Kapitel, überschrieben ‚Das Projekt der Aufklärung', auf die Notwendigkeit hingewiesen, jedwede kulturelle Praxis – also auch die Schule – als ‚Aneignung der Expertenkultur' zu verstehen. Unter einer Expertenkultur versteht er nun aber jenes Projekt der Moderne, das es zugleich zu beachten und zu überwinden gelte. HABERMAS sagt:

Die Idee der Moderne ist mit der Entwicklung der europäischen Kunst eng verschwistert; aber das, was ich Projekt der Moderne genannt habe, kommt erst in den Blick, wenn wir die bisher geübte Beschränkung auf Kunst aufgeben. MAX WEBER hat die kulturelle Moderne dadurch charakterisiert, daß die in religiösen und metaphysischen Weltbildern ausgedrückte substantielle Vernunft in drei Momente auseinandertritt. Indem die Weltbilder zerfallen und die überlieferten Probleme unter den spezifischen Gesichtspunkten der Wahrheit, der normativen Richtigkeit, der Authentizität oder Schönheit aufgespalten, jeweils als Erkenntnis-, als Gerechtigkeits-, als Geschmacksfragen behandelt werden können, kommt es in der Neuzeit zu einer Ausdifferenzierung der Wertsphären Wissenschaft, Moral und Kunst."

– Das habe ich sogar verstanden!
– Es ist ja, pardon, auch nichts Neues. Spannend wird es erst, wenn man die Konsequenzen vergleicht, die LADENTHIN zieht, mit denen, die HABERMAS zieht. Bei LADENTHIN heißt es nun nämlich:

„Die Wertsphären des Wahren, Guten und Schönen sind in sich absolut, d. h. eine Verbindung zwischen ihnen besteht nicht. Dennoch bedarf der Unterricht eben dieser Vermittlung. HABERMAS sieht, wie angedeutet, die Verbindung in einer kulturellen Praxis. Aber genau dies, diese Praxis, so haben wir argumentiert, zerstört, was sie erhalten will: Das Projekt der Moderne, das heißt, die Emanzipation des Einzelnen in ein Eigenes. Wenn Kunst und Wirklichkeit, Ästhetisches und Moralisches miteinander verbunden werden sollen, kann dies nicht in einem Dritten, in der ‚Praxis' liegen, aus der sich die Kunst doch gerade emanzipiert hat, einer Praxis, die das Eigene dem Fremden unterordnet; die Verbindung kann nur in einem Spezifikum all jener Eigenheiten liegen, einem Spezifikum, das alle Eigenheiten wesentlich bestimmt, nicht also additiv ist, wie die Praxis, sondern substantiell, einem Spezifikum, das sowohl ästhetisch wie moralisch relevant ist, mithin die Eigenheiten nicht zerstört" (165).

Dieses Spezifikum, dieses Verbindende ist für LADENTHIN, wie wir schon wissen, „Mitleid und Empathie".
– Wahrscheinlich wollen Sie ihm wieder die Doppeldeutigkeit dieser Begriffe vorhalten?
– Nein. Ich meine vielmehr, daß er hier HABERMAS nur als Sprungbrett verwendet für seinen eigenen Gedanken. Der HABERMASSCHE Gedanke ist aber viel interessanter! Dazu muß man freilich auf den Originaltext zurückgreifen. Wollen Sie mir dabei noch weiter folgen?
– Nun haben Sie schon damit angefangen: Sei's drum!
– Die Formulierung „Aneignung der Expertenkultur" fällt bei HABERMAS in einem anderen Zusammenhang; sie findet sich übrigens auch erst viel später in der Rede, also kurz vor Schluß. Es ist die Konsequenz, die H. aus

den vorangegangenen Überlegungen zieht. Es geht dabei nicht um „jedwede kulturelle Praxis – also auch die Schule –", sondern um die drei genannten Bereiche Wissenschaft, Moral, Kunst. Deren Emanzipation hat zur Spezialisierung und zur Ausbildung von „Expertenkulturen" geführt: Für die Kunst sind nur noch die Künstler zuständig, für das Erkennen der Wirklichkeit die Wissenschaftler, für die Moral die Juristen. Nun sucht H. nicht nach einer Wiedervereinigung dieser Bereiche, wie ihm das LADENTHIN unterstellt, sondern nach ihrer Wiederanbindung an die Lebenspraxis. Dabei sieht er durchaus Unterschiede zwischen den drei Bereichen.

„Wohl sind die Wissenschaften einerseits, Moral- und Rechtstheorie andererseits in ähnlicher Weise autonom geworden wie die Kunst. Aber beide Sphären bleiben in Verbindung mit spezialisierten Formen der Praxis: mit der verwissenschaftlichten Technik die eine, mit einer rechtsförmig organisierten, in ihren Grundlagen auf moralische Rechtfertigung angewiesenen Verwaltungspraxis die andere. Und doch haben sich die institutionalisierte Wissenschaft und die im Rechtssystem abgespaltene moralisch-praktische Erörterung so weit von der Lebenspraxis entfernt, daß auch hier das Programm der *Aufklärung* in das der *Aufhebung* umschlagen konnte" (HABERMAS 1980:47f.).

Mit dem Begriff *Aufhebung* spielt H. auf die Parole von der Aufhebung der Philosophie an, die seit den Junghegelianern kursiert, und natürlich auch auf den Versuch einer Aufhebung der Kunst, wie sie von den Surrealisten proklamiert und versucht wurde: Kunst sollte unmittelbar ins Leben übertreten.

„Alle Versuche, die Fallhöhe zwischen Kunst und Leben, Fiktion und Praxis, Schein und Wirklichkeit einzuebnen; den Unterschied zwischen Artefakt und Gebrauchsgegenstand, zwischen Produziertem und Vorgefundenem, zwischen Gestaltung und spontaner Regung zu beseitigen; die Versuche, alles als Kunst und jeden zum Künstler zu deklarieren, alle Maßstäbe einzuziehen, ästhetische Urteile an die Äußerung subjektiver Erlebnisse anzugleichen – diese inzwischen gut analysierten Unternehmungen lassen sich heute als Nonsense-Experimente verstehen, die wider Willen genau die Strukturen der Kunst, die verletzt werden sollen, nur um so greller beleuchten: das Medium des Scheins, die Transzendenz des Werkes, den konzentrierten und planmäßigen Charakter der künstlerischen Produktion sowie den kognitiven Status des Geschmacksurteils" (46f.).

– Ich weiß nicht, ob ich alles verstanden habe – das sind ja ungeheure Sätze, die Sie mir da um die Ohren schlagen! – aber wenn ich mich nicht verhört habe, steht es nach Meinung von H. recht schlecht um alle Versuche, zwischen Kunst und Leben zu vermitteln.
– Nicht um alle. H. ruft diese Versuche nur ins Gedächtnis zurück, um auf ihrer Folie die eigene Lösung deutlich zu machen, und diese Lösung heißt: „Aneignung der Expertenkultur aus dem Blickwinkel der Lebenswelt".
– Was ist damit gemeint?
– Es geht um den Unterschied von Experten und Laien.
– „Experten" sind die Profis?

– So könnte man sagen. In erster Linie ist an den Kunstkritiker zu denken. Er betrachtet das einzelne Kunstwerk aus dem Blickwinkel der internen Kunstentwicklung, d. h., er bezieht das einzelne Werk auf andere Kunstwerke. Der Laie dagegen, den H. „Experten des Alltags“ nennt, bezieht das Werk auf Lebensprobleme.
– Damit macht er das, was er nach LADENTHIN nicht tun sollte!
– Ja. Er verläßt das autonome Reich der Kunst. Und dabei geschieht allerdings das, was LADENTHIN als Verbindung der Wertsphären kritisierte; denn wenn der Laie seine ästhetische Erfahrung auf sein Leben bezieht, dann erneuert diese Erfahrung „nicht nur die Interpretationen der Bedürfnisse, in deren Licht wir die Welt wahrnehmen“, sondern „sie greift gleichzeitig in die kognitiven Deutungen und die normativen Erwartungen ein und verändert die Art, wie alle diese Momente aufeinander *verweisen*“.
– Sie gestatten, daß ich nach Luft schnappe.
– Ich wollte Ihnen gerade noch ein Beispiel vorlesen, das H. gibt, um das Gemeinte zu illustrieren.
– Tun Sie es. Aber dann sollten wir uns wieder etwas näher mit Pädagogischem beschäftigen!
– Warten Sie ab! H. zitiert nämlich aus PETER WEISS' „Ästhetik des Widerstands“ eine Stelle. Darin geht es um die Art, wie sich im Berlin des Jahres 1937 eine Gruppe politisch motivierter, lernbegieriger Arbeiter Kultur aneignet, junge Leute also, „die auf einem Abendgymnasium die Mittel erwerben, um in die Geschichte, auch die Sozialgeschichte der europäischen Malerei einzudringen. Sie hauen aus dem zähen Gestein dieses objektiven Geistes die Splitter heraus, die sie assimilieren, in den Erfahrungshorizont ihres von der Bildungstradition wie vom bestehenden Regime gleich weit entfernten Milieu einholen und so lange hin und her wenden, bis sie zu leuchten beginnen“. Und nun die Stelle aus der „Ästhetik des Widerstands“, dort im ersten Band S. 54: „Unsere Auffassung einer Kultur stimmte nur selten überein mit dem, was sich als ein riesiges Reservoir von Gütern, von aufgestauten Erfindungen und Erleuchtungen darstellte. Als Eigentumslose näherten wir uns dem Angesammelten zuerst beängstigt, voller Ehrfurcht, bis es uns klar wurde, daß wir dies alles mit unseren eigenen Bewertungen zu füllen hatten, daß der Gesamtbegriff erst nutzbar werden konnte, wenn er etwas über unsere Lebensbedingungen sowie die Schwierigkeiten und Eigentümlichkeiten unserer Denkprozesse aussagte.“
– Damit wären wir ja schon beim Pädagogischen!
– Ja, es geht hier um Aneignung von Kultur, aber eben nicht als Bildungswissen und auch nicht bloß als Empathie-Training, sondern als Interpretationen des eigenen Lebens. Die Kunst bietet uns Bilder an, die Literatur literarische Bilder (Szenen), die wir daraufhin prüfen können, ob sie uns „gutes“ oder „schlechtes“ Leben zeigen. Noch die esoterischste, selbstgenügsamste Kunst stellt uns die Frage, ob dieser Verzicht auf Praxis uns wünschenswert ist.

– Kann man denn dieses Beispiel wirklich verallgemeinern? Es scheint mir unter besonderen Bedingungen zu stehen – „politisch motivierte, lernbegierige Arbeiter, im Berlin des Jahres 1937“. Halten Sie eine derartige Kulturaneignung heute für möglich? Wenn ich da an unsere Schüler denke: Die sind doch eher übersättigt und überdies resigniert: Was bringt's, wenn man die Frage nach dem richtigen und guten Leben beantwortet? Ändern kann man ja doch nichts! Also: Aussteigen oder Ärmelaufkrempeln und Karriere machen.
– Und wenn es nur diese Alternative wäre: Vor allem in Lebensphasen mit großen körperlichen oder sozialen Veränderungen wie Pubertät und Adoleszenz werden Fragen nach dem, was man selbst ist und will, auch von heutigen Jugendlichen zum Teil vehement gestellt. Dennoch ist Ihre Skepsis berechtigt. Habermas knüpft seine Idee einer Nutzbarmachung der Expertenkultur für den Laien nämlich an eine Bedingung. Darf ich Ihnen diesen Abschnitt noch vorlesen?
– Das läßt sich ja nun wohl nicht mehr vermeiden ...
– „Eine differenzierte Rückkoppelung der modernen Kultur mit einer auf vitale Überlieferungen angewiesenen, durch bloßen Traditionalismus aber verarmten Alltagspraxis wird freilich nur gelingen, wenn auch die gesellschaftliche Modernisierung in *andere* nichtkapitalistische Bahnen gelenkt werden kann, wenn die Lebenswelt aus sich Institutionen entwikkeln kann, die die systemische Eigendynamik des wirtschaftlichen und des administrativen Handlungssystems begrenzt“ (51).
– Am Ende sind die Politiker schuld?
– Jedenfalls macht H. den Horizont deutlich, in dem die Frage nach Bildung, auch gerade nach ästhetischer Bildung, diskutiert werden muß. Ich halte es für gar nicht so abwegig, daß die Schule oder überhaupt das Bildungssystem solch eine Institution sein könnte, die die „Eigendynamik des wirtschaftlichen und des administrativen Handlungssystems begrenzt“, indem sie die Kraft der Menschen zum Widerspruch stärkt. Aber dazu müßte sich Schule, müßte sich das Bildungssystem entscheidend ändern. Bisher sind die Orientierungspunkte doch individueller Aufstieg und nationale Konkurrenzfähigkeit bzw. wirtschaftliche Überlegenheit.
– Nicht Glück? Und auch nicht die Erweiterung von Problemlösekapazitäten?
– Beides wird ja von den Imperativen „Aufstieg“ und „Überlegenheit“ her definiert! „Glück“ bedeutet Aufstieg, und die „Erweiterung der Problemlösekapazitäten“ dient der Überlegenheit unseres Wirtschaftsstandorts.
– Ist das nicht eine gar zu zynische Sicht?
– Ich hoffe es sehr.

Literatur

Altenburg, Erika (1991): Wege zum selbständigen Lesen. 10 Methoden der Texterschließung. Frankfurt/M.: Cornelsen/Scriptor

Andringa, Els (1987): Wer sieht wen wie? Entwicklungen in der Wahrnehmung fremder Perspektiven. In: Willenberg, Heiner u. a. (Hrsg.): Zur Psychologie des Literaturunterrichts. Frankfurt/M.: Diesterweg. S. 87–108

Antonacopoulos-Müller, Birgit/Leidholdt, Gabriele (1982): Grundlagen und Bedingungen der Rezeption literarischer Texte bei Kindern und Jugendlichen, untersucht am Beispiel der Erzählung „Der Bär auf dem Försterball“ von Peter Hacks. 1. Staatsexamensarbeit. Hamburg

Apel, Karl-Otto (1971): Szientistik, Hermeneutik, Ideologiekritik. In: Apel u.a. (1971:7–44)

Apel, Karl-Otto u.a. (1971): Hermeneutik und Ideologiekritik. Frankfurt/M.: Suhrkamp

Bambach, Heide (1987): Lese-Versammlung. Wie Texte Kinder bewegen. In: Balhorn, H./Brügelmann, H. (Hrsg.): Welten der Schrift in der Erfahrung der Kinder. Konstanz: Faude

Bambach, Heide (1989): Erfundene Geschichten erzählen es richtig. Lesen und Leben in der Schule. Konstanz: Faude

Bamberger, Richard (1965): Jugendlektüre. Jugendschriftenkunde, Leseunterricht, Literaturerziehung. 2. völlig neu bearb. Aufl. Wien

Bamberger, Richard/Binder, Lucia/Vanacek, Erich (1977): Zehnjährige als Buchleser. Untersuchungen zum Leseverhalten, zur Leseleistung und zu den Leseinteressen. Wien, München

Barthes, Roland (1974): Die Lust am Text. Frankfurt/M.: Suhrkamp

Beinlich, Alexander (1970): Über die literarische Entwicklung in Kindheit und Jugend. In: Beinlich, A. (Hrsg.): Handbuch des Deutschunterrichts, Bd. 2. Emsdetten: Lechte. S. 885–960

Beinlich, Alexander (1973): Die Entwicklung des Lesers. In: Lesen – Ein Handbuch. Hrsg. von Alfred Clemens Baumgärtner. Hamburg: Verlag für Buchmarktforschung. S. 172–210

Bienko, Gertrud/Ide, Heinz (1970): Aus der Hochburg des ritterlichen Menschen. In: Ide, Heinz (Hrsg.): Bestandsaufnahme Deutschunterricht. Stuttgart: Metzler. S.147–169

Britton, James (1973): Die sprachliche Entwicklung in Kindheit und Jugend. Düsseldorf: Schwann (engl. 1970)

Brügelmann, Hans (1983): Kinder auf dem Weg zur Schrift. Konstanz: Faude

Bühler, Charlotte (1922): Das Seelenleben des Jugendlichen. Jena

Bürger, Christa (1982): Thesen zur Traditionsaneignung. In: Diskussion Deutsch 64, S. 105–107

Dahms, Günter (1979): Nachdenken im Unterricht. Königstein/Ts.: Scriptor

Dahrendorf, Malte (1980): Kinder- und Jugendliteratur im bürgerlichen Zeitalter. Königstein/Ts.: Scriptor

Domin, Hilde (Hrsg.) (1969): Doppelinterpretationen. Frankfurt/M.: Fischer

Donaldson, Margaret (1982): Wie Kinder denken. Bern u.a.: Huber (engl.: Children's Minds. 1978)

Eagleton, Terry (1992): Einführung in die Literaturtheorie. Stuttgart: Metzler (engl. 1983)

Ehlich, Konrad/Rehbein, Jochen (1986): Muster und Institution. Untersuchungen zur schulischen Kommunikation. Tübingen: Narr
Engelmann, Susanne (1925): Methodik des Deutschen Unterrichts. Hannover
Essen, Erika (1956): Methodik des Deutschunterrichts. Heidelberg: Quelle & Meyer
Fingerhut, Karlheinz (1974): Affirmative und kritische Lehrsysteme im Literaturunterricht. Frankfurt/M.: Diesterweg
Fingerhut, Karlheinz (1982): Umerzählen. Frankfurt/M.: Diesterweg
Flitner, Wilhelm (1954): Vom Kanon der literarischen Bildung. In: Flitner, W.: Grund- und Zeitfragen der Erziehung und Bildung. Stuttgart: Klett. S. 57–75
Frank, Gerd/Stephan, Joachim (1979): Der Schüler als Leser. Textrezeption und Literaturunterricht. Freiburg: Herder
Frank, Horst Joachim (1973): Geschichte des Deutschunterrichts von den Anfängen bis 1945. München: Hanser
Frommer, Harald (1981): Verzögertes Lesen. Über Möglichkeiten, in die Erstrezeption von Schullektüren einzugreifen. In: Der Deutschunterricht 33, H. 2, S. 10–27
Frommer, Harald (1984): Warum nicht Nacherzählen? Eine methodische Anregung für den Literaturunterricht. In: Der Deutschunterricht 36, H. 2, S. 2–32
Frommer, Harald (1988): Lesen im Unterricht. Von der Konkretisation zur Interpretation. Hannover: Schroedel
Gelfert, Hans-Dieter (1990): Wie interpretiert man ein Gedicht? Stuttgart: Reclam (UB 15018)
Gelfert, Hans-Dieter (1992): Wie interpretiert man ein Drama? Stuttgart: Reclam (UB 15025)
Haynes, Carol/Richgels, Donald J. (1992): Fourth Graders' Literature Preferences. In: Journal of Educational Research 85, 1992, 4; p. 208–219
Helmers, Hermann (1966): Didaktik der deutschen Sprache und Literatur. Stuttgart: Klett (zit. wird nach der 6. Aufl. von 1971)
Herrlitz, Hans-Georg (1964): Der Lektüre-Kanon des Deutschunterrichts im Gymnasium. Ein Beitrag zur Geschichte der muttersprachlichen Schulliteratur. Heidelberg: Quelle & Meyer
Hillmann, Heinz (1972): Rezeption – empirisch. Vortrag auf der Tagung der Vereinigung der deutschen Hochschulgermanisten April 1972 in Stuttgart. Mehrfach abgedruckt, z. B. in Dehn, Wilhelm (Hrsg.): Ästhetische Erfahrung und literarisches Lernen. Frankfurt/M.: Fischer Athenäum 1974. S. 219–237
Hillmann, Heinz (1988): Empirische Rezeptionsforschung oder: Gespräche über Literatur? In: Jahrbuch des Vereins für niederdeutsche Sprachforschung. Neumünster: Karl Wachholtz
Hölsken, Hans-Georg (1987): Der Text als Problem. Kognitive Textverarbeitung im Literaturunterricht. In: Willenberg (1987), S. 62–87
Ingarden, Roman (1968): Vom Erkennen des literarischen Kunstwerks. Tübingen
Joerger, Konrad (1975): Lernprozesse bei Schülern. Stuttgart: Klett
Jolles, André (1982): Einfache Formen. Legende, Sage, Mythe, Rätsel, Spruch, Kasus, Memorabile, Märchen, Witz. Tübingen: Niemeyer
Kayser, Wolfgang (1948): Das sprachliche Kunstwerk. Eine Einführung in die Literaturwissenschaft. Bern und München: Francke
Klafki, Wolfgang (1964): Didaktische Analyse als Kern der Unterrichtsvorbereitung. In: Roth, H./Blumenthal, A. (1964): Auswahl. Grundlegende Aufsätze aus der Zeitschrift Die Deutsche Schule. Reihe A. (Erstmals in: Die Deutsche Schule 1958, H. 10, S. 450–471)
Klein, Manfred (1984): Märchen/Sagen/Mythen. In: Grünewald/Kaminski (Hrsg.): Kinder- und Jugendmedien. Weinheim und Basel: Beltz. S. 471–480

Kohlberg, Lawrence (1974): Zur kognitiven Entwicklung des Kindes. Frankfurt/M.: Suhrkamp
Krauss, Werner (1968): Grundprobleme der Literaturwissenschaft. Reinbek: Rowohlt
Kreft, Jürgen (1977): Grundprobleme der Literaturdidaktik. Heidelberg: Quelle & Meyer
Kreft, Jürgen (1982): Grundprobleme der Literaturdidaktik. 2. Aufl. Heidelberg: Quelle & Meyer
Kreft, Jürgen (1987): Kognitionen in der sozialen Wahrnehmung – Moralstufen. In: Willenberg, Heiner u.a. (Hrsg.): Zur Psychologie des Literaturunterrichts. Frankfurt/M.: Diesterweg. S. 54–62
Kügler, Hans (1975): Literatur und Kommunikation. Poetische und pragmatische Lektüre im Unterricht. Didaktische Theorie und methodische Praxis. 2. Aufl. Stuttgart: Klett
Ladenthin, Volker (1989): Erziehung durch Literatur? Essen: die blaue eule
Linde, Ernst (1927): Die Bildungsaufgabe der deutschen Dichtung. Leipzig
Maier, Karl Ernst (1969): Jugendschrifttum. Formen, Inhalte, pädagogische Bedeutung. 3. überarb. und erw. Aufl. Bad Heilbrunn
Markefka, Manfred/Nauck, Bernhard (1972): Zwischen Literatur und Wirklichkeit. Neuwied, Berlin: Luchterhand
Maurer, Jörg (1982): Peter Hacks. In: Arnold, Heinz Ludwig: Kritisches Lexikon der Gegenwartsliteratur
Merkelbach, Valentin (1984): Balladen – aber wann und wie und welche? Anmerkungen zur Balladen-Didaktik der siebziger Jahre. In: Diskussion Deutsch 76, S. 162–185
Minder, Robert (1971): Nochmals die Lesebücher oder Wozu Literatur? In: Minder, Robert: Wozu Literatur? Frankfurt/M.: Suhrkamp. S. 119–171
Müller-Michaels, Harro (1978): Literatur im Alltag und Unterricht. Kronberg/Ts.: Scriptor
Müller-Michaels, Harro (1982): Wie lächerlich wollen wir denn aussehen? Anmerkungen zum Kanon-Heft. In: Diskussion Deutsch 68, 1982, S. 598–602
Müller-Michaels, Harro (1990): Literaturkanon – Kontroversen und Konsens. In: Der Deutschunterricht 43, H. 11, S. 530–537
Ockel, Eberhard (1988): Vorlesen als Methode der Textanalyse. In: Reiter, N. (Hrsg.): Sprechen und Hören. Akten des 23. Ling. Kolloquiums. Berlin
Pätzmann, Klaus (1980): Rezeption und Sinnzuweisung. In: Wirkendes Wort 30, H. 5, S. 337–361
Rodari, Gianni (1992): Grammatik der Phantasie. Die Kunst, Geschichten zu erfinden. Leipzig: Reclam (Orig. italienisch 1973)
Rupp, Gerhard (1987): Kulturelles Handeln mit Texten. Fallstudien aus dem Schulalltag. Paderborn: Schöningh
Schulz, Wolfgang (1965): Unterricht – Analyse und Planung. In: Heimann, Paul/ Otto, Gunter/Schulz, Wolfgang: Unterricht. Analyse und Planung. Hannover: Schroedel
Schutte, Jürgen (1985): Einführung in die Literaturinterpretation. Stuttgart: Metzler
Sedding, Gerhard (1987): Abhandeln – Besinnen – Erörtern. Versuch einer Erörterung des Erörterns. Systematische und historische Grundlegung einer umstrittenen Aufsatzart. Unveröffentlichtes Manuskript
Seifert, Walter (1975): Literarische Prosaformen im Unterricht. In: Sowinski, Bernhard (Hrsg.): Fachdidaktik Deutsch. Köln, Wien: Böhlau. S. 232 bis 253

Seiler, Bernd (1982): Vieldeutigkeit und Deutungsvielfalt oder: Das Problem der Beliebigkeit im Umgang mit Literatur. In: Der Deutschunterricht 6/1982, S. 87–104
Seitz, Dieter (1974): Zur gegenwärtigen Diskussion über das Problem der literarischen Bildung. In: Brackert, Helmut/Raitz, Walter (Hrsg.): Reform des Literaturunterrichts. Eine Zwischenbilanz. Frankfurt/M.: Suhrkamp
Selman, Robert L. (1984): Die Entwicklung des sozialen Verstehens. Frankfurt/M.: Suhrkamp
Spinner, Kaspar H. (1976): Das vergällte Lesevergnügen. Zur Didaktik der Unterhaltungsliteratur. In: Hienger, Jörg (Hrsg.): Unterhaltungsliteratur. Zu ihrer Theorie und Verteidigung. Göttingen: Vandenhoeck & Ruprecht. S. 98–116
Spinner, Kaspar H. (1980): Entwicklungsspezifische Unterschiede im Textverstehen. In: Spinner, Kaspar H. (Hrsg.): Identität und Deutschunterricht. Göttingen: Vandenhoeck & Ruprecht. S. 3–50
Spinner, Kaspar H. (1983/84): Das mißverstandene Humpf und die verstehenden Schüler. Beobachtungen zur kognitiven Verstehenskompetenz vom 5. bis zum 12. Schuljahr. In: Jahrbuch der Deutschdidaktik 1983/84, S. 23–35
Spinner, Kaspar H. (1984): Moderne Kurzprosa in der Sekundarstufe I. Hannover: Schroedel
Spinner, Kaspar H. (1987a): Entwicklungspsychologische Interpretation der Unterrichtsprotokolle. In: Willenberg u. a. (1987), S. 32–41
Spinner, Kaspar H. (1987b): Wider den produktionsorientierten Literaturunterricht – für produktive Verfahren. In: Diskussion Deutsch 98, S. 601–611
Spinner, Kaspar H. (1987c): Interpretieren im Deutschunterricht. In: Praxis Deutsch 14, H. 81, S. 17–23
Spinner, Kaspar H. (1992): Sokratisches Lehren und die Dialektik der Aufklärung. Zur Kritik des fragend-entwickelnden Unterrichtsgesprächs. In: Diskussion Deutsch 126, S. 309–321
Spitta, Gudrun (1992): Schreibkonferenzen in Klasse 3 und 4. Frankfurt/M.: Cornelsen Scriptor
Stephan, Joachim (1985): Lesen und Verstehen: Eine Anleitung zum besseren Umgang mit fiktionaler Literatur. Darmstadt: Wiss. Buchgesellschaft
Streeck, Jürgen (1983): Lehrerwelten – Kinderwelten. Zur vergleichenden Ethnographie von Lernkommunikation innerhalb und außerhalb der Schule. In: Ehlich, K./ Rehbein, J. (Hrsg.)(1983): Kommunikation in Schule und Hochschule. Tübingen: Narr
Stückrath, Jörn (1992): Jakob Wassermann – ein Plagiator? Die Erzählung „Das Gold von Caxamalca" und ihre Quelle: William H. Prescotts „History of the conquest of Peru". In: Diskussion Deutsch 123, S. 61–80
Taege, Friedrich (1992): Grenzen in Deutschland als lyrische Landschaft. In: Diskussion Deutsch 125, S. 263–268
Thiel, Hans (1983): Literaturkanon und thematische Kurse. In: Diskussion Deutsch 71, S. 335–342
Trilse, Christoph (1979): Das Werk des Peter Hacks. Berlin: Volk und Wissen
Waldmann, Günter (1980): Literatur zur Unterhaltung. 2 Bde. Reinbek: Rowohlt (rororo)
Waldmann, Günter (1984): Grundzüge von Theorie und Praxis eines produktionsorientierten Literaturunterrichts. In: Hopster, Norbert (Hrsg.): Handbuch „Deutsch" Sekundarstufe I. Paderborn: Schöningh
Weber, Hans-Dieter (1984): Das Ärgernis der Interpretation. In: Der Deutschunterricht 36, H. 2, S. 5–21
Wieler, Petra (1989): Sprachliches Handeln im Literaturunterricht als didaktisches Problem. Bern u. a.: Peter Lang

Willenberg, Heiner (1982): Die Klasse bestimmt den Kanon. In: Diskussion Deutsch 64, S. 157–165
Willenberg, Heiner u. a. (1987): Zur Psychologie des Literaturunterrichts. Frankfurt/M.: Diesterweg
Wucherpfennig, Wolf (1986): Geschichte der deutschen Literatur. Von den Anfängen bis zur Gegenwart. Stuttgart: Klett

Verzeichnis der erwähnten literarischen Texte

Personenregister

Aufgeführt sind alle erwähnten Personen außer Schriftstellern im Zusammenhang mit ihren Werken; diese finden sich im Verzeichnis der literarischen Texte.

Sachregister

Klettbuch 31134

Lesen und Inszenieren

Produktiver Umgang mit dem Drama auf der Sekundarstufe

Von Harald Frommer

Das Buch tritt der modisch gewordenen Mißachtung des bloßen Lesens von Dramen entgegen. Kennzeichnend für das Drama ist seine „doppelte Rezeption"; wer mit dem Drama zu tun hat, hat mit den Aufgaben des Lesens und des Inszenierens zu tun. Ein Anliegen des Buches ist es, das Lesen wieder in seine Rechte einzusetzen. Denn auch das Lesen ist eine produktive Tätigkeit und vermag den Text zum Leben zu erwecken, anders freilich, als es die Inszenierung tut.

Das erste Kapitel des Buches geht den Unterschieden zwischen Lesen und Inszenieren nach und wägt die Bedeutung dieser beiden grundlegenden Rezeptionshandlungen für den Dramenunterricht ab. Im zweiten Kapitel geht es ausschließlich um das Lesen. Das Kapitel liefert Bausteine zu einer Didaktik des Lesens, als eine Art des Schreibens, es entwickelt aus den Eigentümlichkeiten der Gattung Drama dramenspezifische Schreibaufgaben und beschreibt deren Leistung. Das dritte Kapitel handelt von den schulischen Formen des Inszenierens. Drei Konzepte werden vorgestellt: die simulierte Inszenierung, die szenische Interpretation und das Schultheater als die Projektform von Dramenlektüre.

Das Buch gibt eine Fülle von methodischen Anregungen, die erprobt und für die alltägliche Unterrichtspraxis bestimmt sind. Es dient dem produktiven Umgang mit dem Drama, nicht aber der Produktion um der Produktion willen. Die methodischen Zugänge, die es aufzeigt, sind aus der Poetik des Dramas abgeleitet. Daß das erste Kapitel mit der Frage „Was ist ein Drama?" einsetzt, ist kein Zufall.

31134	168 Seiten	29,80

Stand: 1998

Klett

Ernst Klett Verlag
Postfach 10 60 16, 70049 Stuttgart